Mémoires

Jacques Delors
Avec Jean-Louis Arnaud

Mémoires

Plon

Nous portons en nous des projets, des désirs, des espérances auxquels nous nous agrippons de façon si passionnée qu'il nous arrive parfois d'oublier que pourrait exister un projet de Dieu plus grand que nos pensées, meilleur pour nous, plus enthousiasmant, plus capable de nous donner du souffle et de l'espérance.

> Cardinal Maria MARTINI,
> *Maximes spirituelles*, 1993.

Si le meilleur ne peut jamais être définitivement assuré, alors ni le déclin ni la futilité ne sont inévitables. La nature d'une société libre repose sur le fait qu'elle sera toujours le théâtre d'un conflit entre les formes élevées et les formes basses de la liberté.

> Charles TAYLOR, *Le Malaise de la modernité*.

Le monde est divisé en deux : ceux qui veulent être quelqu'un et ceux qui veulent réaliser quelque chose.

> Dwight MORROW, souvent cité
> par Jean MONNET.

Introduction

Jacques Delors est né le 20 juillet 1925 à Paris. Il a longtemps vécu dans ces quartiers populaires de l'Est où se conserve le souvenir des révolutions du XIXe siècle. Ses parents habitent le XIe arrondissement, sur la pente de Ménilmontant, entre la Bastille et le Père-Lachaise, au numéro 12 de la rue Saint-Maur. Cent mètres seulement séparent l'école communale, qui jouxte la maison paternelle, des terrains de jeux où Jacques retrouve ses copains, les gamins du quartier, pour jouer au ballon sous les murs de la Petite Roquette, une prison pour adolescents puis pour femmes, démolie dans les années cinquante. Le lycée Voltaire où il commencera ses études secondaires n'en est guère plus éloigné.

Ce petit Parisien a aussi de fortes attaches provinciales. Avec la Corrèze d'abord et le village du Peuch, près du Lonzac, où son grand-père Jean Delors n'avait que cinq hectares pour nourrir sept enfants, élever une dizaine de vaches et récolter froment, blé noir et pomme de terre. Avec le Cantal également d'où est originaire la famille de sa mère, Jeanne Rigal.

Fils unique, le jeune Jacques sera choyé de ses parents dans la mesure de leurs modestes ressources. Son père, Louis, laissé pour mort et rescapé par miracle de la guerre des tranchées en 1917, était entré comme garçon de recettes à la Banque de France. Il encaissait les lettres de créance, ce dont il n'était pas peu fier, et complétait son salaire avec le produit d'une buvette dominicale au parc de Saint-Cloud.

Pour élever son fils, sa mère renonce à un travail de secrétaire mais, très habile de ses mains, elle exerce à temps perdu des dons de modiste et seconde son mari dans ses activités de limonadier.

Lorsqu'il n'y a pas de vacances à la mer, au Mesnil-Val, près du Tréport, Jacques est envoyé à la ferme chez son grand-père Delors. On y cuit le pain au four et la soupe au cochon dans une grande marmite. L'été, on loue les machines, moissonneuse et batteuse, et la moisson se termine en grande fête, avec un banquet.

A la campagne, de génération en génération, on reproduit les mêmes gestes et lorsque l'oncle Antoine, héritier de l'exploitation, trouve un clou rouillé dans la cour de la ferme, il le ramasse soigneusement avant de le ranger dans un tiroir avec d'autres clous. Cinquante ans plus tard, son neveu, Jean-Pierre, fait de même.

En Corrèze, le jeune Delors alimente sa future passion pour le monde rural et le développement de la petite propriété agricole. Dans son cœur, il conservera les fondamentaux d'une morale paysanne qui n'en appelle ni à l'Etat ni au Ciel : à mauvaise saison, mauvaise récolte – Pépé Jean sait qu'il lui faut retrousser ses manches pour mieux se rattraper l'année suivante et il ne lui viendrait pas à l'esprit de s'en plaindre ni de s'en indigner.

Louis Delors n'aura de cesse que d'avoir sa propre maison au Lonzac pour s'y installer dès sa retraite, au début des années soixante, mais il y mourra prématurément en 1964. Son épouse y restera jusqu'à la fin des années quatre-vingt, avant de regagner Paris et de se rapprocher de Jacques, alors à Bruxelles. Catholique pratiquante, cette mère avait commencé par inscrire son fils dans une école religieuse, vite abandonnée cependant pour la communale de la rue Saint-Maur, où le gamin collectionnera les meilleures notes.

Jacques fait sa communion dans l'église Notre-Dame du Perpétuel-Secours, elle aussi toute proche, et s'adonne, sans jamais s'en lasser, à toutes les formes de patronage éducatif, culturel ou sportif, y compris la colonie de vacances en Bretagne et le théâtre amateur ou le basket à Paris. Leur aumônier encourageait les garçons à jouer au basket plutôt qu'au foot qui, disait-il, leur faisait de gros derrières. Jacques pratiquera largement le premier, sans renier pour autant un intérêt passionné pour le second qu'il partage avec son père, ses oncles Pierre et Henri, et beaucoup de ses copains. Le dimanche après-midi, on se retrouve au Parc des Princes où joue le Racing Club de Paris, ou encore à Saint-Ouen, terrain du Red Star Olympique. Pourtant, les faveurs du jeune amateur iront très tôt à l'Olympique lillois dont le mari de sa grand-mère maternelle, originaire de Belgique, était un supporter inconditionnel.

1936. C'est l'explosion de joie du Front populaire. A la communion solennelle de leur neveu, Pierre et Henri, employés à la Samaritaine, avant que Louis ne les fasse engager eux aussi à la Banque de France, chantent L'Internationale. *De tempérament radical-socialiste, le père de Jacques s'inquiète surtout des menées factieuses. Il sent bien que le pays va vers des épreuves difficiles et que Munich augure mal de l'avenir. Dès cette époque, le jeune garçon trouve chez son père de quoi nourrir la contestation d'un ordre bourgeois décadent en même temps qu'une vision déjà ambitieuse de la démocratie.*

Dans le Cantal, au paysage accidenté, plus vallonné que la Corrèze, Jacques rend visite à des oncles et à des tantes, frères et sœurs de sa grand-mère maternelle. Pendant les années de guerre, lui et sa mère se retrouvent à deux reprises à Aurillac où il fait, au lycée, en 1939 et 1940, une partie de ses classes de troisième et de seconde, les trimestres restants se partageant entre Paris et Riom. Mais c'est à Clermont-Ferrand, où la famille s'est finalement regroupée, qu'il passe ses bachots après deux années de première et de Math élem au lycée Blaise-Pascal.

Du patronage, le jeune Delors est passé à la JOC, la Jeunesse ouvrière chrétienne, avec laquelle il restera lié toute sa vie. Ces jocistes de quatorze ou quinze ans lui racontent leur vie à l'usine, et Jacques, dont les meilleurs copains sont restés ceux de la communale ou du patronage, se sent plus proche d'eux que de ses camarades de lycée. Rares à cette époque étaient les élèves de communale qui poursuivaient leur scolarité dans un lycée : un sur dix seulement. Après avoir obtenu une mention très bien à son certificat d'études, Jacques était entré à Voltaire, directement en cinquième, en sautant la classe de sixième.

Plus tard, durant ses années clermontoises et d'études secondaires, il adhère aux Compagnons de France et fréquente une troupe de théâtre, dite des Joyeux Compagnons. Ces derniers sillonnent le Massif central et font halte dans des auberges que les restrictions alimentaires n'affectent pas. Jacques s'inscrit en droit à la fac de Strasbourg, rapatriée à Clermont-Ferrand, mais une rafle allemande lui fait quitter la ville. Rentré à Paris, il reste en marge de toute activité salariée par crainte du STO, le Service du travail obligatoire en Allemagne, et vit en oisif de janvier à août 1944. Mais après la libération de la capitale, il faut choisir. Ses goûts d'artiste le portent vers le journalisme – il songe à l'école de Lille – mais aussi vers le cinéma. Il rêve – et sa mère avec lui – de l'IDHEC, l'Institut des hautes études cinématographiques.

Le réalisme et le respect de l'autorité paternelle le poussent plus prosaïquement vers la Banque de France où il entre comme stagiaire le 1ᵉʳ octobre 1944, suit des cours du soir et présente en juin 1945 le concours de rédacteur auquel il est reçu quinzième. Le voilà donc, avec une vingtaine de personnes sous ses ordres, au service de la gestion et de l'encaissement des coupons, à la satisfaction générale de sa famille et de ses supérieurs hiérarchiques. Aussi, en 1947, lorsque son chef de service apprend que ce brillant sujet s'est inscrit à l'Ecole universelle, l'invite-t-il à oublier la Sorbonne et sa passion pour les lettres, et à s'engager dans les études supérieures de banque, un cycle de trois ans dont les cours sont donnés à l'Institut d'études politiques de la rue Saint-Guillaume. Delors suivra son conseil. En première année, il obtiendra la place de second. En deuxième, celle de premier et il terminera cinquième sa dernière année. Plus que jamais, il dévore livres et revues, tout ce qui lui tombe sous la main en matière d'économie, d'histoire et de science politique.

Il refusera cependant de s'engager dans l'inspection qui l'aurait obligé à passer le plus clair de son temps en province. Pour des raisons personnelles et familiales : il s'est fiancé en 1947 et marié l'année suivante, avec Marie Lephaille, une de ses collègues de la Banque qui partage ses habitudes de militant et ses convictions syndicales aussi bien que religieuses. Comme lui, Marie est une Parisienne aux fortes attaches provinciales, au Pays basque cette fois. Delors passe ainsi douze ans au cabinet du directeur général du service des titres et du marché monétaire. Il y supervise les activités d'une direction générale qui traite notamment des valeurs mobilières et d'ordres en Bourse. Il coopère à sa mécanisation, première étape de l'informatisation. Il traite des grandes questions liées aux emprunts d'Etat et des liaisons entre les valeurs mobilières et le marché des changes, notamment la création de la devise-titre. Un métier indiscutablement intéressant, mais que lui, toujours inquiet et en quête de progrès intellectuel et social, trouve vite monotone. Il se demandera plus tard s'il n'a pas perdu, à cette époque, dix années de sa vie. Ce qui aurait pu être le cas s'il ne s'était consacré à rien d'autre qu'à ses activités bancaires de la rue Croix-des-Petits-Champs. Mais ce serait mal connaître *Jacques Delors* que de le croire capable de limiter sa réflexion et sa vie d'animal social à ses heures de bureau.

A Paris, cet employé de banque hors normes cultive son jardin secret, son goût pour le cinéma, la chanson, le jazz et la culture populaire. Au début des années cinquante, il crée un ciné-club à la Jeanne-d'Arc de Ménilmontant, qui suscite dans le quartier beaucoup d'enthousiasme. C'est lui-même qui va louer les bandes, prépare des notices, organise les débats et fait découvrir à son public d'artisans et d'ouvriers les grands moments du cinéma américain, en même temps que le néo-réalisme italien et les classiques français de Carné, Duvivier et Jean Renoir.

A sa demande, Marie a renoncé à poursuivre son travail à la Banque pour élever leurs deux enfants, Martine née en 1950 et Jean-Paul, de trois ans son cadet, dans un trois pièces de la rue Emile-Gilbert, près de la gare de Lyon. Mais elle n'a rien abandonné des activités qu'elle partage avec son mari au sein de *La Vie nouvelle*, un mouvement d'éducation et d'action communautaire, issu du scoutisme catholique en même temps que des épreuves nationales de 1940. Ce sont deux dirigeants nationaux de *La Route*, Pierre Goutet et André Cruiziat, qui fondent en 1942 les Amitiés scoutes en réunissant quelques jeunes foyers. Leur idée est de s'appuyer sur leur foi chrétienne pour renouveler les modes de pensée, mais aussi les structures, afin d'ouvrir le chemin à une force sociale créatrice qui n'accepterait ni la loi du profit capitaliste ni le formalisme de la démocratie libérale, et rejetterait dans un même élan les séductions du marxisme et du réalisme socialiste.

En se détachant du scoutisme dès 1947 pour adopter le nom de *La Vie nouvelle*, ses fondateurs accentuent le rapprochement avec le personnalisme communautaire d'Emmanuel Mounier et les recherches de la revue *Esprit*. La solidarité avec les combats du monde ouvrier et, après la guerre d'Indochine, un intérêt croissant pour les peuples d'outre-mer – Maghreb et Afrique – les mettent sur la voie d'un nouveau contrat politique. Cette bataille pour un socialisme communautaire sera la source de crises à l'intérieur du mouvement : certains adhérents refusent toute forme de politisation et reprochent aux dirigeants leur sympathie pour Pierre Mendès France. Delors – faut-il le dire ? – est de tout cœur mendésiste.

Les sujets de réflexion et d'étude sont de trois ordres, personnel, religieux et civique. L'équilibre de l'individu, celui du couple, la vie *de famille et la régulation des naissances, l'éducation permanente figurent en bonne place dans les programmes des fraternités. Sur le plan religieux, La Vie nouvelle invite les siens à développer leur pratique de la spiritualité et encourage les laïcs à prendre des responsabilités dans l'Eglise en mettant l'accent sur l'œcuménisme et sur les exigences de pauvreté évangélique dans la société actuelle. Delors, dont la formation chrétienne était restée au niveau du catéchisme et du patronage, apprécie ce travail en profondeur sur les fondements de la foi, sur l'Ancien Testament en particulier, ainsi que la rénovation pastorale et liturgique. Le mouvement n'échappera pas à des difficultés avec la hiérarchie ecclésiastique qui trouve trop hasardeuses ses idées sur la foi et trop progressistes ses prises de position politiques.*

La Vie nouvelle lutte contre la dépolitisation et milite pour une rénovation de la démocratie. C'est le but affiché de la revue des Cahiers Citoyen 60 *que le mouvement édite à partir de 1959 et dont Delors est un des promoteurs et le rédacteur en chef. Sous le pseudonyme de Roger Jacques, qu'il utilise depuis quelques années dans des publications syndicales, il signe éditoriaux et articles de fond. Dès le début, il arrive à sortir dix numéros par an. Le lancement des clubs Citoyen 60 accompagne celui des* Cahiers. *Ils trouvent leur place parmi d'autres sociétés de pensée telles que Jean-Moulin, Tocqueville et quelques autres qui ont poussé comme des champignons dans les années cinquante.*

Citoyen 60 *procède d'abord d'une exigence morale, héritée de Mendès France : l'électeur a droit à la vérité.* « L'option morale qui est la nôtre n'est pas abstraite : elle vise à permettre l'engagement de la responsabilité civique de chacun », *affirment dans leur premier éditorial Cruiziat et Delors.* « Il n'y a à nos yeux infaillibilité ni dans l'analyse, ni dans les choix. La réalité politique est un ensemble de forces multiples dont on ne peut traiter qu'en les nommant, les critiquant, et, comme un médecin, en parlant de thérapeutique après le diagnostic. »

Honnêteté et réalisme sont les maîtres mots des gourous de Citoyen 60 *qui ne se préoccupent plus uniquement de ce qui est souhaitable mais surtout de ce qui est possible. Ils pratiquent la fiche technique plus que le tract, la réunion d'experts plus que le meeting de camarades, le weekend d'études plus que le congrès. Ils se refusent à endoctriner mais veulent former et informer. Ils se méfient de la politique mais voient dans le politique* « une dimension essentielle de l'existence humaine ». *Et*

Citoyen 60 écrit : « *Seul le politique, avec ses ambiguïtés, son double visage d'ange et de bête, permet à l'homme d'accéder à la maîtrise de son destin, de lutter contre la violence, de résoudre les contradictions, d'apporter sa médiation suprême aux tensions de la vie collective.* » *Derrière ces lignes signées Roger Jacques, c'est déjà Jacques Delors, celui qui hésitera toujours à faire le grand saut dans la politique, que l'on devine dans cette bataille feutrée du masculin et du féminin. Tout Delors à venir est en gestation dans les écrits de cette époque : d'un côté, l'homme de réflexion allergique à la chose politique, dont la sensibilité à fleur de peau ne souffre pas la moindre rebuffade ; de l'autre, l'inconditionnel du développement économique et social, et de la participation citoyenne, pour qui l'échec ne peut être que provisoire et n'affecte en rien ses convictions.*

Dans ses articles, Delors commence donc à semer les graines de ce qu'on appellera dix ans plus tard le social-delorisme : « *L'acte d'autorité, écrit-il dans* Citoyen 60*, ne suffit pas aujourd'hui pour réaliser les objectifs généraux de toute société industrielle : l'expansion économique dans le maintien de la stabilité monétaire et de l'indépendance vis-à-vis de l'extérieur. Il n'y a pas de solution durable sans le concours des différents groupes de producteurs, chefs d'entreprise, salariés, paysans... L'Etat peut d'autant moins demeurer au-dessus des groupes que, par son intervention croissante dans la vie économique, il se situe très souvent au même niveau, en tant qu'investisseur, en tant que patron du secteur public, en tant que consommateur et donc acheteur de biens et de services...* »

Comme beaucoup d'hommes de sa génération, Delors doit d'abord à Mendès France l'intérêt qu'il porte à la politique. A la Libération, il a adhéré au MRP mais, vite déçu par le style du Mouvement républicain populaire, il le quitte au bout de huit mois. Première manifestation de sa méfiance pour les partis politiques, en tout cas pour les grandes formations. Quelques années plus tard, il s'inscrira à la Jeune République, le parti fondé avant la guerre par Marc Sangnier, dont 90 % des membres avaient rejoint le MRP. En 1956, il colle des affiches et distribue des tracts pour le Front républicain dont le candidat dans son quartier, Leo Hamon, appartient précisément à la Jeune République. Hamon ne sera pas élu mais la Jeune République aura un représentant à l'Assemblée nationale au titre du Front républicain dont Mendès est à ce moment-là la figure de proue. Décolonisation, modernisation de la France, approfondissement de la participation démocratique, ce sont les enseignements de Mendès que Delors retient pour forger ses propres exigences.

Longtemps encore, Jacques Delors restera en marge de la vie politique proprement dite. Déçu par les pratiques de la IVe République, il souscrit positivement aux référendums du général de Gaulle dont il apprécie le parler droit et le souci de moderniser l'économie. Il apprend cependant à fréquenter les hommes de gauche, Mendès d'abord, puis Mitterrand, Depreux, Rocard, Defferre, etc. Il baigne à sa façon dans cette nébuleuse de gauche et tâte de ces petits partis qui vont de scission en fusion et de fusion en scission : la Nouvelle Gauche et le Mouvement de libération du peuple, réunis dans l'Union de la gauche socialiste qui, à son tour, avec le Parti socialiste autonome deviendra le Parti socialiste unifié. Mais il attendra 1974 pour passer sous les fourches caudines du PS.

En revanche, il nage comme un poisson dans les eaux syndicales. A la CFTC, la Confédération des travailleurs chrétiens, où il est entré en même temps qu'à la Banque, il commence à partir de 1952-1953 à s'intéresser aux travaux de la minorité, animée par Paul Vignaux, professeur d'histoire et membre du syndicat des enseignants, et Albert Detraz de la Fédération du bâtiment et des travaux publics.

Ces minoritaires veulent « déconfessionnaliser » leur syndicat et ouvrir plus largement sa doctrine sociale. Leurs efforts s'inscrivent dans un mouvement plus général qui touche alors l'Eglise catholique, avec l'apparition des prêtres-ouvriers, l'évolution des militants chrétiens, leur intérêt pour le marxisme, le dialogue entre la revue Esprit *et les communistes, etc. Comme ils ont besoin de bons connaisseurs des problèmes politiques, économiques et sociaux, ils demandent à Delors de collaborer à leur revue,* Reconstruction, *qui est aussi un groupe d'action, s'intéresse au syndicalisme dans les pays étrangers et y organise des visites. Entre majorité et minorité, la collaboration devient de plus en plus étroite au cours des années cinquante et, en 1961, c'est un représentant de la minorité, Eugène Descamps, qui est choisi comme secrétaire général. La dernière étape sera franchie au congrès extraordinaire de 1964 avec la déconfessionnalisation et le changement de nom, lorsque la CFTC devient la CFDT, la Confédération française et démocratique du travail.*

Dans le climat syndical, Delors respire à son aise. C'est tout autre chose que l'atmosphère des partis politiques et il a le sentiment de progresser personnellement en même temps que de faire avancer ce qui lui tient à cœur. Il est vrai que, pour lui, l'environnement syndical a toujours été une source de promotion intellectuelle et professionnelle. En 1959, la CFTC propose qu'il soit nommé membre de section au Conseil économique et social, ce qui représente une journée ou une journée et demie de travail qui échappe à la routine professionnelle hebdomadaire. La Banque de France ne fait pas d'objection et voilà notre Delors à la section des Investissements et du Plan du Conseil économique que préside le président des Charbonnages de France, le socialiste Alexandre Verret.

C'est donc le syndicalisme qui lui ouvre la voie du Commissariat général au Plan où il atterrit le 17 mai 1962 comme conseiller social du commissaire général Pierre Massé. Dans les bureaux du 18, rue de Martignac, il passera les plus belles années de sa vie. Il a déjà trente-sept ans et ne se doute certainement pas qu'il commence seulement une ascension qui le mènera, en quelques années, au cabinet du Premier ministre Chaban-Delmas puis, après un passage par l'université de Paris, au Parlement européen, avant de devenir ministre de l'Economie et des Finances et, enfin, président de la Commission européenne. Il se doute encore moins qu'une majorité de Français verra en lui, pendant quelques mois, en 1994, le candidat le mieux placé dans la course à la présidence de la République qui allait s'ouvrir l'année suivante, les sondages d'opinion le donnant vainqueur au deuxième tour du candidat de droite, quel qu'il fût, de Jacques Chirac aussi bien que d'Edouard Balladur.

Boulimique de travail, comme l'ont baptisé les chroniqueurs anglais, Jacques Delors n'en a pas moins tenu à maintenir l'équilibre entre vie professionnelle et vie personnelle. Les engagements communs avec son épouse et leur goût partagé pour le cinéma, le théâtre et la musique y ont aidé. Les enfants, suivis et éduqués par leur mère, savent qu'ils peuvent compter sur la disponibilité de leur père, mais aussi sur son extrême sévérité en matière scolaire. Au fil des années, Martine et Jean-Paul s'ouvrent aux activités de leurs parents. Ils s'éveillent ainsi au monde de la culture et à l'univers militant en côtoyant à la maison syndicalistes et politiques. Ces joies communes furent malheureusement de courte durée puisque Jean-Paul, jeune journaliste, devait succomber à une leucémie en février 1982.

Jean-Louis ARNAUD

Retour sur 1994

Après ces dix-huit années, commentées succinctement par mon équipier, Jean-Louis Arnaud, et partagées entre vie professionnelle, études et action syndicale, s'ouvrent des périodes qui vont me conduire à occuper une dizaine de fonctions différentes, professionnelles ou militantes, au niveau national comme au niveau européen.

Durant toute cette période de ma vie qui va de 1962 à 1994, je ne sais pas, de mes intuitions et analyses, ou des conseils qui me furent donnés, lesquels ont joué le rôle déterminant dans ce qu'on appelle, d'un mot que je n'aime pas, une carrière. Je préfère, pour ma part, la simple formule de vie professionnelle et militante. J'y reviendrai dans le corps de ces Mémoires, mais je ne peux esquiver de parler d'un des événements qui ont marqué les Français et auquel je suis lié : la décision de décembre 1994 de renoncer à me présenter à la présidence de la République.

Je répète que l'on ne se fait pas uniquement par soi-même, dans une sorte d'orgueilleuse autopromotion, que l'on est redevable à certains de vous avoir guidé pour mieux organiser votre vie. Et, au cours des pages suivantes, je paierai tribut aux nombreuses personnes qui m'ont conseillé, guidé, aidé. Mais, *a contrario*, je dois dire que décembre 1994 fut la seule occasion importante où je n'ai pas suivi les conseils qui m'ont majoritairement été donnés, ni les fortes pressions qui les ont souvent accompagnés.

Pour aider le lecteur à mieux comprendre mon itinéraire de cinquante années, avec son cortège d'avancées et d'échecs, je me dois donc de revenir sur cette élection présidentielle de 1995.

En 1993-1994, je suis engagé à plein temps dans l'aventure européenne. Le dynamisme est revenu, on m'en attribue quelque mérite, et, les choses étant alors ce qu'elles sont, j'incarne quelque peu l'Europe. Et c'est ainsi que les Français me considèrent et m'apprécient de plus en plus si l'on en croit les sondages.

Comme le lecteur pourra le constater, la tâche de président de la Commission est absorbante et, si l'on n'y prend garde, tuante. Il y a peu de place pour des séjours même limités en France, pour la multiplication des contacts politiques. En dehors de mes rencontres traditionnelles avec le président de la République et le Premier ministre, Edouard Balladur, durant cette période, je me limite à encourager mes camarades engagés dans l'activité qui me plaît tant : celle des clubs de réflexion, comme Témoin, Clisthène et Échange et Projets.

Quand mon entourage bruxellois m'alerte sur l'évolution des sondages jusqu'à ce que ceux-ci pronostiquent ma victoire au second tour des élections présidentielles de mai 1995, je suis bien obligé de m'y intéresser, ne serait-ce que pour faire écho aux multiples sollicitations venues de Paris, à commencer par celles de mes plus chers amis – du Parti socialiste et de bien d'autres. Le lecteur me fera crédit si je lui dis que, préoccupé par la bonne marche de la construction européenne et donc de la Commission, je n'entends distraire aucune heure de mon travail quotidien pour des affaires purement françaises. D'où, premier dégât annonciateur d'autres, les amis se fâchent et se vexent parce que je n'ai pas le temps de les recevoir à Bruxelles, pour écouter leurs analyses, leurs encouragements et parfois leurs propositions de service.

C'est donc la nuit que je parcours la presse et étudie les sondages dont je retiens deux éléments essentiels :

Tout d'abord, les enquêtes d'opinion me donnent gagnant au deuxième tour contre Edouard Balladur comme contre Jacques Chirac. Mais – car il y a un mais – les Français font un rejet par rapport à la gauche.

Quelle aporie, que je ne peux expliquer personnellement que par une donnée de fait : mon éloignement à Bruxelles m'a épargné la crise de confiance – très forte à ce moment – des Français à l'égard de leur classe politique, et plus encore à l'égard de la gauche.

En d'autres termes, en ces mois d'été et d'automne 1994, surgit un nouvel épisode de la « France rêvée », formule inventée auparavant pour expliquer le succès permanent, dans les sondages, de Michel Rocard ou de Simone Veil. Mais j'avais déjà à l'esprit que la France rêvée ne coïncide pas forcément avec la France qui s'exprime lors d'une élection présidentielle.

C'est ainsi que dans le peu de temps disponible, et voulant faire preuve de bonne volonté, je tâtais le pouls de cette arlésienne qu'est le centrisme. J'avais à ma disposition des déclarations publiques peu encourageantes. Ainsi, Jacques Barrot disant : « Les centristes ne constituent pas une espèce de réservoir où chacun viendrait trouver des groupes d'appoint. » Sans omettre une visite à Bruxelles de dirigeants démocrates-chrétiens venant tâter le terrain, mais refusant de s'engager, dès le premier tour de l'élection présidentielle, dans un contrat de gouvernement, formule claire et lisible pouvant redonner un certain crédit à l'engagement politique.

Du côté du Parti socialiste qui allait réunir son congrès à Liévin en novembre 1994, le problème était encore plus embarrassant. Un appel quasiment dramatique m'était lancé par le premier secrétaire, Henri Emmanuelli, alors que celui-ci savait, ainsi que nombre de ses camarades, ce qui nous séparait en termes d'approche politique et de solutions pour la France. Comme je l'ai souvent dit, après que ma décision fut rendue publique : « Je n'ai jamais été le candidat de cœur des socialistes. Seulement leur candidat par défaut. » Ce qui ne m'a pas empêché de militer loyalement au sein du parti, depuis 1974, de le servir, tout en défendant mes idées et mes solutions. Et parfois, avec quelque succès !

Vous pressentez dès lors vers quoi penchait ma décision, critiquée même par une partie de ceux qui partageaient mon analyse. Ceux-ci me conseillaient de passer outre les divergences constatées, car ils étaient convaincus que l'onction du suffrage universel balaierait tous ces obstacles. Telle fut, je dois le dire par honnêteté, la réaction d'un Lionel Jospin qui allait relever le défi et préparer ainsi le retour de la gauche au pouvoir.

A l'émission « 7 sur 7 » du dimanche 11 décembre 1994, je suis interrogé par Anne Sinclair à qui j'ai confié auparavant quelle était ma décision. Affirmant une bonne dose d'énergie et de conviction, je fustige les politiques pratiquées jusqu'alors, le bilan du gouvernement en place. A tel point que ma famille, devant la télévision, se demande si je n'ai pas changé subitement d'avis. Eh bien non, je ne serai pas candidat et j'explique pourquoi dans une déclaration qui rompt avec le ton extrêmement vif et contrasté du reste de l'émission.

Permettez-moi de reprendre quelques arguments alors employés :

Je rappelle, pour ceux qui ne me connaissent pas, l'esprit dans lequel j'ai travaillé et milité depuis cinquante ans : accepter des propositions de travail, et donc des postes qui me permettraient, si je me révélais efficace, d'être utile pour les valeurs que je défends et pour mon pays.

Si j'ai décidé de ne pas me présenter, c'est qu'après réflexion, j'en suis arrivé à la conclusion que l'absence d'une majorité cohérente m'interdirait de mettre en œuvre les réformes que je crois indispensables.

Ne pas mentir aux Français, telle était mon obsession, alors que la vie politique souffre tant de promesses fortes faites au cours de la campagne électorale et non tenues, je dirais même, carrément oubliées.

J'ajoutai : « Les déceptions de demain seraient pires que les regrets d'aujourd'hui. » Quoi que l'on puisse penser de ma décision, on doit bien reconnaître que les faits m'ont donné raison. En ce sens que le grand thème de 1995 : la « fracture sociale », fut vite remisé aux oubliettes. Tel est le sort, en politique, des trouvailles publicitaires. Conséquence logique et prévisible, le désenchantement pour la politique a singulièrement augmenté en France.

La terrible claque du 21 avril 2002 en fut la plus funeste manifestation. Les signes avant-coureurs n'avaient pas manqué, depuis l'accroissement de l'abstention aux élections jusqu'au sentiment d'abandon exprimé par de nombreux électeurs.

Mais revenons à décembre 1994. Ce n'est pas le lieu, ici, de relater toutes les réactions, positives ou critiques, mais simplement de noter deux points qui méritent d'être gardés en mémoire :

D'une part, un sondage réalisé après l'émission indique que 73 % des Français questionnés ont un sentiment de respect et d'admiration pour ma décision, contre 12 % qui critiquent une attitude révélant, selon eux, un sentiment de fuite devant les responsabilités politiques.

D'autre part, parmi les nombreuses analyses complémentaires, je ne retiendrai que celle d'un politologue militant que j'admire : Claude Lefort, qui souligne « la violence du "non" de Jacques Delors » et conclut de la manière suivante :

« Plutôt que d'insister sur l'idée d'une contradiction entre le nécessaire et le possible, mieux vaut, je crois, discerner la part de la provocation dans la démonstration. Ce n'est pas, non plus, une leçon de morale comme certains l'ont dit, qui est administrée. La violence du "non" déconcerte et réveille l'exigence d'une réflexion sur l'action politique et les enjeux du moment. »

Sans que j'aie la tentation de m'en réjouir, j'ajouterai – ce qui est aujourd'hui admis par tous – que le candidat élu, Jacques Chirac, sur l'idée centrale de la fracture sociale, allait vite se démarquer de cette idée généreuse, pour retomber dans les ornières d'une gestion sans grande surprise et menant à la défaite électorale de 1997. La gauche allait y trouver une nouvelle opportunité, avec l'expérience – difficile à maîtriser – de la gauche plurielle. Mais sans pouvoir arrêter ce désenchantement démocratique qui est l'un de nos maux les plus graves. Pour faire le lien avec décembre 1994, j'ajouterai simplement que l'un des remèdes de bon sens est de dire ce que l'on fait et de faire ce que l'on dit.

Pour terminer la relation de cet épisode, pourrais-je revenir sur le problème d'une majorité susceptible d'approuver et de soutenir ma demande ? Cette majorité pouvait se trouver au croisement des socialistes et des démocrates-chrétiens. J'ai appliqué cette méthode avec bonheur au niveau européen, parce que, bien franchement, la situation s'y prêtait. Et c'est ainsi que l'on a pu faire avancer l'intégration européenne. Mais je ne voyais pas ce modèle transposable en France, sentiment confirmé par l'attitude ambiguë, sinon réservée ou hostile, des responsables français se réclamant encore (mais de moins en moins) de la démocratie chrétienne.

C'est un vrai débat que celui suscité par l'éventualité d'une majorité associant les socialistes et une partie du centre, partageant avec ces derniers l'essentiel des orientations en matière sociale et européenne, notamment. Sur ce plan purement politique, je crois cette formule plus à même de refléter les diversités et les évolutions des citoyens qu'un système bi-partisan pur et dur. Plusieurs démocraties européennes tirent profit de cette souplesse qui permet aussi de tenir compte de nouvelles aspirations et, parallèlement, du déclin de certaines idéologies.

Pour ma part, je souhaite que ce débat demeure ouvert, dans l'intérêt de la France.

Mais, au-delà des formules politiques, il y avait aussi le fond des problèmes posés à notre pays. De ce point de vue, les solutions que j'avais en tête pour surmonter les difficultés propres à la France étaient assez éloignées, pour parler franchement, de celles dégagées, à son congrès, par la majorité du Parti socialiste.

Pour le dire succinctement, j'avais l'intention de mettre au cœur de ma politique la lutte contre le chômage sur le plan intérieur, la réalisation, dans les délais, de la monnaie unique sur le plan extérieur. Je pensais saisir une éventuelle victoire à l'élection présidentielle pour sortir de la langueur et des précautions excessives en adoptant des mesures plus brutales. A cette fin, il fallait dresser un cadre pour un assainissement rapide des finances publiques (Etat et Sécurité sociale) et stimuler la baisse négociée des charges sociales, et donc un allégement du coût du travail, en contrepartie de la création d'emplois et du développement de la formation professionnelle, ouverte aux chômeurs, aux jeunes sortant de l'école sans une « employabilité » suffisante et aux travailleurs manuels menacés par les mutations nécessaires de nos structures économiques. Le cadre ainsi fixé, les partenaires sociaux auraient été invités, dans un temps limité, à donner leur avis et conclure des accords sur certains aspects du programme.

Il devait s'ensuivre une réhabilitation du travail comme facteur central d'un dynamisme à retrouver, la traduction dans les faits de l'égalité des chances grâce à l'extension de la formation. Puis, dans la foulée, la réforme de l'Etat, en le débarrassant de son anémie graisseuse et en le rendant plus efficace, ainsi que la poursuite de la décentralisation, avec plus de pouvoirs aux régions et aux communes, une répartition claire des compétences et donc des responsabilités.

Enfin, dans le sillage d'une Union économique et monétaire menée à son terme, la relance de l'intégration politique, sous la forme réaliste d'une Fédération d'Etats-nations – formule que j'ai proposée dès 1993 et qui allait recueillir un large consensus. J'entendais renforcer la coopération européenne, tout en assurant l'avenir de nos nations, lieu de la cohésion nationale, de la solidarité républicaine et de l'expression de notre personnalité.

Mais pour illustrer ma situation peu ordinaire d'un petit canard dans une couvée de poussins, j'ajouterai que ma divergence de fond avec les exigences et les pratiques de la politique portait sur mon rejet de la formule magique : « Tout est politique. » Que de fois ne l'ai-je pas entendue, lorsque j'insistais pour que l'on prenne en considération les nouvelles aspirations ou les innovations de la société, pour que l'on établisse en France, comme j'avais tenté de le faire de 1969 à 1972, une véritable politique contractuelle entre patronat et syndicats, et parfois à trois avec l'Etat, ou encore pour que l'on renforce les pouvoirs du Parlement.

Que l'on ne se méprenne pas à ce sujet. Le politique est pour moi supérieur à l'économique, au social, au technique. Il donne sens aux décisions prises et à l'action collective. Il renforce la communauté nationale et affirme les valeurs essentielles qui la font vivre et qui constituent le ciment de sa cohésion.

Ce n'est pas une raison pour que les gouvernants et les ministres se conduisent comme si le recours à la politique constituait, en toutes circonstances, le moyen de transcender les difficultés, en ignorant les mouvements de la société et le concours des intermédiaires que sont les collectivités décentralisées et les partenaires sociaux. C'est en ce sens que je critique cette formule qui illustre le comportement de trop de nos responsables, de gauche comme de droite, « Tout est politique ». A agir ainsi, ils rendent plus aléatoire leur action, créent un vide, mortel pour la démocratie, entre un pouvoir et une opinion publique dont on sait l'extrême volatilité. Ils découragent toutes les formes de participation démocratique. Ils donnent la priorité à l'instantané sur l'expérience du passé et la prise en compte de l'avenir.

Car gouverner, c'est avoir en mémoire, avec les succès et les échecs passés, la culture et les valeurs de notre pays. C'est également intégrer le futur, avec son cortège de contraintes et de potentialités.

Or, partout où j'ai travaillé, ma réflexion et mon action ont toujours été marquées par l'attention portée à l'évolution de la société, au rôle des partenaires économiques et sociaux, au caractère vital du débat entre politiques et intellectuels, et donc, à l'importance des idées dans l'Histoire.

Avec cette philosophie de l'action politique et ce programme, je n'aurais eu le choix, comme candidat à la présidence de la République, qu'entre mentir à l'opinion, pour me conformer à l'approche générale de mes soutiens potentiels, ou expliquer ma vision et mon programme, mais au risque d'une défaite de mon camp, marqué par les contradictions et les discordes.

Ayant pris, non sans peine, cette décision, je demeurais un militant, au service de Lionel Jospin, candidat à la présidentielle, qui m'avait demandé de présider son comité de soutien en 1995. Puis en contribuant à la campagne des législatives de 1997, dans la mesure de mes moyens et dans la limite qui m'interdisait de faire des concessions aux dépens de mes idées de base.

Comme on le verra, depuis 1995, j'ai tenté de servir ces mêmes idées en créant l'association Notre Europe pour animer le débat politique autour de la construction européenne. Servir aussi l'Etat français, en acceptant de présider le Conseil de l'emploi, des revenus et de la cohésion sociale – CERC ; ou l'intérêt plus général, à travers les organisations internationales, notamment avec la présidence de la Commission internationale de l'UNESCO sur l'éducation pour le XXIe siècle.

Moi, qui vis dans l'angoisse d'être utile, je ne peux souvent que me rappeler ces paroles prophétiques de Claire Tréan dans *Le Monde*, en 1995 :

« Simple militant pour l'Europe, Jacques Delors, là où il sera, aura sans doute plus de liberté de penser ce qu'il veut et de dire ce qu'il pense. Mais, ayant préféré oublier qu'il était populaire, aura-t-il encore jamais le pouvoir d'infléchir le cours des choses ? »

Pertinente question qui me fait toujours revenir à 1994, pour juger de mon discernement. Référence permanente, pour m'aider dans mes engagements d'aujourd'hui et de demain.

1

Les années d'apprentissage

— *Vous aviez dix-neuf ans lorsque vous avez interrompu vos études pour commencer à travailler à la Banque de France ?*

— Je dois dire que je suis profondément reconnaissant à mes parents de m'avoir permis de passer mes bachots, le second, celui de Math élem, en 1943. Il m'incombait dès lors de leur éviter des charges nouvelles et d'entrer dans la vie professionnelle peu après la libération de Paris, avant même que la guerre ne soit terminée. Conformément au désir de mon père, j'ai présenté ma candidature comme stagiaire à la Banque de France. Comme le nom l'indique, c'est une fonction provisoire débouchant sur un concours qui, à ce moment-là, s'appelait le concours de rédacteur. Il était ouvert aux bacheliers et aux détenteurs de diplômes supérieurs au baccalauréat. J'ai passé le premier mois au bureau de Saint-Germain-en-Laye avant d'être affecté au bureau des comptes directs, à côté des services centraux de la Banque, à deux pas du Palais-Royal. Là, j'ai commencé à aller de service en guichet pour apprendre les différents métiers de la Banque de France auxquels je ne connaissais rien. J'apprenais donc le métier et je préparais en même temps le concours de rédacteur, ce qui m'amenait, à la sortie du bureau, à suivre des cours rue Serpente, près du boulevard Saint-Germain. Je me suis présenté au premier concours qui s'est ouvert, en mai et juin 1945 et j'ai été reçu quinzième. A partir de là, j'ai été nommé rédacteur et affecté dans un service au drôle de nom, la conservation des titres, qui faisait partie de la Direction générale des titres et du marché monétaire. J'avais un excellent chef de service, M. Fruit, et j'ai été affecté à un groupe d'agents chargés d'encaisser les coupons, c'est-à-dire les intérêts et les dividendes des titres. Comme il y avait beaucoup de retard dans les encaissements à cause de la guerre, ma première tâche, qui ne demandait pas de grandes connaissances financières, a été d'organiser le travail d'une vingtaine de personnes d'une manière méthodique, de façon à rattraper ce retard. C'est ce que j'ai fait pendant près de cinq ans, jusqu'en 1950.

Le travail m'intéressait, ce qui ne m'empêchait pas de rêver d'autre chose. J'apprenais à diriger des employés mais j'avais dans la tête de faire une licence de lettres que j'ai commencée avec des cours par correspondance. Un jour, M. Fruit m'a appelé : « Je suis content de votre travail, m'a-t-il dit, mais avez-vous des idées pour plus tard ? » Je lui ai répondu que je préparais une licence de lettres. « Ce n'est pas comme ça que vous pourrez poursuivre votre carrière à la BDF, m'a-t-il déclaré, à la fois surpris et plus ou moins content. Ce qu'il faut, c'est poser votre candidature au Centre d'études supérieures de banque qui prépare, en deux ou trois ans, les futurs cadres des banques. Il y a quelques places – le nombre des élèves étant limité – pour les agents de la Banque de France et je vous incite fortement à être candidat. » J'ai suivi son conseil et de 1947 jusqu'au milieu de l'année 1950, j'ai suivi les trois années du Centre d'études supérieures de banque.

Les cours avaient lieu après le travail, à l'Institut d'études politiques. Pour moi, ils étaient pleins d'intérêt parce qu'ils me permettaient d'approfondir les problèmes économiques ainsi que les techniques bancaires qui étaient beaucoup plus raffinées que celles de la Banque de France où les rapports avec la clientèle directe étaient secondaires par rapport aux tâches liées à l'émission, la circulation et le contrôle de la monnaie.

— *Avez-vous fait beaucoup d'économie ?*

— Oui, surtout en deuxième année qui était une année économique et financière où j'ai eu la chance d'être reçu premier, ce qui a attiré l'attention des dirigeants de la Banque. La troisième année était l'année bancaire et je n'ai terminé que cinquième car il y avait là des hommes et des femmes de vingt-cinq à trente-cinq ans qui connaissaient déjà très bien les techniques bancaires. A l'issue de mon cycle d'études, un inspecteur de la Banque de France qui s'intéressait beaucoup au Centre d'études supérieures de banque m'a appelé pour me dire : « Pourquoi ne présenteriez-vous pas le concours de l'inspection ? » C'est alors que j'ai pensé à l'équilibre entre ma vie privée, ma vie militante et ma vie professionnelle. Si je passais ce concours et si, par bonheur, j'étais reçu, je devrais me consacrer entièrement à la Banque, à l'inspection et au contrôle des succursales en province, même si, au bout de dix ou quinze ans, les inspecteurs reviennent à la Banque centrale dans des postes importants. J'ai donc décliné l'offre. Ma résolution était d'autant plus forte que je m'étais marié en 1948 et que nous attendions une première naissance, celle de Martine. C'est à ce moment-là que le gouverneur a décidé de m'affecter au cabinet de la Direction générale des titres et des marchés monétaires où je suis resté de 1950 à 1962. Au cours de ces douze années, je ferai l'objet de deux demandes venant d'autres directions générales. Une telle mobilité m'aurait plu, mais ce n'était pas le style de la maison.

Dans ce cabinet, il y avait un directeur général et un directeur qui, comme toujours, eurent beaucoup d'attentions pour moi. La meilleure preuve, c'est que lorsque mon syndicat, la CFTC, proposa que je devienne membre de section au Conseil économique et social, ce qui allait me prendre une journée, une journée et demie par semaine, ils ne s'y sont pas opposés. Ce qui montre de leur part une grande largeur d'esprit.

– *Aviez-vous d'autres activités ?*
– Après mes études de banque et ma nomination au cabinet du directeur général des titres et du marché monétaire, j'avais pris le goût d'approfondir certains problèmes. Je garnissais ma bibliothèque de livres de sciences politiques, d'histoire et d'économie. Mais je travaillais seul. De leur côté, les activités militantes que j'allais embrasser m'obligeaient à approfondir ces questions, en raison des études et des exposés que j'acceptais de faire.

Au total, ces douze années à la Banque de France ont été

fructueuses parce que j'ai eu une grande palette de problèmes à traiter : la réorganisation administrative, avec l'introduction de la mécanisation, première étape de l'informatisation, les grandes questions liées aux emprunts d'Etat, les liaisons entre les valeurs mobilières et le marché des changes, notamment la création de la devise-titre. A toutes ces tâches, j'ai eu la chance d'être associé, autrement dit de m'instruire et d'élargir mon bagage, notamment en ce qui concerne les matières financières, au sens le plus large.

— C'est aussi la période où tout a changé en France, où Wilfrid Baumgartner est passé du poste de gouverneur de la Banque à celui de ministre des Finances, et puis après, c'était le président Pinay. Vous avez vécu tout cela de l'intérieur...
— Le gouverneur de la Banque de France convoquait ses directeurs généraux et ceux-ci, à leur tour, s'adressaient à leurs collaborateurs en leur demandant des notes techniques ; la seule surprise que j'aie eue à l'époque, c'est de constater que l'agitation venant de la rue de Rivoli, où se trouvait alors le ministère des Finances, se propageait à la Banque vers dix-huit heures... J'ai découvert ainsi que, dans la fonction publique, les horaires et les activités se prolongeaient le soir. Les demandes des Finances donnaient du piment au travail, car lorsqu'il s'agissait de liaison avec la politique financière de l'Etat, j'allais parfois, avec mon directeur général, chez le gouverneur qui passait commande d'une note d'analyse et de rédaction. Fournir un bon papier au gouverneur était stimulant. C'est ainsi que j'ai appris à « faire court » puisque, à deux reprises le gouverneur m'a dit : « Cinq ou six pages, c'est trop. Je passe condamnation. Revenez avec deux pages ! »

— Avez-vous eu affaire directement avec la rue de Rivoli ?
— Non, je m'occupais de liaisons entre valeurs mobilières et marchés des changes et tout cela par l'intermédiaire de banques qui agissaient sur le marché. Nous étions installés au siège de la Banque, rue Croix-des-Petits-Champs, après un passage dans une annexe, l'hôtel Ventadour tout proche. Lorsque la Banque s'est agrandie, nous avons tous été transférés dans le grand immeuble neuf de la rue Croix-des-Petits-Champs. J'ai

beaucoup appris à la Banque de France. Evidemment si j'y étais resté, j'aurais manifesté une plus grande impatience pour changer de service, mais les événements m'ont conduit ailleurs.

L'action syndicale privilégiée

– *C'est à la Banque de France que vous avez commencé votre vie syndicale ?*

– J'ai adhéré quelque temps après à la CFTC, dans le droit fil de mes engagements antérieurs. Il y avait beaucoup de collègues sympathiques à la CFTC. Aussi longtemps qu'ont duré mes études, je me contentais de payer ma cotisation et d'aller à certaines réunions d'information. Mais à partir de 1952-1953, j'ai commencé à m'intéresser aux travaux de la minorité « Reconstruction ». J'assistais aux réunions qui avaient lieu généralement au siège du Syndicat général de l'Education nationale, le SGEN, puisque l'un des deux principaux animateurs de Reconstruction était Paul Vignaux, un célèbre professeur d'histoire qui était en même temps « le patron » du syndicat des enseignants. L'autre, Albert Detraz, était responsable de la Fédération du bâtiment et des travaux publics.

En plus de Vignaux et de Detraz, la minorité comptait des responsables qui sont devenus des hommes d'influence au syndicat comme Georges Lannes à la métallurgie, Marion à la chimie, Marcel Gonin qui, lui, représentait une fédération départementale. Je participais à des réunions de travail où le SGEN jouait un grand rôle. C'est à ce moment-là que Vignaux et Detraz m'ont demandé de les aider et de collaborer à leur revue *Reconstruction*. Ils contestaient l'orientation du syndicat, trop étroitement lié à la doctrine sociale de l'Eglise, ce qui limitait à leurs yeux les possibilités de la CFTC. C'est pourquoi, dans la revue *Reconstruction* comme dans les sessions d'études, l'accent était mis sur le syndicalisme dans les pays étrangers, ce qui m'a permis d'en visiter certains et d'étudier l'évolution des expériences étrangères. Mon admiration allait à la social-démocratie scandinave dont j'allais souvent m'inspirer.

Les animateurs de « Reconstruction » voulaient, comme nous le disions, « déconfessionnaliser » la CFTC, lui donner une doctrine plus large, plus ouverte, et se rapprocher de la tradition du mouvement ouvrier dans les autres pays. Cela coïncidait avec un mouvement profond dans l'Eglise catholique, les prêtres-ouvriers, l'évolution de beaucoup de militants chrétiens, leur intérêt pour la gauche voire le marxisme, le dialogue de la revue *Esprit* avec les communistes, etc.

— *Où la doctrine sociale de l'Eglise s'exprimait-elle ?*
— Essentiellement dans les encycliques, notamment dans *Rerum novarum*, une encyclique de Léon XIII. Je m'y intéressais beaucoup car l'insertion du syndicat dans les grandes tendances et pratiques du mouvement ouvrier ne me détachait pas pour autant de mon attachement à l'Eglise et d'une inspiration puisée en partie dans les encycliques ou dans les analyses prescrites par l'Eglise de France.

— *Quelles furent les grandes étapes de la mutation à la CFTC ?*
— Il y avait des membres de la minorité dans le bureau confédéral. En 1952, ils avaient démissionné à propos de la loi Barangé[1] et de la position de la majorité dans le problème scolaire, puis un accord est intervenu qui a été sanctionné au congrès national de la CFTC de 1953, l'année des grandes grèves dans le secteur public, qui étaient parties de la base, comme c'est souvent le cas en France. La minorité ne cessait de progresser pour atteindre 40 % des votants aux congrès de 1955 et de 1959. D'où la nécessité d'intégrer plus de « minoritaires » dans les instances dirigeantes.

En décembre 1957, il y a eu un accord entre la majorité et la minorité. On a porté le nombre des membres du bureau confédéral de douze à quinze. On leur a adjoint trois conseillers techniques. A partir de ce moment-là, la collaboration s'est faite de plus en plus cordiale et efficace entre majorité et minorité, et, en 1961, c'est un minoritaire, Eugène Descamps, qui a été élu secrétaire général. Un épisode important avant la « déconfessionnalisation » proprement dite, qui interviendra au congrès extraordinaire de 1964, lorsque la CFTC deviendra CFDT... Au fil des années, ma collaboration est devenue plus intense

---

1. Loi de 1951 en faveur de l'école libre.

avec le syndicat, et à partir de 1959, j'ai travaillé à la fois pour des dirigeants venus de l'ex-majorité, comme Théo Braun, et pour ceux de la minorité, comme Eugène Descamps.

– *A cette époque-là, comment se situait la CFTC dans le monde syndical ?*
– C'était une organisation dont le nombre d'adhérents était inférieur à celui de la CGT et même à celui de Force ouvrière, mais qui était présente dans les grandes luttes syndicales ouvrières, notamment dans les grèves de 1953. Représentée de façon assez équilibrée dans le privé et dans la fonction publique, la CFTC avait sa propre personnalité et on ne pouvait pas l'accuser de « collaboration de classe ». En tout cas, à cette époque, la CFTC était le syndicat le plus fort à la Banque de France. Si ma mémoire est bonne, il y avait au Conseil général un représentant du personnel qui émanait de la CFTC.

– *Dans la revue* Reconstruction, *vous écriviez sous votre nom ?*
– Non, j'avais pris un pseudo : Roger Jacques, que j'utiliserais par la suite dans d'autres publications... Lorsque j'ai été nommé au Conseil économique et social, on m'a demandé de m'occuper du BRAEC, le Bureau de recherches et d'action économiques confédéral, que dirigeait un sympathique camarade, Berthon. En liaison avec le chef du service économique, André Darricau qui est devenu un ami, nous menions des études de fond pour préparer les débats des instances dirigeantes ou pour des tâches plus délicates comme les contacts nécessaires pour mettre fin à la guerre d'Algérie.
L'ambiance était excellente. Au titre du BRAEC, j'ai travaillé étroitement avec René Bonety qui a présenté au congrès de 1961 le fameux rapport sur la politique des salaires. Vous voyez le lien intellectuel et politique avec mes futurs travaux sur la politique des revenus. Ce furent là mes années d'apprentissage, mes années aussi de meilleure connaissance du syndicalisme. J'ai toujours trouvé au sein du syndicalisme, à la CFTC-CFDT, ou même à la CGT ou à Force ouvrière, une ambiance et un accueil que j'appréciais beaucoup. Au-delà des divergences normales sur tel ou tel sujet, franchement, j'ai toujours préféré cette ambiance à celle des partis politiques, ce qui peut

expliquer certaines de mes réticences et même certains de mes refus.

Ce bel épisode syndical se terminera en 1962 quand je serai affecté au Commissariat au Plan. A ce moment-là, je devais devenir l'homme de tous les syndicats et pas simplement d'un seul. C'était la condition qu'avait mise Force ouvrière notamment à ma nomination comme conseiller social du commissaire général au Plan.

En dehors de cela, la grande innovation avait été pour ma femme et moi, en 1953, notre adhésion à La Vie nouvelle. Cette organisation était l'œuvre de deux anciens scouts de la branche aînée, celle des routiers, André Cruiziat et Pierre Goutet, qui voulaient poursuivre ce qu'ils avaient commencé à La Route en créant un mouvement d'éducation personnaliste et chrétien. Très proche donc d'Emmanuel Mounier, ce mouvement touchait les trois domaines de la vie, la vie religieuse, la vie personnelle et la vie civique. Il incitait ses membres à s'engager dans la vie militante, dans le syndicalisme, dans les partis politiques, ou encore dans les associations attachées à l'intérêt général, notamment à la vie locale. Or, de mon côté, je cherchais depuis longtemps un mouvement où je pourrais militer avec mon épouse et qui correspondrait à nos orientations. Lecteur depuis des années de la revue *Esprit*, j'étais converti à l'approche générale d'Emmanuel Mounier, à ses positions de principe et à ses analyses dans le plein feu des controverses animées de l'époque.

— *Vous n'aviez pas été chez les routiers ?*

— Non, j'avais été à la pré-JOC (la Jeunesse ouvrière chrétienne) de 1938 à 1940 à Paris. J'avais bien essayé la Jeunesse étudiante chrétienne (la JEC), mais ce n'était pas mon style. Je préférais militer au sein des mouvements ouvrier ou agricole. C'est ainsi que j'ai travaillé avec le CNJA, le Centre national des jeunes agriculteurs. A La Vie nouvelle, la première tâche, c'était de faire partie d'un groupe de quartier que nous appelions une fraternité. Nous nous réunissions tous les mois. Plus rarement, disons une fois par an, l'ensemble des membres de La Vie nouvelle se retrouvaient avec leurs enfants quelque part en France pendant dix jours.

Nous habitions près de la gare de Lyon, dans le XIIe arrondissement. Nous partagions le pain d'un soir, en dînant chez l'un d'entre nous, et nous approfondissions des sujets dans les trois domaines déjà mentionnés.

— *Combien étiez-vous dans chaque fraternité ?*
— Dans la nôtre, quatorze couples et deux célibataires, tous adhérents du quartier. Evidemment il y avait un responsable de la région de Paris qui s'arrangeait pour que les répartitions soient équilibrées, mais c'était plutôt spontané. Dans le XIIᵉ arrondissement, il y avait deux fraternités. La nôtre était dirigée par un couple formidable dont nous avons beaucoup appris, par ce qu'ils disaient, comme par ce qu'ils faisaient, Anne-Marie et Jean-Marie Mangin. Lui, un cadre commercial très ouvert sur la vie communautaire. Elle, toute à sa vie de famille, aux enfants qu'elle avait adoptés et à ses œuvres, très branchée sur la préparation au mariage. L'un et l'autre joyeux, dynamiques, ne donnant de leçons à personne et mettant avec beaucoup de naturel tout le monde dans le bain.

— *De quel milieu social et professionnel étaient les membres de votre groupe ?*
— Un peu de tous les milieux, des employés, des cadres, des professions libérales mais peu d'ouvriers. Nous n'étions pas le seul mouvement chrétien. Il y en avait d'autres, comme l'Action catholique des adultes, ou encore les équipes Notre-Dame dont l'orientation était différente. Bref, disons que La Vie nouvelle se situait un peu à gauche.

— *Ce qu'on appelle chrétien de gauche.*
— Avec, à cette époque-là, une forte majorité des adhérents qui votaient encore pour le MRP.

— *Vous-même, avez-vous jamais adhéré au MRP ?*
— En octobre 1944, je me suis dit que j'allais faire un saut au Mouvement républicain populaire mais au bout de huit mois, je ne m'y sentais pas à l'aise... Peut-être était-ce mon allergie de base aux partis politiques, ou le style même du MRP, mais cela ne me plaisait pas... Pour moi, l'écart était vraiment trop grand entre les proclamations et la pratique. Puis j'ai eu le concours de la Banque

de France à préparer, en 1945. Je n'y suis donc pas resté. De toute façon, ce n'était pas ma tasse de thé. D'ailleurs nous aurons par la suite, au titre de La Vie nouvelle, des discussions très rugueuses avec les dirigeants du MRP, lorsqu'il nous arrivera de les voir, notamment à propos des guerres coloniales ou des événements tragiques de Madagascar.

La source : La Vie nouvelle

— *Dans les réunions de votre fraternité, y avait-il un sujet de discussion pour la soirée ?*

— Un sujet religieux, personnel ou politique. Un prêtre accompagnait chaque fraternité. Il ne venait pas à toutes les réunions, mais il était disponible. La Vie nouvelle organisait des sessions nationales ou régionales de formation sur tous les sujets, ainsi que des voyages d'études à l'étranger. Si, pour ma part, je n'ai pas fait de voyage d'études, j'ai suivi les sessions, notamment les sessions religieuses parce que ma formation chrétienne, produit du catéchisme et du patronage, était assez sommaire.

A La Vie nouvelle, l'accent était mis sur la foi. Nous qui avions été nourris du Nouveau Testament, de l'Evangile, nous nous intéressions à l'Ancien Testament. Nous parlions également des célébrations car André Cruiziat attachait beaucoup d'importance à la qualité des messes et des cérémonies religieuses, et il avait lancé un mouvement de rénovation pastorale liturgique.

— *Quelle était votre paroisse ?*

— C'était Saint-Antoine, où nous allions à la messe, rue de Lyon. Plus tard, Notre-Dame de Bercy lorsque nous avons déménagé, toujours dans le XIIᵉ.

— *Et la vie paroissiale ?*

— Je n'y ai pas participé. Mon épouse, en revanche, s'y est beaucoup engagée. Elle a fait le catéchisme pendant des années, jusqu'en 1984. Elle a aussi travaillé à l'alphabétisation des travailleurs immigrés, mais elle a toujours été très intéressée par

La Vie nouvelle. Heureusement, car c'était l'occasion d'agir ensemble, alors que mon travail professionnel et mon action militante m'éloignaient souvent de chez moi. En effet, en plus des week-ends Vie nouvelle, il y avait aussi les week-ends syndicaux. Puis vint la création de Citoyen 60. A un moment, André Cruiziat m'a remarqué, un peu comme l'avait fait Vignaux. Il m'a demandé de faire des exposés sous la direction de René Pucheu qui s'occupait, avec beaucoup de talent, du secteur politique et a littéralement créé le volet éducation politique de La Vie nouvelle en lui donnant un très grand essor. Pucheu était juriste au Gaz de France, puis il est venu travailler un moment avec moi au Commissariat général au Plan. C'était un homme très cultivé auquel La Vie nouvelle doit beaucoup. Mais à un moment donné, André Cruiziat a senti que la troisième piste, la voie d'éducation civique, intéressait de plus en plus les adhérents qui étaient confrontés, à cette époque, à une tension croissante entre la tradition démocrate-chrétienne et l'attirance par un engagement plus à gauche.

Cruiziat avait l'ambition de créer des cahiers de formation et j'ai accepté cette tâche. A partir de 1959, nous avons publié les *Cahiers Citoyen 60*. J'avais constitué une équipe, en liaison étroite avec René Pucheu, en tant que responsable du secteur politique. Nous nous réunissions toutes les semaines pour préparer les dix numéros annuels de ces *Cahiers* dont le succès – limité, entendons-nous bien, au petit monde des militants – allait ouvrir la voie à la création des clubs Citoyen 60. J'en étais le rédacteur en chef et La Vie nouvelle l'éditeur. C'était en quelque sorte un supplément de La Vie nouvelle. Au meilleur moment, quand les clubs Citoyen 60 comptaient cinq mille membres, nous tirions à trois mille exemplaires, ce qui représentait un travail conséquent. Le soir, avec l'aide d'une de mes cousines, Denise Rabenou, qui travaillait au Seuil, il fallait mettre en page ces *Cahiers* d'un bon format, assez sommaires certes dans leur présentation, mais imprimés et avec quelques illustrations.

– *Du côté religieux, La Vie nouvelle était-elle liée à une catégorie particulière de catholiques ?*
– Elle était dans le mouvement d'approfondissement, contre

une certaine routine et un trop grand contentement de soi. Notre intérêt pour la rénovation liturgique nous a valu des problèmes avec la hiérarchie catholique ou avec certains évêques. C'était un mouvement pour les laïcs, avec un aumônier national désigné par l'Eglise, comme tous les autres mouvements, mais nous avons eu, nationalement et surtout localement, beaucoup de difficultés avec la hiérarchie ecclésiastique qui trouvait les idées de La Vie nouvelle trop hasardeuses en matière religieuse et trop progressistes en matière politique ou encore dans le domaine de la vie privée. En d'autres termes, La Vie nouvelle, qui se réclamait, comme je l'ai indiqué, d'Emmanuel Mounier, allait au-delà de la foi tranquille du charbonnier et bouleversait le style de la liturgie. C'était une époque, ne l'oublions pas, où l'empreinte du catholicisme allait décliner en France. J'ajouterai enfin que, indifférente aux querelles de boutique, La Vie nouvelle choisissait ses amis et ses conseillers spirituels aussi bien chez les jésuites que chez les dominicains, sans oublier les prêtres-ouvriers.

— *Pour l'Eglise catholique, le moment important sera la mort de Pie XII, l'arrivée de Jean XXIII et puis le concile.*

— Nous avons cessé ma femme et moi de militer à La Vie nouvelle au milieu des années soixante. Le concile était commencé, et il a eu un grand retentissement dans l'Eglise, mais particulièrement à La Vie nouvelle, heureuse de ces perspectives. Pour moi, ce qui compte, c'est que La Vie nouvelle m'a beaucoup instruit sur le plan religieux, m'a beaucoup éclairé sur la vie personnelle et m'a permis d'approfondir mes thèses en matière politique.

L'influence de Mendès France

— *Avec la fin de la IVe République et les débuts de la Ve, nous n'avons pas encore parlé de Mendès France, ni du général de Gaulle.*

— J'étais surtout intéressé et passionné par l'action syndicale et par les problèmes nouveaux qui se posaient au monde du travail. J'étais fasciné par ce que j'apprenais à La Vie nouvelle, par le climat fraternel qui régnait dans ce mouvement. Ce qui m'a conduit à nouveau à m'intéresser aux partis politiques, c'est avant tout Pierre Mendès France. Ma génération lui doit son intérêt pour la politique. J'ai suivi avec passion tout ce qu'il a fait et j'ai eu ensuite la chance de faire sa connaissance et de discuter souvent avec lui – même si nous n'étions pas toujours d'accord –, mais je voudrais citer un passage du livre d'un de mes amis, Alain Gourdon, qui montre bien comment nous, les clubistes, avons subi l'influence de Mendès, et qui disait : « De Mendès France, les animateurs des clubs ont surtout retenu que les idéologies les plus attirantes se brisent sur les écueils de la force des choses et que les problématiques qui évacuent les réalités du gouvernement des hommes, se condamnent inéluctablement à l'impuissance et à l'erreur. » C'est un merveilleux hommage fait à Mendès France comme éducateur de l'action politique. Non seulement il nous a mobilisés, nous qui étions pour la décolonisation, la modernisation de la France et l'approfondissement de la participation démocratique... Mais il nous a enseigné cela alors que le marxisme faisait beaucoup d'émules, y compris chez les chrétiens. On se heurtait donc à un idéalisme marxiste qui amenait des chrétiens jusqu'à une curieuse eschatologie.

– *En fait, vous avez été mendésiste.*
– Toujours, mais d'une manière active et modeste. A l'occasion du Front républicain, en 1956, j'ai collé des affiches et distribué des tracts dans mon quartier pour le candidat, Leo Hamon, et son suppléant, un autre ami, François Sarda. Avec mon copain de la Jeunesse ouvrière chrétienne, Antoine Lejay, nous assumions des tâches matérielles et parfois nous recevions des coups. Malheureusement, Leo Hamon n'a pas été élu. A l'époque, j'étais déjà engagé dans les petits partis politiques puisque j'avais adhéré en 1954 à la Jeune République, le parti fondé par Marc Sangnier mais dont 90 % des membres avaient rejoint le MRP au lendemain de la Libération. A l'époque, Camille Val en était le secrétaire général et il y avait un bureau politique où se côtoyaient le professeur Georges Lavau, Leo Hamon et d'autres... La Jeune République était un petit parti qui a eu un élu au titre du Front républicain. A peine étiez-vous dans ce petit parti que vous étiez projeté à la tête et que

vous participiez au bureau national. J'ai accompagné l'évolution vers un regroupement des petits partis de gauche jusqu'à la création du PSU, le Parti socialiste unifié. Mais pour moi, le plus important, c'était ma vie professionnelle, la Banque de France, et puis le syndicalisme et La Vie nouvelle.

Sous la IVe République, la Jeune République a fusionné avec la Nouvelle Gauche de Gilles Martinet et de Claude Bourdet, autour de *L'Observateur* qui avait été créé en 1950. Le troisième compère était le Mouvement de libération du peuple, la fraction politisée et séparée du Mouvement de libération ouvrière qui était la suite de la JOC et de l'Action catholique ouvrière. Le Mouvement de libération du peuple se scindera en deux – mon camarade Antoine Lejay, avec qui je collais les affiches, était resté au Mouvement de libération ouvrière et n'avait pas adhéré au MLP. Le nouveau parti issu de ces fusions s'appelait Union de la gauche socialiste et j'ai figuré dans ses instances dirigeantes. De leur côté, des personnalités comme Alain Savary, Edouard Depreux et Michel Rocard quittaient la SFIO pour créer le PSA, le Parti socialiste autonome, en 1958. De la fin des années cinquante date le début de mes relations chaleureuses avec Michel Rocard, l'amitié se renforçant progressivement et nous aidant à surmonter des divergences et sur le fond et sur la tactique, divergences dont je reparlerai à propos de la période 1972-1981.

– *A cette époque-là, vous aviez beaucoup de réticences vis-à-vis des grands partis, que ce soit le MRP ou la SFIO. En revanche, vous étiez très ouvert à la formule des clubs.*

– Le mouvement des clubs est un phénomène caractéristique de cette période 1959-1960. Je vous ai parlé de Citoyen 60 mais le club le plus célèbre a été le club Jean-Moulin, créé en 1958 au moment des graves événements de la guerre d'Algérie. Ces clubs coopéraient entre eux. Un peu plus tard, ils ont même tenu des assises ensemble. Le fait générateur fut la défense de la démocratie menacée par les séquelles de la guerre d'Algérie, puis une contestation implicite des partis dominants. Cette contestation ne prenait pas des formes agressives. Ces clubs avaient une certaine conception de la politique, fondée sur la participation des citoyens et sur quelques thèmes essentiels :

l'Europe, la démocratie, la décentralisation, la modernisation économique. Les idées ainsi avancées se sont retrouvées ensuite, plus ou moins amputées ou déformées, dans les programmes de tous les partis politiques.

Quand avez-vous rencontré Mendès pour la première fois ?

– J'ai dû le rencontrer pour la première fois lors des événements de 1958. Par la suite, nous avons souvent échangé nos vues. Il avait adhéré au Parti socialiste autonome (PSA), une occasion pour moi de le fréquenter. Plus tard, il rejoindra le PSU qu'il quittera après les événements de Mai 68. C'est lui qui a fondé les *Cahiers de la République,* sa revue, dans laquelle un de mes amis, Pierre Avril, a joué un rôle essentiel. Avril, qui était aussi membre de l'équipe de rédaction de *Citoyen 60,* s'affirmera plus tard comme un grand constitutionnaliste. C'était aussi l'occasion de débats fort stimulants.

– Et de Gaulle ? Quand vous avez vu arriver de Gaulle, qu'avez-vous pensé ?

– Franchement, je n'ai jamais pensé que ce serait le fascisme mais, connaissant bien le drame algérien, j'ai pensé que le général finirait par trouver une solution, tout en évitant la guerre civile. La période 1958-1962 a été dramatique, avec les manifestations en Algérie, les attentats OAS, les explosions en France, en 1962, les morts du métro Charonne.

J'étais reconnaissant et admiratif du fondateur de la France libre, j'appréciais moins le mouvement gaulliste, éloigné de mes idées. Mais, déçu que j'étais par les partis traditionnels, MRP, SFIO, comment ne pas faire crédit à de Gaulle ? D'un côté pour en finir avec la tragédie algérienne, de l'autre pour imposer un plan de rigueur, le plan Rueff, appliqué par le général dès son retour au pouvoir.

Pour illustrer mon allergie aux partis et aux pratiques de la IVᵉ République, je vous raconterai comment j'allais faire des exposés aux adhérents de La Vie nouvelle, leur expliquer pourquoi Mendès France avait été renversé, pris dans les querelles de partis et de personnes. Mes auditeurs avaient du mal à comprendre et, pour tout dire, étaient découragés. Je sentais à ce moment-là une coupure entre le pays réel et sa classe politique. Et c'est pour ça qu'en 1962, j'ai voté « oui » pour l'élection au suffrage universel du président de la République, ce qui a choqué beaucoup de mes camarades.

— *Il y a eu un premier référendum en 1958, à l'initiative du général.*
— J'ai voté « oui » en 1958 et en 1962. Je disais à mes camarades : on ne peut pas rester sur cette logique des partis, qui n'a plus rien à voir avec la réalité du pays. J'ai eu à ce sujet d'âpres discussions avec Pierre Mendès France qui, lui, était partisan du régime parlementaire, mais il aurait fallu qu'une bonne partie de la classe politique ait la hauteur de vues et la morale de Mendès pour que le régime parlementaire de la IVᵉ fonctionne correctement.

— *Mendès France que le régime parlementaire n'avait pas gâté puisqu'il avait été renvoyé rapidement et très sèchement, puis ensuite marginalisé, après la victoire du Front républicain dont il était, pourtant, la tête d'affiche.*
— En effet, ce n'est pas lui qui fut nommé président du Conseil en 1956, mais Guy Mollet. Et il a vite démissionné. Par rapport à de Gaulle et à la Vᵉ République, Mendès France devait adopter une position que je tenais pour de l'entêtement. Il ne faisait pas la part du feu. C'était donc une raison pour ne pas le suivre sur toute la ligne, mais cependant, il nous subjuguait. Il était pour nous l'exemple du Civisme, avec un grand « C », l'exemple de ce que devait être l'homme politique et de la volonté authentique de faire participer les citoyens. Plus tard, lorsque François Mitterrand aura gagné, je jouerai mon petit rôle pour que les deux hommes continuent à dialoguer pendant le peu de temps que Mendès a vécu après 1981...

— *Il était heureux de la victoire de la gauche mais, en même temps, il se savait sur le bord du chemin.*
— Je ne l'ai jamais vu exprimer de la rancune, ni prendre des positions en fonction de ses sentiments...
Pour ma part, en cette fin des années cinquante, l'ambiance politique confortait mon penchant pour le syndicalisme. La poursuite de mes activités syndicales a fait que, m'occupant du

BRAEC, la CFTC a demandé au syndicat CFTC de la Banque de France si je pouvais être nommé membre de section au Conseil économique dont les membres à temps plein sont désignés pour cinq ans et les membres affectés à une section sont désignés pour deux ans et demi. La CFTC a proposé mon nom et je me suis retrouvé à la section des investissements et du Plan avec, je le répète, une très grande compréhension de mes supérieurs à la Banque de France. Je m'y plaisais beaucoup parce que, pour moi, c'était une ouverture vers la planification et ses grands problèmes...

Présidée par un socialiste, Alexandre Verret, c'était une section particulièrement riche en personnalités, notamment syndicales, avec Le Brun pour la CGT, Gabriel Ventejol pour Force ouvrière – il sera plus tard président du Conseil économique et social, Lagandre pour la CFTC. On y trouvait aussi un gaulliste historique, doté d'un humour mordant, Louis Vallon, et le grand professeur d'économie François Perroux.

C'était pour moi un apprentissage de choix. Me retrouver dans un tel aréopage, à trente-quatre ans, venant d'où je venais, était une chance que j'ai saisie quand le président Verret m'a proposé d'être le rapporteur d'une étude pour le IVe Plan intitulée « L'évolution de la consommation des particuliers au cours des prochaines années ». Allant au-delà du titre, j'ai voulu transformer cette saisine en une réflexion sur la répartition des fruits de la croissance, l'arbitrage entre travail, récupération et vie privée, le dosage entre consommation privée et consommation collective, c'est-à-dire, à l'époque, le hors-marché (éducation, santé, certains biens culturels), bref une réflexion sur la structure souhaitable des revenus.

Ce rapport a beaucoup attiré l'œil de Pierre Massé, le commissaire au Plan, qui écrira dans son introduction au rapport du IVe Plan : « Des avis recueillis se dégage l'idée d'un large recours aux services des équipements collectifs. On peut penser en effet que la société de consommation que préfigurent certains aspects de la vie américaine et qui a trouvé aux Etats-Unis ses critiques les plus pénétrants, se tourne à la longue vers des satisfactions futiles, elles-mêmes génératrices de malaise.

Sans doute vaut-il mieux mettre l'abondance progressive qui s'annonce au service d'une idée moins partielle de l'homme. »

– *Voilà qui a dû vous plaire...*
– Ce rapport sur la consommation des particuliers a beaucoup circulé. Il était sur la table du Conseil des ministres quand ces derniers ont discuté des perspectives du Vᵉ Plan. C'est à ce moment-là que Pierre Massé a commencé à s'intéresser à moi. Nous avions un ami commun, Jean Ripert, chef du service économique du Commissariat général au Plan, et un des piliers de la revue *Esprit* comme du club Jean-Moulin. Ripert m'a contacté pour savoir si je serais intéressé par une collaboration au Plan. Ma réaction a été très positive et j'ai présenté à la Banque de France ma demande de détachement. En d'autres termes, cela voulait dire que la Banque, qui avait l'habitude de détacher des gens dans des instituts d'émission africains et dans des organisations internationales, prenait en charge mon salaire. Mais mon cas était nouveau. Alors, avant de prendre sa décision, le sous-gouverneur de la Banque qui s'occupait du personnel, M. Schweitzer, ancien directeur du Trésor et ancien directeur du Fonds monétaire, m'a appelé et m'a dit : « Je suis tout de même assez surpris, compte tenu de vos notes professionnelles, que vous abandonniez pour prendre d'autres orientations, alors que vous avez une belle carrière devant vous. » Je lui ai expliqué que j'avais déjà demandé de changer de direction, mais sans succès, et que, dans ces conditions, je souhaitais saisir l'opportunité de servir l'Etat directement dans une autre discipline. Il m'a dit : « De toute façon, si vous échouez, vous avez un parachute, le retour à la Banque de France. »

Et voilà comment, le 17 mai 1962, j'ai atterri rue de Martignac, comme conseiller social du commissaire général au Plan. Pierre Massé, je dois le dire, a toujours eu un faible pour moi. J'avais également d'excellentes relations avec les personnages les plus importants, Jean Ripert, qui allait devenir commissaire adjoint du commissaire général, Paul Lemerle, inspecteur des finances et chef du service économique, Gilles Brac de la Perrière, chef du service financier. Bref, ils m'ont accueilli un peu comme une curiosité, un syndicaliste, mais ils s'intéressaient aux questions sociales et pour moi, ces années du Plan demeurent les meilleures années de ma vie professionnelle.

— *Et votre père, qu'a-t-il dit de tout cela ?*
— Il n'était pas très heureux... Que ce soient les dirigeants de la Banque de France ou mon père, la réaction était la même : Que lui prend-il, alors qu'il a de si belles perspectives de carrière devant lui ? Quant à mon épouse, elle était complètement d'accord. Depuis l'adhésion à La Vie nouvelle jusqu'aux affectations professionnelles, j'ai toujours discuté avec elle chacun de mes changements. Notamment quand il s'est agi de vivre à Bruxelles, ce qui était pour elle une rupture. On en a parlé pendant quelques semaines : à soixante ans, lorsqu'il faut quitter Paris, ses amis, ses activités militantes, son quartier, ses catéchumènes, pour aller dans une ville où on n'a jamais vécu, c'était difficile. Mon épouse m'a fait un magnifique cadeau ce jour-là en acceptant ce changement de vie.

— *Nous n'avons pas encore parlé de Mme Delors. Vous aviez connu votre future épouse à la Banque de France ?*
— Oui, elle était dans mon service. Mais je dois bien l'avouer, une fois mariés, faisant preuve pour une fois d'un esprit un peu réactionnaire, j'ai insisté pour qu'elle arrête à la naissance de Martine car je me souciais beaucoup de l'éducation des enfants. Je savais que le temps disponible m'était compté. C'est en réalité le premier cadeau qu'elle m'a fait.

— *J'imagine qu'elle devait tenir à sa vie professionnelle. Et par la suite, elle n'a pas repris d'activité ?*
— Non, elle s'en est tenue à ses activités militantes et associatives. Mais l'éducation des enfants y a gagné. Pour ma part, je comprends qu'elle ait quelques regrets de n'avoir pu poursuivre sa vie professionnelle.

2

Les belles années du Plan

J'ai eu la chance d'être appelé au Commissariat général au Plan à un moment où les travaux de planification étaient à leur sommet. Immédiatement après la guerre, Jean Monnet, le premier commissaire au Plan, avait convaincu les hommes politiques et les acteurs économiques de renoncer au malthusianisme et de dépasser les chiffres de production d'avant guerre... Il avait fait un travail pédagogique unique ! Quinze ans plus tard, les travaux du Plan étaient à leur apogée. Les pouvoirs publics y attachaient beaucoup d'importance, le général de Gaulle en tête qui parlait de l'« ardente obligation du Plan ».

— *Pourquoi dites-vous que votre entrée au Plan a été un changement rêvé ?*
— Parce que j'avais toujours envié les serviteurs directs de l'Etat. Travailler à la Banque de France, c'était aussi servir l'Etat, mais mes contacts avec des hauts fonctionnaires en tant que rapporteur du Conseil économique et social, ou encore avec les membres du club Jean-Moulin, dont beaucoup étaient des hauts fonctionnaires, le prestige qu'avait à mes yeux un homme comme François Bloch-Lainé, toutes ces raisons faisaient que je n'aurais jamais espéré une meilleure occasion de servir directement l'Etat, qui plus est, dans une institution que je vénérais comme le Commissariat au Plan. Je m'étais en quelque sorte rapproché de l'Etat et du pouvoir, et je me sentais

en mesure à la fois de mieux comprendre comment étaient prises les grandes décisions et d'exercer une influence sur les choix gouvernementaux.

Ce furent de belles années. Tout d'abord, parce que j'ai été bien accueilli, même si je faisais figure de poussin dans une couvée de canards puisque je ne sortais ni de l'ENA, ni d'une autre grande école, mais mes collègues m'ont tout de suite manifesté attention et même amitié. Certains, il est vrai, me connaissaient déjà. Mais je n'ai jamais eu le trac. Tout de suite, dans mes conversations de travail avec le commissaire général, Pierre Massé, comme avec ses plus proches collaborateurs, j'ai senti que le courant passait. A nos travaux, participaient aussi d'autres hommes remarquables comme Claude Gruson, le directeur de l'INSEE, et Jean Saint-Geours qui dirigeait le Service d'études économiques et financières du ministère des Finances, chargé de la prévision.

— C'était une position privilégiée ?

— Ou peut-être la cote d'amour... Autre raison de me réjouir, le Commissariat général au Plan, la rue de Martignac, comme on l'appelait, était un point de passage obligé pour tous les acteurs professionnels et syndicaux. Non seulement ils devaient y aller, mais ils aimaient participer à ses travaux. De même pour les intellectuels qui y trouvaient un carrefour où échanger et confronter les idées. Ce qui permettait à Pierre Massé, qui en a largement usé, d'ausculter tranquillement la société française, un atout considérable si on compare les conditions de vie et de travail du commissaire général à celles d'un Premier ministre ou d'un président de la République.

L'ingénieur social

Je suis arrivé rue de Martignac en plein travail de préparation du Ve Plan, 1966-1970. Pierre Massé entendait bien poursuivre l'impulsion du IVe Plan, une idée moins partielle de l'homme, une planification qui ne soit pas seulement concentrée sur les aspects économiques et industriels.

J'étais déjà dans le coup en raison de ma participation au Conseil économique et social, mais deux événements-chocs m'ont fait faire l'économie de toute période d'adaptation. Le premier fut assez curieux : Pierre Massé m'avait envoyé dans une mission de productivité aux Etats-Unis pour que je fasse un voyage d'études assez substantiel en compagnie de fonctionnaires et de journalistes. C'était très intéressant, lorsqu'un coup de téléphone arrive de Paris où on venait d'apprendre avec stupéfaction que le président-directeur général de la régie Renault, Pierre Dreyfus, avait négocié avec son personnel l'octroi d'une quatrième semaine de congés payés, ce qui était un grand événement social et politique. Compte tenu du rôle emblématique que jouait la régie Renault non seulement sur le plan industriel mais aussi sur le plan social, j'ai été rappelé en France pour discuter avec Pierre Massé des conséquences possibles, alors que Pierre Dreyfus se défendait de ne pas avoir informé le gouvernement comme on le lui reprochait. Il a donc exhibé des notes envoyées aux ministres compétents, y compris au ministre de l'Economie et des Finances, M. Giscard d'Estaing. Enfin, ce fut une occasion de réfléchir et de se demander si cette quatrième semaine de congés payés n'allait pas s'étendre du fait de l'action syndicale et faire l'objet de négociations...

Deuxième événement : la grève des mineurs de mars 1963, le premier bal de l'ingénieur social que j'étais en train de devenir. Il y avait une négociation en cours entre la direction des Charbonnages de France et les mineurs. Le désaccord portait, selon les notes administratives que je consultai à ce moment-là, sur 0,77 % de salaire. Le gouvernement pensait qu'il ne pouvait pas aller plus loin et que les Charbonnages ne devaient pas dépasser le cadre qui leur avait été fixé. Il était d'autant plus circonspect que se profilait déjà la menace d'une restructuration de l'activité charbonnière, compte tenu de la concurrence des autres sources d'énergie.

Le gouvernement était assez optimiste. Il estimait que l'écart en ce qui concernait les revendications était faible et ne mobiliserait pas les intéressés. Il était d'autant plus confiant qu'une première tentative de grève dans le Nord-Pas-de-Calais n'avait pas réussi. Mais, avec la deuxième grève, déclenchée le 1er mars, les choses commencèrent à changer et le gouvernement, qui ne croyait pas à un conflit de grande ampleur, décida le 4 mars la réquisition des mineurs, ce qui précipita la généralisation de la grève à l'ensemble de la profession.

L'inquiétude grandissait chez le Premier ministre. On se rappelait qu'une autre grève des mineurs, en 1947, s'était terminée dans le drame. La grève se prolongeant, on cherchait une solution. C'est alors que Pierre Massé, qui jouissait de l'estime et de la confiance du général de Gaulle comme du Premier ministre, leur proposa de tenter une médiation que le gouvernement accepta de lui confier en lui adjoignant deux autres personnalités, François Bloch-Lainé, directeur général de la Caisse des dépôts, et Masselin, de la Cour des comptes.

– *Qu'entendez-vous par médiation ?*

– Une médiation n'est pas un arbitrage, mais une simple proposition faite aux partenaires sociaux et au gouvernement, alors que l'arbitrage s'impose aux deux parties. C'était donc une médiation, mais exceptionnelle. Et voilà le débutant dans le bain, car j'étais rapporteur de ce groupe et on avait étendu la mission à trois grandes entreprises publiques, les Charbonnages, Electricité et Gaz de France et la SNCF.

Le gouvernement avait bien précisé ce qu'il souhaitait : dans une lettre du 15 mars, il demandait de « rassembler les informations disponibles quant à la progression des rémunérations de certaines entreprises du secteur national, comparées à celles des salaires du secteur privé, compte tenu des qualifications, des conditions de travail, des garanties ou avantages propres aux diverses catégories ». Je cite ce texte parce que certains puristes nous ont reproché de nous être laissé aller sur une pente dangereuse en comparant les salaires du secteur public et ceux du secteur privé. Mais il n'y avait pas moyen de s'en sortir autrement puisque l'idée du rattrapage était dans la tête des salariés et de leurs dirigeants syndicaux dans les grandes entreprises publiques.

Nous nous sommes mis au travail en recevant la direction des Charbonnages de France et les différents syndicats. De même pour EDF et la SNCF. De mon côté, avec le concours des fonctionnaires maîtres des statistiques, j'essayais de comprendre où on en était et je doublais ces renseignements par des conversations informelles avec les organisations syndicales, notamment – mais pas exclusivement – avec la CFTC-CFDT, dont je venais.

Très vite, nous sommes arrivés à rédiger ce rapport et à le faire endosser par le gouvernement, ce qui a permis, après un dernier coup de théâtre, de régler le problème. Pour moi, le choc a été de voir dans *Le Monde* que mon vieux copain Gilbert Mathieu contestait les chiffres que j'avais moi-même sortis. Quel trac ! Jamais je ne m'étais exposé comme ça ! J'ai passé une nuit blanche à tout recalculer, mais nos chiffres ont tenu le coup...

– *Quels étaient les points forts de ce rapport ?*
– C'était d'abord de constater l'écart entre l'évolution des salaires dans le secteur privé et dans le secteur public. Nous avons estimé ce retard à 8 % pour les mineurs, en tenant compte des avantages annexes, à 3,1-3,6 % pour EDF, à 4,7-5,12 % pour la SNCF. C'étaient les Charbonnages qui étaient le plus en retard. Le gouvernement a suivi et dans les conclusions du rapport, Pierre Massé a ajouté quelques réflexions pour éviter à l'avenir, sinon tous les conflits, du moins les plus importants. A l'issue du conflit, le syndicat CFTC des Charbonnages m'a remis une lampe de mineur que je garde précieusement.

– *De votre côté, vous avez travaillé avec les trois Sages mais aussi avec les représentants des syndicats. Comment se passaient ces contacts ?*
– J'ai eu des conversations d'un caractère plus personnel avec les uns et les autres, en particulier avec les mineurs, pour bien comprendre leurs revendications et surtout leur état d'esprit. Je les avais rencontrés en tant que syndicaliste de la CFTC et c'est ce qui m'a facilité les choses. Je connaissais bien leurs deux principaux dirigeants. L'un, Bornard, était un diplômé de l'enseignement supérieur qui avait choisi la mine et leur chef, Sauty, souffrait de la silicose, la maladie des mineurs. Ma femme organisait des dîners à la maison au 19, boulevard de Bercy où nous habitions depuis 1960.

Inventeurs de simplicité

Le rapport remis, le gouvernement en a immédiatement tiré les conséquences et quelques jours plus tard, la grève cessait. Quant à Pierre Massé et moi-même, nous avons tiré nos propres enseignements de cette expérience. C'est ainsi que Massé a mis dans la conclusion du rapport cette phrase : « Si nous voulons réellement une économie transparente, nous sommes condamnés à devenir des inventeurs de simplicité. » Une formule qu'il nous répétera plusieurs fois par la suite et dont, devenu ministre, je ferai un des critères de mon action : pour faire progresser la compréhension et la démocratie, il faut tenir des propos et des raisonnements accessibles à tous.

Dans les conclusions du rapport, les Sages esquissaient aussi une politique des salaires, plaidaient pour une magistrature consultative – une idée dont nous reparlerons à propos de la politique des revenus – et pour une conversion exemplaire des Charbonnages de France. Le Plan devait être porteur d'avenir et expliquer que prendre en charge l'avenir est la condition d'un meilleur gouvernement des hommes.

– *Qu'entendiez-vous par magistrature consultative ?*

– Dans cette société très conflictuelle qu'était la société française, nous pensions qu'il fallait une magistrature pour établir des faits statistiques incontestés de part et d'autre. Le grand mérite des trois Sages fut de ramener à un chiffre des données extrêmement complexes sur lesquelles on ne se mettait jamais d'accord. D'où l'idée de confier à une magistrature consultative le soin de tenir des comptes qui seraient acceptés comme base de discussion par la direction des entreprises et par les salariés. C'est ce qui explique que, quelque temps après, le gouvernement ait demandé à un haut magistrat, M. Toutée, de réunir les intéressés autour d'une table pour les mettre d'accord au moins sur les chiffres, avec l'idée un peu diabolique chez certains ministres que le fait de discuter les chiffres donnerait une première satisfaction aux syndicats, qui y verraient une sorte de pré-négociation.

A propos de la politique des salaires, les Sages lançaient aussi cet avertissement : Attention à la parité absolue ! en estimant que la parité absolue était une rigidité mortelle pour l'économie. C'est ce qui m'a amené à réfléchir sur une théorie des salaires que je développerai par la suite comme conseiller de Chaban-Delmas ou, plus tard, comme ministre des Finances.

– *Qui revendiquait cette forme de parité ?*
– Dans la France de l'époque – et peut-être de toujours – quand un groupe de salariés ou de travailleurs indépendants réclame, il cherche des arguments en comparant sa situation avec celle d'autres corporations qu'il estime mieux traitées. Pour ma part, je pensais aussi que la parité absolue était dangereuse. Si vous reprenez la théorie du salaire que j'ai esquissée, selon laquelle le salaire doit comporter trois parties – une part du gâteau de la croissance nationale, une part des résultats de l'entreprise et la troisième part pour des promotions individuelles à l'ancienneté ou au mérite – la parité absolue fait fi de ces trois éléments.

– *Quelles ont été les conséquences du rapport des Sages ?*
– Après le rapport, le gouvernement a inventé les procédures Toutée, pour associer la direction et les représentants des salariés à un constat sur l'état des lieux, mais en laissant toujours au Conseil des ministres le dernier mot. Devenues Toutée-Grégoire, du nom du conseiller d'Etat chargé de les présider, ces procédures feront l'objet, après Mai 68, d'un nouveau coup de peinture, confié à un autre fonctionnaire, M. Martin, chargé de les rendre plus aimables. En tant que représentant du Commissariat général au Plan, j'ai participé d'un bout à l'autre à ces procédures. Elles permettaient d'éviter les incompréhensions sur les chiffres et, dans le meilleur des cas, de se mettre d'accord sur un constat, même si les syndicats des entreprises publiques étaient frustrés d'une véritable négociation. C'est cette tentative que je reprendrai, sous le regard apeuré de beaucoup de responsables, lorsque je serai nommé chez Chaban-Delmas. Ce sera l'aventure de la concertation sociale et des contrats de progrès.

L'inflation, maladie mortelle

En passant de la planification en volume à la planification en valeur, qui tient compte de l'évolution nominale des revenus, Massé voulait au moins attirer l'attention de la société française sur les comportements collectifs, ou individuels, qui entretenaient cette maladie mortelle qu'était pour lui l'inflation. A partir de là, avec moi, qui suivais depuis longtemps les expériences étrangères, nous avons commencé à réfléchir à une politique concertée des revenus.

— *La formule « politique des revenus » venait-elle de chez vous ?*
— Non, elle existait sous son nom anglais, *income policy*, et avait donné de remarquables résultats, indiscutables aux Pays-Bas, où un très grand consensus avait permis à ce pays de se relever d'une manière spectaculaire après la guerre. Ce dont les Anglais se sont inspirés avec la création d'une Commission nationale des revenus, mais sans obtenir les mêmes résultats. Quant à nous, qui n'étions que les conseillers du pouvoir, nous espérions qu'une conférence nationale ferait progresser ce concept de politique concertée et le rendrait plus familier aux intéressés.

— *Une politique concertée entre qui et qui ?*
— Entre les pouvoirs publics, les partenaires sociaux et les groupes d'intérêt. Ce qui excluait toute politique autoritaire et constituait une révolution pour la société française.
Nous pensions à un bon usage de la planification à la française, sans nourrir l'illusion d'un plan réalisé à 100 % ni même à 80 % – ce qui n'est pas possible. Mais il fallait compter avec la mentalité de juristes des uns, la mentalité revendicative des autres, et l'opposition qui dirait : votre plan n'a pas réussi parce qu'il n'a été réalisé dans tel ou tel domaine qu'à 88 %. Malgré tous les obstacles, Pierre Massé comptait sur le Plan pour prendre en charge l'avenir, programmer des actions de modernisation, les compléter par une politique concertée des revenus et lutter contre l'inflation et toutes les formes de dérapage. Ainsi, pensait-il, la France arriverait à concilier l'expansion économique avec une certaine sagesse financière et monétaire.

La guerre des trois écoles

Pour ma part, profitant aujourd'hui de l'effet de distance, je suis tenté de distinguer trois conceptions dans la conduite de l'économie et de les résumer de la manière suivante :

La première école se résignait à la préférence française pour l'inflation, la deuxième, sous l'impulsion de Jacques Rueff, mais avec l'appui et l'action du général de Gaulle, mettait l'accent sur les politiques monétaires, et la troisième école – c'était la nôtre, très minoritaire – professait qu'un sursaut de conscience collective et un effort commun de discipline permettraient d'éviter et l'inflation et les conséquences brutales des politiques excessivement monétaristes.

– *Qu'entendez-vous par conséquences brutales ?*

– On faisait du *stop and go*. Nous bénéficiions à l'époque d'une expansion forte – c'étaient les *golden sixties*, les années d'or – nous étions stimulés par la reconstruction, la démographie, la révolution technologique, mais lorsque l'on jetait de l'eau froide sur le moteur, la voiture ralentissait dangereusement, avec toutes les conséquences, perte de croissance et recul social. Ces trois écoles se sont donc affrontées.

La première école, que j'appelle celle de la préférence pour l'inflation, était la pente naturelle de la société française. Personne ne se vantait d'en être, mais la plupart des dirigeants français s'en accommodaient. La majorité de droite avait deux soucis : trouver un bon compromis entre la classe montante issue de la modernisation, de l'industrialisation – celle des dirigeants et des cadres supérieurs, qui allait s'affirmer de plus en plus – et les classes traditionnelles qui formaient le gros de son électorat, agriculteurs, artisans, commerçants, professions libérales. Pourtant le rapport Rueff-Armand, demandé par le général de Gaulle, dénonçait toutes les rentes de situation dont bénéficiaient certaines de ces catégories. En vain ! Leur deuxième crainte, c'était que leur action soit freinée – ou même leur pouvoir remis en cause – par une agitation sociale débordante et agressive. C'est la raison pour laquelle ils s'accommodaient de l'inflation avec l'œil rivé sur le taux d'expansion, sur les résultats électoraux et sur la situation sociale. C'était d'autant plus compliqué qu'en 1958, lorsqu'il est revenu au pouvoir, le général de Gaulle, laissant de côté ses réticences vis-à-vis de la construction européenne, avait accepté le traité de Rome et donc le Marché commun, ce qui voulait dire qu'une France protectionniste devait faire leur place à la liberté des échanges et au marché. Facteur de craintes pour certains parce que, si mes souvenirs sont bons, au moment du Traité de Rome, le patronat français n'était pas si enthousiaste que ça... Ce n'est pas une école théorique que je décris là mais une école pragmatique, en liaison avec la société française, telle qu'elle était, et avec les préoccupations de ses dirigeants.

Pour la deuxième école, celle de la libération des échanges à laquelle le général de Gaulle avait donné l'impulsion nécessaire, la politique monétaire, pendant cette période d'après-guerre, caractérisée par d'énormes besoins d'investissements et par l'insuffisance de l'épargne, avait conduit à mettre la monnaie au service de la reconstruction, en laissant de côté les prudences monétaires habituelles. C'était d'ailleurs inévitable en période de pénurie de l'épargne et de gros besoins d'investissements.

De Gaulle, qui attachait beaucoup d'importance à la monnaie et combattait par ailleurs la domination du dollar, s'est inquiété dès 1961 de la renaissance de l'inflation. A l'époque, certains observateurs politiques se sont demandé si le domaine réservé n'allait pas s'étendre aux questions économiques et monétaires, et le général tiendra sept conseils restreints entre 1961 et 1963 sur ces questions. Non seulement il s'y intéressait, mais il aspirait à une conception plus ambitieuse et plus exigeante de la politique économique. La hausse des prix accusait un rythme de 6 % et, de plus, le déficit du commerce extérieur augmentait. Le général s'en est inquiété auprès de Pompidou et il a tenu deux conseils restreints à nouveau, le 30 août et le 7 septembre, et le 12 septembre 1963. Les services du gouvernement ont travaillé d'arrache-pied, certains peut-être à contre-cœur, pour décider finalement de jeter de l'eau froide sur le moteur.

Un plan de stabilisation

Le 12 septembre 1963 précisément, on annonce le plan de stabilisation qui fait revenir la France à plus de dirigisme. C'était la contradiction que devaient assumer de Gaulle et le gouvernement à l'époque – un contrôle plus sévère du crédit, des économies budgétaires et le blocage de tous les prix au 31 août. Le général de Gaulle a ensuite précisé sa pensée mais il aurait fallu que l'épargne longue, celle qui peut financer de manière saine le déficit budgétaire, les augmentations de capital des entreprises, bref la croissance, il aurait fallu que cette épargne soit suffisante. Elle ne l'était pas. Malgré tout, de Gaulle, dans une lettre au gouvernement, invite à proscrire le financement du déficit budgétaire par la Banque de France et à supprimer le financement du logement par la monnaie. Il demande aussi que l'Etat devienne un emprunteur normal sur le marché et cesse de placer prioritairement ses emprunts à des taux exorbitants.

Je partageais l'idée du général de lutter contre l'inflation qui était un mal économique et social, mais pour ma part, bien entendu, je ne le croyais pas possible par le seul jeu de la politique monétaire. C'est la même raison qui me fera insister en 1988, lorsque je présiderai la commission chargée de préparer l'Union économique et monétaire, sur l'équilibre entre les mesures monétaires et les mesures économiques. Le général de Gaulle a donc fait appliquer ce plan de stabilisation au même moment où nous, ceux de la troisième école, nous nous exercions à cette idée d'une politique plus concertée, avec une planification qui maîtriserait l'avenir et une politique des revenus qui contrôlerait les coûts et l'inflation, tout en assurant plus de justice sociale dans la répartition.

De Gaulle n'arrivera pas à en finir avec la préférence pour l'inflation et il le regrettera. Mais les résultats de son plan de stabilisation n'ont pas été aussi catastrophiques qu'ont pu le dire ses adversaires. Pour l'instant, ce qui était important, c'était d'élever notre petit groupe du Commissariat au Plan à un niveau de rapports de pouvoir qui n'était pas le nôtre. Une tentative que nous avons essayé de mener à bien en organisant cette conférence des revenus d'octobre 1963 à janvier 1964. Elle sera présidée par Pierre Massé et tous les partenaires sociaux y prendront part. Mais, entre-temps, le plan de stabilisation avait été adopté. A l'époque, nous pensions que les réticences de certains envers une politique aussi brutale pourraient peut-être les amener à considérer avec une certaine ouverture d'esprit notre hypothèse de travail, notre politique des revenus, mais ce n'était pas aussi simple que ça.

Nous avons tenté de stimuler la réflexion par un questionnaire. Claude Gruson, le directeur général de l'INSEE, a fait un rapport sur l'état des revenus. En annexe, nous avons fait figurer les réflexions de toutes les organisations présentes, patronales, syndicales et familiales, car nous pensions que l'Union nationale des associations familiales (UNAF) était également très intéressée par l'impact de l'inflation sur le pouvoir d'achat des familles. C'était la dimension sociale de la planification.

La conjugaison de la percée du IVe Plan avec cette idée moins partielle de l'homme, la priorité donnée aux équipements collectifs – éducation, santé et autres – cette ouverture sur la politique des revenus, le fait que Pierre Massé voulait non seulement parler dans le Ve Plan de programmation en valeur, mais également établir des prévisions correspondant aux catégories de revenus pour les prestations sociales, en créant une Commission des prestations sociales, tout cela était un concept nouveau du social qui élargissait son champ, du niveau de vie à la couverture des grands risques que sont, pour chacun, la perte de l'emploi, la maladie, la mort. Pour nous, le social passait aussi par tout ce qui contribue à améliorer les conditions de vie, comme les biens collectifs, c'est-à-dire des biens mis à la disposition de tout le monde, ainsi que tout ce qui peut améliorer la répartition des revenus grâce à la maîtrise des revenus directs et à la politique des transferts sociaux.

Une transparence explosive

– *Qui s'opposait à la politique des revenus et pourquoi ?*
– Le patronat d'abord, parce que certains pensaient que cela conduisait à une politique autoritaire des revenus et que

d'autres étaient hostiles à trop de transparence. Un chef d'entreprise, très favorable à nos idées, m'avait donné ce conseil imagé : « Oui, bien sûr, à la transparence, mais pour éviter un trop grand choc né de la lumière, un simple coup de soleil à travers un buisson pour commencer... »

Les syndicats ensuite, parce qu'ils croyaient que c'était une atteinte à leur liberté de négociation, avec des nuances du côté de la CFTC qui regardait ces perspectives avec un œil plus favorable que les autres syndicats en se rappelant le rapport Bonety sur les salaires de 1961.

Globalement, la position des syndicats était la suivante : ils subordonnaient la politique des revenus à une réforme fiscale, à une participation des salariés aux fruits de l'expansion, à une concertation tripartite tous azimuts et à une modification du système des conventions collectives, c'est-à-dire des modalités de négociation entre patronat et syndicats. Toujours est-il que nous avons proposé trois étapes dans notre marche vers une politique indicative et non « impérative » des revenus. Première étape : une meilleure information des partenaires sociaux. Deuxième étape : une consultation du Conseil économique et social dans lequel je voyais un creuset pour rechercher les premiers consensus entre tous les partenaires, ce qui correspondait à ma conception d'une société concertée. Enfin, troisième étape, la programmation en valeur accompagnant le Vᵉ Plan, qui montrerait les ordres de grandeur compatibles avec une croissance plus harmonieuse et avec nos objectifs sociaux.

C'est là que nous avons proposé la création d'un Comité pour l'étude et l'appréciation des revenus, le CEAR. D'accord sur la marche à suivre, le gouvernement devait confier à trois personnalités, dont Raymond Barre, le soin d'en préciser les missions. J'étais associé à leur travail. Mais le projet du CEAR ne réussira pas à convaincre Pompidou pour qui une politique des revenus apparaissait comme une source d'ennuis, plutôt que d'avantages, et qui se hâtera de mettre le rapport au fond d'un coffre dont il ne devait jamais sortir. A défaut du CEAR, le gouvernement créera le CERC, le Centre d'études des revenus et des coûts, et en confiera la présidence à Paul Bacon, l'ancien ministre du Travail du général de Gaulle[1].

– *Pourquoi Pompidou craignait-il que l'application de ce rapport lui cause autant d'ennuis ?*

– Il pensait que trop de transparence était explosif pour la société et qu'une politique des revenus engagerait le gouvernement à l'avance, en lui liant les mains et en l'empêchant, en cas de crise, d'y répondre de manière *ad hoc*. Le Ve Plan, celui de 1966-1970, allait illustrer notre nouveau concept du social. L'époque était à la prospective, avec un horizon de quinze à vingt ans. Le commissaire au Plan avait créé des groupes de prospective dirigés par Pierre Guillaumat.

Gaston Berger, philosophe et directeur général de l'enseignement supérieur, disait : « Regarder l'avenir, c'est déjà le changer. » Pierre Massé, en humaniste, était très attaché à cette façon de voir. Lui-même poursuivait des travaux économétriques et avait engagé pour le seconder un très bon économiste, Lionel Stoleru, dont Giscard fera un de ses ministres.

– *Quel genre d'homme était Pierre Massé et comment a-t-il exercé sur vous une séduction aussi forte ?*

– C'était un économiste, même un économètre, maîtrisant les données mathématiques qui allaient jouer un rôle de plus en plus grand dans l'économie. C'était aussi un ingénieur puisqu'il avait travaillé à Electricité de France et qu'il savait ce qu'étaient la production, les coûts de production, la plus-value. Et c'était en même temps un humaniste dans le sens non défloré du mot. C'était une pensée constamment renouvelée qui débouchait sur un humanisme prospectif, une philosophie de l'action fondée tout à la fois sur une connaissance parfaite des moyens et sur la préoccupation d'une cohérence nécessaire.

---

1. Ce CERC a vécu et publié des études, mais lorsque Edouard Balladur, qui ne l'appréciait guère, est devenu Premier ministre, il a été transformé en un Conseil supérieur de l'emploi et des revenus (CSER). En 1999 cependant, l'Assemblée nationale et le Sénat ont souhaité revenir à la conception initiale du CERC qui a été rétabli par décret, et le gouvernement Jospin a demandé à Jacques Delors d'en assumer la présidence.

Au surplus, son souci de l'efficacité l'avait conduit à une insertion toujours plus profonde dans le contexte décisionnel.

Il y avait chez lui beaucoup d'inclinations qu'il pouvait partager avec moi, sur les aspects humains et sociaux. Avant même de diriger le Plan, il avait beaucoup réfléchi sur la signification de l'activité économique et sur les fins qu'on pouvait lui assigner. Il aura d'ailleurs des propos assez critiques sur un développement excessif de la société de consommation dans les textes du Plan. Mais surtout, il avait conquis l'estime du général de Gaulle et de Georges Pompidou. Au moment des grands débats sur la participation gaullienne, Alain Peyrefitte parle d'un Georges Pompidou embarrassé par la pression de Capitant et de Vallon d'un côté, les résistances politiques des ministres et du patronat de l'autre, qui dit : « Je vais consulter Pierre Massé. »

Refaire sa copie

On a vu l'influence de Massé pendant la grève des mineurs. C'était un des premiers conseillers du gouvernement. Il nous réunissait parfois avec Jean Ripert et Paul Lemerle, eux aussi d'une très haute valeur morale et dotés d'un excellent discernement, pour nous dire : « J'ai l'intention de remettre au Premier ministre une note sur tel sujet. Veuillez y réfléchir. » Pendant le week-end, on y réfléchissait, mais lorsque nous arrivions avec notre papier, très souvent, il avait déjà fait le sien. Ce qui m'a beaucoup frappé et ce qui montrait aussi son côté artisan au bon sens du terme, c'est qu'il n'hésitait pas à refaire quatre ou cinq fois le papier avant de décider de la meilleure façon d'attirer l'attention d'une haute autorité de l'Etat qui n'avait pas trois heures à consacrer au sujet. Parfois la conversation avec le président ou le Premier ministre durait une demi-heure, dont cinq minutes utiles. Il fallait donc capter au bon moment l'attention de son interlocuteur, ce que j'avais déjà expérimenté avec le gouverneur quand j'étais encore à la Banque de France.

Ensuite, nous ne nous sommes pas perdus de vue. Nous avons continué à entretenir la réflexion commune. Quand je suis devenu ministre des Finances, j'invitais Pierre Massé à déjeuner et il me prodiguait des conseils. Dans cette période fortement tourmentée, il avait un mot inoubliable. Il me disait : « Jacques Delors, l'air du temps n'est pas bon... »

Cette équipe de grande qualité, enthousiaste, essayait de faire avancer des idées soit méconnues, soit minoritaires. La tension était permanente avec le ministère des Finances qui voulait rester maître du jeu et, notamment, comme on était dans une période de rareté de l'épargne et des moyens financiers, ne voulait pas que le Commissariat au Plan accède au pouvoir de proposer des répartitions entre des ressources rares.

– La rue de Rivoli était l'interlocuteur le plus difficile ?

– Oui, du point de vue de la méthode, de la querelle sur la maîtrise des moyens mais en dehors de cette querelle technocratique classique, il y avait aussi les réticences de certains ministres. Je pense notamment à Valéry Giscard d'Estaing. Rappelez-vous les trois écoles et notamment celle qui a beaucoup prospéré par la suite, au fur et à mesure que le Plan et la planification perdaient de leur impact. Celle dont les partisans disaient : si demain nous sommes devant un obstacle, nous ne voulons pas que le carnet de route fixé par le Plan nous interdise de prendre telle ou telle mesure pour calmer le jeu et en finir avec une crise politique ou sociale. La préférence pour le court terme est devenue de plus en plus forte. Aujourd'hui, c'est la philosophie courante de tout gouvernement. On le voit bien avec certains problèmes qui collent à la société française, comme la distribution des revenus, l'avenir des retraites, la répartition des pouvoirs entre les partenaires sociaux, une conception du mode de vie qui tienne compte du temps disponible. La solution à toutes ces questions a toujours été reportée.

Parallèlement à mes travaux au Plan, je ne négligeais pas certaines activités d'enseignement, notamment auprès de l'ENA dont les élèves faisaient mon admiration en raison de l'intérêt qu'ils portaient à des matières qui n'étaient même pas prises en compte pour le classement final. Ma réflexion tournait en particulier autour de la question suivante : comment caractériser par des chiffres simples cette « idée moins partielle de l'homme », la formule phare de Pierre Massé ? Pour présenter les perspectives de l'économie, on utilisait le taux de croissance, l'argumentation de la consommation et des investissements, les taux d'emploi et de chômage... Par la programmation en valeur, nous voulions ajouter des chiffres clés en matière de revenus et de prix. Pourrait-on aller plus loin, me demandais-je, et exprimer la qualité de la vie, des services essentiels comme l'éducation, la santé, le niveau culturel, l'utilisation du temps ?

C'est là que les élèves de l'ENA m'ont apporté un précieux concours. Dans un séminaire que j'animais d'octobre 1967 à avril 1968, ils ont exploré tous les champs du social et du qualitatif et fait œuvre de pionniers, tout au moins pour la France. Vingt et un thèmes furent choisis, de l'espérance de vie à l'utilisation du temps, de la participation de la femme au développement urbain... Sans oublier des références aux travaux menés aux Etats-Unis et au Canada. Bertrand de Jouvenel, à qui pourtant j'avais expliqué le caractère exploratoire de nos recherches, voulut les publier, en 1971, dans la collection Futuribles.

— *Pourquoi avoir laissé tomber ces « indicateurs sociaux » ?*

— A ma grande déception, cette démarche d'approfondissement s'enlisa et, pendant des années, la mode aidant, on publia des statistiques sociales de plus en plus fournies, ce qui constituait un progrès, mais sans avoir le souci d'un « indicateur social » qui soit un élément clé du développement humain et social, une synthèse éclairante.

Comme la planification intéressait de moins en moins nos gouvernements et même nos élites administratives, l'exigeante question des indicateurs sociaux fut oubliée. Je n'ai jamais eu le temps ni les moyens de la reprendre à mon compte avant 2002 lorsque, président du Conseil pour l'emploi, les revenus et la cohésion sociale, j'ai relancé le débat et j'ai demandé à un chercheur, Bernard Perret, de faire un rapport sur l'état de la question, en se référant aux nombreux travaux des organisations internationales et des universités.

Avec ou sans planification, la société utilise des données chiffrées dans le débat public sur l'économique et sur le social. Or le second n'est pas traité au même niveau que le premier. Certes, des progrès ont été faits dans certains domaines comme l'évaluation de la pauvreté. Mais ce serait une excellente manière de réhabiliter le social et d'élever la conscience du citoyen que de reprendre le travail permettant de situer l'évolution de notre société, afin de nourrir le débat public et d'éclairer les choix essentiels.

– *Aviez-vous renoncé pendant cette période à toute activité militante ?*

– Pas exactement. Il est vrai que, de 1962 à 1965, j'ai effectivement abandonné mes activités à la CFDT pour rassurer les autres syndicats partenaires du Plan, mais je les avais conservées ailleurs, notamment à la tête des clubs Citoyen 60. Pendant cette période de grande agitation de la gauche, nous avons continué à réfléchir.

A cette époque, j'avais encore des contacts avec les uns et les autres, non seulement pour assumer la direction de Citoyen 60 et maintenir l'organisation à l'écart d'un engagement proprement partisan, mais en même temps pour être présent partout où s'échafaudaient de nouvelles idées :

• dans les colloques organisés par Brutelle, le secrétaire général adjoint du Parti socialiste qui, avec la permission de sa direction, voulait étendre le débat à tous ceux qui étaient à gauche, mais en dehors de la SFIO ;

• dans les efforts que la CFDT, la Fédération de l'Education nationale, le Centre national des jeunes agriculteurs et Force ouvrière faisaient pour mettre sur pied une sorte de contre-programme politique. Le travail fut accompli mais ensuite abandonné à la fin de la guerre d'Algérie qui marqua une recrudescence du rôle des partis politiques ;

• dans les relations avec les autres clubs avant la réunion des Assises de la démocratie qui ont marqué le crépuscule des clubs, lorsque la pression pour un engagement partisan s'est fait sentir de plus en plus fort ;

• auprès de François Mitterrand qui, voulant former un contre-gouvernement, avec un nombre limité de personnes, souhaitait que les catholiques soient représentés et pensait à Jean Baboulene, qui avait dirigé *Témoignage chrétien*, et à moi. Je lui ai répondu qu'un tel engagement était incompatible avec mes responsabilités professionnelles.

Les mauvaises langues

Je poursuivais ces activités militantes en plus de mes soixante heures hebdomadaires au Plan, ce qui explique que Pierre Massé m'ait convoqué un jour pour me dire : « Il y a des mauvaises langues au gouvernement qui posent la question de savoir si vous êtes le conseiller du gouvernement ou celui de l'opposition. Si vous ne clarifiez pas cette situation, je crains qu'on ne prête plus attention ni à votre travail, ni surtout à vos propositions. » A quoi j'ai répondu : « C'est clair. C'est une contrainte et j'y souscris. » J'ai donc abandonné la direction de Citoyen 60 pour la confier à mon cher ami Pierre Lavau qui a mené l'affaire avec beaucoup de talent, puis a engagé davantage Citoyen 60 dans cette nébuleuse des clubs qui aboutira à la Fédération de la gauche démocratique et socialiste, la FGDS.

Parmi d'autres activités, je l'ai dit, j'intervenais comme enseignant à l'Ecole nationale d'administration. Je faisais des conférences dans différents cercles. J'écrivais aussi quelques papiers en pensant à l'avenir, notamment celui qui a servi de point de départ à la fois à un progrès politique et à des controverses. C'est l'article que j'ai écrit dans *L'Expansion* en décembre 1967, sur les coûts sociaux du progrès, où je ne lance pas l'idée de formation permanente puisqu'il y avait déjà eu la loi Debré sur la formation professionnelle, mais où j'évoque le droit à l'éducation tout au long de la vie.

— *Sous votre nom, ou sous celui de Roger Jacques ?*

— Sous le nom de Jacques Delors... Au Plan, bien aidé par toute mon équipe, le travail continuait, avec des travaux sur la planification sociale. On est arrivé aux prémices de Mai 68... Le plan de stabilisation avait eu quelques bons résultats : la hausse des prix ralentie, la parité du franc maintenue pendant toute la période et la production, restée assez forte en 1963, etait encore de 6,2 % en 1964. Mais ensuite, des conséquences moins positives se sont fait sentir. Economiquement, socialement et psychologiquement. C'est la fameuse remarque de Pierre Viansson-Ponté : « La France s'ennuie. »

Pompidou inquiet

Pendant ce temps-là, le général de Gaulle pensait à son projet de société. Quant à Georges Pompidou, il s'inquiétait un peu de ce projet mais, en grand politique, il sentait aussi que cette atmosphère de la société française, difficile à caractériser, n'annonçait rien de bon. Alors, il a fait avancer la participation gaullienne en créant une commission où figurait notamment Jean Ripert, commissaire général adjoint au Plan, pour réfléchir sur le sujet. Cette commission sera à l'origine d'une loi sur la participation qui répond tout de même à une revendication des salariés. Quand elles ont des bénéfices, les entreprises les réinvestissent – c'est l'autofinancement – ou elles en distribuent une partie aux actionnaires. Mais sur cette part d'autofinancement, les salariés auraient droit, non pas à plus de salaire, mais à une dotation d'épargne à moyen terme. Bien sûr, il y avait des formules plus révolutionnaires, qui allaient jusqu'à la cogestion des entreprises ou à l'actionnariat ouvrier. Mais, après beaucoup de tensions entre le président de la République et le gouvernement, on s'est contenté d'un texte qui obligeait les entreprises à créer pour leurs salariés des comptes d'épargne correspondant à une partie des profits. Ces textes, ce sont les ordonnances de 1967. Entre-temps, le gouvernement avait été remanié en 1966, et Michel Debré avait remplacé Valéry Giscard d'Estaing aux Finances, comme si on voulait attribuer la responsabilité du plan de stabilisation au seul Giscard et faire apparaître Debré comme un grand réformateur, avec cette loi sur la formation professionnelle et la promotion sociale.

Donc, Pompidou s'inquiétait. Comme il cherchait des idées sociales, il a confié à François Bloch-Lainé une mission de réflexion sur les handicapés et à François-Xavier Ortoli, qui avait succédé à Pierre Massé appelé à la retraite en janvier 1966, un rapport sur les conséquences sociales de la modernisation auquel j'ai collaboré très étroitement.

Voilà pour cette société qui était, non pas dans les douleurs, mais dans les prémices d'un accouchement de quelque chose dont on ne savait rien, mais qui avait déjà commencé : au début de 1968, Alain Touraine m'invite à l'université de Nanterre pour y parler des questions sociales et des problèmes de société qui l'ont toujours passionné. Tout d'un coup, un jeune gaillard vient s'asseoir en tailleur sur mon bureau ! C'était Cohn-Bendit ! Moi qui sentais ce frémissement social, à partir de ce jour-là, je me suis vraiment demandé ce qui allait se passer. Cohn-Bendit n'était là que pour contester. On a vu alors apparaître une méthode qui est encore employée de nos jours : il ne suffit pas d'apporter un argument, il faut provoquer une situation physique qui attire l'attention ou même qui modifie le rapport de force. C'est ce que pratique aujourd'hui le mouvement anti-mondialisation, en jouant habilement sur les médias, suivant en cela ce qu'avaient inauguré les étudiants de Mai 68, principalement sur les radios.

— *Comment avez-vous réagi à Cohn-Bendit ?*
— Calmement. Lui n'a pas bougé et je n'ai pas fait appel à la loi et à l'ordre. On est resté comme ça, mais ça m'a fait réfléchir. La salle, quant à elle, était partagée. Certains disaient : on nous prive d'un débat calme et approfondi, mais d'autres soutenaient Cohn-Bendit. Que ceux qui étaient là ne m'en veuillent pas, mais je me souviens surtout de Cohn-Bendit que j'ai revu par la suite, plus longuement, à Bruxelles parce que je continuais à m'intéresser au mouvement de 68.

Toujours est-il qu'à partir de ce moment-là, il y a eu de plus en plus de frictions dans l'université et on est arrivé aux événements que tous ont en mémoire. Ce que je peux dire de cette période, c'est que je ne me reconnaissais pas le droit d'aller dans la rue, compte tenu de ma position administrative, mais je recevais, dans mon bureau, les collaborateurs du gouvernement qui se posaient des questions. Certains se disaient : Delors est à gauche, ça peut être utile de le voir... Mais je recevais tout autant de gens qui sympathisaient avec le mouvement.

— *Avez-vous été mêlé aux prises de position des hommes politiques ?*
— Avant la fameuse réunion du stade Charléty, Mendès France m'avait téléphoné pour me demander ce que j'en pensais. Je lui avais déconseillé d'y aller, parce que je craignais que le gouvernement utilise contre lui – ce qu'il fera – l'argument

de vouloir le renverser, avec ou sans élections. Rappelez-vous les excès verbaux de ce moment-là...

Carton rouge

De mon côté, je n'ai pas réagi, sauf après le discours radio du général de Gaulle au retour de son escapade chez Massu, à Baden-Baden. J'ai été scandalisé... Après avoir pensé que de Gaulle sifflait la fin de la récréation – en réalité c'était tout autre chose qu'une récréation... J'ai été choqué par la manière dont il a traité Mendès France que j'admirais inconditionnellement, en dépit des discussions parfois agitées que j'avais avec lui lorsque nous n'étions pas d'accord. Alors, avec quelques camarades du Plan, nous avons fait un communiqué qui allait se transformer en carton rouge. C'était normal et je ne m'en suis pas plaint. J'avais dit ce que je sentais et je ne regrettais pas ce cri du cœur qui aura cependant deux conséquences.

La première, c'est que j'ai été écarté d'un projet auquel j'avais beaucoup participé : Ortoli, devenu ministre de l'Equipement à la suite du départ de Pisani, m'avait confié fin 1967 le soin de réfléchir à la création d'un institut de recherches sur l'urbanisme, parce que tout le monde se rendait compte que c'était devenu un des grands problèmes. A un collègue ingénieur des Mines, il avait confié un travail équivalent sur un institut des transports. Mon rapport fut élaboré en 1967 et 1968, après consultation d'urbanistes et de sociologues. C'était passionnant. Mais quand le cabinet du Premier ministre a vu que ce rapport était signé Jacques Delors, il ne fut plus question de me confier l'institut de recherches. Le plus curieux, c'est que le gouvernement créera un institut du transport mais laissera tomber celui de l'urbanisme. Petite intervention, grosse conséquence...

La seconde, c'est que le général de Gaulle lui-même se montrera réticent lorsque Malaud, qui était au gouvernement en charge notamment de la formation professionnelle, proposera que je remplace le secrétaire général à la Formation professionnelle, le conseiller d'Etat Pierre Laurent. Malgré tout, juste avant de partir, il signera le décret me nommant à ce poste.

Pour l'essentiel, rappelons que ces événements de Mai 68, s'ils n'ont pas provoqué de révolution politique, ont fortement marqué l'activité culturelle, sociale et politique des années qui allaient suivre, qu'il s'agisse de la promotion de la femme, de la remise en cause de l'autorité ou de son exercice, de la manière de travailler dans le secteur médical et social, de ce souci d'humaniser la société de consommation. Tout cela sort tout droit de Mai 68. L'événement mérite tout ce qu'on voudra, sauf le mépris de certains et l'oubli de quelques autres. En tout cas, pour ma part, Mai 1968 m'a beaucoup fait réfléchir. Cela a renforcé chez moi la réflexion sur les aspects qualitatifs du développement économique et social. J'avais déjà travaillé sur les questions du temps, le temps comme une valeur dont on doit tenir compte lorsqu'on prend des décisions économiques et sociales. Sur l'égalité des chances aussi, un thème que j'ai renouvelé, en m'intéressant non seulement à la formation permanente, mais à toute l'éducation. Pendant les années qui ont suivi, j'ai essayé de discuter avec les principaux animateurs de Mai 68 pour comprendre le mouvement et pour en repérer les conséquences. De tout cela, on retrouve la trace dans mes publications de 1970 jusqu'à aujourd'hui.

— *Vous n'avez pas du tout été impliqué dans Grenelle ?*
— Non, la négociation de Grenelle s'est déroulée en dehors du Commissariat au Plan. Elle a été menée par Georges Pompidou, Jacques Chirac qui était secrétaire d'Etat à l'Emploi et Edouard Balladur. A l'époque, l'institution du Plan continuait, mais elle était déjà sur son déclin.

— *Quelle place faites-vous aujourd'hui à la planification ?*
— La planification m'a apporté beaucoup et je ne peux pas m'empêcher de penser que, lorsque ce livre paraîtra, il n'est pas impossible que les principales missions du Commissariat général au Plan auront été supprimées par le gouvernement Raffarin. Pour comprendre la planification à la française, on doit saisir deux réalités.

D'une part, il y a la planification en tant que système de prévision de gouvernement et de gestion de l'économie. En recourant à une formule qui peut avoir l'accord du plus grand nombre, je dirai que c'est une sorte d'étude de marché généralisée.

D'autre part, il y a l'institution elle-même, le Commissariat général, en tant que centre de dialogue, d'animation et de concertation. Nous en avons beaucoup parlé en traitant de cette période. Il est important de noter que le Commissariat général au Plan a été la plupart du temps rattaché directement au Premier ministre. C'est une condition *sine qua non*. Chaque fois qu'il y a eu un ministre du Plan, cela a accentué le déclin du système. Non pas à cause de la qualité des hommes, mais parce que le Commissariat général au Plan doit être en ligne directe avec le chef du gouvernement.

Lutter contre le malthusianisme

Bien entendu, pour comprendre la montée en force de l'institution, le rôle éminent de gens comme Jean Monnet, Etienne Hirsch et Pierre Massé, il faut tenir compte aussi de la tradition interventionniste de la France et du passage d'un système préindustriel d'avant-guerre à un système développé. Là, le rôle du Plan a été essentiel pour lutter contre le malthusianisme, la frilosité et autres maux divers. Par la suite, le Commissariat au Plan accompagnera le passage à une économie ouverte sur l'extérieur et partiellement intégrée dans un espace européen de marché unique, de droit et de régulation.

Si on parle de la planification à la française, je crois qu'on peut la résumer ainsi : c'est un réducteur d'incertitudes qui prend l'avenir en charge en tenant compte des grands paramètres qui risquent d'être oubliés sans le Plan : la démographie, le progrès technique, les menaces sur l'environnement, les modes de vie.

Le Plan a contribué aussi à l'allocation de ressources rares, un rôle qui est allé en diminuant au fur et à mesure que nous passions à une économie de marché et que le volume de l'épargne devenait suffisant. C'était aussi un cadre privilégié pour le dialogue social et la prise en compte du travail des intellectuels. D'autant plus important pour le dialogue social que nous n'avons pas en France un système de relations sociales structurées et fonctionnant bien comme c'est le cas dans d'autres pays. Enfin, il avait une fonction pédagogique essentielle. On peut dire qu'il y a eu trois grandes époques dans le Plan, accordées à l'évolution de l'économie française :

– La période 1945-1965, modernisation et croissance, quasi-négociation entre les partenaires sociaux, triomphe contre le malthusianisme.

– 1965-1975, intégration de la dimension sociale au sens large, politisation du Plan en phase avec l'évolution de la société politique française, bipolarisation – avec les contre-plans présentés par l'opposition au début des années soixante-dix – mais en même temps, tout cela a fécondé l'idée d'un développement plus harmonisé, ce qu'on appelle aujourd'hui un développement durable.

– A partir de 1975, perte de l'influence sur la décision, perte de crédibilité. Mais le Plan reste un foyer de dialogue et de réflexion. Je crois que, de nos jours, la planification à la française peut encore jouer un rôle et remédier aux défauts du pilotage à vue. L'institution, en tant que telle, peut rester pour le gouvernement, et notamment pour le Premier ministre, un moyen privilégié de bénéficier d'une vigie, de tâter le pouls de la société française, d'avoir un dialogue social plus franc, moins convenu, pour attirer les idées nouvelles, intéresser tous les intellectuels à l'avenir de cette société.

Quoi qu'en pensent certains, le cadrage économique de l'avenir est toujours utile, compte tenu même des aléas de toute prévision. Il permet de mieux cibler les questions essentielles et de nourrir l'indispensable travail de prospective sociale et sociétale.

Car le Commissariat au Plan demeure le lieu le plus adéquat pour une large concertation sur les principaux paramètres de l'évolution de notre société. Je pense, entre autres exemples, à l'avenir de notre planète, et donc à l'environnement, aux relations entre science et société, aux défis de l'éducation tout au long de la vie, à l'aménagement de notre système de santé et de prévention, à l'organisation du territoire, qu'il soit urbain ou rural, avec la variable du temps contraint et du temps disponible...

C'est pourquoi je pense qu'une planification à la française reste nécessaire, pour nous redonner confiance en nos moyens et nous mobiliser pour pallier nos manques. Je pense même que le Commissariat, comme institution, est encore plus indispensable aujourd'hui qu'il ne l'était hier, compte tenu de l'état de la société française, des graves défauts de notre système de négociation sociale, des risques de dépolitisation et du repli sur soi.

3

L'aventure de la Nouvelle Société

— *D'où est venue l'idée de Nouvelle Société ?*

— De Jacques Chaban-Delmas lui-même. Il en a parlé pour la première fois dans un article paru dans le journal *Sud-Ouest*, à la fin de mai 1968. « Avec la participation de toutes les catégories intéressées, écrivait-il, il faut entreprendre et mener à bien les réformes justement souhaitées, tant par l'Université que par le monde du travail, afin de construire une Nouvelle Société plus juste, plus fraternelle et susceptible de donner à la jeunesse les moyens de réaliser pleinement ses possibilités. » Cette idée, me dira-t-il plus tard, lui était venue lors d'un voyage aux Etats-Unis, à l'époque où le président Johnson plaçait la nation américaine sous l'égide de la Nouvelle Frontière.

— *Quel était le contenu de cette Nouvelle Société ?*

— L'arrivée de Chaban-Delmas au gouvernement coïncide avec un certain mouvement des idées en France qui remonte aux années cinquante et qui était placé sous le double signe de la modernisation et de la démocratie. La modernisation, parce que la France, comme les autres pays européens, voulait non seulement effacer les ruines de la dernière guerre, reconstruire, mais aussi combler le retard d'une révolution industrielle par rapport aux Etats-Unis. Les premiers Plans français s'appelaient Plans « de modernisation et d'équipement ».

D'autre part, avec les événements de 1958 qui ont ramené de Gaulle au pouvoir et pendant la période troublée qui dura jusqu'en 1962, de nombreux militants – des jeunes et des moins jeunes – s'étaient réunis autour du thème de la démocratie avec, pour certains d'entre eux, une méfiance à l'égard du général, par crainte d'un régime autoritaire centralisant tous les pouvoirs. C'est à cette époque qu'est né le club politique le plus influent, le club Jean-Moulin.

La combinaison de ces deux mouvements a favorisé le développement de la réflexion en dehors des partis politiques. La Vie nouvelle, le mouvement auquel j'appartenais depuis 1953, crée le club et les *Cahiers Citoyen 60*, à peu près à la même époque.

S'entourer des meilleurs

Quant à Chaban-Delmas, contrairement à la réputation de légèreté qu'on lui faisait, il se préoccupait du fond des problèmes. Lorsqu'il était président de l'Assemblée nationale, dans les années soixante, il avait réuni un groupe de travail dans lequel figuraient notamment François Bloch-Lainé, Paul Delouvrier, qui allait devenir préfet de la Région parisienne, Henri Ziegler, un responsable de l'industrie aéronautique et un de ses proches, Albin Chalandon... Parfois aussi, Pierre Laroque, à qui on doit le système français de sécurité sociale. Chaban avait émis le vœu que des représentants syndicaux participent à ces travaux, ou qu'ils soient au moins consultés. Force ouvrière avait désigné Gabriel Ventejol, qui fut en son temps président du Conseil économique et social, et la CFTC m'avait demandé d'y participer parce que, n'ayant pas de mandat syndical, je n'engageais pas la maison. Enfin, il y avait aussi un autre grand ami disparu, Michel Debatisse, leader agricole très connu, qui allait devenir président de la Fédération nationale des exploitants agricoles.

Pour ma part, pendant une courte période, j'ai participé à ce groupe qui se réunissait une fois par mois, et dont les réunions étaient très intéressantes. Quand j'ai été nommé au Commissariat général au Plan, j'ai pensé que la déontologie me commandait de le quitter car je ne pouvais ni vraiment représenter la

CFTC ni m'engager personnellement, en raison de ma qualité de fonctionnaire.

– *Comment Chaban est-il arrivé au pouvoir ?*

– Le poste de Premier ministre lui a été proposé alors qu'il n'avait rien fait pour l'obtenir. Mais, pendant la campagne électorale qui a vu la victoire de Pompidou, il a eu l'intuition qu'il pourrait être désigné pour Matignon. Il y a vu une opportunité que le destin lui offrait de faire quelque chose pour la France en s'inspirant des travaux auxquels il avait associé un certain nombre de personnages de qualité quand il était président de l'Assemblée nationale.

– *Avait-il pensé qu'il pourrait être Premier ministre du général de Gaulle ?*

– Il ne m'en a jamais parlé, mais lorsqu'il a sollicité ma participation à son cabinet, il m'a dit : « J'ai une chance à laquelle je ne croyais plus. » Et lorsqu'il s'est ouvert de ses intentions à son grand ami François Bloch-Lainé, il lui a dit : « Il me faut les meilleurs et je veux prendre mes risques. »

L'intéressant chez lui, c'est qu'il a toujours pensé prendre un risque. Contrairement à beaucoup d'hommes politiques, Premiers ministres ou ministres que j'ai vus évoluer et que j'ai connus, il ne se demandait jamais : « Comment faire pour durer plus longtemps ? » Sans doute préférait-il l'échange d'idées à l'étude des dossiers, mais il était extrêmement intelligent et il avait sa vision de la France. Il était convaincu que notre pays avait impérativement besoin d'une réforme économique, ce que la majorité des gens responsables, au premier rang desquels Pompidou, considéraient eux aussi comme absolument vital. Mais pour Chaban, cette réforme devait être accompagnée de sa dimension sociale et il croyait nécessaire d'opérer des changements dans la société.

Pour aller vite, je dirai qu'il a été et qu'il est resté le premier des gaullistes sociaux et qu'il était un partisan convaincu des idées du général de Gaulle sur la participation... Chaban était un riche mélange d'idéal et d'habileté, avec – ce n'est pas moi qui le lui reprocherai – un rien de naïveté enthousiaste. Il a toujours fait preuve de courage physique et de courage politique mais il n'avait pas une confiance absolue en lui-même, pas plus que cet orgueil incommensurable qu'on a connu chez d'autres. Ce n'était pas un homme à rentrer chez lui pour se regarder dans la glace et se dire : « Je suis vraiment indispensable. » Il avait la taille d'un homme d'Etat. Léger et virevoltant dans son attitude corporelle, il était très différent dans sa tête, comme il l'a montré à plusieurs reprises dans des moments dramatiques de sa vie.

Lorsqu'il s'agissait de prendre des décisions importantes dans les domaines que je couvrais, il allait directement à ce qu'il considérait comme l'essentiel. Contrairement à d'autres hommes politiques, il n'hésitait pas à faire preuve d'audace parce qu'il pensait que toute autre attitude était incompatible avec la réforme de la France. Par ailleurs, comme il répandait autour de lui la joie et la convivialité – je m'abstiens de toute considération politique –, c'était un bonheur de travailler avec lui. On ne sentait ni la fatigue, ni le découragement, ni l'impatience. Il avait toujours les mots et l'attitude pour créer un climat de complicité et de dynamisme qui a permis bien des avancées durant cette période.

– Quel a été le rôle de Bloch-Lainé dans la gestation de la Nouvelle Société ?

– Il a suggéré à Chaban de faire appel à Simon Nora, un inspecteur des Finances, ancien collaborateur de Pierre Mendès France et d'Edgar Faure, et l'auteur de rapports importants sur la modernisation du secteur public, ainsi qu'à moi... Lorsque Chaban m'a demandé de passer le voir à l'Assemblée nationale, j'ai pris note de ses projets et de ses ambitions pour la France et je lui ai promis une réponse écrite sur ce qu'il me proposait, c'est-à-dire les Affaires sociales, culturelles et administratives.

Ma note reflétait nombre de thèmes dont je m'étais fait le défenseur et le promoteur depuis des années, à la CFTC et à Citoyen 60, dans des conférences, notamment aux Semaines sociales, et dans des articles de presse. Je me concentrais sur la politique sociale en lui disant qu'il fallait commencer par maîtriser les mutations économiques, sans lesquelles il n'y avait pas de social, et renoncer à une politique de déflation brutale, allusion au plan de stabilisation. Je plaidais aussi pour une politique active de l'emploi et de la formation, la réduction des inégalités dans le cadre d'un plan général de modernisation de la société française.

En bref, pas d'économique sans social, pas de social sans économique et pas d'économique sans modernisation. J'insiste toujours sur ce lien causal. Il suffit de se reporter aux années d'après-guerre et, pour une meilleure démonstration encore, aux succès des politiques sociales-démocrates. J'entends par là des salariés mieux formés, bénéficiant au travail d'une sécurité améliorée, faisant entendre leur voix par l'intermédiaire des syndicats, et des relations industrielles fondées sur des contrats négociés.

Plaidoyer pour la concertation

Une telle approche renforce la dignité des travailleurs et améliore en fin de compte la compétitivité et la productivité. J'insistais sur le style des relations professionnelles, caractérisées chez nous par le refus du face-à-face. En France, en quelque sorte, c'est le désert de la concertation. J'annonçais ainsi ce que j'allais tenter de faire en reprenant, en ce qui concerne la vie dans l'entreprise, un des thèmes développés par François Bloch-Lainé dans son livre *Réforme de l'entreprise*. Je parlais ensuite, mais avec beaucoup de prudence, de la jeunesse dans la société, puisque Mai 68, c'était avant tout une aventure de la jeunesse. Je parlais de l'amélioration de la vie quotidienne et je m'inquiétais des conséquences d'un urbanisme échevelé, non maîtrisé et générateur d'exclusion sociale. Enfin, je faisais une place à la solidarité entre les Français, en invitant à aider les plus démunis et à réformer – déjà ! – la Sécurité sociale.

Je tiens à ajouter, pour que tout soit clair et compréhensible, que c'était la première fois qu'un Premier ministre se souciait d'avoir un conseiller pour les Affaires sociales et que j'ai accepté l'offre de Chaban après avoir, cela va de soi, consulté ma femme et mes enfants. J'ai aussi sollicité l'avis d'Eugène Descamps, le secrétaire général de la CFDT, qui, bien entendu, ne pouvait pas me dire « Vas-y ! » mais m'a assuré que c'était un bon risque à prendre. Donc pas de feu rouge de ce côté-là, mais je ne demandais pas non plus un feu vert, car je ne voulais gêner personne.

Simon Nora était le numéro 1 du cabinet, en tant que chargé de mission auprès du Premier ministre, et il était notre chef à tous, moi compris. Il y avait une équipe économique et une équipe sociale, mais nous étions tous sous ses ordres. Il y avait aussi un directeur de cabinet, Sicurani et, au troisième rang, le conseiller pour les Affaires sociales. C'était une nouveauté... Une nouveauté qui allait faire ses preuves puisque l'expérience sera renouvelée par Messmer avec Yves Sabouret, jusqu'alors directeur de cabinet de Fontanet dans le gouvernement Chaban, et ensuite avec Raymond Soubie qui jouera le même rôle auprès de Raymond Barre. La démonstration était faite qu'un Premier ministre ne peut pas gouverner sans s'impliquer fortement à l'écoute de la société et de la politique sociale.

Nora et moi connaissions moins les autres membres du cabinet, Roger Vaurs et Pierre Hunt qui s'occupaient de la communication et, dans la cellule diplomatique, Ernest-Antoine Seillière, jeune administrateur des Affaires étrangères. Mais les équipiers de Nora et les miens se connaissaient pour la plupart. Il y a eu l'épisode de la dévaluation du franc, conduite de main de maître par Jean Serisé, conseiller de Giscard d'Estaing et Simon Nora, mais notre tâche principale, c'était de mettre en place les équipes et de prendre contact avec les ministres. Pour moi, notamment, avec Joseph Fontanet, le ministre du Travail, de l'Emploi et de la Population, avec Robert Boulin, le ministre de la Santé et de la Sécurité sociale, ainsi qu'avec les ministres de tutelle du secteur public, dont Raymond Mondon dans le délicat secteur des Transports, sans oublier Philippe Malaud qui était secrétaire d'Etat auprès du Premier ministre et à qui je devais d'avoir été nommé secrétaire général de la Formation professionnelle et de la Promotion sociale par le général de Gaulle, juste avant le référendum...

— *Comment les ministres sociaux, Boulin et Fontanet, ont-ils pris votre nomination ?*
— Au début, ils ne s'attendaient pas à cette montée en puissance du conseiller social, mais tous les deux ont fait preuve d'une grande correction, en appuyant très positivement mon

travail. Il faut leur rendre cet hommage parce que beaucoup de ministres se seraient offusqués de l'apparition de cet oiseau rare, non élu, jouant quasiment le rôle d'un ministre auprès du Premier ministre et, qui plus est, de gauche... Mais Joseph Fontanet et Robert Boulin étaient au-dessus de ça. Ils se démarquaient de l'esprit partisan et agressif d'une grande partie de la majorité. En plus, entre Fontanet et moi, il y a eu très vite une grande proximité d'engagements et de vues. Au début de 1969, je le connaissais peu. La présence d'Yves Sabouret et de Raymond Soubie auprès de Fontanet arrangeait les choses et je tenais toutes les semaines une réunion de travail avec les conseillers sociaux de tous les ministres.

Avec l'Elysée aussi, les choses se passaient bien. Le conseiller social était François Lavondès. Michel Jobert était secrétaire général, Balladur secrétaire général adjoint, et je dois dire qu'ils ne m'ont jamais compliqué la tâche. Balladur avait été conseiller pour les Affaires sociales de Pompidou lorsque ce dernier était à Matignon. Je le connaissais parce qu'il faisait souvent appel au Commissariat au Plan, notamment lorsque furent créées, entre 1965 et 1968, des commissions destinées à réfléchir aux grands problèmes de la Sécurité sociale, auxquelles les fonctionnaires des ministères concernés, et moi-même pour le Plan, étions étroitement associés.

Le cabinet noir

Avec Lavondès, j'étais en relation permanente. Lorsque c'était nécessaire, j'allais voir Balladur qui était en charge du même domaine que le mien. Puis, lorsque Nora a quitté le cabinet en 1971 pour présider le groupe Hachette, j'ai participé à des séances de travail avec Jobert. En ce qui concerne le cabinet explicite du président de la République, les relations étaient bonnes. En tout cas c'est ainsi que je le percevais dans mon enthousiasme et peut-être ma naïveté de l'époque. Quant au « cabinet noir » dont il était beaucoup question, celui de Pierre Juillet et de Marie-France Garaud, je n'avais pas de contact avec eux. J'avais dit au Premier ministre que je me cantonnerais dans mon domaine social, administratif et culturel, en évitant de participer aux affaires proprement politiques. C'était, pour moi, une condition *sine qua non* si je voulais travailler en confiance avec les acteurs économiques et sociaux.

Pourtant, je prêtais l'oreille à tout ce qui se racontait. J'assistais aux réunions de travail du Premier ministre où il nous parlait politique. Et puis il y avait le déjeuner du mercredi, après le Conseil des ministres, à Matignon, auquel participaient ses principaux collaborateurs.

— *Nous arrivons au discours d'investiture.*

— Simon Nora avait pris les choses en main en réunissant les membres du cabinet pour commencer à ébaucher ce que pourrait être ce discours. En ce qui me concerne, j'avais participé aux discussions générales et fourni un texte écrit sur les parties me concernant. Chaban nous réunissait pendant le week-end, à la Lanterne, le pavillon mis à la disposition du Premier ministre à Versailles. Là, nous en discutions avec lui. Nora avait fait en sorte que nous soyons prêts à temps mais il y avait toujours les modifications du dernier moment. La rédaction proprement dite était confiée à Yves Cannac qui avait non seulement des idées mais aussi une très belle plume, et à qui il appartenait de donner à l'ensemble la cohérence nécessaire.

Le discours du Premier ministre a fait une forte impression au Parlement, même auprès de l'opposition : François Mitterrand y verra de bonnes analyses et de bonnes intuitions tout en relevant que Chaban n'avait pas la majorité de ses ambitions. « Quand je vous regarde, lui dira-t-il, je ne doute pas de votre sincérité, mais quand je regarde votre majorité, je doute de votre réussite. »

Ce discours sur la Nouvelle Société restera dans l'Histoire pour deux raisons : d'abord pour le sujet traité, avec un diagnostic jamais récusé de l'état de la société française et, en second lieu, parce que ce sera la première pomme de discorde avec le président de la République. Sous la Vᵉ, en toute orthodoxie gaulliste, un manifeste d'une telle ampleur ne pouvait émaner que du président lui-même. A l'évidence, Pompidou en conçut du ressentiment. En tout cas, Chaban me dira qu'il s'en est très vite aperçu... Peut-être à l'occasion d'une conversation entre les deux hommes qui se voyaient au moins deux fois par semaine en tête à tête. Ou bien au hasard de propos rapportés de l'Elysée. En tout cas, quelques mois plus tard, en juillet 1970, Pompidou saisira l'occasion d'une intervention publique pour prendre une certaine distance avec la philosophie de la Nouvelle Société en déclarant : « J'attache plus d'importance à l'homme dans la société qu'à la société elle-même. »

Le diagnostic que nous avions préparé pour Chaban reprenait la formule de « société bloquée » employée par le sociologue Michel Crozier. Bloquée sous trois aspects : une économie fragile, un Etat tentaculaire et inefficace, et des structures sociales archaïques et conservatrices. Quant aux propositions, elles s'ordonnaient autour de quatre idées :
- une meilleure information des citoyens,
- une redéfinition du rôle de l'Etat,
- l'amélioration de la compétitivité de l'économie,
- et, enfin, le rajeunissement de nos structures sociales.

Un brûlot

C'est ce programme que Chaban s'est efforcé de mettre en œuvre pendant les trois années qu'il a passées à Matignon. Mais il y avait dans ce discours un brûlot : le plaidoyer pour l'autonomie de l'ORTF, avec la création de deux unités bien distinctes relevant l'une et l'autre du domaine public. Sur ce terrain, Chaban se heurta à des protestations et à toutes sortes de démarches de la majorité, parce que, pour ces gens-là, la télévision, c'était « la voix de la France ». Traduisez : la voix et le pré carré du gouvernement, comme l'affirma Pompidou lui-même dans une conférence de presse, postérieure au départ de Chaban. Mais pour revenir à cet épisode important, Chaban bataillera ferme avec l'aide de Roger Vaurs et de Pierre Hunt, ses conseillers en information. Il discutera longuement avec le président de la République, essayera de rallier quelques barons du gaullisme à sa thèse, et il finira par gagner cette bataille en nommant Pierre Desgraupes à la première chaîne et Jacqueline Baudrier à la seconde. Le gros des troupes de l'UDR ne l'a jamais digéré. Mais la percée s'est révélée irréversible. On n'est jamais revenu là-dessus.

En ce qui concerne la redéfinition du rôle de l'Etat, le succès fut beaucoup plus limité, comme on peut en juger par la situation présente de la France, qu'il s'agisse de l'Etat ou de la société. Chaban s'est battu sur trois fronts : celui des universités, mais la période était encore trop chaude après la réforme laxiste adoptée à la fin 1968. Là, pas de reprise en main, pas de fil directeur. Olivier Guichard, ministre de l'Education, gérait, comme il le pouvait, un monde encore en pleine ébullition et nos efforts se sont concentrés sur l'idée de formation permanente.

De grandes ambitions

En ce qui concerne la décentralisation, Chaban-Delmas était parti avec de grandes ambitions et nous le poussions beaucoup. J'avais même avancé l'idée d'un regroupement des communes françaises à l'image de ce qu'avaient fait des pays comme la Suède. J'entends encore les cris d'orfraie des ministres, notamment du ministre de l'Intérieur, Raymond Marcellin, et de bien d'autres... L'avancée la plus notable fut de constituer les régions en collectivités territoriales. C'était un premier pas vers des régions dirigées par une assemblée élue au suffrage universel.

Le Premier ministre était décidé à doter les régions d'une personnalité juridique effective et à leur donner plus de pouvoirs. Il allait ainsi dans le sens de la déconcentration qui n'est pas la décentralisation, mais qui la précède et peut la préparer. La décentralisation, c'est transférer des pouvoirs, la déconcentration, c'est donner aux collectivités locales la possibilité d'agir avec plus d'efficacité et plus de responsabilité dans un cadre décidé à l'échelon national.

La modernisation de l'économie concernait d'abord les progrès à réaliser dans le secteur public. Il s'agissait d'appliquer le remarquable rapport de Simon Nora sur la gestion du secteur public : avec des contrats de programme entre l'Etat et les entreprises publiques, qui donneraient à celles-ci le sens de la responsabilité, en même temps que des marges de manœuvre. A l'intérieur de ce contrat de programme, qui fixait les grandes lignes, l'entreprise publique pouvait agir, moduler ses décisions et retrouver le goût du risque... C'était le pendant économique des contrats de progrès sur le plan social, mais Nora s'est heurté à la forteresse des Finances, ainsi qu'à la personne de Giscard d'Estaing qui ne l'appréciait pas beaucoup. Il a mené une bataille de géant pour faire avancer ces contrats de programme, notamment à la SNCF, mais avec la rue de Rivoli, la partie a été difficile, pour des raisons que nous connaissions tous : au Commissariat général au Plan, nous étions surveillés de très près par les fonctionnaires des Finances, du Budget, du Trésor et d'ailleurs... Dans une économie où l'épargne et les ressources financières étaient relativement rares, le ministère des Finances jouait un rôle essentiel d'orientation de l'épargne et des financements. Nous avions connu des difficultés au Plan. Je l'avais moi-même ressenti quand j'avais demandé le développement des services collectifs offerts aux Français. Mais, comme je l'ai déjà évoqué, s'y ajoutait, de la part de Giscard, une certaine hostilité vis-à-vis de Nora. Tous deux étaient inspecteurs des Finances et, d'après ce qui m'a été dit, c'était Nora, plus ancien que Giscard, qui avait introduit son collègue dans le cabinet d'Edgar Faure. Aussi, auprès de Chaban, Giscard insistait-il pour être reçu seul, hors de la présence de Nora, ce qui en disait long sur ses arrière-pensées. Le Premier ministre a soutenu son conseiller avec beaucoup de vigueur mais la forteresse était là.

Autre ligne de force du discours d'investiture : améliorer la compétitivité de l'économie. Il s'agissait de stimuler les infrastructures (notamment le téléphone) et la recherche, en fixant à 3 % du produit national brut le montant des dépenses de recherches. Il fallait aussi revoir les relations incestueuses entre l'Etat et les entreprises publiques. Le rajeunissement des structures sociales était un point d'orgue du discours. Je ne résiste pas à la tentation de citer une phrase du discours dont l'actualité, à trente ans de distance, reste brûlante : « C'est sous l'égide de la générosité que je vous propose de placer notre action. Nous devons aller au-delà d'un égalitarisme de façade qui conduit à des transferts importants sans faire disparaître les véritables pauvretés morale et matérielle. »

Voilà donc, hors du domaine social, un bilan rapide de ce qu'il a été possible de faire en trois ans, malgré les résistances classiques du conservatisme, en ce qui concerne la décentralisation d'une part, l'autonomie du secteur public de l'autre. Il est assez cocasse de voir ce que pensent aujourd'hui sur ces questions les descendants de la droite conservatrice. Il est vrai qu'entre-temps, la liberté des échanges et la compétition internationale sont passées par là.

Pendant cette période, l'économie française poursuivait cahin-caha son œuvre de modernisation qui sera cependant entravée par la rupture du lien entre l'or et le dollar, en août 1971 – ce qui m'amènera à écourter mes vacances pour assister à un conseil restreint à l'Elysée –, et par la hausse des prix du pétrole. Ces deux événements ont provoqué un choc considérable dans l'économie mondiale et ils ont beaucoup compliqué une gestion à la fois saine et dynamique de l'économie française qui conservera tout de même, jusqu'en 1972, un certain allant car elle n'affrontera qu'un peu plus tard les conséquences du choc pétrolier de 1973.

– *En quelle année le VIe plan intervient-il ?*
– Il couvre la période 1971-1975, le gouvernement étant arrivé en pleine exécution du Ve Plan que j'avais contribué à préparer. Nous voulions équilibrer les actions de modernisation économique et les programmes sociaux conçus au sens large. Mais finalement, les arbitrages de l'Elysée firent pencher la balance du côté des exigences de la modernisation industrielle et de l'économie, le ministre des Finances appuyant de son côté cette ligne. L'argument invoqué : ne faisons pas des promesses que nous ne pourrions pas tenir, qu'il s'agisse de prestations sociales en général ou de programmes particuliers centrés sur des catégories défavorisées.

– *A partir de quand les questions de transferts sociaux ont-elles pris une grande importance ?*
– Pour nous, rue de Martignac, dès le début des années soixante puisque, pour préparer le VIe Plan, il avait été créé une Commission des prestations sociales, présidée par Robert Bordaz, conseiller d'Etat et ancien président de l'ORTF, dont j'étais le rapporteur général et Pierre Lavau le rapporteur général adjoint. Dès ce moment-là, nous avons publié un rapport

montrant que, indépendamment de toute idée dogmatique, les prestations sociales avaient tendance à augmenter plus rapidement que le revenu national. Certains responsables pensaient qu'un des rôles du Plan était d'analyser les conséquences à venir de décisions déjà prises. C'est ce rôle que le Commissariat général au Plan a joué d'une manière irremplaçable et que, malheureusement, il ne joue plus aujourd'hui. Faute d'une pensée tournée vers l'avenir et faute d'avoir fait vivre, rue de Martignac, ce carrefour où se retrouvaient acteurs politiques, partenaires sociaux, militants associatifs, chercheurs et experts, il n'existe plus de lieu où prendre régulièrement le pouls de la société française, au-delà des sondages dont on connaît l'ambiguïté et les limites.

– *N'y avait-il pas des objections plus fondamentales encore ?*
– Certainement. Depuis que nous avions lancé les idées de politique des revenus et d'économie concertée, certains dirigeants craignaient comme la peste que l'on introduise de la transparence dans le montant des revenus directs, les transferts sociaux, les prélèvements fiscaux, la répartition des biens collectifs entre catégories sociales. Toutes questions sur lesquelles nous avions beaucoup travaillé de 1962 à 1969. Plus de transparence signifiait pour nous plus de citoyens instruits et plus de démocratie. Pour eux, il ne pouvait s'agir que d'ennuis supplémentaires pour le gouvernement et d'une source de nouvelles revendications car, même s'il n'y avait encore que peu de chômage, nous avions annoncé, dans la prévision annexée au Ve Plan qui couvrait les années 1966 à 1970, cinq cent mille chômeurs en 1970. Déjà ! Ce qui a fait dire à un homme qui deviendra célèbre : « Le plan est une machine à se foutre des coups de pied dans le derrière. »

Au grand scandale de certains

Dans la seconde moitié des années soixante, avant et après Mai 68, une plus grande attention a été portée au problème de l'emploi, avec la création d'un secrétariat d'Etat en 1967, confié à Jacques Chirac, les négociations sur les conséquences de la modernisation, un accord interprofessionnel, la création de l'Agence nationale pour l'emploi, etc. J'ai suivi cela de près. En tant que chef du service des Affaires sociales du Plan, j'étais membre du conseil d'administration de la nouvelle Agence nationale pour l'emploi et je m'effrayais de voir que son patron soulignait avec satisfaction qu'il avait collecté beaucoup de demandes d'emploi. Pour ma part, je m'inquiétais de savoir si le même effort avait été fait du côté des offres d'emploi ! Au grand scandale du secrétaire d'Etat et de beaucoup d'autres, je suis allé un jour jusqu'à dire que l'Agence fonctionnait suivant les principes de la planification soviétique, pour laquelle le Plan était exécuté lorsqu'on avait consommé suffisamment de matières premières, mais qui ne se demandait jamais ce qu'on en avait fait. Aujourd'hui, je n'ai pas changé d'idée sur le sujet, notamment sur le comment faire. Je constate, fait encourageant, que l'ANPE a accompli de sérieux progrès en matière d'insertion sur le marché du travail et dans le domaine des services rendus aux chômeurs comme aux entreprises. Mais il y a encore beaucoup à faire...

– *Et votre propre bilan social et culturel ?*
– En ce qui concerne le social, dans cette société, pour beaucoup, effervescente, inquiète et traumatisée, pleine de fols espoirs pour d'autres, on n'a pas attendu que le Premier ministre propose une refondation des relations professionnelles. Les grèves étaient fréquentes. Un conflit a été déclenché par les roulants de la SNCF dès juin-juillet 1969, qu'il a fallu régler avec les moyens du bord, sans que le nouvel esprit de la politique contractuelle ait pu se manifester.

Au-delà des péripéties et des erreurs tactiques des pouvoirs publics, ce qui était fondamentalement en cause, c'était l'impérieuse nécessité de changer le style des relations et de la discussion dans les entreprises publiques. A la suite du rapport que nous avions fait sur la politique des revenus en 1964, le gouvernement était convaincu qu'il fallait amender ce système dans lequel les salariés des entreprises publiques apprenaient la hausse des salaires par un Conseil des ministres. Les gouvernements de l'époque voulaient rester maîtres des salaires, mais ils avaient compris qu'il fallait y mettre les formes. C'était l'objectif des procédures Toutée : permettre aux syndicats de parler avec les dirigeants de l'entreprise, d'établir des constats, de faire connaître les vœux des uns et des autres, avant que le gouvernement ne prenne sa décision.

Balayées par Mai 68, ces procédures Toutée sont devenues des procédures Martin, mais cela ne changeait pas grand-chose : le président de l'entreprise nationale savait que la décision appartenait au gouvernement, peut-être au ministre des Finances, et les syndicats se disaient qu'ils n'avaient aucune marge de négociation. A moi donc de trouver les voies d'une réelle autonomie sans ouvrir les vannes à des politiques inflationnistes et déraisonnables. Les principes étaient clairs : dans un cadre général d'évolution des coûts salariaux en relation avec l'évolution de notre économie, il fallait prendre le risque d'une véritable négociation entre les dirigeants de l'entreprise publique et leurs salariés, en leur laissant des marges d'autonomie incluant les salaires, les carrières, et la promotion personnelle.

– *A partir de juillet 1969, vous voilà à l'œuvre. A la fin de l'été,* L'Express *titre :* « *Affrontement Séguy-Chaban* ».

– Chaque année, la presse commente la fameuse rentrée sociale de septembre-octobre. Pour prendre cet exemple parmi d'autres, effectivement, le titre de *L'Express* parlait d'un affrontement Séguy-Chaban. Bien que l'engagement ait été tenu de maintenir le pouvoir d'achat du secteur public en 1968 et 1969, après tout ce qui avait été concédé en Mai 68, la CGT déclenche une grève à EDF le 19 novembre et il y a 50 % de grévistes.

Sous le signe de la fermeté, dans un climat post-Mai 68, la direction de l'EDF demande à la police de faire évacuer les installations occupées par les grévistes dans la mesure où ils ne maintenaient pas la production courante. Cela fut fait à Paris pour pallier les conséquences de la grève, l'activité industrielle profondément perturbée et une certaine paralysie de l'économie. D'où cette intervention de la force publique, immédiatement condamnée, non seulement par la CGT, mais par deux syndicats qui n'avaient pas appelé à la grève, la CFDT et Force ouvrière. Plusieurs centaines de salariés occupent le siège social d'Electricité de France. Marcel Boiteux, le président d'EDF, fait preuve de beaucoup de courage et de franchise pour s'adresser aux grévistes.

Jour de grand froid

Pour bien comprendre cet épisode, il ne faut pas oublier que la CGT faisait 56 % des voix aux élections professionnelles à EDF et la CFDT, qui venait en second, 17 % seulement. Après cette grève d'une journée, le 26 novembre, nouvelle action revendicative... Les syndicats recommencent, à l'initiative cette fois de la CGT et de la CFDT, mais pas de Force ouvrière. C'était un jour de grand froid. Le courant coupé, bien entendu, la population proteste. La montée du mécontentement fait que les dirigeants de la CGT et de la CFDT décident de rétablir le courant, au moins dans la journée. Georges Séguy, le leader CGT, navigue entre deux écueils car il doit également se préoccuper d'attaques sur sa gauche, lancées par des mouvements nés de Mai 68. Chez Renault, il a fallu s'y reprendre à deux fois, en 1968, pour obtenir l'accord des salariés. Georges Séguy, sur deux fronts, use de la réplique politique qui se veut porteuse d'espoir et déclare : « Dès que les conditions pour modifier le cours politique seront réunies, la CGT assumera ses responsabilités. »

C'est dans ce climat de fièvre et d'incertitude que commencent les négociations entre la direction et les syndicats. Parallèlement, nous travaillons avec Boiteux sur ce qui allait être le premier contrat de progrès réalisé à chaud. J'y vois alors l'occasion de tester ma conception du salaire avec ses trois parties : le salaire parité, le salaire spécificité et le salaire promotion.

– La parité c'est l'idée que chaque salarié, où qu'il travaille en France, doit obtenir une part de la croissance du gâteau national.

– La spécificité, c'est la récompense de sa contribution aux performances de son entreprise. Ce peut donc être différent d'une entreprise à l'autre, suivant les résultats économiques et financiers de chacune.

– Et le salaire promotion, c'est la part de l'ascension personnelle et donc des mérites professionnels de chacun.

Les trois éléments composent, selon moi, la masse salariale à durée du travail inchangée. C'est cette formule que je demande à Boiteux de mettre en œuvre. Mon interlocuteur est non seulement un excellent chef d'entreprise mais aussi un économiste brillant, capable de maîtriser les données mathématiques. Il a mis au point un modèle qui tient compte de ces trois éléments, en faisant référence, pour la parité, à la production intérieure brute, pour la spécificité, à la production d'EDF, et pour la récompense à un programme de promotions. Contrairement à ce qui a été dit, la formule n'était pas inflationniste puisque, moins la hausse des prix était élevée, plus les salariés gagnaient... Nous nous mettons donc d'accord sur cette formule, j'en dis deux mots au Premier ministre et au ministère des Finances. L'accord est signé le 9 décembre, par la CFDT, par Force ouvrière, par la CFCT et par l'UMCM, le syndicat des cadres et des agents de maîtrise.

Mais la CGT proteste et décide d'organiser un référendum. L'accord prévoyait également qu'on ne pourrait pas recourir à la grève tant que la convention n'aurait pas été dénoncée avec un préavis de trois mois. Ce qui allait dans le sens de l'autonomie de gestion des entreprises publiques. Le 11 décembre, le Premier ministre heureux de ce test à chaud dit publiquement : « Aujourd'hui s'est produit une révolution. Pendant deux ans, plus exactement pendant vingt et un mois, vous pouvez considérer qu'il n'y aura plus de grèves... » J'ai piqué une colère mémorable, je suis allé le voir le lendemain pour lui dire : « Si vous voulez tout saboter et tout perdre, continuez à vous exprimer de la sorte... » Il a gardé son calme et retenu la leçon... Sa gentillesse l'a empêché de jouer les chefs offensés et il m'a écouté, sans me reprocher mon algarade.

Le 14 janvier, la CGT obtiendra l'aval de 54 % des votants, mais la CFDT et FO maintiendront leur position et l'accord sera appliqué. Moins de deux ans plus tard, la CGT, moyennant certains amendements, rejoindra la convention salariale.

Contrats de progrès

Il s'agissait de savoir si ce n'était qu'un début et s'il y aurait d'autres accords du même type. Dans cette tentative de politique contractuelle, ce « contrat de progrès » était une deuxième percée après l'accord conclu entre l'Etat et les catégories C et D, c'est-à-dire les catégories dites les plus basses de la fonction publique. Certains ministres, professant une conception « sans partage » de l'Etat, se sont étonnés, y compris au cours d'une séance du Conseil des ministres, que l'Etat puisse négocier avec ses fonctionnaires des conditions de salaires et de carrière. Non seulement discuter, mais négocier et aboutir à un accord ! Mais le chemin était ouvert : entre 1969 et 1972, jusqu'au départ de Chaban, près de quarante accords et avenants ont été signés dans le secteur public, qu'il s'agisse de la fonction publique elle-même, des grandes entreprises de transport et d'énergie, ou encore de la régie Renault ou d'autres entreprises contrôlées par l'Etat.

Ces accords ont rarement été signés par tous les syndicats. L'unanimité ne fut obtenue que pour Electricité de France et pour la SNCF en 1971. La CGT, pour sa part, maintiendra invariablement, comme dans le contrat EDF, une réticence doctrinale et politique à l'égard de notre idée de politique contractuelle. Certains accords n'ont été signés ni par la CGT ni par la CFDT, mais par les autres syndicats, Force ouvrière, CFTC, CGC ou des syndicats maison. Tel est le bilan que l'on peut faire, avec une montée en force, une année brillante en 1971, et les difficultés qui recommencent dès 1972.

Entre-temps, des événements extérieurs à la politique contractuelle avaient modifié le climat. Le plus difficile sera d'obtenir le ralliement de la CGT à Electricité de France, moyennant une modification de la clause de préavis de grève, et à la SNCF, moyennant un renforcement de la part du pouvoir d'achat qui était garantie. En 1972, les perspectives seront encore moins bonnes – il faudra que je reçoive moi-même, à Matignon, les syndicats de cheminots, la SNCF restant en pointe pour faire des difficultés. A force d'innovations de détail dans les contrats et en multipliant les discussions entre la direction et les syndicats, je réussirai à les mettre d'accord. Mais dès 1973, après le départ de l'équipe Chaban, l'accord SNCF ne recueillera pas l'aval des deux organisations les plus représentatives, CGT et CFDT.

— *Qui était le président de la SNCF ?*

— André Ségalat, un ami de Jacques Chaban-Delmas et un grand résistant... Mais c'était très difficile de changer le climat dans les entreprises publiques... Jugez-en par cette anecdote. Grand serviteur de l'Etat, loyal, compétent, Ségalat voulait expliquer au Premier ministre ses difficultés pour obtenir un accord à la SNCF et lui demander son intervention. Chaban l'écoute poliment, lui explique la nouvelle donne et, après une claque amicale dans le dos, lui dit : « A toi de jouer, démerde-toi ! »

Yves Chaigneau, mon collaborateur et moi-même devions être constamment derrière le rideau, non pas pour agiter une marionnette qui serait l'entreprise publique en question, mais pour essayer de créer les conditions d'un nouveau climat, plus risqué, celui de la négociation. Non pas comme une grand-messe, sans illusion, mais comme une véritable discussion.

Pour les directeurs des entreprises publiques, c'était un changement par rapport aux procédures Toutée-Martin où on discutait des chiffres mais où, la décision étant prise par le Conseil des ministres, le directeur de l'entreprise publique n'avait plus qu'à l'appliquer, ou à gérer la grève. Désormais, c'était à lui de prendre ses responsabilités. D'un autre côté, puisque ce n'était pas l'Etat qui décidait en dernier ressort, les syndicats devaient savoir qu'il était inutile de demander 150 s'il était raisonnable de se satisfaire de 100. Il ne s'agissait pas seulement de trouver la bonne formule salariale qui concilie l'économique et le social. Il fallait trouver chaque fois la bonne formule technique. Mais l'essentiel était le changement radical des comportements.

Pour être complet, il convient d'ajouter que les accords ne portaient pas seulement sur les salaires, mais aussi sur les conditions de travail, sur les structures des rémunérations et sur d'autres aspects sociaux. Autrement dit, pour reprendre l'expression d'André Bergeron, il y avait « du grain à moudre » et, pour chaque acteur, des priorités à dégager, des choix à faire.

Pour consolider ces nouvelles relations contractuelles, il fallait également tenir compte de l'environnement politique. C'était la période de préparation du VIᵉ Plan. La réflexion devenait plus vive au sein de la CFDT entre ceux qui considéraient que les progrès de la politique contractuelle amélioreraient les relations sociales en France et renforceraient la main des syndicats, et ceux qui ne voulaient pas « conforter le régime capitaliste en place ». Avec le souvenir de Mai 68, ces considérations-là ont joué, notamment du côté de la CFDT où Edmond Maire avait remplacé Eugène Descamps à l'issue du congrès de 1971.

La pelote qui se dévide

Dès 1973, tout en entretenant entre elles une très vive polémique, la CGT et la CFDT étaient dans une sorte de front du refus et ne signaient plus d'accord. Georges Séguy, qui sentait venir le vent d'une possible arrivée de la gauche au pouvoir, déclarait publiquement : « Nous serons prêts le moment venu. » Les débats étaient naturellement vifs, non seulement à propos de la politique contractuelle, mais aussi à propos du Plan dont les arbitrages finaux n'étaient pas favorables à nos thèses. La CFDT avait décidé de quitter les commissions du Plan et après le départ de Chaban, en juillet 1972, la pelote de la politique contractuelle se dévida petit à petit.

La situation n'était pas stable, il y avait autour de la régie Renault beaucoup de provocations et, malheureusement, un raidissement de la maîtrise de Renault qui reprochait à la direction d'être trop tolérante avec ces provocations dites de type maoïste. Le drame est arrivé en mars 1972 lorsque Pierre Overnay, un militant maoïste, a été tué devant les grilles de Boulogne-Billancourt. A peu près en même temps, un cadre de cette entreprise a été enlevé par un commando gauchiste. Bref, un climat de grande agitation persistait, qui n'était pas perçu de la même manière par la CGT et la CFDT. La CGT voulait contenir ces mouvements, comme elle l'avait fait en 1968, tandis que la CFDT, travaillée par le mouvement gauchiste, essayait de comprendre l'évolution de la société et les apports de Mai 68. Elle s'interrogeait sur les aspirations de la société française, sur les valeurs montantes, le contenu des revendications et l'avenir de l'autogestion.

— *Une CFDT convertie à la lutte des classes ?*
— On ne peut pas la définir ainsi. La CFDT a toujours été révolutionnaire dans ses aspirations à une autre société et réformiste dans ses modalités d'action. Elle avait participé à une tentative de préparer un contre-Plan, dans laquelle étaient également engagés certains militants de gauche, dont ceux du PSU. Dès son congrès de 1950, elle avait traité, de manière approfondie, de la planification démocratique dans un rapport de Gilbert Leclerc. Elle s'était beaucoup investie dans la préparation des Plans successifs, dans toutes les commissions qui assumaient cette préparation, et elle se posait des questions sur le sort de sa participation et sur son influence. Toujours la même idée de la CFTC-CFDT depuis le milieu des années cinquante : comment défendre les intérêts moraux et matériels des travailleurs dans tous les domaines, et pas seulement la feuille de paie, tout en refusant une position doctrinale qui consistait à dire : « Puisque c'est un régime capitaliste, je ne participe pas... » Donc ils participaient, mais s'interrogeaient aussi sur la portée de leur action, compte tenu de l'énergie qu'ils y mettaient et des idées qu'ils apportaient. D'où leur déception et leur décision de quitter les commissions du Plan.

— *Mais le social ne se limitait pas à la politique contractuelle ?*
— Non, quatre réformes importantes ont été réalisées, dont deux avaient été promises par Georges Pompidou pendant la campagne électorale. La plus significative fut la mensualisation des ouvriers qui, jusque-là, étaient payés à la semaine, alors que les employés étaient payés au mois. Ce clivage disparut et la réforme s'étendit rapidement à tous les ouvriers. Il s'agissait là d'un authentique progrès social, quand on sait que les ouvriers payés à l'heure allaient accéder au même traitement que les « mensuels » en ce qui concerne la protection sociale et certains aspects des conditions de travail.
La deuxième, limitée, mais dans l'esprit de la participation, consistait à donner des actions de la Régie aux salariés de chez Renault. Joseph Fontanet, aidé par le cabinet du Premier

ministre, mit en œuvre ces réformes avec beaucoup de doigté et d'efficacité. Il prendra également l'initiative d'une réforme fondamentale du salaire minimum fixé par la loi. Le SMIG (Salaire minimum interprofessionnel garanti) deviendra le SMIC (Salaire minimum interprofessionnel de croissance). Ce qui faisait participer les titulaires de bas salaires aux bénéfices de la croissance, par une décision annuelle. C'était toujours l'illustration de ma théorie du salaire, avec l'une des parts relevant du partage du « gâteau national ».

Enfin, Fontanet accompagnera la loi sur la formation permanente de deux textes – publiés le même jour, le 6 juillet 1971 – sur l'enseignement technique et sur l'apprentissage, sous l'égide de la promotion du travail et de la revalorisation des enseignements par alternance.

Le ministre du Travail s'emploiera aussi, avec bonheur, à étendre l'esprit nouveau de la politique contractuelle au secteur privé. Je citerai un seul cas : la signature d'un grand accord national entre patronat et syndicats sur l'octroi d'une garantie de ressources aux travailleurs privés d'emploi de plus de soixante ans. On sait combien il était – et il est – difficile aux seniors victimes d'un licenciement de retrouver un emploi.

Aujourd'hui, il reste beaucoup à faire. Je pense à la formation professionnelle, avec la création progressive d'un droit des salariés à la formation permanente, idée que j'avais développée dans des articles et dans des conférences avant même d'entrer dans le cabinet de Chaban-Delmas.

– Quand aviez-vous commencé à vous intéresser personnellement à la formation permanente ?
– Dès le moment où j'ai compris que les inégalités de chances demeuraient, en dépit des progrès de l'éducation de masse, et qu'elles étaient particulièrement marquées lorsque les travailleurs étaient privés d'emploi, ou bien déclassés dans leur entreprise, car ils n'avaient pas de recours sauf s'ils avaient pu avant, et s'ils pouvaient aussi pendant et après, élargir leurs connaissances et, au-delà de leurs connaissances, leur confiance en eux-mêmes. J'avais lancé cette idée, publié un article dans *L'Expansion*, et cela avait donné lieu à des débats. Je me rappelle qu'un dirigeant des cadres m'avait dit que mon idée était perverse parce

que, pendant que les ouvriers allaient au bal, ceux qui allaient devenir des cadres, eux, faisaient des études laborieuses.

Je n'avais pas le monopole de cette idée, mais j'avais eu la chance de travailler dans les instances gouvernementales de la formation professionnelle et de la promotion sociale et d'apprendre beaucoup de Bertrand Schwartz, un ingénieur qui s'est passionné pour la formation et m'a fait réfléchir sur ce domaine vaste et complexe. Une des expériences qu'il a menées, la reconversion des mines de fer, est particulièrement riche d'enseignements. Un mineur de fer depuis vingt ans, qui avait quitté l'école à quatorze ans, n'avait qu'un vocabulaire restreint pour s'exprimer et une vision limitée de ce qu'étaient la vie économique et la vie professionnelle. D'où les obstacles à surmonter s'il fallait l'aider à retrouver confiance en lui-même et à changer de profession.

L'égalité des chances

On avait appelé Bertrand Schwartz pour ces opérations de conversion. Il a poursuivi son action innovatrice. C'est grâce à lui que j'ai compris concrètement tout ce qui était en jeu. J'avais déjà, derrière moi, le souvenir de l'école communale, de l'inégalité des chances entre moi qui pouvais aller au lycée et ceux qui étaient contraints d'entrer dans la vie professionnelle sans bagage suffisant. Je dis « contraints » non pas par mépris pour ce qu'ils allaient faire, mais parce qu'ils avaient, eux aussi, des envies d'aller plus loin, d'apprendre plus et, par conséquent, je retrouvais là une préoccupation qui a toujours été la mienne : Comment donner à chacun l'égalité des chances ? Il me semble que le moyen essentiel, non pas exclusif, mais essentiel, est l'éducation.

C'est dans ce contexte-là que j'ai été amené à m'intéresser à tout ce qui est la formation des adultes, la formation nécessaire durant la vie active. C'est pour cette raison que j'ai accepté de prendre de 1993 à 1996 la présidence de la Commission internationale de l'UNESCO pour l'éducation au XXIe siècle.

J'ai tenté de concilier l'idée de base et le cadre concret qui était celui de la loi Debré de 1966. Après la reconnaissance du droit des stagiaires à un revenu pendant la période de formation, sur la base d'un rapport que j'avais présenté en 1968, quel pas concret franchir pour aller progressivement vers le droit pour tous à une formation permanente ? C'est là que, m'en ouvrant au patronat – François Ceyrac était le responsable des questions sociales – et aux syndicats, je leur ai dit : « Pourquoi ne négocieriez-vous pas un accord qui permettrait à chaque travailleur d'avoir le droit d'aller en formation tout au long de sa vie professionnelle ? »

Ceyrac était très ouvert. J'avais dit : d'abord un accord national entre patronat et syndicats, ensuite, si nécessaire, une loi. J'inversais la tendance naturelle de la France à tout régir, voire tout imposer, par la loi. Les partenaires sociaux se sont mis autour d'une table. Là encore, j'étais derrière le rideau, afin d'apporter des éléments de précisions techniques plutôt que de les imposer. Nous avions un schéma en tête qui convenait globalement aux partenaires sociaux. Un grand accord interprofessionnel a été le fruit des efforts de tous. J'ai été heureux à la fois de son contenu et de son exemplarité, qui ont conduit à une refondation des relations Etat-partenaires sociaux et patronat-syndicats.

L'accord interprofessionnel a été signé le 9 juillet 1970 et à partir de là, il a fallu le compléter par une loi. Bien entendu, le financement passait par une cotisation assise sur les salaires. A ce moment-là je suis sorti de derrière mon rideau, je me suis mis à la table avec, en face de moi, les signataires qui, parfois étaient d'accord entre eux pour réclamer davantage à l'Etat, et quelquefois trop. Je pense à François Ceyrac, et à Henri Krasucki pour la CGT, André Krumnov pour la CFDT, Roger Louet pour FO... Nous avons préparé une loi qui a été défendue brillamment à l'Assemblée par Joseph Fontanet et qui est devenue, on peut le dire, la loi de référence, la loi de 1971, pour tout ce qui s'est fait ensuite en matière de formation permanente.

Il faut dire que Chaban était très ouvert : en effet, cette idée-là recueillait encore plus d'assentiment que le développement de la politique contractuelle, parce qu'elle fournissait une cohérence assez forte entre les exigences de l'économie et le progrès social, sous l'égide de la modernisation de l'économie qui restait le grand thème de Georges Pompidou et du VIe Plan. Nous reviendrons sur l'éducation, mais il est nécessaire de replacer l'inspiration de la loi de 1971 dans le contexte de l'époque. Quatre motivations principales étaient proposées :

– Permettre à chaque homme et à chaque femme de faire face aux changements, la plupart du temps imprévisibles, qui se produisent dans la vie professionnelle.

– Contribuer, par la force de cette politique, à lutter contre l'inégalité des chances et à ouvrir des possibilités à tous ceux qui, en raison de leur origine sociale, d'un parcours d'éducation inachevé, ou pour toute autre raison, n'avaient pas eu l'occasion d'exprimer ou de faire valoir tous leurs talents et toutes leurs capacités.

– Au fur et à mesure que le système d'éducation continue se développerait, l'intégrer dans une politique globale d'éducation tout au long de la vie, contribuer à élever le niveau culturel de la population et aider chacun à mieux maîtriser son existence.

– Et – tout cela est lié – créer autour de l'Education nationale, appelée à se transformer et à s'ouvrir, un environnement favorable à l'amélioration qualitative et quantitative de l'enseignement.

Vaste ambition qui est loin d'être réalisée. Mais j'avais un argument pour convaincre les conservateurs et les sceptiques : l'impérieuse nécessité d'améliorer l'efficacité économique, car la prospérité d'une économie et la réussite des entreprises dépendent des qualifications et des compétences de la main-d'œuvre. Or, ne l'oublions pas, les ressources humaines représentent le principal avantage des économies européennes sur leurs concurrentes.

Deux questions centrales commandaient la réussite : le comment faire, et la progressivité. En ce qui concerne le premier point, la loi Debré de 1966 avait regroupé les actions et les moyens de l'Etat et exigeait une concertation entre toutes les administrations intéressées. Il y avait là le cadre adéquat pour orienter, animer et surtout mobiliser les acteurs.

La progressivité résidait dans l'introduction d'une taxe sur la formation professionnelle, dont le montant pourrait croître au fur et à mesure du développement du système. Pour les entreprises, l'obligation était de proposer, puis de mettre en œuvre, un plan de formation dont le coût était au moins égal au produit de la taxe dont elle était redevable. Si l'entreprise renonçait à cette voie, il lui fallait verser le montant de la taxe soit à un organisme de formation, soit à l'Etat. J'espérais que les organisations syndicales trouveraient le moyen de discuter le plan de formation au sein du comité d'entreprise et de faire valoir leurs priorités.

Enfin, pour être complet, j'avais proposé une typologie des actions de formation, de façon à couvrir l'ensemble des besoins :

• les jeunes sortis sans formation ni qualification d'un système scolaire,

• les salariés contraints à se reconvertir dans un autre métier,

• tous les travailleurs soucieux d'entretenir et de perfectionner leurs connaissances et leur manière de faire au sein de l'entreprise,

• les salariés souhaitant bénéficier d'une promotion professionnelle grâce à des formations de longue durée,

• les actions de promotion culturelle.

A moitié plein ou à moitié vide ?

En ce qui concerne l'ensemble de notre action sociale et culturelle, s'il faut établir un bilan, je l'exprimerai avec la formule du « verre à moitié vide ou à moitié plein ». Mais c'est à la politique qu'il faut revenir, avec les difficultés qui se mettent à pleuvoir sur Chaban en 1971, sur un fond de décor caractérisé par les réticences de la majorité et la campagne menée par le cabinet noir. En juillet 1971, éclate l'affaire Rives-Henry, député gaulliste du XIXe arrondissement et ancien collaborateur de Chaban, compromis dans le scandale d'une société civile de placements immobiliers, la Garantie foncière. Quelques mois plus tard, c'est la feuille d'impôts du Premier ministre que publie *Le Canard enchaîné* qui va le brocarder chaque semaine avec acharnement. En réalité, Chaban ne payait pas d'impôt sur le revenu parce qu'une partie du traitement qu'il percevait dans sa fonction précédente de président de l'Assemblée nationale n'était pas taxable et parce qu'il bénéficiait d'autre part de ce fameux crédit d'impôt, attaché à la propriété d'actions et déductible de l'impôt dont le contribuable était redevable... Mais cette affaire lui fera un mal terrible. Il était désarçonné – on le serait à moins – et un jour où il en discutait avec son cabinet, je l'ai vu écraser une larme au coin de l'œil.

Avec l'exaspération d'une partie de la majorité, celle plus cachée de Georges Pompidou, cette marée d'affaires laissait prévoir une fin prochaine. Voulant rebondir, Chaban annonça en Conseil des ministres son intention de demander la confiance à l'Assemblée nationale, et il l'obtint le 23 mai 1972 avec 386 voix contre 196 et 6 abstentions. Mais quelques semaines plus tard, Georges Pompidou lui demanda sa démission qui fut annoncée le 5 juillet. Ainsi se termina l'aventure, au moins en ce qui concerne Chaban lui-même, qui allait continuer à payer dans les années suivantes le prix de l'hostilité du parti qui se disait gaulliste, ainsi que les ambitions personnelles de quelques dirigeants de droite.

– *N'a-t-on pas soupçonné Chaban-Delmas d'avoir pensé à changer de majorité ?*

– C'était un des éléments du procès d'intention que lui faisaient les membres les plus conservateurs du parti gaulliste. Pour ma part, je n'ai jamais cru à cette analyse et l'évolution du côté de la gauche soulignait l'irréalisme de ce pronostic. Dès 1969, la SFIO avait tiré les leçons de sa déroute aux présidentielles et de l'échec du ticket Defferre-Mendès France, en élisant Alain Savary à sa tête. Pendant ce temps, François Mitterrand tissait sa toile de Pénélope au sein de la Convention des institutions républicaines, faisait entrer ses troupes dans la SFIO au congrès d'Epinay, et remplaçait Savary au poste de premier secrétaire avec l'appui de Defferre, Mauroy et Chevènement. Enfin, dernière manifestation encore plus spectaculaire du renouveau de la gauche, la préparation du programme commun entre socialistes et communistes, qui sera signé en juin 1972. Si Chaban avait eu des rêves d'ouverture, la reconstitution de la gauche lui en fermait la porte. Après son départ, j'ai continué à le voir, régulièrement, deux ou trois fois par an et même plus. A un moment donné, il a accepté – lui qui était très européen – de présider le Comité d'action pour l'Europe qu'avait créé Jean Monnet.

– En ce qui concerne votre bilan personnel, que retenez-vous de positif dans votre expérience avec Chaban ?

– Son idée était d'aller vers une société plus ouverte, plus responsable et plus juste. Il a rencontré les mouvements et les évolutions venus de Mai 68. Il a posé une pierre essentielle avec la libération de l'information et suscité dans la société le sentiment que l'on ne pouvait pas continuer à vivre sur des crispations et des goûts de revanche. Sur ce plan, il a fait preuve d'originalité et de sens de l'avenir puisque l'on a admis, après lui, que construire une société plus ouverte, en accord avec l'évolution des mœurs, était un objectif essentiel.

Même s'il n'est pas parvenu à débloquer la société, Chaban était donc secrètement en harmonie avec une aspiration profonde des Françaises et des Français qui, après avoir terminé, dans les conditions que l'on sait, un mouvement de nature révolutionnaire, aspiraient à une société débloquée dans ses relations humaines, alors que d'autres, au contraire, avaient un goût de revanche et surtout avaient peur. De ce point de vue, il n'est pas allé jusqu'au bout de ce que j'aurais souhaité dans le domaine social. Mais cela dit, et compte tenu du contexte, il a fait preuve d'une grande audace.

En ce qui concerne une société plus responsable qui reste une des clés de l'avenir politique de notre pays, il a beaucoup tenté. Après tout, passer à la concertation permanente et au contrat, c'était inciter les partenaires sociaux à devenir responsables. On ne peut pas dire que mes efforts aient été couronnés de succès dans le long terme puisque nous sommes pratiquement retombés à partir de 1973 dans ce climat de guerre civile froide, feutrée, qui caractérise les relations sociales françaises. Avec, en plus, le péché mignon de notre classe politique qui veut que tout soit politique et en fait une sorte de recette magique.

– Vous avez tout de même modifié les rapports entre l'Etat et les partenaires sociaux.

– Ce qui est acquis, c'est qu'il n'a plus été possible de traiter de manière autoritaire les salaires dans le secteur public. Mais notre ambition était plus grande. Il s'agissait de responsabiliser les partenaires sociaux de manière qu'on n'arrive pas à la situation actuelle : un gouvernement face à une opinion publique avec, comme seul arbitre des élégances, les médias. Ces sociétés sont très difficiles à gérer lorsqu'il n'y a plus d'intermédiaire autorisé pour exprimer les aspirations venues de la base et expliquer les décisions prises au sommet ou les décisions prises en concertation. C'était peut-être trop ambitieux et il aurait fallu plusieurs années...

Autre volet d'une société responsable, la décentralisation. Chaban voulait que la région devienne une entité politique. Il a fait un premier pas en en faisant une collectivité territoriale, mais Georges Pompidou n'a pas manqué de rappeler à tout moment que, dans la tradition politique française, le département restait l'essentiel. La décentralisation a donc dû attendre les lois Defferre dont le bilan est positif, même s'il reste encore beaucoup à accomplir pour une répartition claire et responsable des compétences, indispensable pour que le citoyen sache qui fait quoi.

Enfin, dans le secteur public, l'action menée par Chaban et par Nora a semé des graines utiles pour l'avenir. Depuis quelques années, il n'est plus question d'entreprises publiques entièrement aux mains de l'Etat. Certains se plaindraient même, si j'en crois quelques discours du moment, que l'Etat n'a pas eu la main assez ferme avec La Poste, ou avec France Télécom. Les entreprises publiques sont devenues des entreprises comme les autres, et c'est bien ainsi. Ce qui n'empêche pas d'y intégrer les données concrètes d'un service public.

— *Peut-on parler d'expérience de gauche menée par un gouvernement de droite... avec une majorité de droite ?*

— Je préférerais une expérience d'ouverture dans une société crispée. La société était crispée par elle-même. C'est Olivier Chevrillon qui, dans un article d'*Esprit,* avait parlé de « la France terre de commandement », et Michel Crozier du « refus du face-à-face ». Voilà deux traits bien français que Chaban voulait changer. Avec raison. Mais le système bipolaire de la Ve République sur le plan politique, l'atonie des relations entre Etat, patronat et syndicats après les événements de Mai 68 allaient plutôt dans le sens d'une consolidation des défauts de la société française.

– Et vous, personnellement, quelles conclusions en avez-vous tirées ? Avez-vous pensé que l'entreprise était impossible ?

– J'étais content d'être sorti de ma machine à proposer, qui me collait à la peau, pour essayer sur le terrain et pour tester... Si on accepte le bilan que j'en ai fait, le résultat était loin d'être décevant. Mais j'en avais terminé avec ce que j'ai appelé, dans le livre *Changer,* « quatre pas dans les nuages », c'est-à-dire une tentative d'atteindre des objectifs que je jugeais essentiels, avec une majorité de droite, dans les conditions les plus favorables. J'avais commencé à militer, dès l'âge de dix-neuf ans, à gauche. J'avais bien l'intention de retrouver ma famille, la gauche.

– Pensiez-vous que certaines choses étaient impossibles avec la droite ?

– Je l'ai toujours pensé. Mais cette expérience exceptionnelle avec Chaban, avec un homme si ouvert, si brillant, montrait aussi les limites de la réforme en France. Franchement, je n'avais jamais cru que l'expérience irait beaucoup plus loin. Elle aurait pu faire davantage si mon diagnostic avait été tout à fait exact, c'est-à-dire si une société qui a perdu sa stabilité, qui a peur mais qui aspire au changement, peut se lancer dans quelques réformes indispensables au rayonnement et à la bonne santé de la France. Là, j'avais un peu sous-estimé les aspérités du terrain. Les conservatismes et les corporatismes ont la peau dure, comme le montrera la suite des événements.

– Est-ce une démonstration de ce que peut faire l'esprit conservateur français ?

– Je reviens au système bipolaire de la Ve République : tous ceux qui ont essayé de le briser avec l'idée d'une troisième force se sont cassé les dents. Personnellement, j'étais favorable à une troisième force, mais ces trois ans passés chez Chaban m'ont prouvé que c'était une illusion, même avec un gouvernement soutenu par une majorité de droite, qui jouerait les troisième force. D'où le choix que j'ai été amené à faire en décembre 1994 et que j'ai tenu à expliquer avant même de commencer ce récit en forme de Mémoires.

4

De l'Université au Parlement européen

J'aborde maintenant ce que j'appellerai une période d'entre-deux, qui commence après mon départ de Matignon et des fonctions que j'occupais au cabinet du Premier ministre, jusqu'à mon retour dans les sphères du pouvoir comme ministre de l'Economie et des Finances du premier gouvernement Mauroy. Sur le plan politique, cette époque est marquée par la préparation de la campagne présidentielle, par les péripéties qui ont abouti au lâchage de Jacques Chaban-Delmas qui ne le méritait pas, puis à la victoire de Valéry Giscard d'Estaing – de justesse – contre François Mitterrand.

C'est une autre époque qui commence, avec la volonté de Giscard de donner un nouveau style à la présidence, mais aussi de mener une action importante au niveau européen. Rappelons que Giscard est à l'origine de la réunion des chefs d'Etat et de gouvernement qui allait devenir le Conseil européen, de l'élection du Parlement européen au suffrage universel, et surtout de la création du Système monétaire européen.

Pendant ce temps, la gauche continuait sa progression inexorable, cahin-caha, en raison des difficultés de la relation avec le parti communiste, mais avec la victoire à la présidentielle de 1981 au bout du chemin.

Sur le plan économique, le changement est radical. C'est la fin des Trente Glorieuses, de ces années fastes pendant lesquelles la croissance économique de la France et de ses partenaires européens tournait autour de 5 % par an. Le chômage

commence à pointer le nez. Cela explique largement une décision importante prise en 1974, la fermeture des frontières aux
immigrés, sauf pour le regroupement familial et le droit d'asile.
On peut donc parler de rupture.

Les signes avant-coureurs n'avaient pas manqué : les difficultés de l'économie américaine en proie au déficit de son budget et de sa balance courante, avec son corollaire, la faiblesse
du dollar. Si bien que les pays européens durent subir pendant
ces dix années un double choc : un choc monétaire, le dollar
détaché de l'or et dévalué, le non-système des changes flottants
qui se substitue au système des changes fixes. Mais aussi les
chocs pétroliers.

On assiste à une hausse vertigineuse du prix du pétrole, la
première, au début des années soixante-dix, qui représente un
prélèvement de 2 % de la richesse nationale, et un deuxième
choc à la fin des années soixante-dix, compromettant les efforts
du Premier ministre Raymond Barre pour assainir l'économie
française et freiner l'inflation.

Devant ce choc, notons aussi des réactions différentes selon
les pays : avec la rigueur, l'Allemagne, sous la houlette de
Helmut Schmidt, choisit de payer la facture en réduisant son
train de vie ; la France, en revanche, sous le gouvernement de
Jacques Chirac, opte pour une fuite en avant, dans l'espoir que
la hausse de la production permettrait d'amortir le choc. Chacun se rappelle les annonces répétées de la sortie du tunnel. Ce
n'est qu'en 1976, avec la démission de Chirac et la nomination
de Raymond Barre comme Premier ministre, que la France
adopte une ligne plus conforme à celle de ses partenaires de
l'Europe du Nord.

Cette divergence entre l'Allemagne et la France explique les
mésaventures du serpent monétaire, une formule imaginée pour
maintenir dans des limites relativement étroites les fluctuations
des monnaies européennes entre elles. Parce qu'elle divergeait
trop de ses partenaires, la France doit quitter le serpent. Puis elle
décide de le réintégrer. Au passage, je relève les mérites politiques
de Valéry Giscard d'Estaing et de Helmut Schmidt pour avoir fait
accepter la création du Système monétaire européen.

Pour Giscard, il s'agissait de montrer sa volonté d'infléchir
la politique française et surtout sa capacité de convaincre les

Allemands, dont on pouvait comprendre les réticences. Quant à Helmut Schmidt, il voulait convaincre ceux qui en Allemagne, y compris au sein de la Bundesbank, s'opposaient à la création de ce système qui aboutissait à une sorte de flottement limité des monnaies européennes. Je reviendrai sur cette date historique extrêmement importante lorsqu'il sera question de l'Union économique et monétaire car si le SME avait échoué, il n'aurait jamais été question d'aller plus loin dans l'intégration monétaire.

A gauche, l'union est toujours à l'ordre du jour, en dépit des secousses venues du parti communiste. D'où un certain dynamisme électoral, confirmé aux municipales de 1977, mais freiné aux législatives de 1978 que la droite remporte. Pendant ces mêmes années, le Parti socialiste gagne des voix et s'élargit à l'issue des Assises du socialisme qui voit l'entrée au PS de ce qu'on a appelé la deuxième gauche, entraînée d'un côté par Michel Rocard, et de l'autre par des dirigeants syndicalistes de la CFDT.

Politiquement donc, le décor change, mais, pour ma part, je ne suis qu'un simple participant à certaines de ces nouveautés. Après la démission de Chaban, en juillet 1972, je retourne à temps plein à mes fonctions de secrétaire général de la Formation professionnelle et de la Promotion sociale, poste que j'avais conservé pendant mon passage chez le Premier ministre.

La formation permanente quittée avec regret

Pour moi, revenu à mon bureau de la rue de Varenne, les ennuis allaient commencer. La phobie du gauchisme était encore très vive, y compris chez les ministres qui colportaient des rumeurs affirmant que certaines actions de formation professionnelle et de promotion sociale permettaient à des groupes d'inspiration gauchiste de prospérer, ou en tout cas de survivre. On ne m'en parlait pas directement mais le bruit en venait jusqu'à mes oreilles. Si bien qu'à un moment, le gouvernement a demandé à Paul Dijoud, député républicain indépendant des Basses-Alpes, un rapport sur la formation professionnelle.

Dijoud m'invita à déjeuner place Vendôme pour protester de

sa bonne foi et m'indiquer au passage que, si j'étais enclin à me rapprocher de Giscard, après tout, un heureux dénouement n'était pas exclu... Je fis la sourde oreille et ce qui devait arriver arriva : Paul Dijoud fut nommé secrétaire d'Etat auprès du Premier ministre en avril 1973, avec une mission de tutelle sur le secrétariat général à la Formation professionnelle.

En créant ce secrétariat général, la loi de 1966 l'avait rattaché directement au Premier ministre pour la bonne raison que son activité était de nature éminemment inter-ministérielle, avec une commission permanente, présidée par le secrétaire général, où étaient représentés de nombreux ministères. Je fais donc part de mon étonnement et de ma stupeur au cabinet du Premier ministre, et très concrètement à Yves Sabouret qui avait travaillé avec moi à la modernisation des relations sociales en tant que directeur du cabinet de Joseph Fontanet. Malgré les paroles d'apaisement qui me sont prodiguées, rien ne pouvait modifier ma position de principe. Cette tutelle était un désaveu politique et, par conséquent, je fais part de mon intention de démissionner et de tirer toutes les conséquences de cette méfiance implicite.

— *Vous n'avez pas vu le nouveau Premier ministre, à ce moment-là ?*

— Pierre Messmer m'a reçu une fois, très courtoisement, dans une ambiance sympathique, en me laissant entendre qu'un jour je pourrais être nommé commissaire général au Plan, un poste dont je rêvais. Mais rien ne pouvait entamer ma décision. Pour moi, c'était une question de principe, un acte de méfiance non justifié, car nos excellences auraient été bien embarrassées pour fournir des preuves à l'appui de ces rumeurs de gauchisme.

Ma démission, rendue officielle en août 1973, donna lieu à de nombreux articles et commentaires de presse qui me décrivaient comme « le père des contrats de progrès... » « un des maîtres de la Nouvelle Société... », ou encore « le père de l'ambitieuse loi du 16 juillet 1971 ». De son côté, *La Croix* commentait : « Souvent mal compris de ses anciens amis de gauche, Jacques Delors fut aussi en butte à la grogne de la majorité. »

J'allais recevoir un courrier abondant de la part de politiques, d'universitaires ou de responsables d'institutions de formation permanente que je n'oublierais pas : au cours de ces années-là, je ferai de nombreuses interventions et conférences sur les problèmes de l'éducation.

C'est le moment de signaler qu'avant l'élection présidentielle, Valéry Giscard d'Estaing, alors ministre des Finances, m'avait nommé, au titre des personnalités qualifiées, au Conseil d'administration de la Banque de France, en même temps que Raymond Barre, qui devait quitter un peu plus tard cette fonction pour devenir ministre du Commerce extérieur avant de prendre le poste de Premier ministre. Je me réjouissais de ce retour à la Banque de France et de cette opportunité d'enrichir mes analyses et mes connaissances en matière économique et monétaire.

— *Quelle était la fonction du Conseil ?*
— Il entérinait la politique du gouverneur, mais non sans quelques interventions du directeur du Trésor, membre de droit du Conseil qui se réunissait tous les quinze jours.

— *A la formation permanente, quelles actions significatives avez-vous essayé de lancer ?*
— De juillet 1972 à l'été 1973, le plus important était de faire passer l'esprit de la nouvelle loi dans les ministères en réunissant les instances responsables, et ce n'était guère facile à l'Education nationale : cette grande et fière administration entendait rester maîtresse de ses finalités et de ses moyens, et ne voyait surtout pas l'intérêt que représentait son engagement dans la formation des adultes. Un intérêt pourtant évident, puisque lorsqu'on enseigne des adultes, on dialogue avec les intéressés. C'est un peu un laboratoire où l'enseignant doit s'adapter aux nouvelles relations qui se sont instaurées entre le professeur et ses élèves dans la foulée de Mai 68.

— *Du côté des travailleurs, cela a-t-il eu du succès ?*
— Pas autant que je l'espérais. La responsabilité en incombe aux acteurs eux-mêmes qui, d'après la loi, devaient discuter du plan annuel de formation et le mettre en œuvre. Aux entreprises, hélas, trop préoccupées de la rentabilité à court terme et

faisant le chasse-neige avec les problèmes d'adaptation structurelle. Aux organisations syndicales qui, en réaction, avaient tendance à opposer les formations dites utiles aux entreprises, aux formations dont avaient besoin, selon eux, les travailleurs.

Les pratiques courantes expliquent donc que la formation soit allée aux travailleurs déjà formés, au milieu ou au sommet de la hiérarchie, aux dépens des travailleurs moins qualifiés, parce que c'était aussi la pente des entreprises qui pratiquent dans le domaine de la politique de l'emploi ce qu'on appelle l'externalisation. Autrement dit, lorsqu'elles ont un problème, elles s'en débarrassent par le licenciement, plutôt que de tenter d'adapter les travailleurs à des tâches nouvelles. Notons aussi la réelle difficulté pour les petites et moyennes entreprises de s'organiser pour participer à cette politique de la formation permanente. Il aurait fallu – et c'est encore vrai aujourd'hui – qu'elles se constituent en mutuelles, de façon à pouvoir gérer un ensemble de 1 000 à 3 000 ou 4 000 travailleurs.

La situation n'a guère changé pour une raison simple : au fur et à mesure que le chômage augmentait, l'argent de la formation permanente qui a représenté 1,3 % du produit intérieur brut, c'est-à-dire le cinquième des dépenses d'éducation de la France, a été consacré de plus en plus à mettre en formation ceux qui ne trouvaient pas de travail, les jeunes que j'ai déjà cités et qui avaient de la peine à entrer sur le marché du travail, ainsi que les chômeurs. Le développement du chômage a fait dévier le système...

Il faudrait un livre entier pour dresser un bilan détaillé et pour indiquer les voies d'un nouveau développement, alors qu'au moment où nous parlons, la réforme du système va déboucher sur une nouvelle loi. Patrons et syndicats ont d'ailleurs conclu préalablement un important accord.

Nouvelles expériences : l'Université

– *Vous-même, vous vous êtes retrouvé sans emploi.*
– Effectivement. J'ai prêté une oreille attentive à des propositions venues des universités et j'ai choisi Dauphine, Paris VII, parce que c'était une université nouvelle qui se souciait du

devenir professionnel de ses étudiants, ce qui, à l'époque, était moins fréquent qu'aujourd'hui. A la demande du professeur Didier, président de l'université, et après accord du Conseil d'administration, je fus nommé professeur associé, et non pas professeur titulaire, parce que je n'avais pas passé les concours exigés.

Au-delà de mes déceptions administratives dont je répète qu'elles avaient un caractère politique bien marqué, j'étais heureux, moi qui n'avais jamais pu mener des études supérieures normales, de me retrouver à l'université. Avec un peu de trac quand même, de crainte de ne pas être à la hauteur de la situation. Mes attributions consistaient dans un cours de politique économique comparée en maîtrise, et dans l'animation de deux Diplômes d'études approfondies (DEA). Les principaux thèmes que j'y traitais étaient l'emploi, le travail et les relations industrielles.

Dans nos salles de cours et de conférences, les effluves de Mai 68 étaient toujours vivaces mais, habitué à polémiquer par mes activités de militant, j'appréciais cette confrontation.

Le président de l'université me demanda de collaborer à une importante étude sur les achats publics. Il me demanda aussi, dans les domaines qui correspondaient à mes enseignements, de constituer un centre de recherches, ce que je fis sous le nom « Travail et Société ».

Par la suite, nous serons rejoints par Pierre Rosanvallon qui avait accepté de passer quelques années à la CFDT pour seconder le syndicat dans sa réflexion générale, politique et sociale. En 1981, lorsque je serai nommé ministre de l'Economie et des Finances, Rosanvallon prendra ma succession, puis il quittera l'Université pour faire la brillante carrière que l'on connaît. Actuellement, il est professeur au Collège de France.

J'ai recruté des étudiants qui avaient passé sous ma direction leur DEA et, comme les jobs étaient rares, notamment dans le domaine de la recherche, je les ai fait travailler et je les ai aidés à trouver un débouché professionnel. Dans le cadre de mes recherches à Paris-Dauphine, mentionnons aussi la pensée autogestionnaire et l'idée de « travailler autrement ».

Durant les années qui ont suivi Mai 68, de nombreux jeunes se sont lancés dans des activités innovantes concernant soit l'objet de leur travail, soit sa forme. Ils récusaient les cadres classiques de l'entreprise et n'étaient pas attirés par le secteur administratif... C'est pourquoi j'ai tenté de définir les modalités d'un troisième secteur d'activité, à côté de l'économie de marché et de l'administration, qui offrirait à ces « nouveaux innovants » un cadre juridique original, une fiscalité incitative et une législation sociale simple. Cela concernait des jeunes qui voulaient se mettre ensemble pour faire de la réparation auto-mobile, ou de la production artisanale, reprendre une exploita-tion agricole ou se consacrer à la prestation de services, de l'aide sociale aux biens culturels. Pas plus que mes articles dans la presse, les études transmises à la Commission européenne n'ont réussi à mobiliser les décideurs, ce que je déplore car le besoin est toujours là, alors que le chômage massif mine nos sociétés et que demeurent les aspirations à travailler autrement.

Les débats actuels sur l'accès des jeunes à l'emploi, ou sur le rôle du secteur associatif, relèvent de la même préoccupation et de la même inspiration. Qui reprendra le flambeau pour donner un cadre efficace et attirant à toutes ces demandes d'activité et à tous les besoins sociaux qu'exprime notre société ? Dans ce domaine, une expérience encourageante et positive a été celle des emplois jeunes – une excellente initiative du gouvernement Jospin.

– *A Dauphine, aviez-vous abandonné tout contact avec le gouvernement ?*

– A leur demande, j'avais gardé mes contacts avec certains ministres, notamment Edgar Faure aux Affaires sociales dans le gouvernement Messmer et Joseph Fontanet qui était passé du Travail à l'Education nationale. Cela m'a donné l'occasion de conversations toujours intéressantes et réjouissantes avec Edgar Faure qui sollicitait des avis et cherchait des idées nou-velles. Une fois, il m'a raccompagné jusqu'à la porte en me demandant : « Dites-moi, Jacques Delors, cette idée que vous venez d'évoquer, en avez-vous déjà parlé devant quelqu'un ? » Comme je lui répondais par la négative, il m'a dit avec un grand sourire : « Alors, je la garde pour moi... »

De son côté, Fontanet organisa un grand colloque sur l'édu-cation dont lui-même et Pierre Massé, qui n'était plus commissaire au Plan, présentèrent les conclusions. J'étais chargé du premier thème : les finalités de l'Education. Dans la salle, des professeurs classiques, dont certains étaient très conservateurs, n'ont pas beaucoup apprécié ma présentation. En revanche, les journalistes étaient pressés de me faire parler : après mon exposé du premier jour, les radios se sont précipitées pour m'interviewer et je leur ai dit – ce qui me paraissait correct : « Attendons la fin du colloque, les conclusions de MM. Massé et Fontanet, pour faire un bilan d'ensemble. » A quoi un des journalistes m'a répondu : « Monsieur Delors, demain ce ne sera plus d'actualité ! »

Depuis mon passage rue de Martignac, j'étais membre du Conseil d'administration des Nations unies pour le développement social et cela me permettait de me tenir au courant des multiples problèmes du sous-développement. J'ai fait aussi de nombreux voyages pour assouvir ma curiosité des expériences étrangères, aux Etats-Unis, en Grande-Bretagne, en Suède, aux Pays-Bas. J'ai passé deux semaines au Conseil économique et social du Canada pour étudier tous les problèmes économiques et sociaux de ce pays.

– *A Dauphine, comment se comportaient vos élèves ?*

– En maîtrise, mon approche comparative des politiques économiques de différents pays était pour eux une nouveauté, la propension française étant plutôt de se regarder le nombril. Quant aux étudiants de DEA, non seulement ils étaient un peu agités, mais vive la controverse ! Il y avait parmi eux des garçons et des filles qui étaient déjà passés par de grandes écoles, Polytechnique, Ecole des mines, HEC. Ce qui donnait lieu à beaucoup de discussions. C'étaient aussi les prémices de ce qui est devenu la règle : des cursus très riches et des études prolongées jusqu'à vingt-cinq, vingt-six ou vingt-sept ans.

Aussitôt après mes deux ou trois cours de présentation, les étudiants choisissaient un sujet pour leur mémoire écrit de fin d'année, une petite thèse en quelque sorte. Chacun s'exprimait devant ses camarades. Ce qui m'a frappé à l'époque – était-ce la conséquence de Mai 68 ? –, c'est la mauvaise qualité de leur élocution et de leur français. Il m'arrivait fréquemment d'arrêter l'intervenant pour lui dire : « Ne voyez-vous pas que, sur quinze de vos camarades assis autour de la table, plusieurs cachent un journal sous la table ? Vous pouvez vous en plaindre et les critiquer, mais vous pouvez aussi vous interroger sur votre propre talent et sur votre aptitude à parler clairement et à intéresser votre auditoire. »

— *Quels étaient vos rapports avec les autres professeurs ?*

— Il y en avait de très présents à l'université et d'autres qui l'étaient moins. Avec certains, j'ai eu des rapports excellents et réguliers, d'autant plus que j'étais invité à des jurys de thèse. Je citerai notamment les économistes, Alain Bienaymé, Danièle Blondel, Alain Cotta et Jeanne-Marie Parly.

— *Et les clubs ?*

— Le départ de Chaban avait causé une certaine émotion parmi tous ceux qui se réclamaient de l'esprit des clubs des années cinquante, quelle que fût leur origine : fonction publique, enseignement ou entreprise privée. Certains venaient me voir pour me dire : « Nous entrons dans une triste période.. Finis les débats ! » La Nouvelle Société était en panne, les programmes électoraux ne les enchantaient guère. Tous ceux qui me faisaient part de leur déception souhaitaient remettre du carburant dans le moteur des idées.

Toujours la « clubomanie » !

— *L'arrivée de Messmer a été interprétée comme un coup de barre à droite ?*

— Sans doute, mais ce qui donnait à réfléchir, c'était le brouillage des idées, la confusion du débat, le besoin de clarification. N'est-ce pas possible, me disait-on, d'étudier de façon concrète les grands problèmes de la société et de susciter des expériences nouvelles ? Autrement dit, aller plus loin que l'analyse théorique, en lançant des expérimentations. Une approche qui a toujours suscité des réserves en France. On le voit encore aujourd'hui quand on parle d'expérimentation dans le domaine de la décentralisation.

Avec quelques amis, nous sommes tombés d'accord sur l'objectif et avons choisi le nom d'« Echange et Projets » pour ce club. « Echange », parce que tout semblait verrouillé et « Projets », pour exprimer notre volonté d'expérimenter et d'innover. Parmi ceux qui m'avaient sollicité et qui ont fait partie du premier groupe, José Bidegain, l'entrepreneur, Lucien Douroux, un dirigeant agricole qui sera plus tard président du Crédit agricole, Philippe Vianney, grand résistant, qui dirigeait le Centre de formation des journalistes, François Sarda, un avocat ami, et Jean-Michel Bloch-Lainé, le fils de François. Tous ceux-là avaient accepté de figurer dans le communiqué qui annonçait la création du club. Dès le début, les animateurs ont affirmé leur volonté de se maintenir en dehors d'une activité proprement partisane. Nous avions une commission permanente, sorte de conseil d'administration, qui se réunissait souvent et, bien entendu, des assemblées de tous les adhérents.

J'avais eu l'idée d'organiser des carrefours où débattraient partisans et opposants d'une thèse donnée. C'est ainsi que nous avons réuni d'un côté Marcel Boiteux, président d'Electricité de France, et des militants Verts de l'époque qui contestaient l'utilisation de l'énergie atomique ; ou encore les dirigeants du patronat, dont Yvon Gattaz, et les responsables des syndicats pour parler des relations sociales dans l'entreprise, voire de la réforme de l'entreprise.

En même temps, nous éditions une revue. Le rappel des principaux sujets traités dès 1974 montre bien que la France est immuable. Ces thèmes sont toujours d'une actualité brûlante. Je les cite en vrac : Pour un autre service militaire. Sécurité de l'emploi et progrès économique. Pour un statut des étrangers. Pour un nouveau pouvoir de l'association. Pour une politique sociale des agglomérations. (Cela fait penser aux banlieues en difficulté.) L'enrichissement sans cause, c'est-à-dire les parasites de l'économie de marché et l'inégalité fiscale. Le juge. Pourquoi la réforme de l'entreprise...

Lorsqu'ils traitaient ces thèmes, les membres de nos clubs faisaient, au besoin, appel à des experts. Nous avons également publié deux livres articulés sur deux idées forces : l'un sur l'organisation de l'Etat et des territoires – *La démocratie à portée de la main* –, un plaidoyer pour la décentralisation. L'autre, paru en 1981 – *La société du temps choisi* –, illustre l'importance de la valeur temps dans la condition de vie des gens et dans leur équilibre personnel. Il invitait à de bons arbitrages entre le temps consacré au travail, à la récupération et au développement personnel et familial.

En mai 1981, lorsque j'ai été nommé ministre, j'ai été remplacé à Echange et Projets par Maurice Grimaud, le préfet de police de Mai 68. Par la suite, par José Bidegain, Pierre Van Laerenberghe et Jean-Baptiste de Foucauld. Le club a continué ses activités, même dans les périodes où, la gauche étant au pouvoir, beaucoup de ses membres étaient dans des cabinets ministériels ou occupaient d'autres fonctions officielles. C'est pourquoi, sous Jean-Baptiste de Foucauld, le club a fusionné avec deux clubs de la mouvance rocardienne pour créer le groupe Convictions dont la présidente est Anne Dux, Jean-Baptiste de Foucauld demeurant l'indispensable animateur d'hommes et promoteur d'idées.

— *Vous n'aviez pas fondé de club depuis Citoyen 60 ?*

— Non, mais, voulant mettre mes idées au clair, j'ai publié alors un livre, sous le titre significatif de *Changer*, où j'étais interrogé par Claude Glayman.

Quelques passages de ce livre traduisent bien l'état de ma pensée à ce moment-là. Pour exprimer ma conception globale inspirée du personnalisme, je disais :

« Personnaliser a donc encore un sens aujourd'hui. L'homme ne peut se retrouver complètement ni dans une aventure solitaire par le repli sur soi, ni par l'exaspération de ses instincts, la permissivité étant à la fois facteur de liberté et risque de dégradation, ni en s'intégrant totalement dans la société, dans une aventure collective, au point d'y perdre son identité. A la fois personne unique et irremplaçable et membre de communautés dont il est solidaire, il doit être en mesure de tenir les deux bouts de la chaîne... »

Pour caractériser la crise de notre époque, je remarquais :

« L'homme contemporain est enfermé dans un ensemble de contraintes sociales liées à la production, à l'organisation de la vie collective, au conditionnement des mass media qui l'entraînent, sinon irrémédiablement, du moins d'une manière très forte, vers une sorte de modèle unique. Il y perd une partie de ses facultés, de ses potentialités en matière de relations avec les autres ou avec la nature. Un dangereux processus de réduction est ainsi mis en place. Il convient de l'arrêter et d'y substituer un ordre sociétal plus ouvert ou moins contraignant. »

Autrement dit, dans la foulée de penseurs comme Herbert Marcuse et Ivan Illich, il s'agissait de plaider pour que le consumérisme et l'individualisme ne nuisent pas à la diversité de la société et à son ouverture. N'entend-on pas exprimer aujourd'hui des craintes analogues à propos des risques d'uniformisation liés à la mondialisation ? Je voulais simplement souligner qu'il s'agissait là de tendances profondes et dangereuses pour le développement personnel comme pour une convivialité indispensable à la vie en société.

Enfin, en ce qui concerne l'action politique, et vous y verrez la racine de mes difficultés avec les partis, j'affirmais :

« Il y a d'ailleurs des limites à l'action de la politique. L'erreur fondamentale, très répandue aujourd'hui, consiste à penser que si une difficulté ou un malheur se présente à vous, c'est toujours la faute de la société, jamais de vous-même. Je lutte profondément contre cette tendance, non pas au nom d'un moralisme facile ou désuet, mais parce que, dans la réalité des faits, dans la nature humaine telle que nous la connaissons, demeure notre propension à user de notre marge de liberté d'une manière déraisonnable à nos propres dépens. Autrement dit, toutes nos actions se situent au croisement de notre responsabilité personnelle et de la responsabilité de la société qui nous offre plus ou moins de chances de nous libérer et de nous épanouir. Tout demander à la société nous entraînerait sur la pente dangereuse qui conduit, en fin de compte, au mépris de l'homme et au totalitarisme. »

Et je concluais :

« Nous devons y veiller alors que l'humanité est entrée dans une période assez nouvelle où tout semble craquer : l'idée d'une prospérité croissante, fondée d'ailleurs sur l'exploitation du tiers monde ; le sentiment prométhéen de la conquête progressive par l'homme de la maîtrise totale de son propre corps, de son esprit... »

Ce débat ne garde-t-il pas, aujourd'hui, toute son actualité, alors que l'individualisme et le repli sur soi sont devenus des facteurs dominants ? Loin de moi l'idée de confondre l'individualisme qui conduit à une éthique de l'authenticité avec l'individualisme qui brise ou distend les liens familiaux, jauge tout problème à l'aune de sa satisfaction de l'instant et, à la limite, considère que tout est la faute des institutions, avec par exemple l'exigence de la société du risque zéro.

La crise est spirituelle, chacun finit par l'admettre, mais elle est aussi politique, même si celle-ci ne peut pas tout. Pour lutter contre ce désenchantement, les références que je défends depuis longtemps sont de plus en plus à prendre en compte : réaliser l'égalité des chances à l'école, tout d'abord, c'est-à-dire recréer des liens sociaux et « faire société » ; aider chacun à se réaliser et à se mieux connaître dans le dialogue avec les autres ; démontrer aux plus faibles et aux moins chanceux que rien n'est jamais perdu, qu'ils peuvent saisir une nouvelle chance à condition de se sentir responsables.

— *Où situez-vous votre retour dans l'action politique ?*
— En 1974. J'avais gardé mes contacts avec mes amis militants de la gauche et c'est à cette occasion que j'ai été associé, mais d'assez loin, aux Assises du socialisme dont Edmond Maire, le leader de la CFDT, avait été un des promoteurs. Ce fut la dernière tentative d'un dirigeant syndical pour influencer les structures politiques. Pour François Mitterrand, c'était aussi l'occasion de répondre à une demande d'engagement venant du mouvement syndical et associatif. Il en résulta une opération parsemée de difficultés par suite d'oppositions internes au PS, au PSU et à la CFDT. Michel Rocard, un des principaux animateurs de ces Assises, allait être mis en minorité par son parti, le PSU. Cela ne l'a pas empêché de rejoindre le PS. Même à l'intérieur de la CFDT, l'initiative d'Edmond Maire suscitait des oppositions de la part de militants très attachés à la Charte d'Amiens, comme Gilbert Declercq, l'auteur du rapport sur la planification démocratique. C'est donc la deuxième gauche qui se manifestait ici, avec des idées déjà présentes dans la minorité Reconstruction dont je faisais partie. Je ne fus pas sollicité directement par les initiateurs mais, à la demande de François Mitterrand, Pierre Bérégovoy venait régulièrement me voir pour me tenir au courant de l'évolution du processus. Et il m'avait même demandé de participer au comité d'organisation

desdites Assises. Je note au passage que des membres du PSU avaient dit : « Delors n'est plus chez Chaban-Delmas, donc il n'est plus rien... »

Revenons à l'essentiel. Il faudra de nombreuses réunions pour surmonter les difficultés liées à l'élargissement du PS qui était combattu par le CERES[1] de Jean-Pierre Chevènement, mais avait en revanche le soutien de hauts responsables du PS, en premier lieu Pierre Mauroy. Il ne faut jamais l'oublier si on veut comprendre le congrès de Metz où Rocard et Mauroy feront alliance.

Le 12 octobre 1974, à l'hôtel PLM Saint-Jacques, à Paris, j'assiste donc aux Assises. Je reste dans la salle alors que Mitterrand me fait dire de me rapprocher de la tribune, où se trouvent les télévisions... A l'issue des débats, on assiste à l'entrée de Michel Rocard et de ses amis minoritaires du PSU, ainsi qu'à celle de membres de la CFDT. Mais les places leur sont comptées et les animateurs de la deuxième gauche n'obtiennent que 11 % des postes au bureau exécutif.

Tous ces faits ont été commentés dans la thèse de François Gros intitulée *Les Assises du socialisme ou l'Echec d'une tentative de rénovation*. Pour ma part, je ne porterai pas sur les Assises un jugement aussi pessimiste que Gros, car les idées de la deuxième gauche ont fini par pénétrer le PS. Je fais une distinction entre d'une part la rigueur imposée en 1983, qui pouvait être le fait d'une première gauche aussi bien que d'une deuxième, et d'autre part les idées popularisées par cette deuxième gauche pour laquelle il convient de prendre en compte le rôle de la société, l'environnement et, plus difficile à faire admettre, la réforme de l'Etat, ainsi que les rôles respectifs des partis et des forces sociales.

Edmond Maire, qui sera par la suite un censeur vigilant de la gauche au pouvoir, a écrit en 1981 cette formule que je ne résiste pas à la tentation de citer : « Je rêvais à cette époque – et je n'étais pas le seul – d'un parti qui fût simultanément pour l'Etat et pour la société. Eh bien, François Mitterrand m'a fait faire en politique un pas considérable : je ne rêve plus ! » Voilà une conclusion nette et sans bavure !

---

1. CERES, Centre d'études, de recherches et d'éducation socialistes.

L'absolution donnée par le PS

   — Et vous avez été sollicité d'entrer au PS à ce moment-là ?

   — Le dimanche du deuxième tour des élections présidentielles de 1974, François Mitterrand me demande de me tenir prêt s'il remporte la victoire. Puis il m'envoie Bérégovoy pour me dire que le moment était venu pour moi d'entrer au PS. Alors, dans la foulée des Assises, je pose ma candidature à la section du XIIᵉ arrondissement, avec deux séances épiques, en novembre et décembre 1974. Une de ces réunions s'est déroulée dans un restaurant de la place de la Bastille, Le Tambour, qui, entre ceux qui m'étaient favorables et ceux qui voulaient me voir condamné, a fait salle comble.

   Je suis arrivé avec ma sacoche pleine de documents pour prouver mes liens avec les organisations syndicales et montrer la pertinence de certaines mesures que je préconisais. Les opposants à mon entrée au PS n'ont jamais fait allusion à Echange et Projets. Ce qui était en cause, c'était ma collaboration avec Chaban, la rumeur que Giscard m'avait proposé un poste, le fait d'écrire dans un journal économique et financier – j'avais écrit un article dans *Investir* ! –, tout y est passé !

   Je prends calmement mon temps pour répondre. Je sors des documents illustrant mon travail au service du mouvement syndical. Je souligne les aspects positifs des contrats de progrès pour les travailleurs et la révolution que représente la formation permanente. Aux yeux de beaucoup de participants, mes adversaires, essentiellement le CERES, en font trop et, de leur côté, mes amis Stellio Farangis, Félix Hegoburu et les camarades du SGEN, le Syndicat général de l'Education nationale, me soutiennent. Finalement, cette joute s'est terminée lors de la deuxième séance par un vote favorable aux deux tiers.

   — Vous, toujours si réticent à l'endroit des grands partis, qu'est-ce qui vous avait décidé ?

   — Mon itinéraire de militant syndical et politique était à gauche. Je parle là de Reconstruction et de la CFDT, mais aussi des petits partis de gauche qui s'étaient regroupés pour faire le PSU, lors d'un congrès fondateur où j'étais présent. Par la suite, je devais consacrer la plus grande part de mon activité à la fonction publique, au Commissariat général au Plan. J'avais pris le risque d'aller chez Chaban-Delmas, mais ma famille était et demeurait la gauche. J'y revenais donc pour militer dans un parti car, à cinquante ans, mon retour dans le syndicalisme n'aurait pas eu de sens.

– *Vous étiez d'accord avec la stratégie de François Mitterrand ?*
– Après bien des efforts pour comprendre le paradigme de la Vᵉ République, je pensais que le bipartisme qu'elle imposait obligeait les socialistes à s'unir aux communistes et aux radicaux de gauche pour gagner la présidentielle... Je suis entré au PS en sachant qu'il y aurait une période de purgatoire. Donc sans états d'âme, je m'y attendais. Je n'étais pas délégué au premier congrès de Pau en 1975. Le livre *Changer* arrivait à son heure pour préciser mes positions. Certaines des thèses que j'y développais intéressaient de nombreux militants du PS. Je suis arrivé à lever certaines ambiguïtés, jamais cependant vis-à-vis du CERES.

En 1976, Mitterrand me nomme à son comité des experts. C'est à ce moment-là, en 1977, qu'intervient un de mes épisodes électoraux malheureux. Comme on me parlait d'une candidature aux élections municipales à Créteil, je fais le nécessaire. J'obtiens l'accord de Philippe Lagayette, inspecteur des finances, avec lequel j'étais très lié, pour qu'il se présente avec moi et devienne, si nous étions élus, maire-adjoint chargé des questions financières. Mais, dans la section de Créteil, comme aux plus mauvais jours du Parti socialiste, c'était une bataille de nègres dans un tunnel. L'envoyé de Mitterrand échoue à ramener le calme. Celui qui se bagarre le plus contre moi, Christian Pierret, était à cette époque plutôt à la gauche du parti et il tenait à Créteil. Bref, après réflexion, Lagayette et moi estimons impossible de nous en sortir. Pierret, lui aussi, renoncera et c'est finalement un socialiste de Créteil qui sera désigné et élu.

Faute de responsabilités locales, j'assume donc mes tâches de militant et j'anime de nombreuses réunions en province où je suis souvent demandé. Je défends mes thèses économiques, à l'échelon européen comme en France. Quand arrive l'affrontement de Metz, Michel Rocard est bien installé au PS. Il en est devenu un des dirigeants et, au lendemain des élections de 1978, il fait sa fameuse déclaration en affirmant que seule une totale rénovation permettra au parti de reprendre sa marche en avant.

– *La déclaration assassine...*

– ... dans laquelle il se pose ouvertement en challenger de François Mitterrand. Avec mon côté moralisateur, je trouve son geste critiquable et, le lendemain, je vais voir Mitterrand à l'Assemblée nationale pour l'assurer que je demeure fidèle à sa propre stratégie. Il me prend par le bras et me fait faire le tour de la salle des pas perdus, sous les regards narquois, voire les quolibets, de la majorité de droite. Lui affronte toujours avec calme les événements de ce genre. Je vois aussi Rocard, je lui explique qu'il se trompe et que seul François Mitterrand peut amener la gauche à la victoire.

Claude Cheysson, alors commissaire européen, ému de voir s'affronter deux hommes aussi proches, saisit l'occasion de notre présence à Bruxelles pour nous réunir. Rocard clôt rapidement la discussion en disant : « Jacques a tort, je vais gagner à Metz ! » Le congrès venu, j'assiste à la Commission des résolutions, qui tourne cette nuit-là à la tragédie grecque avec, d'un côté, la coalition réunie autour de François Mitterrand qui est majoritaire, de l'autre, l'entente Mauroy-Rocard. Alors que, naïvement, Labarrère du côté de la motion Rocard, et moi du côté de la motion Mitterrand, tentions de jeter des ponts... Nous n'avions rien compris au scénario !

Après Metz, lorsqu'il a fallu rédiger le programme du PS, on me confie la première partie sur l'avenir du capitalisme. Je réunis un groupe où se retrouvent tous les courants du parti, mais cela ne plaît pas beaucoup au CERES qui, fort de son appui à Mitterrand à Metz, ramasse la mise. Voilà donc le programme socialiste entre les mains de Chevènement et mon texte au panier.

Viennent les élections européennes de 1979. De par mes fonctions de délégué aux relations économiques extérieures, et sous l'égide de Robert Pontillon, responsable pour les affaires européennes, j'organise des rencontres à Paris et je participe à toutes les réunions des partis sociaux-démocrates dans chacun des Etats membres de la Communauté.

Arrive le moment de composer la liste socialiste. Le Comité directeur s'en charge. Bien entendu, selon la tradition du PS, les places sont réparties par courant. En fin de course, il restait deux places pour le courant Mitterrand, la septième et la vingt et unième. Gérard Jacquet, un homme important du Parti socialiste, va voir Mitterrand et lui dit qu'il reste deux places pour Estier et Delors. Alors Mitterrand lui répond : Delors est un bon expert, mais Estier a rendu de grands services au parti. Et voilà comment Estier se retrouve septième et moi vingt et unième. J'étais à la maison le soir des élections quand mon fils Jean-Paul, déjà très souffrant, vient avec une bouteille de champagne et me dit : « Papa tu es élu ! » C'était pour lui – si gravement malade – une grande joie et pour moi une grande surprise, étant donné ma place sur la liste.

Le Parlement européen

– *L'Europe, pour vous, ce n'était pas nouveau.*
– Ma fréquentation des institutions européennes était ancienne. En tant que militant syndicaliste, dans les années cinquante, j'avais représenté la CFTC, avant qu'elle ne devienne la CFDT, auprès des organisations professionnelles et syndicales européennes, aux colloques qu'elles organisaient. Fonctionnaire au Plan, j'avais été membre, avec Michel Rocard, du Comité de politique à moyen terme, placé auprès du Conseil des ministres de l'Economie et des Finances, où chaque séance était l'occasion d'un affrontement brutal entre les Allemands, adversaires de la planification, et nous deux.

Ensuite, j'avais beaucoup fréquenté la Commission européenne qui m'avait demandé de participer à trois groupes d'experts désignés par elle, le premier en 1976, sur les problèmes de l'inflation, qui m'avait beaucoup stimulé et avait renforcé mon obsession anti-inflationniste. Un autre en 1978, sur les nouvelles caractéristiques du développement économique et social. Enfin, en 1979, un groupe que je présidais, sur les conceptions économiques et sociales dans la Communauté.

Indépendamment de l'intérêt intellectuel de ces sujets – ô combien difficiles –, c'était pour moi la possibilité de rencontrer de nombreux membres et fonctionnaires de la Commission, tous militants de la cause européenne.

Les réunions vont donc commencer au Parlement européen. Par *Le Figaro* du 19 juillet 1979, j'apprends avec surprise que les socialistes français viennent de refuser qu'un des leurs préside le groupe socialiste alors que les Allemands ont proposé mon nom.

Ai-je besoin de dire que je ne suis pas arrivé à Strasbourg le sourire aux lèvres ? Et quand mes collègues socialistes français se sont réunis en séance de travail, il a fallu toute l'autorité et le tact de Jacquet, le président du groupe, pour retrouver une ambiance digne de ce nom. Le plus drôle fut la répartition de nos élus dans les organes directeurs et les commissions. Surprise ! On propose aux socialistes français la présidence de la Commission économique et monétaire. Qui vont-ils désigner ? Celui qui n'avait pas été jugé digne de présider le groupe socialiste se retrouve bombardé président de cette commission !

J'ai été agréablement surpris, surtout par les perspectives de travail nouvelles pour moi, car la compétence de cette commission couvrait l'examen périodique de la situation économique, l'évolution du système monétaire européen, les instruments de prêts financiers de la Communauté, ainsi que les problèmes du Marché commun, l'harmonisation technique, la concurrence et le régime des aides d'Etat. Plusieurs commissaires et des ministres de l'Economie et des Finances rendaient compte devant notre comité. J'ai entretenu ainsi des rapports réguliers avec le président de la Commission, Gaston Thorn, Etienne Davignon, François-Xavier Ortoli, tous deux vice-présidents, et bien d'autres. Pour moi, une nouvelle phase d'apprentissage commençait.

– *Vous viviez une partie de la semaine à Bruxelles ?*

– Une semaine par mois, je passais quatre jours à Strasbourg et les trois autres semaines, deux jours à Bruxelles, deux fois pour le travail de ma commission et pour préparer les réunions avec les fonctionnaires chargés de la seconder, une fois pour les réunions du groupe socialiste.

J'intervenais aussi dans les réunions plénières, notamment sur les questions liées à la situation économique et à l'emploi, aux règles de la concurrence et au budget communautaire. Un de mes thèmes lancinants, que je retrouverai par la suite, me faisait déplorer l'absence de coopération entre les pays membres, notamment dans le domaine de la coordination des politiques économiques, de la recherche et de l'industrie. Des idées que je continuerai à développer, et comme ministre de l'Economie et des Finances et comme président de la Commission.

5

Ministre de Mitterrand

— *Quel rôle avez-vous joué dans la campagne électorale de 1981 ?*
— Au fur et à mesure que les semaines passaient, François Mitterrand m'a associé de plus en plus étroitement à sa campagne, jusqu'à me faire figurer sur une de ses grandes affiches électorales où il était entouré de cinq personnalités de son parti. Et lorsque ma petite-fille Clémentine, qui n'avait alors que trois ans, m'a aperçu sur cette photo collée en bonne place sur un mur, elle a demandé à sa mère : « Mais qu'est-ce qu'il fait là Papilou ? » Eh oui ! J'étais associé publiquement à la Force tranquille ! A la même époque, Mitterrand a souhaité que je l'assiste quand il donnait des interviews, notamment à de grands hebdomadaires et, entre les deux tours, je me suis exprimé de plus en plus fréquemment pour expliquer ce qu'on ferait dans le domaine économique, mais aussi, il faut bien l'avouer, pour rassurer l'opinion. C'était une montée en régime. J'aidais, lorsqu'on me le demandait...

— *Pourquoi avait-il besoin de vous ?*
— Bien que je n'aie jamais été ministre, j'étais assez connu du grand public. Sans doute, cette image lui paraissait-elle positive et utile à ajouter à celle que lui-même voulait donner de sa propre personne, de son programme et de son entourage.

— *L'image du technicien, du militant, du chrétien de gauche ?*
— Il devait y avoir un peu de tout cela.

— A partir de quel moment avez-vous senti que vous alliez devenir ministre des Finances ?

— Je n'y avais pas songé avant d'être reçu par le président après le deuxième tour. Mitterrand avait commencé ses consultations chez lui, rue de Bièvre, et il m'a convoqué : Que souhaiteriez-vous faire ? m'a-t-il demandé. Je lui ai répondu que j'aimerais être un vrai commissaire général au Plan et j'ai développé mes vues. Plus timidement, j'ai mentionné le secrétariat général de l'Elysée. Il m'a répondu : « Pour vous, le temps de telles fonctions est passé et, en matière sociale, vous avez déjà tout prouvé... » Nous en sommes restés là. Peut-être cela paraîtra-t-il étonnant, mais j'étais dans une position où je n'avais aucune inquiétude particulière. Je ne cherchais pas à savoir. Je voulais un poste où je puisse agir et être utile...

La surprise est venue quand on a annoncé du perron de l'Elysée la formation du gouvernement. J'étais en train de travailler chez moi avec Philippe Lagayette. Les noms tombaient l'un après l'autre et, en seizième position, à une place inhabituelle pour le ministre des Finances, traditionnellement plus haut dans la hiérarchie, apparaissait le nom de Jacques Delors suivi un peu plus loin par Laurent Fabius comme ministre délégué.

— Mauroy ne vous avait pas téléphoné pour vous prévenir ?

— Non, je ne savais rien. Avec Lagayette, nous nous sommes regardés : « Au travail ! » telle a été notre réaction commune. René Monory m'a téléphoné pour fixer l'heure de la passation des pouvoirs le samedi 23 mai, en présence de tous les directeurs, dont beaucoup étaient des collègues de travail, ce qui allait me faciliter la tâche.

Le franc attaqué

Auparavant, et avant même la formation du gouvernement, j'avais été associé aux toutes premières décisions monétaires de Mauroy. Le Premier ministre venait d'être nommé et j'avais débarqué à Matignon. J'ai fait visiter à Mauroy les lieux que je connaissais bien pour y avoir travaillé pendant plus de trois ans sous Chaban-Delmas. Mais j'étais là pour un travail précis : il fallait de toute urgence décréter le blocage des changes, pour arrêter l'hémorragie de devises. Etaient convoqués, en plus de deux collaborateurs du Premier ministre, Jean Peyrelevade et Jean Deflassieux, le gouverneur de la Banque de France, Renaud de La Génière, et le directeur du Trésor, Jean-Yves Haberer. Pendant cette soirée fameuse où Mitterrand, ses amis et les vedettes du PS se dirigeaient vers le Panthéon, nous avons préparé les textes qui allaient paraître le lendemain au *Journal officiel*. Il s'agissait de rétablir le contrôle des changes de façon à éviter les sorties de devises.

— Pendant que le XVIᵉ arrondissement — et quelques autres — se demandait comment faire passer l'argent de l'autre côté de la Manche ou de l'Atlantique ?

— C'était effectivement la grande frayeur. En tout cas, voilà ce que j'ai fait avant même de savoir que je serais ministre de l'Economie et des Finances. Je voulais aider Mitterrand, comme je l'avais aidé pendant la campagne et entre les deux tours, lorsque j'avais demandé qu'on intervienne auprès du Premier ministre Raymond Barre, pour qu'il prenne des mesures de défense du franc.

J'avais été informé par le directeur du Trésor, Jean-Yves Haberer, qui s'inquiétait, comme c'était son devoir, des sorties de devises. Je le connaissais bien car à l'inspection des finances, il avait été membre de la section CFTC. Je l'avais connu aussi au cabinet de Michel Debré quand celui-ci s'était installé rue de Rivoli et que j'étais au Commissariat au Plan. C'était un excellent directeur du Trésor. Comme il ne savait pas qui alerter, il m'avait prévenu entre les deux tours.

— Qui était intervenu auprès de Barre ?

— Dès le lundi 11 mai, au lendemain de l'élection de Mitterrand, une antenne présidentielle était mise en place, avec Pierre Bérégovoy comme principal responsable et Jacques Attali, en quelque sorte son alter ego. Je renouvelle mes alarmes en ce qui concerne les attaques contre le franc. Maintenant que les Français ont choisi leur président, Haberer n'a plus besoin d'intermédiaire pour solliciter des instructions. François Mitterrand refuse d'en donner avant la passation officielle des pouvoirs. Pour la troisième fois, je fais part de mes inquiétudes mais je ne peux faire plus.

Personnellement, je ne comprenais pas ces subtilités institutionnelles. Défendre le franc français me paraissait un réflexe de bon sens. En lisant plus tard le *Verbatim* de Jacques Attali, aux premières loges pendant cette période, j'apprendrai que, malgré la demande renouvelée d'Haberer et de La Génière, Barre, à défaut d'instruction formelle du président, s'était obstiné dans son immobilisme.

– *Que pouvait-il faire ?*
– Ce que nous avons fait quelques jours plus tard avec le contrôle des changes, et la France aurait économisé un bon matelas de devises. Mais revenons-en à ma nomination : Philippe Lagayette s'est aussitôt mis à constituer le cabinet, en me consultant. Une profonde amitié me liait à Philippe. Il était membre d'Echange et Projets. Nous avions eu cette aventure commune à Créteil où il avait accepté de devenir mon premier adjoint chargé des finances, mais qui s'était traduite par un échec. J'avais – et j'ai toujours – beaucoup d'admiration pour la clarté d'esprit de Philippe, pour sa capacité de travail, son énergie et son autorité naturelle qui allaient se déployer avec beaucoup d'efficacité et de talent, tant vis-à-vis des membres du cabinet que vis-à-vis des services.

Pour un directeur de cabinet, la tâche était très lourde, compte tenu du temps que je consacrais à mes fonctions extérieures, de la place que j'accordais à la communication, c'est-à-dire à la pédagogie, à l'explication ; compte tenu aussi des débats à l'intérieur du gouvernement qu'il lui fallait suivre, ce qui impliquait de sa part des conversations téléphoniques fréquentes avec l'Elysée et Matignon, sans compter les collaborateurs de Fabius au Budget.

Lagayette ne laissait rien passer. Pour un ministre, cela peut être délicat et même assez grave d'oublier de traiter une information, comme de ne pas répondre à une demande d'un autre ministre, ou bien encore à une lettre extérieure. Il fallait énormément de vigilance et quinze à seize heures de présence au bureau. Je sais qu'il a été très déçu par ma décision de ne pas me présenter à l'élection présidentielle car il était, à cette époque, avec Pierre Joxe, celui dont les encouragements étaient le plus argumentés. Ce n'était pas l'ambition personnelle qui le guidait, mais sa passion pour la France et un sens élevé de l'intérêt général.

Outre le directeur de cabinet, j'avais choisi d'avoir auprès de moi un chargé de mission, Pierre-Yves Cossé, un économiste et un ami, très proche de Rocard, qui se trouvait un peu en l'air et dont j'étais heureux de pouvoir écouter les avis. Quand il est parti, je l'ai remplacé par un vieux complice, Yves Chaigneau, qui avait été avec moi chez Chaban-Delmas, compétent à la fois dans les domaines économique et social. De vrais amis qui étaient en charge de certains dossiers mais jouaient surtout le rôle de vigie et parfois d'avocat du diable. Je suis encore plus reconnaissant à Lagayette d'avoir accepté cette situation qui n'est jamais facile pour un directeur de cabinet. Mais le chef, c'était quand même lui. Les autres étaient auprès de moi, à un titre plus personnel, pour me donner des avis et participer à des réunions de réflexion collective. Rien de plus.

Les directeurs adjoints jouaient aussi un rôle important. Il fallait bien que Lagayette se décharge d'une partie de ses responsabilités. Pascal Lamy, qui a été le premier d'entre eux, a cru bon de rejoindre ensuite l'équipe de Pierre Mauroy. J'insiste sur la solidité de l'ensemble, très soudé, ce qui a singulièrement pesé au moment des décisions difficiles de mars 1983. Je l'ai remplacé par Isabelle Bouillot qui dirigeait le cabinet de Le Garrec. Elle a joué un rôle irremplaçable de conseil et aussi de maîtrise des dossiers, notamment en matière financière et budgétaire[1].

Sur nos méthodes de travail, je dirai deux mots : l'un est banal. C'est l'importance des médias. J'étais beaucoup intervenu, en première ligne, dès avant le premier tour et entre les deux tours. A présent, comme ministre, il fallait que je sois en permanence à la disposition des médias et chaque semaine, j'avais un entretien avec la presse rue de Rivoli. J'en ai conservé tous les enregistrements. Je répondais à toutes les questions des

---

1. Voir en Annexe la composition du cabinet de Jacques Delors au ministère de l'Economie et des Finances.

journalistes. Il y a eu des incidents car certaines déclarations étaient *off the record* – comme, au début du premier septennat de Mitterrand, on n'avait plus le droit de parler anglais, je disais *hors disque* – mais il y avait toujours quelqu'un qui essayait de trouver, dans mes propos, une allusion un peu ironique sur un collègue, ou sur le Premier ministre. Bref, ce n'était pas simple mais j'étais très présent dans la presse. C'était nécessaire, non pas pour ma promotion personnelle, mais pour la défense du franc, ainsi que pour corriger cette image démoniaque que l'opposition et une partie du patronat avaient collée sur François Mitterrand.

Par ailleurs, au grand étonnement de certains, j'avais fait mettre une table de travail et une armoire dans le magnifique bureau du ministre des Finances, rue de Rivoli, parce que je tenais à garder des dossiers auprès de moi, toujours cette habitude artisanale du travail personnel. Quand je travaillais avec un directeur général ou un directeur, je lui demandais de venir avec celui ou ceux de ses collaborateurs qui avaient travaillé sur le dossier et on s'asseyait autour de cette table. D'aucuns y ont vu une atteinte, une sorte de blessure, à l'autorité qui sied à cet endroit.

– *Quelle a été votre impression en entrant dans ce bureau que vous connaissiez déjà ?*

– Cela ne m'a fait aucune impression. Autant j'ai connu le bonheur professionnel au Commissariat général au Plan et même chez Chaban-Delmas, autant, rue de Rivoli, je n'ai rien ressenti de particulier. J'étais tout entier à mon obsession : arriverions-nous à bien gouverner ? A rétablir les grands équilibres tout en corrigeant les inégalités sociales ? Il s'agissait de faire justice de cette idée que la gauche ne ferait qu'un passage éclair au gouvernement.

– *Quels ministres aviez-vous connus dans ce bureau ?*

– Giscard d'Estaing, quand j'étais chez Chaban. Les deux dernières années, je le voyais à peu près une fois par semaine. J'avais vu Michel Debré ainsi que Monory quand il était ministre de Raymond Barre. Quant au ministère, je l'avais fréquenté comme fonctionnaire de la Banque de France puis du

Commissariat général au Plan, plus tard comme collaborateur de Chaban, mais je n'avais jamais exercé de fonction dans une de ses directions.

Le coût de l'alternance

Venons-en à l'alternance politique qui n'était pas synonyme de rupture dans l'esprit des seuls socialistes. Après vingt-trois années de gouvernement de la droite, de 1958 à 1981, c'était une véritable rupture et cette alternance avait un prix. En démocratie, une campagne électorale a un coût financier, budgétaire. Je ne connais pas un pays où, pour parler vulgairement, on ne desserre pas un peu les boulons, pendant la campagne électorale. Mais pour la gauche qui n'était pas majoritaire en France, avec les 110 points du programme de François Mitterrand, c'était un véritable tournant. Il fallait en calculer le coût et je suis entré au ministère des Finances en ayant pleinement conscience de ce problème, compte tenu du contexte mondial et européen de l'époque. Mais avant de dresser un bilan de cette période, il faut bien comprendre ce que c'est qu'une alternance. On l'a vu en 2002, avec la droite, lorsque le gouvernement Raffarin cherchait les mots qu'il lui fallait employer, les mesures qu'il lui fallait prendre pour signifier le changement de cap correspondant aux désirs des électeurs. En démocratie, avant de juger une période, sans indulgence mais avec compréhension, il faut avoir cela présent à l'esprit. Ajoutons que sans alternance, que devient la démocratie ? Je ne crie pas au feu, mais il faut bien admettre que la démocratie a besoin d'alternance.

En 1981, le coût était d'autant plus élevé que l'alternance avait été plus longue à venir et qu'il fallait embarquer l'ensemble de la gauche. Il suffit de se rappeler la fête de la Bastille, le soir du deuxième tour, pour se rendre compte que la France vivait le dernier grand rêve caressé par le peuple de gauche. La victoire de la gauche en 1997, à la suite d'une manœuvre manquée du président Chirac, ne s'inscrira plus dans le même contexte. En 1981, il s'agissait vraiment de la gauche, avec ses traditions, ses rêves, ses slogans, son espoir de changer la vie.

– *La seule victoire de la gauche de cette dimension, c'est 1936.*

– Oui, parce que le Front républicain en 1956, ce n'était pas la même chose. Il n'y avait pas de communistes au pouvoir. Au contraire, Mendès France, qui incarnait ce Front républicain, avait refusé ostensiblement les voix du PC. L'esprit était totalement différent.

Il faut rappeler aussi le parcours conflictuel de l'Union de la gauche, avec le premier programme commun en 1972, suivi de ruptures puis, à nouveau, l'alliance. Tout cela sans parler des pérégrinations propres au Parti socialiste. C'était la dernière fois qu'un programme véhiculait les rêves traditionnels de la gauche, rêves de qualité de la vie, de justice sociale et de meilleure répartition des fruits de l'activité nationale. Avec, en fond de tableau, comme un parfum de lutte des classes. Tout cela avait un coût. A un moment où les deux chocs pétroliers plus la hausse du dollar revenaient à nous priver de 2 % de notre richesse et de notre niveau de vie, qu'il fallait récupérer d'une manière ou d'une autre.

Après le premier choc pétrolier, dans les années soixante-dix, la France de Chirac et de Fourcade avait joué la fuite en avant, en pensant qu'on absorberait ce premier choc grâce à la croissance. Cela n'a pas marché. Il fallait changer. Chirac a démissionné. Puis, Raymond Barre a pratiqué une politique louis-philipparde qui a réussi à maintenir la parité du franc et les grands équilibres budgétaires, mais a complètement échoué sur le plan de l'inflation, puisque lorsque nous sommes arrivés, en 1981, on n'était pas loin de 14 % de hausse des prix.

En 1979, le déficit commercial était de 36,2 milliards de francs. Vient le second choc pétrolier et en 1980, il passe à 90,2 milliards. Lorsqu'on regarde le détail des chiffres, on s'aperçoit que cette augmentation de 54 milliards tient uniquement à la facture pétrolière. Même si la gauche n'avait pas gagné, les Français auraient dû absorber le choc, ce que les Allemands avaient fait depuis le début. Helmut Schmidt avait toujours dit : les Allemands payeront le prix. Mais en 1981, la France, elle, ne l'avait pas encore payé.

– *Qu'ont fait les Allemands que nous n'avons pas fait ?*

– Ils se sont serré la ceinture pour vendre davantage, ce qu'ils ne pouvaient pas faire en conservant à la fois la croissance économique, la consommation intérieure et l'augmentation des salaires. Il y a deux façons d'absorber un choc : supposons que nous ayons n % de croissance, nous nous engageons à faire n +1 %, et en deux ans, on aura amorti ce prélèvement venu de l'extérieur. C'est la première méthode. Mais dans un contexte mondial défavorable, on prend le risque d'augmenter l'inflation et le déséquilibre du commerce extérieur. C'est ce qui s'est passé en France de 1974 à 1976. La deuxième méthode consiste à absorber le choc au prix de sacrifices intérieurs, en préservant ainsi la valeur de sa monnaie, de même que l'équilibre extérieur. Sur de telles bases saines, il est possible de repartir d'un bon pied et de retrouver durablement croissance et emploi.

En finir avec l'inflation

Je voudrais que nos lecteurs comprennent bien que la France était confrontée à ce problème en raison de la préférence française pour l'inflation. C'est la tâche historique que nous avons menée : celle d'avoir convaincu les Français qu'il fallait se débarrasser de cette maladie qui nuisait à notre autonomie économique, minait la croissance et renforçait les inégalités sociales.

— *Avec l'inflation, l'argent emprunté coûtait moins cher à rembourser.*
— On avait l'impression de ne pas faire de sacrifices. C'étaient les échanges extérieurs qui payaient, nous devenions déficitaires en achetant plus à l'étranger que nous ne lui vendions. Dès mai 1981, nous avons relancé socialement la croissance – c'est comme ça qu'il faut l'expliquer – à un moment où, en Europe et aux Etats-Unis, l'encéphalogramme était plat. Résultat : tous ceux qui n'arrivaient pas à vendre chez eux sont venus vendre chez nous et nos entreprises n'ont pas eu la réaction de produire plus pour satisfaire cette augmentation de la demande intérieure. Elles auraient pu être stimulées. Eh bien, pas du tout ! D'autant que l'opposition et une partie du patro-

nat entretenaient un climat de guerre civile froide au prix d'un procès en illégitimité. Il faut avoir cela à l'esprit, pour bien juger cette période.

A côté de ces éléments politiques, il convient d'illustrer la difficulté économique à laquelle aurait été confrontée la droite si elle avait été au pouvoir : le dollar était à 5,40 francs environ lorsque nous sommes arrivés. Il montera jusqu'à plus de 10 francs. C'était l'équivalent d'un choc pétrolier. Pour celui-ci, rappelons seulement les chiffres : la tonne de pétrole valait 150 francs en 1971, elle atteindra 1 750 francs, plus de dix fois plus, en Europe et aux Etats-Unis, en septembre 1982. A lui tout seul, ce chiffre est édifiant. Il fallait payer la facture. Il y a donc bien ces trois aspects : d'abord, l'alternance politique, la dernière épopée de la gauche traditionnelle. Puis la bataille que j'ai menée pour une certaine rigueur. Mais aussi, le contexte économique, avec une problématique qui s'imposait à tout le monde, droite ou gauche.

— Comment avez-vous évalué le coût financier de l'alternance ?

— Le coût financier n'était pas terrible. Mais on l'a payé cher sur le commerce extérieur. Comme nous avions une croissance stimulée par une demande intérieure plus forte que celle des pays voisins, nous attirions les importations. Il en aurait été différemment si notre appareil de production avait été capable de répondre. Mais ce n'était pas le cas, pour une raison simple : pendant les années qui ont précédé la venue de la gauche au pouvoir, l'investissement productif avait insuffisamment progressé. Les cinq grandes entreprises industrielles qui allaient être nationalisées distribuaient plus de dividendes à leurs actionnaires qu'elles ne faisaient d'augmentation de capital. C'est dire le peu de dynamisme de l'économie française. C'est ce que j'appelle une gestion louis-philipparde. Il faut avoir en tête ces réalités économiques. Les dividendes, c'est très bien. Je ne demande pas qu'on les supprime, mais on aurait pu faire davantage en augmentations de capital et investir plus. Voilà le paradigme et la problématique de l'époque.

— Comment expliquez-vous que le patronat français n'ait pas été mieux mobilisé ?

– Je me rappelle avoir prononcé le mot de mondialisation pour la première fois en 1983, en même temps que je parlais de mutation technologique. Dès ce moment-là, nos entreprises auraient dû s'adapter à cette nouvelle donne. Or elles affichaient un comportement malthusien. Le patronat français avait suivi le gaullisme industriel, avec des progrès et des échecs, mais pendant les années qui vont de 1976 à 1981, tout le monde s'était assoupi.

J'ajoute, au risque de me répéter, que les chefs d'entreprise n'aimaient pas ce changement de gouvernement. Quand on n'a pas confiance, on n'investit pas. Pour investir, une entreprise doit avoir un chef dynamique, croire à des perspectives de croissance et à des débouchés, et ne pas être obsédée par la venue de la gauche au pouvoir. Dans ces circonstances, Giscard et Barre ont maintenu le budget dans des limites raisonnables et ont limité le déséquilibre du commerce extérieur. Si la France avait fait davantage de croissance, elle aurait connu, comme nous l'avons connu, un déficit du commerce extérieur.

Un des éléments de la bataille, c'était de comprendre le contexte et les contraintes. De mon côté, je pouvais espérer que, avec une croissance qui s'annonçait de 2,5 %, une demande intérieure qui augmenterait à peu près dans la même proportion, nos entreprises se remettraient à investir et à produire. Pas du tout ! Il y a eu une bouffée de consommation à la suite des mesures sociales et moi qui passais des heures à me renseigner sur le secteur de la distribution, je m'apercevais que la grande distribution faisait venir par avion d'Italie ou d'ailleurs les produits textiles, l'électroménager ou autres produits de grande consommation pour satisfaire la demande intérieure. Chacun se souvient des magnétoscopes dont Michel Jobert voulait limiter les importations en créant un centre de contrôle à Poitiers ! Le dynamisme industriel n'était pas au rendez-vous. C'est la nationalisation qui a apporté du capital, et donc de l'argent frais. Quant aux perspectives de débouchés, il y en avait, mais on n'y croyait pas et on imaginait que la gauche ne resterait pas plus de six mois au pouvoir. Une idée ancrée à droite comme à gauche : cela ne durerait pas... Ce qui faisait dire à certains à gauche : « N'attendons pas pour prendre de grandes mesures sociales qui survivront à notre départ, comme en 36. » Et moi qui guettais, avec Jérôme Vignon, l'économiste de la bande, pour voir s'il y aurait une réponse de la production intérieure à la demande que nous avions suscitée. Mais non, elle ne venait pas...

On ne peut expliquer cette période en invoquant la seule générosité – ou prodigalité – de la gauche comme on le fait souvent. En réalité, même si la droite s'était maintenue, elle aurait dû faire face à ce triple défi : au premier choc pétrolier en 1973-1974, au second en 1980 et à la hausse du dollar entre 1981 et 1984.

– *Etiez-vous pour les nationalisations ?*

– J'étais partisan de nationaliser les groupes industriels à 51 % et peu favorable à la nationalisation d'autant de banques. On en a nationalisé trente-neuf ! A cette époque, nous étions trois, Robert Badinter, Michel Rocard et moi, à nous être exprimés pour que l'Etat se porte acquéreur à 51 % des cinq grands groupes, Saint-Gobain, Thomson, Pechiney, Compagnie générale d'électricité et Rhône-Poulenc. On hésitait sur le sort des deux grandes banques d'affaires, Suez et Paribas, on se demandait s'il ne fallait pas trouver un régime spécial pour conserver toutes les activités de ces banques, mais les hésitations tomberont lorsque le P-DG Pierre Moussa tentera de transférer le capital de Paribas à l'étranger.

– *Qui était responsable du programme des nationalisations chez Mitterrand ?*

– Nous avions chacun notre part dans le programme du Parti socialiste, mais lorsque Mitterrand a confié à Jean-Pierre Chevènement le soin de tout refaire, ce programme a pris une tonalité très chevènementiste. L'idée d'acquérir la majorité a été suivie pour trois entreprises : Dassault, Matra et la CGCT, la Compagnie générale de constructions téléphoniques, qui n'ont été nationalisées qu'à 51 %. Les autres l'ont été à 100 %. Et, encouragés par des groupes d'avocats, des actionnaires ont lancé des réclamations. De son côté, le Conseil constitutionnel a invité le gouvernement à revoir sa copie sur l'indemnisation. Mais plus tard, lorsqu'on privatisera ces entreprises, l'Etat y gagnera. Il les revendra plus cher qu'il ne les avait acquises

parce que, entre-temps, lui-même avait joué son rôle d'actionnaire. Il faut bien distinguer l'industrie et la banque. Sur la
nationalisation des banques, j'ai toujours été réservé. Les
banques, elles, sont restées les mêmes qu'avant. Mais au total,
je reste convaincu que les nationalisations ont permis de moderniser et d'adapter l'appareil productif et industriel français. Là-
dessus, je suis absolument formel.

Dans l'ombre de Mitterrand

*— A cette époque, quelles étaient vos relations avec Mitterrand ?
Lui parliez-vous en confiance ou en restant très attentif à ce que vous
disiez ?*

— Il y avait trois moyens de communiquer avec lui. Directement, au cours des audiences qu'il m'accordait et qui sont
devenues plus régulières et hebdomadaires après mars 1983
lorsque je suis devenu le numéro 2 du gouvernement. Il y avait
les notes et peut-être en a-t-il un peu trop reçu de moi à son
goût. Et en troisième lieu, les discussions que je pouvais avoir
avec le secrétaire général, en l'espèce Pierre Bérégovoy jusqu'en
1982, Jean-Louis Bianco par la suite, ainsi que Jacques Attali
avec qui j'avais des relations cordiales et amicales et qui était
un point de passage obligé puisqu'il s'était installé dans l'antichambre. Pour entrer dans le bureau du président, il fallait traverser le sien. On faisait donc la causette avec Attali avant et
après. De son côté, Lagayette avait un contact avec les principaux conseillers du président. Moi aussi d'ailleurs car je n'en
faisais pas une affaire hiérarchique.

*— Posiez-vous des questions à Mitterrand ou fallait-il attendre que
ce soit lui qui parle ?*

— Je maintenais une certaine distance parce que je voyais
comment cela se passait autour de lui depuis des années. Je
comprenais très bien qu'il ait un réseau de proches, composé
de ceux qui l'avaient aidé dans son combat depuis 1965, pour
d'autres depuis 1971. Je voyais bien aussi que certains voulaient
entrer dans un des cercles rapprochés mais, en ce qui me
concerne, cela me semblait plus dangereux qu'autre chose. La

distance, le respect et une certaine franchise dans le dialogue me paraissaient la posture qui convenait le mieux à un ministre du gouvernement.

— *Mitterrand impressionnait-il ses ministres ?*
— Indiscutablement. D'abord, il y avait l'autorité inhérente à sa fonction : la solennité des Conseils des ministres, le fait que de temps en temps, il se livrait à un tour d'horizon très brillant, soit sur des problèmes internationaux ou géopolitiques, soit sur des questions intérieures. Très cultivé et féru d'histoire, il les impressionnait beaucoup.

— *C'est un des traits de Mitterrand, cette capacité à impressionner ses interlocuteurs.*
— Toute personne est complexe. Certains ont dit qu'il avait un fond de timidité. C'est possible. Moi, je prenais plutôt ça pour de la réserve, venant d'un homme extrêmement poli et soucieux des manières qui facilitent la vie en société, des règles de base que beaucoup négligent. Par exemple, il n'aimait ni la familiarité, ni le laisser-aller. C'était un homme de principes en ce qui concerne la relation avec les autres et la tenue des groupes. Dans les conversations comme dans les attitudes, il ne tolérait pas le débraillé.

— *Il aimait aussi séduire et charmer ?*
— Dans ce domaine, il avait beaucoup de capacités et savait en user d'une manière très efficace en jouant du charme et de l'autorité.

— *Vous-même, êtes-vous resté impressionné pendant longtemps ?*
— Toujours, même lorsque je suis parti présider la Commission européenne à Bruxelles. J'ai souvent été impressionné par ses interventions soit au Conseil européen, soit au sommet des pays industrialisés, où à la fois il manifestait beaucoup de politesse et d'attention à ceux qui s'exprimaient, et savait, de temps en temps, par un propos ferme, montrer les limites que la France et son président ne franchiraient pas.
Au sein du gouvernement, je dirai que j'ai toujours été bien traité par Mitterrand. Contrairement à d'autres, je n'ai jamais

eu droit à une remarque au Conseil des ministres. Nous sommes deux je crois, avec Fabius, à ne jamais nous être démontés en Conseil des ministres. On ne nous a jamais dit : abrégez ou dites-en davantage car, avec Mitterrand, il ne fallait pas être trop long.

— *Comment se comportaient les ministres communistes ?*
— Lorsqu'il y avait une mise au point à faire concernant les principes et les modalités de la participation des communistes, Charles Fiterman, d'un ton calme, disait ce qu'il avait à dire au nom du PC. Il le faisait très soigneusement, en termes bien pesés, formulés avec autant de détermination que de respect pour le président de la République.

— *Et quand Mitterrand s'en prenait à un ministre ?*
— Il lui arrivait de faire une réflexion pour dire qu'il n'était pas content de telle ou telle action, ou encore de regretter la longueur excessive d'un exposé. Mais le Conseil n'était pas un lieu de discussion franche et ouverte. D'ailleurs, à ma connaissance, aucun Conseil des ministres sous la Ve République n'a jamais eu ce style.

De Mitterrand, en ce qui me concerne, je me rappelle une remarque parmi d'autres : comme je m'intéressais beaucoup au social en même temps qu'à l'économie, il m'a dit un jour : « Vous êtes ministre de l'Economie et des Finances. Vous êtes là pour défendre le point de vue de la rue de Rivoli. Ne vous occupez pas du reste ! »

— *En Conseil des ministres ?*
— Non, en tête à tête.

— *Et vos rapports avec le Premier ministre ?*
— D'une extrême cordialité. Une grande amitié et des soirées mémorables à Matignon. Mauroy est un conteur remarquable, qui ajoute à la parole le mouvement de ses belles mains. Après les questions de travail, il parlait de la gauche d'une manière vraiment chaleureuse. Bien entendu, quand il fallait matraquer, il faisait son devoir, il me critiquait et me désavouait. Mais la collaboration entre mon équipe et celle de Matignon a toujours

été excellente. C'est ce qui explique qu'on ait gagné notre bataille interne en 1983.

– Et avec vos collègues du gouvernement ?

– Avec Fabius, pourquoi le cacher, cela n'a jamais marché. Il avait la confiance totale de Mitterrand et moi j'avais l'impression qu'il était là pour me surveiller. En 1982, il a exigé d'être le seul à signer le budget. J'ai été battu. Ça ne s'était jamais vu. Je l'ai dit au président. Rien eu à faire ! J'ai dû avaler la couleuvre... A ce moment-là, j'ai compris. Fabius ne faisait rien pour arranger les choses. Les rapports n'ont jamais été cordiaux et je le soupçonnais de nous taper dessus par-derrière.

Quant aux autres membres du gouvernement, j'avais des désaccords avec Jean-Pierre Chevènement, qui était à l'Industrie et à la Recherche, et avec Nicole Questiaux, aux Affaires sociales. Entre nous, pas de problèmes personnels, mais des divergences de vues qui tenaient aux idées que défendait le CERES de Chevènement. Mais j'avais d'excellents rapports avec d'autres ministres, notamment avec Quilliot qui était un ami, et surtout des relations confiantes avec Charles Fiterman, ministre communiste des Transports, ainsi qu'avec Rigoud et Ralite. C'était plus difficile avec le quatrième communiste, Anicet Le Pors, chargé de la Fonction publique, qui, en Conseil des ministres, critiquait toujours la politique suivie. Ce n'était pas un désaccord humain mais, comme avec les gens du CERES, un désaccord de fond.

Parmi les ministres socialistes, outre Quilliot, Lang et les « européens » Cheysson et Chandernagor, j'entretenais d'excellents rapports avec Jean Le Garrec en charge des nationalisations, et avec Jean Auroux, dont le directeur adjoint de cabinet était ma fille, Martine Aubry. Jean attacha son nom aux lois sur les nouveaux droits des travailleurs : renforcement des compétences économiques des comités d'entreprise ; amélioration des conditions d'hygiène, de santé et de sécurité ; création d'un droit d'expression pour les travailleurs et surtout, dirai-je, en référence à ma position de toujours en faveur de la concertation sociale, le développement de la négociation collective. Ce qui donna une impulsion aux relations sociales, notamment au niveau des entreprises.

Avec Lionel Jospin, le premier secrétaire, dont la tâche n'était pas facile, les rapports étaient courtois. J'avais aussi des amitiés personnelles qui m'ont été précieuses, Pierre Joxe, Louis Mermaz, des amis de longue date. J'avais connu Joxe au Plan, au service régional et urbain, où il avait été détaché de la Cour des comptes. Il avait toujours gardé de bonnes relations avec moi, y compris – même si cela ne lui avait pas fait plaisir – quand j'étais entré chez Chaban-Delmas. Mais Joxe est un homme pour qui j'ai toujours eu une grande amitié ainsi qu'une grande admiration pour la solidité de son idéal politique et pour son élégance morale et physique.

Avec Mermaz, un vieux compagnon de route de Mitterrand, nous avions fait des contributions communes au Parti socialiste. Quant à Jack Lang, que je connaissais peu auparavant, j'ai trouvé très agréable de travailler avec cet homme compétent et enthousiaste.

– *Quand il fallait faire le budget et donner à chacun sa part, comment cela se passait-il ?*

– Je faisais des arbitrages avec Fabius. Il nous est arrivé d'être en désaccord, comme lorsqu'on a modifié le budget 1981 à l'issue de la première dévaluation. C'est un travail qui concernait le directeur du Budget, le directeur du cabinet de Fabius, Schweitzer, Philippe Lagayette, et ceux de mes collaborateurs qui étaient chargés des finances de l'Etat. Dans l'ensemble, cela se passait assez correctement. Puis nous avions recours, si nécessaire, au super-arbitrage du Premier ministre et parfois du président de la République.

– *Et vos relations avec le Parti socialiste ?*

– J'assistais à tous les congrès et participais au comité directeur, mais je ne prenais pas la parole. Plus exactement, je ne l'ai fait qu'une ou deux fois. Je voulais rester dans mon rôle de ministre technicien et je n'aime pas beaucoup ni les grandes ovations, ni les discours enflammés. Aux yeux des participants, la prise de parole régulière devant le congrès ou le Comité national signifiait que vous aviez des ambitions, du pouvoir ou de l'influence au sein du parti et, très souvent, que vous vous posiez en chef ou en animateur d'un courant. Agir ainsi vous rendait plus vulnérable et compliquait votre action en tant que ministre.

Deux fois cependant, il m'est arrivé de m'expliquer devant le Comité directeur, une fois pour défendre la politique de 1983 et une autre fois parce que je n'étais pas satisfait de la politique syndicale du gouvernement et que je voulais le dire publiquement. Je n'appréciais pas qu'on se serve tantôt de la CGT, tantôt d'un autre syndicat et j'ai dit assez méchamment : « Ce n'est pas parce qu'on tutoie les syndicalistes qu'on les comprend et qu'on en fait des partenaires. » Cela n'a pas plu à Mauroy qui se sentait directement visé.

Par ailleurs, je m'adressais souvent au groupe socialiste de l'Assemblée nationale, ainsi qu'aux commissions du Parlement. J'assistais très volontiers aux journées parlementaires du PS et lorsque le groupe socialiste voulait m'entendre avant un grand débat, je ne manquais pas de m'y rendre.

Au chapitre politique encore, il y a mes trop fameuses démissions. En fait, contrairement aux légendes et aux médisances, je n'ai menacé de démissionner que trois fois : la première fois en 1981, lorsque, à la suite de la première dévaluation, j'ai demandé que l'on coupe davantage dans le budget de l'Etat et qu'on ne m'a pas suivi jusqu'au bout. Quand j'ai su que je n'étais pas soutenu par Fabius, j'ai dit qu'il ne fallait plus compter sur moi. La deuxième fois, à propos des nationalisations. J'en ai parlé avec Mauroy, je lui ai dit que je ne pourrais pas accepter que l'on continue comme ça. Mais, finalement, je suis resté pour continuer le « boulot » d'assainissement et de modernisation de l'économie française. La troisième fois, j'étais tout à fait dans mon droit. Il avait été décidé de baisser le taux d'intérêt des caisses d'épargne pour accompagner la réduction de la hausse des prix et diminuer le coût du crédit au logement et aux équipements collectifs. Il fallait donc en tenir compte dans les taux d'intérêt. Je me rappelle avoir accompagné à l'aéroport le président de la République qui partait en voyage, j'ai vu Gaston Defferre rouge de colère le prendre à part. Le président a appelé le Premier ministre pour lui dire qu'on ne pouvait pas diminuer le taux d'intérêt des caisses d'épargne. Et Mauroy, en ma présence, m'a désavoué. Au retour de Mitterrand, je suis allé voir le président de la République à l'Elysée pour lui dire que ça ne pouvait pas continuer. Il m'a répondu : « Je vous donne tout à fait raison. »

— *Donc, cette fois-là, vous avez gagné ?*
— Non. Il n'a pas baissé le taux. Il m'a seulement dit : « Vous avez raison. On s'est mal conduit avec vous mais je vous en prie, passez là-dessus. »

— *Alors pourquoi cette fable de la « démissionnite » ?*
— Parce que j'étais un partenaire inconfortable qui n'avait pas que des appuis dans le gouvernement, sans parler des drames familiaux qui à cette époque ne m'ont pas épargné. Toujours est-il qu'il n'y a eu que trois menaces de démission.

La mairie de Clichy

Toujours au chapitre de la politique, il y a eu l'élection municipale de Clichy en mars 1983. Un de mes collaborateurs, Jean-Michel Maury, un socialiste de fondation que j'aimais beaucoup, aujourd'hui décédé, m'a dit : « Tu ne peux pas ne pas te présenter aux élections municipales. Maintenant que tu as acquis tes lettres de noblesse au travail, il faut que tu sois élu quelque part. »
En mai 1981, j'avais demandé à François Mitterrand si je devais me présenter. Ayant refusé deux fois auparavant de le faire, je voulais lui montrer que j'étais disponible. Il m'a dit que ce n'était pas utile et m'a invité à faire la campagne électorale de mes camarades. Je ne manquais pas de travail pour autant. J'ai été sensible aux arguments de ceux qui me suggéraient Clichy où Bérégovoy, qui habitait cette ville, aurait dû se présenter si le président ne l'avait pas envoyé en mission dans la Nièvre. Mais à Clichy, j'allais gêner un jeune socialiste, Gilles Catoire, qui se voyait déjà maire.

— *Pourquoi aviez-vous choisi Clichy ?*
— Parce que c'était proche de Paris. Avec le ministère des Finances, je ne pouvais pas me permettre d'aller beaucoup plus loin. J'ai donc posé ma candidature. En raison des réticences

locales, c'est remonté jusqu'à Mitterrand qui n'était pas très enthousiaste. Mais grâce à l'arbitrage de Louis Mermaz, alors président de l'Assemblée nationale, Catoire a consenti à n'être que le second. Bien lui en a pris puisque, à la fin de 1984, j'étais obligé de démissionner, la fonction étant incompatible avec la présidence de la Commission européenne. Il est alors devenu maire de Clichy et il l'est resté.

Les socialistes avaient donc fini par m'accepter. J'ai fait campagne et j'ai été élu. De peu, mais j'ai été élu avec, en face de moi, une personnalité du RPR. C'était juste, parce que ces élections de 1983 n'ont pas été très bonnes pour le gouvernement. Il y a eu un sursaut entre les deux tours et une correction au deuxième tour, Mauroy conduisant la manœuvre avec beaucoup de brio, pour limiter les dégâts, mais le premier tour avait été franchement mauvais. Me voici donc maire de Clichy, avec les communistes dans la majorité du conseil. A partir de ce moment-là, j'ai passé l'équivalent de vingt à vingt-quatre heures par semaine à Clichy. En plus de mon travail au gouvernement !

– *Vous connaissiez un peu Clichy ?*

– Non, pas du tout, mais j'ai appris à connaître une ville surtout ouvrière qui avait déjà une forte population immigrée dont la cohabitation avec les autres n'était pas simple en raison d'un rythme et d'un mode de vie différents. En puissance, c'étaient les problèmes que l'on connaît aujourd'hui dans les banlieues. Une partie de Clichy est plus « petit-bourgeois », mais la municipalité restait acquise à la gauche. Mon prédécesseur Gaston Roche, dont j'ai fait la connaissance à ce moment-là, était socialiste. Cet homme très attachant et très généreux voulait prendre sa retraite. Il m'a beaucoup soutenu.

– *Avez-vous apprécié la mairie de Clichy ?*

– Enormément : j'aimais le contact avec les gens et les initiatives que l'on est amené à prendre. Des initiatives classiques : les logements sociaux, les crèches, les établissements pour personnes âgées, la circulation, mais aussi les problèmes financiers d'une ville et les investissements. A Clichy, dans la plupart des familles, le père et la mère travaillaient et ne rentraient que le soir tard. Entre la fin de l'école, vers 16 heures, et l'arrivée des parents, les enfants étaient à la rue et il fallait y remédier.

Nous avons créé une mission pour l'emploi. C'étaient les jeunes qui me préoccupaient le plus, leur insertion sur le marché du travail. Mon épouse, elle aussi, s'y est beaucoup plu. Elle aimait ce genre de travail.

— *Vous n'avez jamais habité Clichy ?*

— Si, nous y avions un petit logement qui nous servait de pied-à-terre, mais nous avons continué à habiter le plus souvent le XIIᵉ arrondissement de Paris.

— *Avez-vous gardé des relations spéciales avec Clichy ?*

— Non, je ne pouvais pas. Président de la Commission, je venais rarement à Paris pour y voir ma famille. Ces dix ans m'ont éloigné de beaucoup d'amis et, en ce qui concerne les relations amicales, Bruxelles a été un gros sacrifice. Certains membres de la Commission retournaient toutes les semaines chez eux, mais moi, je ne pouvais pas.

La bataille du franc

— *Nous n'avons pas encore parlé de dévaluation, ni de votre propre bataille contre les déséquilibres.*

— Le jour même de son installation à l'Elysée, François Mitterrand a refusé de dévaluer le franc pour partir sur de nouvelles bases. Il l'a dit à Pierre Mauroy qui lui posait la question à peine nommé Premier ministre et avant même de l'accompagner au Panthéon. Dès le lendemain, nous rétablissions un certain contrôle des changes pour mettre fin à l'hémorragie de devises et à la spéculation qui avaient commencé dès le premier tour. Nous en avons déjà parlé. De son côté, tout en préparant les réformes de structure, nationalisations et décentralisation, le gouvernement allait prendre les mesures économiques et sociales correspondant aux promesses faites par le président : relèvement du salaire minimum, allocations aux handicapés et aux familles. Il fallait aussi s'attaquer à la diminution de la durée légale du travail de 40 heures à 39 heures, à la retraite à soixante ans, ainsi qu'aux nouveaux droits des travailleurs.

Sur le marché des changes, malheureusement, la situation ne s'améliorait pas. Le dollar montait. Au quatrième trimestre de 1980, il était en moyenne à 4,42 francs. Au deuxième trimestre de 1981, il grimpait à 5,42, ce qui faisait passer le prix du pétrole de 1 132 à 1 505 francs. Dans un ensemble récessif, les prix continuaient à augmenter : 1,7 % en juillet, 1,3 % en août. C'était beaucoup et nous avons été obligés de procéder à un premier ajustement du franc le 5 octobre 1981. Mitterrand s'était laissé convaincre et le communiqué de l'Elysée annonçait : « Le ministre de l'Economie et des Finances a exposé les conditions dans lesquelles, à la demande de la République fédérale d'Allemagne et de la France – parce que c'était une initiative à deux –, le Conseil des ministres de la Communauté a procédé à un ajustement des monnaies au sein du Système monétaire européen. » Et il ajoutait : « Le gouvernement a choisi le moment qui lui paraissait le plus opportun pour cette opération monétaire destinée à effacer un passé encombrant. »

La veille, la décision avait été prise au niveau européen de relever la parité du mark allemand et de la couronne danoise de 5,5 %, et de diminuer celle du franc français et de la lire italienne de 3 %. Il s'agit bien de parité, c'est-à-dire du taux autour duquel les monnaies peuvent varier, au sein du Système monétaire européen, dans une limite de 2,25 %, à la hausse comme à la baisse. Comme d'habitude, le Comité monétaire, c'est-à-dire les directeurs du Trésor et les sous-gouverneurs des banques centrales, s'était réuni le 3 octobre et le 4, sous présidence britannique, et les ministres s'étaient mis d'accord. C'est à la suite de cet ajustement que j'ai proposé et fait adopter par le gouvernement un plan qui prévoyait le blocage des prix des services pendant six mois dans le secteur privé, avec une limitation des hausses de loyer. Pour les tarifs publics, leur hausse moyenne se situerait entre 8 et 12 % pour 1982. Rappelons que la hausse des prix léguée par le gouvernement précédent était de 14 %.

On choisissait ainsi une politique de modération concertée des prix des tarifs publics, associée à la maîtrise des dépenses publiques et de leur financement. On opérait des ajustements dans le budget. On renonçait à toute dépense nouvelle et, pour 15 milliards de francs, on différait l'exécution des dépenses d'investissement public et de soutien de l'activité économique. Par ailleurs, le gouvernement couvrait intégralement le déficit de la Sécurité sociale et relançait l'investissement par un assouplissement du régime fiscal des nouvelles entreprises. Voilà les mesures prises à ce moment-là. Tout à fait classiques. Entre le gouvernement et moi, entre Fabius et moi, les désaccords portaient sur une coupe supplémentaire de 10 milliards de francs dans les dépenses.

Mais je n'ai pas été suivi et c'est là que j'ai brandi la menace de ma démission... Après la dévaluation, il y a eu le congrès de Valence qui m'a fait réfléchir, un congrès pour le moins agité. Le 29 novembre, au Grand Jury RTL, j'invitais à une « pause dans l'annonce des réformes ». Malgré la dévaluation, la situation restait incertaine sur le marché des changes, il fallait que j'intervienne pour mettre un peu d'eau sur la chaudière. C'est à dessein que j'employais ce mot choc de « pause » afin de frapper l'opinion publique en général, mais surtout la gauche chez qui je voulais provoquer un véritable électrochoc psychologique. Ce mot de pause avait été prononcé par Léon Blum en 1937 et la gauche y avait vu un coup d'arrêt aux avancées sociales tandis que la droite et le patronat l'avaient interprété comme un signe que le Front populaire n'en avait plus pour longtemps. Effectivement, Blum allait être renversé très rapidement.

Le lendemain, à Roissy, où les ministres accompagnaient Mitterrand qui partait pour un voyage en région Rhône-Alpes, Fiterman me dit : « Te rends-tu compte de ce que tu as dit ? Les mots ont leur importance et tu réveilles des passions vieilles de quarante-cinq ans ! » Sans doute y avait-il eu un aparté entre le président et le Premier ministre. Tout le gouvernement était ému et, le lendemain, Pierre Mauroy s'en est expliqué avec moi en tête à tête, mais je n'ai pas reculé d'un mètre, prenant acte de nos positions différentes et ne manifestant aucun regret. J'ai réitéré mes alarmes, mes craintes et mes avertissements. Le 3 décembre, lorsque j'ai vu le président de la République, à 15 h 30, il n'en a même pas été question... *Le Nouvel Observateur* titrait : « L'effet Delors : un désaccord sur la méthode révèle enfin au grand jour le débat de fond que la gauche affronte. » Avec cette offensive politique qui suivait la dévaluation du 4 octobre, moi qui jusqu'alors faisais figure de technicien, j'apparaissais comme l'incarnation politique de la prudence et de la modération.

En février 1982, toujours dans le cadre de la rigueur, j'essaye d'améliorer le financement des entreprises. A cette époque, le marché des capitaux n'était pas libre, l'épargne était rare et le crédit partiellement contingenté. L'Etat intervenait à travers des prêts bonifiés ou des prêts participatifs pour aider les entreprises. Pour améliorer cela, j'avais demandé à David Dautresme un rapport sur l'épargne qui me sera remis en avril.

Au mois de mars, à nouveau, le franc français donne des signes de faiblesse. Dès janvier j'avais eu des raisons de m'inquiéter lorsque le gouvernement avait décidé d'abaisser la durée légale de la semaine de travail de 40 à 39 heures et que, à la sortie du Conseil des ministres, j'avais appris, par le communiqué du porte-parole, que c'était à salaire inchangé ! Or nous étions nombreux parmi les ministres responsables à penser qu'il s'agissait de 39 heures payées 39. Les conséquences ne furent pas bonnes, quoi qu'en aient dit certains dirigeants syndicaux. C'était un mauvais signe pour la suite de notre politique, c'est-à-dire notre tentative d'aboutir à la rigueur nécessaire. D'où mon recours à la provocation, ce qui me pousse à déclarer, dans une interview au *Pèlerin* du 18 avril : « Si les syndicats veulent le retour de la droite, ils n'ont qu'à continuer ainsi... »

– *Pourquoi le franc s'affaiblissait-il ?*
– Parce que le plan de rigueur n'apparaissait pas suffisant, alors que la récession marquait les autres économies et que le déficit de notre commerce extérieur continuait à se creuser. En mai, je commençais à être inquiet et faisais part de mes inquiétudes au président de la République. Oui, mais en juin, il y avait le sommet des pays industrialisés à Versailles et il n'était pas question d'un nouvel ajustement monétaire avant que ce sommet ne soit terminé. Poursuivant mon offensive pour ramener un peu d'ordre sur les marchés des changes où le dollar montait, j'ai eu le tort, pendant le sommet, d'annoncer prématurément que les Sept s'étaient mis d'accord sur des modalités

de coopération entre le dollar, le yen et l'écu. Mais je m'étais beaucoup trop avancé.

— *Pourquoi aviez-vous annoncé ça ?*

— Parce que j'avais discuté avec les ministres des Finances, et parmi eux avec l'Américain Don Regan, et que je croyais avoir obtenu un accord pour un minimum de coopération. Comme ce sommet de Versailles n'affichait pas de grands résultats, je n'avais pas trop hésité à me mouiller en anticipant mais, visiblement, j'avais pris mes désirs pour des réalités.

Un nouvel ajustement monétaire était inévitable. Le mark et le florin seront réévalués, leur parité au sein du système monétaire élevée de 4,25 % et celle du franc baissée de 5,75 %. Dans ce tableau passablement noir, notons tout de même que, de juin 1981 à juin 1982, la France avait créé 280 000 emplois. Le 12 juin donc, la décision de dévaluer est prise, le 13, Conseil restreint à l'Elysée, le 14, Conseil des ministres où nous envisageons le blocage des prix et des salaires. Pour ma part, j'étais tout à fait partisan de ce blocage, mais je conseillais au Premier ministre de le négocier avec les partenaires sociaux. En effet, j'avais, comme toujours, des entretiens réguliers avec les responsables syndicaux. Et j'étais convaincu que nous pourrions aboutir à une solution négociée. Mauroy trouvera plus expédient de le faire par décret.

Ce qui, la couleuvre avalée, me fit redoubler d'efforts pour poser, avec les dirigeants des syndicats et du patronat, les bases nouvelles pour la détermination des salaires, compte tenu de l'objectif recherché en matière de désinflation. La méthode choisie a fait notre bonne réputation à l'étranger.

Dans les autres domaines, les mesures furent beaucoup plus drastiques : déficit budgétaire inférieur à 3 % et équilibre du budget de la Sécurité sociale. Nous avons bloqué les prix et les salaires et donné un nouveau tour de vis budgétaire et social.

A l'époque, la croissance des pays de l'OCDE, c'est-à-dire des pays industrialisés, l'Europe, les Etats-Unis et le Japon, était de + 0,3 % tandis que nous étions sur une pente de + 2 à + 2,5 %, en décalage absolu. C'est alors que, le 14 juin sur TF1, j'ai demandé aux partenaires sociaux de revoir les schémas de négociation des salaires à la lumière de la politique économique, c'est-à-dire de négocier en fonction d'une hausse des prix attendue et non pas d'ajuster en fonction de la hausse des prix effective. C'était la fin de l'indexation automatique, une décision majeure qui a aidé la France à triompher de l'inflation. C'était une étape essentielle et, de l'avis de tous, historique ! Il faut le dire. La fin de l'indexation automatique ! *Le Monde* titrait le 15 juin : « L'amère victoire de M. Delors ». Moi, j'avais appelé ça un électrochoc pour l'économie...

— *Vous retrouviez votre politique des revenus mais le gouvernement n'en voulait pas.*

— Parce que les partenaires sociaux n'en voulaient pas. Je leur avais pourtant lancé un avertissement : gare au retour de la droite ! J'aurais préféré une décision concertée avec eux. Mais après le 17 juin, le Premier ministre, qui les avait reçus, confirma le blocage des prix et des salaires.

A partir de là, au ministère des Finances, plus encore qu'auparavant, ce sera une bataille quotidienne contre la hausse des prix. Tous les jours, l'œil braqué sur le marché des changes et l'état de nos réserves en devises, toutes les semaines sur les prix, tous les mois sur le commerce extérieur. En dehors des autres réformes, c'était mon pain quotidien et celui de Lagayette et de tous nos collaborateurs chargés des prix et des questions monétaires. Nous passions des heures à noter les évolutions et à nous demander sur quel front il était préférable d'agir.

Rigueur et dynamisme

Comme, en même temps, il fallait stimuler le dynamisme de notre économie, je présentai à l'Assemblée nationale, au mois de juillet, un projet de loi pour relancer de grands travaux, surtout les infrastructures, auxquels Mitterrand tenait et qui étaient un élément de soutien de la conjoncture.

A côté de l'électrochoc et des grands travaux, j'avais deux autres idées en tête : des dotations en capital suffisantes pour les entreprises publiques et des encouragements à l'épargne. Je voulais augmenter l'épargne pour avoir un bon équilibre épargne-investissement. Mais en dépit des signaux que je donnais, le franc continuait à être attaqué. Alors, en novembre, j'insiste une fois de plus sur une nouvelle approche de la négociation salariale. Je propose des accords sociaux de compétitivité pour lier davantage les salaires aux performances de l'économie et à celles de l'entreprise. D'un côté, salaire et durée du travail – parce qu'il y avait les 39 heures payées 40 –, de l'autre, productivité, performance de l'entreprise et création d'emplois nouveaux. Je proposais donc ce genre d'accords sociaux de productivité. Pendant les quatre mois de blocage, les prix devaient augmenter de 1,5 % dont 0,5 % dus à la hausse du dollar. Autrement dit, si le dollar n'avait pas grimpé, on aurait limité la hausse des prix à 1 % pour quatre mois.

Pendant la période de blocage, l'idée de concertation avait progressé, rendant possibles des méthodes de négociation des salaires compatibles avec les possibilités de l'économie et avec la stratégie de décélération des prix. S'ouvre ainsi la période dite de désinflation compétitive.

– *Comment pouviez-vous concilier rigueur et dynamisme ?*
– Grâce aux mesures qui allaient accroître le volume de l'épargne, aux nouvelles possibilités d'investissement et, dans les cinq grandes entreprises industrielles nationalisées, à l'action de l'Etat qui fera son devoir et en quelques années, entre 1981 et 1985, modernisera ces entreprises par des augmentations de capital couvertes par l'Etat actionnaire. Ce que les anciens propriétaires n'avaient pas fait, l'Etat, à présent, le réalisait. Cette loi sur le développement des investissements et la production de l'épargne passera en deuxième lecture à l'Assemblée en décembre 1982, et elle sera adoptée en janvier 1983. En dehors du blocage des prix et des salaires, j'avais donc trois objectifs :
– Soutenir les investissements d'infrastructures.
– Doter convenablement les entreprises publiques, notamment les entreprises industrielles qui devaient se battre sur le front de la mondialisation et s'adapter à la nouvelle concurrence.
– Développer l'épargne.

– *Quelles étaient les entreprises qui avaient besoin d'argent ?*
– Les cinq grandes nationalisées et certaines entreprises

nationalisées plus anciennes. Mais c'étaient surtout Pechiney, Saint-Gobain, Rhône-Poulenc, la Compagnie générale d'électricité et Thomson qui avaient besoin d'être dopées pour sortir de leur désespérante stagnation des années précédentes. Bien sûr, il en fallait aussi pour la SNCF, EDF... Et il faut dire que certains petits seigneurs de l'Elysée voulaient se mêler de tout. Mais, peu à peu, François Mitterrand leur imposera plus de discrétion en laissant aux présidents des entreprises publiques la liberté de gérer leur affaire. Cette victoire silencieuse de Mitterrand a aidé à la modernisation, silencieuse elle aussi, de l'économie française sous un gouvernement de gauche. Puisqu'il avait nommé des présidents, il leur faisait confiance et il n'hésitait pas à taper sur les doigts de ceux de ses collaborateurs qui se mêlaient de tout. Ils continueront à se mêler d'autre chose, mais pas de ça.

— *Vous, vous l'approuviez sans réticence. Le lui avez-vous dit ?*
— Non, je n'ai pas eu besoin de le lui dire. Je m'en suis aperçu, il n'aimait ni les reproches ni les compliments... Préparer l'avenir et jeter les bases d'une croissance plus forte impliquait de fournir aux entreprises les moyens de financement nécessaires. C'est ainsi que les entreprises publiques ont été dotées de plus de 89 milliards de francs en capital alors que pendant huit ans, de 1972 à 1980, dans leur ensemble, elles avaient limité les augmentations de capital à la hauteur de 1,5 milliard de francs. Faisons l'inventaire des autres mesures destinées à dynamiser l'économie :
— Pour élargir notre marché des obligations – et tout en maintenant le prélèvement forfaitaire de 25 % sur les intérêts –, on portera de 3 000 francs à 5 000 la franchise de l'impôt sur le revenu les concernant.
— Pour augmenter le volume des indispensables capitaux à risques – qui alimentent les augmentations de capital des entreprises –, on créera un compte d'épargne en actions qui, à concurrence de 10 000 francs de placements nouveaux par an, bénéficiera d'un crédit d'impôt égal à 20 % des investissements supplémentaires, avec un allégement de l'imposition sur les dividendes.
— Pour accroître les fonds propres des entreprises – la

méthode classique pour les augmentations de capital –, on lancera des instruments nouveaux : actions à dividendes prioritaires, sans droit de vote, certificats d'investissement aux entreprises publiques sous forme de titres non amortissables, dont la rémunération dépendait du bénéfice, et titres participatifs dont la rémunération était indexée sur un élément du compte d'exploitation et qui ne conféraient pas non plus le droit de vote. Deux manières d'augmenter le capital des entreprises sans qu'elles craignent un changement de majorité au sein de leur conseil d'administration, et deux excellentes inventions des fonctionnaires doués et dévoués de la Direction du Trésor.

– On améliorera aussi la surveillance des marchés de certains placements offerts à la clientèle.

– Enfin, le 27 avril 1982, on créera le Livret d'épargne populaire pour protéger les économies des ménages à revenus modestes en leur assurant un intérêt couvrant la hausse des prix.

Tout cela a commencé à bien fonctionner à partir de 1983 et surtout à partir de 1984.

– Lorsque trois ans plus tard Chirac est devenu Premier ministre et Balladur ministre des Finances, ces mesures ont-elles été conservées ?

– Non, pas toutes. D'abord, Chirac et Balladur se sont lancés dans un premier programme de privatisation. Mais ce qui m'a le plus déçu, c'est la suppression des fonds salariaux au moment où ils pouvaient commencer à démarrer. Je les avais créés en pensant au lien entre épargne et investissement, pour encourager les entreprises à répartir les fruits de leur activité, non seulement sous la forme d'augmentations de salaires, mais aussi sous celle de versements à des comptes gérés collectivement par les représentants des salariés qui auraient eu une place au conseil d'administration.

– Ces fonds auraient été gérés par les organisations syndicales ?

– Par les représentants élus du personnel, en l'occurrence les comités d'entreprise. Ils venaient accroître la part d'autofinancement de l'entreprise, mais cette partie était la propriété des salariés. Parmi les mesures destinées à réconcilier rigueur et dynamisme, n'oublions pas non plus la création d'un second marché boursier pour les entreprises plus jeunes qui veulent accéder à l'épargne des particuliers.

– Quel effet immédiat a eu ce second marché lancé sous un gouvernement socialiste ?

– Celui de faciliter la mise en Bourse de certaines entreprises. C'était comme une antichambre qui leur donnait le temps de s'habituer avant de passer au premier marché. Cela s'ajoutait aux autres mesures dont le but était d'augmenter le volume de l'épargne et de faire les muscles de l'entreprise en mobilisant des capitaux à risques.

Les visiteurs du soir

L'année 1983 s'annonçait difficile, avec les élections municipales des 6 et 13 mars. On l'abordera dans une conduite chahutée. De mon côté, j'amorçais la réforme bancaire avec des changements de structure – création de la Commission bancaire comme autorité de contrôle, protection des épargnants, etc. Mais le climat demeurait incertain, sinon explosif. Edmond Maire jetait un pavé dans la mare en déclarant : « La gauche risque d'être peu crédible si elle masque les difficultés. » Nous avions atteint la fin du blocage des prix de quatre mois, mais la liberté n'était pas revenue pour autant et il y avait encore des contrôles.

Si on compare la France de mars 1983 avec les autres pays, en termes de croissance économique et d'emploi, nous faisions mieux et nous avions un des déficits budgétaires les plus faibles d'Europe, ce qui n'empêchait pas le franc d'être attaqué. Notre taux d'inflation nous situait au milieu du peloton européen, mais très au-dessus de l'Allemagne. Mais nous étions franchement dans le rouge pour le commerce extérieur avec un déficit proche de cent milliards. Notre économie souffrait d'une demande globale excessive par rapport à nos possibilités de production – nous consommions 102 et nous produisions 100 – et d'un excès de liquidité monétaire parce que le dynamisme appelait une certaine aisance monétaire. Un nouveau coup de collier était nécessaire. Il fallait prélever l'équivalent de 2 % du produit national brut, c'est-à-dire une purge de soixante-cinq milliards de francs beaucoup plus drastique que les deux précédentes.

Nous sommes arrivés comme ça jusqu'au deuxième tour des élections municipales où la gauche a sensiblement corrigé la défaite du premier tour, pendant que moi, je m'occupais des tableaux de bord. Mais, à partir du 13 mars, on savait qu'il faudrait accepter un nouvel ajustement du franc. D'où la question lancinante dans l'esprit de plusieurs membres du gouvernement, mais aussi dans celui du président de la République. Faut-il changer radicalement de politique ? Et ce sera en pleine campagne électorale que se développera l'offensive pour cette rupture.

— *Parmi les avocats d'un changement de politique, on a cité le nom de l'industriel Jean Riboud avec qui Mitterrand était très lié. Mais dans le gouvernement, qui en était partisan ?*

— Mauroy les appelait les visiteurs du soir. A la vérité, je ne les ai jamais rencontrés mais je trouvais normal que le président de la République sollicite tous les avis et qu'il organise des déjeuners ou des dîners pour les solliciter. Un président est là pour ça. Sans doute ces avocats du changement revenaient-ils le voir le soir, ou allaient-ils chapitrer je ne sais qui à l'Elysée. Pour ma part, pas plus que Mauroy, je n'ai jamais été invité à aucun déjeuner mais je n'en ai pas été choqué. A la vérité, ni Fabius ni Bérégovoy, qui passaient pour en être, ne sont venus me voir en face pour me dire : « Jacques, pour être tout à fait francs, nous sommes partisans d'une autre politique. »

— *En quoi consistait ce changement ?*

— A quitter le SME, le Système monétaire européen. Les critiques avançaient deux arguments : le premier, c'est que le SME était un carcan insupportable qui nous faisait perdre des devises en nous forçant à soutenir le franc, ce qui nous privait de toute flexibilité. « Quittons le SME et laissons le franc flotter, disaient-ils. Au début, le franc baissera, ce qui stimulera nos exportations, et nous pourrons mener de front une politique à la fois de relance et de rigueur. » A cela s'ajoutait une critique plus sournoise qui me visait personnellement : « Le ministre des Finances, insinuaient-ils, est prisonnier de ses services... »

Beaucoup considéraient que la politique que nous menions n'était pas la bonne. Il y en avait sans doute parmi eux qui briguaient des places, mais c'était secondaire. Dans le débat, il y avait surtout la nostalgie de ce que, selon eux, la gauche aurait dû faire : la politique qu'on appliquait depuis 1982, surtout avec le blocage des prix et des salaires, n'était pas conforme à ce qu'espéraient beaucoup de socialistes. Et pourtant, elle était économiquement nécessaire et socialement juste.

Il y avait aussi les défenseurs de la souveraineté économique et monétaire hostiles à la construction européenne. Ils entendaient jouer avec le taux de change et penchaient de ce côté-là. Ce débat a duré pendant longtemps et cela nous a valu des semaines de réflexion, mais je pense qu'il était normal que le président agisse comme il l'a fait.

— Qu'en pensait Pierre Mauroy et comment naviguiez-vous entre le Premier ministre et le président de la République ?

— Pendant la semaine qui s'est écoulée entre les élections municipales, avec mon élection à Clichy, et le jour où nous avons changé la parité du franc, j'ai vu huit fois le président de la République et quatre fois le Premier ministre. Je tenais Mitterrand au courant de la situation : la décélération des prix, lente mais continue, ce qui était encourageant, et en revanche l'aggravation inquiétante du déficit du commerce extérieur et, sur le marché des changes, la pression persistante sur le franc qui, justifiée ou non, rendait notre situation intenable. Je lui ai dit que j'allais prendre contact avec les Allemands. Le jeudi 17 mars au soir, avec le directeur du Trésor Michel Camdessus et naturellement Philippe Lagayette, j'ai reçu à dîner le ministre des Finances Gerhardt Stoltenberg, flanqué de son directeur du Trésor Hans Tietmayer, dans la résidence de La Celle-Saint-Cloud que m'avait prêtée Cheysson. Nous avons fait un large tour d'horizon sans arriver à nous mettre d'accord sur les chiffres. Pour moi, c'était le mark qui entraînait le déséquilibre du système monétaire européen. Je soutenais que, comme le mark montait, c'était aux Allemands qu'il appartenait de réévaluer et pas à nous de dévaluer. Eux n'étaient pas de cet avis. On s'est quittés le jeudi soir. J'ai revu le président de la République le vendredi, avant de partir pour Bruxelles où j'ai déclaré en arrivant : « Je crois que nous allons être obligés de quitter le Système monétaire européen parce que les Allemands sont trop arrogants. » La provocation était nécessaire et c'est dans cette ambiance que nous nous sommes réunis.

— *Mais normalement, vos relations avec Stoltenberg étaient bonnes ?*

— Oui, excellentes, et elles sont redevenues excellentes après. Mais ces jours-là, ce n'était pas le beau fixe.

— *Que disaient vos autres collègues européens ?*

— Nous étions dix. Les Hollandais ne disaient rien mais ils étaient du côté des Allemands. Les Anglais essayaient de m'aider un peu, les Belges aussi. Dimanche matin, nous nous sommes réunis et à un moment j'ai dit, comme si une sortie du SME était devenue inévitable : « On ne va pas se mettre d'accord, je retourne à Paris pour rendre compte. Des décisions importantes nous attendent... » L'après-midi, j'ai vu le président de la République, puis le Premier ministre, puis à nouveau le président. Le lundi matin, je suis reparti pour une autre séance du Conseil des ministres à Bruxelles, où nous avons fini par nous mettre d'accord sur une réévaluation du mark, avec une hausse de 5,5 %, et une baisse de la parité du franc de 2,5 %. Nous avons partagé la poire en deux.

Ce fut un sacré match, mais j'étais très satisfait... Ce lundi matin, se tenait également à Bruxelles un Conseil européen, une réunion des chefs d'Etat et de gouvernement qui se réunissait quatre fois par an. François Mitterrand a demandé à me voir. Je suis passé d'un immeuble à l'autre pour le retrouver. Attali lui a dit : « Voyez ce qu'a obtenu le ministre des Finances, c'est le mark qui réévalue et le franc ne baisse que de peu. »

« Tout ça pour ça ! » s'est limité à dire Mitterrand, avant de me retenir pendant deux heures, de 15 heures à 17 heures, alors que la séance du Conseil européen avait commencé. On a parlé d'un tas de choses. Comme il avait l'idée d'un changement de gouvernement, il voulait me tester. Je suis rentré à Paris en me posant des questions sur ses intentions et j'en ai discuté chez moi, pendant près de cinq heures, avec Lagayette, devant une boîte de foie gras et une bouteille de bordeaux que mon épouse avait ouvertes. S'il change de gouvernement et me propose d'être Premier ministre, qu'est-ce que je fais, compte tenu des ambitions – ou de l'hostilité – des uns ou des autres ? C'était la question principale et nous sommes convenus que je ne pouvais accepter Matignon qu'en conservant le contrôle de la politique monétaire.

Le lendemain matin, j'ai rendu compte au Premier ministre avant d'aller voir Bérégovoy que Mitterrand avait convoqué à déjeuner avec Laurent Fabius et moi. Au cours de ce repas, le président a essayé de voir si le trio était sur la même ligne. Mais il a bien senti les clivages que, pour ma part, je n'avais pas hésité à mettre en valeur au cours du déjeuner. Ensuite, comme si nous étions chez le dentiste, on est passé dans un salon, avant d'être reçus l'un après l'autre. Le président de la République a commencé par moi. Il m'a proposé le poste de Premier ministre. On a discuté et je lui ai demandé à qui il pensait pour les Finances et pour la Sécurité sociale. Il m'a dit : je compte sur votre entente avec Laurent Fabius et Pierre Bérégovoy. Je lui ai dit que je ne croyais pas pouvoir mener la politique dont nous étions convenus sans la maîtrise de la politique monétaire et je lui ai expliqué que, comme Raymond Barre en son temps, je tenais à gérer la direction du Trésor, en accord avec le ministre des Finances.

Là, il y a eu un moment de silence. Mitterrand a pris son mouchoir pour le mordre. J'ai pensé qu'il allait me dire des choses désagréables, mais il s'est limité à un « Eh bien, ce n'est pas possible, je ne peux pas accepter ça ». Je lui ai dit : « Je regrette. » Et lui : « Bien entendu, vous voulez bien poursuivre votre tâche au ministère des Finances. » « Bien sûr, ai-je dit, je ne vous pose aucune condition, je reprends mon service. » Puis il a reçu Fabius et Bérégovoy. Pour finir, il a décidé de maintenir Mauroy, avec un cabinet restreint, et de me faire passer, dans la hiérarchie du gouvernement, de la seizième place à la deuxième. Fabius a eu l'Industrie et Emmanuelli, avec qui je me suis très bien entendu, le Budget.

– *Il y connaissait quelque chose ?*
– Il avait du bon sens et une grande intuition politique.

C'étaient les vrais débuts de sa carrière. Bérégovoy a été nommé à la tête d'un grand ministère des Affaires sociales. Nicole Questiaux et Chevènement sont partis. Jobert avait démissionné trois jours auparavant. Bref, c'était le rassemblement autour de ceux qui voulaient continuer la même politique. Le gouvernement a été annoncé le soir même. Au retour de l'Elysée, je suis allé expliquer à Philippe Lagayette que cela s'était passé selon le scénario prévu et que le président de la République n'avait pas accepté la condition que je mettais pour être Premier ministre. Puis je suis allé à la CGT prendre un bain de syndicalisme en décorant de la Légion d'honneur le chef du service économique, Magniadas, un excellent collègue du Conseil économique et social.

Tel fut le dernier épisode. Nous avons élaboré un plan rigoureux qui prélevait 2 % sur le produit intérieur brut. Le vrai tournant de la rigueur... Parmi les principales mesures, à côté des économies budgétaires, un tiers des ménages français devaient souscrire un emprunt obligatoire, c'est-à-dire huit millions de foyers sur vingt-deux millions. Les deux tiers devaient payer une cotisation de 1 % sur leur revenu pour financer la Sécurité sociale. La mesure psychologique par excellence qui a fait le plus jaser, c'était le carnet de change, c'est-à-dire une limitation des dépenses que les Français pouvaient faire à l'étranger. La mesure a beaucoup choqué dans l'entourage de François Mitterrand et m'a valu une manifestation devant mes portes, organisée notamment par les agences de voyage.

— *Avez-vous regretté d'avoir refusé Matignon ?*
— Je pense que l'important a été l'entente avec Mauroy avec qui aucune faille n'est apparue pendant cette période, nos deux cabinets, nos deux équipes, travaillant en parfaite intelligence. Plus tard, j'ai appris que Mitterrand avait proposé à Mauroy de continuer à gouverner mais en quittant le SME et qu'il avait refusé en disant : « Je ne sais pas conduire sur une route verglacée. » C'est en tout cas ce que j'ai cru comprendre. Mais, contrairement à ce que disent certains, il ne m'a jamais proposé la même chose. Il ne m'a pas dit : « Si on sortait du SME, est-ce que... »
Le monde extérieur et celui de la finance ont été très impres-

sionnés. Le franc a cessé d'être attaqué et, peu à peu, nous avons obtenu des résultats : poursuite accentuée de la baisse de l'inflation, réduction du déficit du commerce extérieur. Evidemment, au bureau exécutif du parti, il y a eu du tangage et Jospin a inventé l'idée de la parenthèse.

– *Qu'a-t-il dit ?*
– Il a dit publiquement : « C'est une parenthèse. » Pour expliquer aux socialistes que c'était un mauvais moment à passer et qu'on reprendrait la bonne politique après. Pour ma part, je n'ai jamais utilisé cette expression.

Un essai non transformé

On en arrive ainsi à l'épisode du budget 1984. En même temps que nous prenions toutes ces mesures du plan dit de rigueur, il fallait préparer le budget 1984. Comme les dépenses de Sécurité sociale augmentaient inévitablement plus vite que le revenu national, j'ai proposé de transformer la taxe provisoire de 1 % sur les revenus imposables, qui figurait dans le plan de rigueur, en taxe de 2 % sur tous les revenus. Puisqu'en France on ne payait pas beaucoup d'impôt sur le revenu, mais beaucoup d'impôt indirect, j'imaginais compléter plus tard cette réforme par un impôt négatif : tout le monde ferait sa déclaration et certains payeraient l'impôt, tandis que d'autres recevraient un revenu complémentaire en raison de leur niveau de vie et de leurs charges de famille.

Ç'aurait été une vraie réforme de la fiscalité directe, en même temps qu'un allégement de la Sécurité sociale puisqu'une partie des cotisations de la Sécurité sociale, notamment les cotisations pour les familles, devaient être fiscalisées, de façon à alléger les charges des entreprises. L'objectif, c'était l'équilibre des comptes de la Sécurité sociale, l'allégement des charges des entreprises et un impôt direct digne d'une nation moderne. Je ne faisais qu'anticiper sur la CSG, la Contribution sociale généralisée de Michel Rocard, et un peu sur le RMI, mais moi, je pensais plutôt à une allocation universelle pour les vraiment pauvres.

— *Pourquoi le projet n'a-t-il pas abouti ?*

— Lorsque je suis arrivé au Comité interministériel, il y a eu une grande bagarre parce que quelqu'un a dit, faisant allusion à un article paru dans *Le Monde* : « Je ne peux pas accepter de discuter du projet du ministre de l'Economie et des Finances alors que celui-ci a pris la presse à témoin pour nous forcer la main. » J'ai protesté de manière véhémente en disant que je n'avais jamais transmis ce papier à un journaliste.

— *Qui a fait la remarque ?*

— Bérégovoy. Le Premier ministre a essayé de dire quelque chose mais le Conseil s'est terminé dans la confusion et sans conclusion. La proposition des 2 % a été considérée comme rejetée. Quelques jours plus tard, François Mitterrand est sorti de sa prudente réserve à mon endroit et m'a reproché cette algarade – Ça ne se fait pas ! Moi, sans broncher et sans rien concéder, j'ai expliqué mon point de vue, et sur la forme et sur le fond.

— *Sur le fond, Mitterrand n'a rien dit ?*

— Non, mais il pensait sans doute qu'après le plan de rigueur, c'était trop audacieux et risqué. Je ne veux pas parler des calculs prêtés à tel ou tel de mes collègues. C'était objectivement beaucoup d'audace. Certains ministres sont restés silencieux. Il faut voir dans quel contexte on était.

— *Personne ne vous a soutenu ?*

— La discussion s'est arrêtée à cette prise de bec sur la prétendue divulgation de mes projets par *Le Monde*. Et puis, il y avait à cette époque beaucoup d'articles. Jacques Delors envahissait la presse et la scène politique avec des titres comme « La ruée Delors... », « Qu'est-ce qui fait courir Delors ? »... Cette personnalisation excessive et le succès, si on peut dire entre guillemets, de mars 1983, tout cela a pesé. Mitterrand, lui, demandait seulement qu'on lui fasse un budget. Ses collaborateurs lui disaient qu'on passait du gris à un bleu un peu timide et il était satisfait du choix qu'il avait fait. Il pensait déjà à la présidence de l'Union européenne du premier semestre

1984 et avait commencé à réunir dans son bureau quelques ministres à cet effet. Pour lui, cette présidence était très importante. Il avait choisi l'Europe... N'a-t-il pas dit un jour à un ami : « Comprenez aussi une des raisons de mon choix. Imaginez qu'on ait choisi l'autre politique et que, dans un premier temps, n'ayant plus de devises pour défendre le franc, il ait fallu puiser dans le stock d'or de la Banque de France. Les Français ne me l'auraient jamais pardonné... »

Une remarque bien dans l'esprit des Français, des paysans, des fils de paysans, des rentiers... Peu à peu, à partir de l'été 1983, la situation s'est améliorée. Nous sortions d'une année de tempêtes et on pouvait commencer à penser à autre chose, et surtout à l'avenir. Je remettais ça sur les salaires, avec ma théorie des trois parties : le salaire parité, le salaire participation et le salaire récompense, ou promotion. Je continuais mon offensive en Europe pour l'accroissement de la coopération sur le plan de la recherche, de l'industrie, le soutien de la croissance, et je continuais à mener mon action pour la réforme du système monétaire international. J'allais inscrire dans la loi la création des fonds salariaux qui permettraient aux salariés de bénéficier des résultats de l'entreprise sous la forme non pas d'un versement immédiat, mais d'un système d'épargne collective utilisable pour la formation ou pour un complément de retraite.

L'action internationale

— Et votre action internationale ? Vous aviez un rendez-vous hebdomadaire avec le ministre des Relations extérieures, Claude Cheysson.

— Oui, cela a été formidable et j'ai vraiment apprécié cette collaboration plus qu'amicale, fraternelle, dont Cheysson avait pris l'initiative. Dès qu'il a été nommé ministre, il m'a proposé une réunion hebdomadaire, souvent un petit déjeuner, pour échanger nos analyses. Cela m'a beaucoup facilité la tâche et m'a beaucoup appris aussi. Cheysson était plus enthousiaste du métier qu'il faisait que satisfait d'être ministre. Lui dont le rôle n'était pas facile, comme tout ministre des Affaires étrangères dans un système présidentiel, était vraiment porté par une grande conviction. Il me racontait ce qu'il faisait et me suggérait des contacts en appui de son action ou dans l'intérêt général de la France et de son gouvernement. Il était question de la construction européenne, mais aussi de la zone franc et des relations avec certains pays. Par exemple, comme il trouvait le ministre des Finances du Koweït extrêmement brillant et intéressant, il fallait que je le rencontre. J'ai donc fait un voyage au Koweït. En liaison avec lui, j'ai eu des rapports avec la Tunisie et surtout le Maroc, avec lequel j'ai été chargé de négocier un accord financier.

— *Et avec l'Algérie ?*

— L'affaire du gaz algérien, qui soulèvera ultérieurement des polémiques, a été réglée directement par le président, assisté de Cheysson et de Bérégovoy, alors secrétaire général de l'Elysée [1].

— *Quelles étaient et quelles sont encore les responsabilités internationales propres du ministre des Finances ?*

— Il est d'abord étroitement associé à la politique européenne. Ne serait-ce que sous la forme du Conseil mensuel des ministres de l'Economie et des Finances. En second lieu, la dimension internationale proprement dite. Il participe aux sommets des pays industrialisés, mais aussi aux assemblées générales des deux grandes institutions financières – le Fonds monétaire et la Banque mondiale – ainsi qu'au groupe des dix ministres des Finances des pays les plus industrialisés qui se réunissent depuis quelques années pour réfléchir sur l'organisation monétaire mondiale. Troisièmement, la France étant responsable de la gestion de la zone franc, avec les pays africains qui en font partie, c'est au ministre de l'Economie et des Finances de réunir régulièrement ses collègues et de résoudre les problèmes que posent ces pays, ou d'autres, comme ceux d'Afrique du Nord. Cette activité internationale prenait près d'un tiers de mon temps.

---

1. Afin de donner un nouvel élan aux rapports politiques et économiques franco-algériens, le gouvernement français avait accepté de payer ses achats de gaz algérien à un prix supérieur à celui du marché.

Dans le domaine de la construction européenne, nous avons vécu de 1981 à 1984 une période de stagnation, voire de crise, qui n'était pas due uniquement à la revendication de Mme Thatcher de voir sa contribution baisser, le fameux chèque britannique. Il y avait également une crise de surproduction du lait et des désaccords entre l'Allemagne et la France sur les montants compensatoires agricoles, ce mécanisme compliqué qui évitait aux Allemands, chaque fois que les autres monnaies dévaluaient, d'en subir les conséquences par une baisse de leurs prix agricoles internes. Dans cette Communauté européenne – on ne parlait pas encore d'Union – dont le taux de croissance était faible, j'essayais pour ma part de susciter des initiatives pour augmenter les dépenses d'investissement et d'infrastructure, grâce aux instruments communautaires existant à l'époque. J'aurais voulu aussi rendre le système monétaire européen plus solidaire mais, comme je parlais au nom d'une monnaie menacée, mon autorité était limitée, même si mes arguments techniques étaient très valables. J'ai été associé enfin au travail magnifique de la présidence française pendant le premier semestre de 1984, pour l'essentiel l'œuvre de François Mitterrand, qui permettra de régler tous les contentieux au Conseil européen de Fontainebleau.

Quant à l'action internationale, elle s'est révélée très difficile. A chaque sommet des pays industrialisés, la France rivalisait d'ardeur et d'imagination avec la Grande-Bretagne, notamment pour obtenir un allégement de la dette des pays en voie de développement. Je pensais, pour ma part, que le Fonds monétaire international devrait disposer de moyens plus importants et j'ai obtenu qu'un des instruments à sa disposition voie son montant augmenter. En revanche, je n'ai réussi aucune percée dans mes efforts pour organiser le marché des changes et des monnaies. J'ai déjà signalé avoir commis une imprudence, au sommet de Versailles, en annonçant à tort un accord pour mieux maîtriser les rapports entre les grandes monnaies occidentales, alors que le ministre américain ne voulait rien savoir. En ce qui concerne la zone franc, nous avons essayé d'accroître le sentiment d'une solidarité d'intérêts entre les pays africains de la zone franc.

De Paris à Bruxelles

La dernière étape, c'est 1984 et mon départ du gouvernement. Quels sont les points importants ? Le combat pour le franc et la bataille de la rigueur se poursuivent, le dollar continue à monter. Je me bagarre pour des ajustements budgétaires en faisant annuler des crédits et une grande discussion s'ouvre sur le futur budget de 1985 qui agite le gouvernement. Certains voulaient supprimer la taxe professionnelle et moi j'y étais opposé parce que ce n'était pas la meilleure manière d'alléger les charges des entreprises. Je préférais travailler sur les cotisations liées à la Sécurité sociale et payées par les entreprises, les alléger en contrepartie de créations d'emplois ou d'actions de formation. J'y voyais un moyen efficace pour lutter contre le chômage, mais je suis parti en juillet 1984 avant que la question ne soit tranchée.

Il y avait aussi des réunions sur l'Europe organisées par le président de la République avec Pierre Mauroy, Claude Cheysson, Michel Rocard, devenu ministre de l'Agriculture à la place d'Edith Cresson, et Roland Dumas, ministre délégué aux Affaires européennes, à qui le président donnait un rôle de plus en plus important et qui se préparait à remplacer Cheysson.

Troisième sujet qui a secoué cette période : l'affaire de l'école privée, avec la grande manifestation du 24 juin 1984. Ce jour-là, je suis resté à la maison, boulevard de Bercy. Les manifestants sont passés devant chez moi. Certains devaient savoir que j'habitais là puisqu'ils criaient : « Jacques avec nous ! » Dans cette affaire, j'ai été un de ceux qui ont joué un rôle modérateur. Mais quand le président a vu que, malgré les efforts de compromis, les conversations avec les dirigeants de l'enseignement privé, ou avec Mgr Lustiger, on n'aboutissait à rien, il a décidé de changer de jeu, en annonçant le 12 juillet le retrait de la loi sur l'école privée et un référendum sur le référendum, qui permettrait aux Français de décider eux-mêmes de la législation scolaire.

N'oublions pas non plus l'affaire des routiers : une grève pendant un voyage en Pologne de Pierre Mauroy dont j'assurais l'intérim puisque j'étais numéro 2 du gouvernement. Avec

Fiterman, et ses conseillers, nous avons réussi à arrêter le mouvement qui avait été provoqué par une grève des douaniers. Pendant cette crise, j'ai multiplié les contacts avec le patronat qui a beaucoup aidé, avec les milieux professionnels et les syndicats de transport routier. La nuit, je suis entré directement en contact avec les routiers en prenant la parole à l'émission de RTL « Les routiers sont sympa »... Et pour tenter de mettre un point final, je suis intervenu à la télévision. En un mot, avec le sentiment d'un travail bien fait. Mais le mercredi suivant, au Conseil des ministres, il n'en a même pas été question. Quant à Attali, il note dans son *Verbatim* : « Le mérite en revient à la fermeté de Charles Fiterman, Jacques Delors a voulu se parer des plumes du succès... » Je n'ai rien dit, et pourtant...

Finalement, c'est le 16 juillet que François Mitterrand décide de changer de gouvernement et de confier Matignon à Fabius.

— Mauroy s'y attendait-il ?

— Oui, depuis deux ou trois jours. En fait, Mitterrand s'interrogeait depuis quelques mois.

Pour ma part, je voulais quitter le gouvernement. Je l'avais dit à Jacques Attali et à Jean-Louis Bianco mais Mitterrand n'en croyait rien. Apparemment, il pensait que Fabius Premier ministre et Delors toujours ministre des Finances, ça pouvait marcher. Ou bien avait-il songé à la présidence de la Commission pour Cheysson ou pour moi ?

— On a raconté que Margaret Thatcher n'a pas voulu de Cheysson comme président.

— Franchement, je n'en sais rien. Dans *Verbatim*, Attali écrit que Mitterrand a toujours pensé à moi pour ce poste. En ce qui me concerne, je me promettais d'être maire de Clichy à temps plein et de retourner à l'université. Cela dit, les questions européennes me passionnaient. Je me sentais impliqué et le 25 juin, Helmut Kohl que j'allais accueillir à Orly avant le Conseil européen de Fontainebleau m'avait pris à part pour me dire : « C'est le tour d'un Allemand de présider la Commission mais il peut y avoir un intérêt politique à ce que se soit un Français. Dans ce cas, je n'accepterais personne d'autre que quelqu'un dont les initiales seraient J.D. »

— *Vous avez dû être surpris de cette déclaration. Il y avait un interprète ?*

— Non, mais je sais suffisamment d'allemand et Kohl parlait suffisamment lentement pour que je le comprenne. A partir de là, évidemment, je me suis mis à gamberger. La suite, c'est la journée du 17 juillet où le président de la République m'a reçu pendant deux heures. Le matin, j'avais eu ma réunion hebdomadaire avec Cheysson, puis, entre autres activités, un déjeuner avec les présidents des entreprises publiques. C'était juste avant la formation du nouveau gouvernement. J'ai appris que le président avait déjeuné avec Fabius. Le changement de gouvernement allait être annoncé le même soir. En ce qui me concerne, Mitterrand m'a expliqué qu'il réfléchissait à un changement, que Pierre Mauroy, discipliné, s'attendait à partir. Je lui ai dit que je souhaitais quitter le gouvernement. « Je suis là depuis trois ans et, franchement, je n'arrive pas à être d'accord avec les méthodes de l'Elysée, ai-je ajouté. Il y a quelques jours, j'ai encore appris par un de vos conseillers que mon directeur général de la concurrence allait devenir président d'une entreprise nationale. Ce sont trop d'empiètements et je ne trouve pas que ce soient de bonnes méthodes de gouvernement. »

Il a exprimé ses regrets : « Si c'est ça, vous n'allez pas tirer les bénéfices de votre politique. » Il m'a expliqué avoir réfléchi pour le Premier ministre et m'a dit : « Je ne crois pas que ce puisse être vous parce que vous n'êtes pas assez à gauche pour le Parti socialiste. En mars 1983, vous n'avez pas accepté la proposition que je vous avais faite. » Contrairement à ce que l'on avait dit, je n'avais pas demandé le ministère des Finances mais seulement le contrôle de la politique monétaire, combien important à ce moment-là. Et c'est là qu'il m'a lâché comme en plaisantant : « Je ne voulais pas jouer les rois fainéants en face de vous comme maire du palais... »

En le quittant, je suis allé voir mon directeur de cabinet à qui j'ai dit : « Quelqu'un de plus à gauche, ce doit être Bérégovoy. » Je m'étais trompé, c'était Fabius, le plus jeune Premier ministre donné à la France... J'ai passé mes pouvoirs de ministre des Finances à Bérégovoy le 20 juillet, le jour de mon anniversaire.

– *Au cours de cette conversation, Mitterrand ne vous a pas parlé de la Commission ?*

– Non, mais d'après ceux qui ont écrit sur cette période, il en avait déjà parlé avec Helmut Kohl. Ils auraient discuté de la nomination d'un Allemand, en l'espèce Biedenkopf, plus tard président de la Saxe, et à ce moment-là un membre important de la CDU. Mais les relations entre Kohl et Biedenkopf n'étaient pas les meilleures du monde – et c'est une litote. Il y avait d'autres candidats : le Premier ministre néerlandais Ruud Lubbers avait proposé le commissaire Andriessen, le gouvernement belge Etienne Davignon qui était un ami et m'avait téléphoné pour me dire : « Si tu es sur les rangs, je suis assez réaliste pour savoir que j'ai peu de chances. » Quelle élégance de la part d'un homme qui aurait fait un excellent président de la Commission et qui demeure un des rares à parler avec pertinence du fonctionnement de l'Europe. Il est d'ailleurs très consulté et c'est bien ainsi. Notre amitié et notre complicité sont restées très profondes.

– *Quand vous a-t-on proposé concrètement d'être commissaire ?*

– Cela a dû se régler à la fin juillet. C'est Roland Dumas qui a contacté les gouvernements des pays membres. Avec moi, il n'a jamais été question d'autre chose que de la présidence. Cela a été très vite puisque le 30 juillet j'ai été invité à déjeuner par le Premier ministre d'Irlande Fitzgerald, président en exercice de la Communauté. Je pense que le principe était déjà acquis, même si ma nomination n'a été officialisée qu'un peu plus tard.

Tout en consacrant plus de temps à Clichy où j'allais trois ou quatre jours par semaine, j'ai commencé à prendre des contacts, j'ai déjeuné avec Roland Dumas le 1er août, et j'ai revu Cheysson.

Et puis j'ai tout de même pris quelques jours pour aller voir ma mère en Corrèze et, de retour à Paris, j'ai commencé, à partir du 17 août, à contacter tous ceux que leur gouvernement destinait à la future Commission. Je les ai invités à déjeuner en tête à tête à Paris... Pour le second commissaire français, François Mitterrand avait fait une entorse à la règle qui voulait que, pour les pays qui envoient deux commissaires à Bruxelles, l'un soit choisi dans la famille de la majorité et l'autre dans celle de l'opposition. Mais en désignant Cheysson, il libérait ainsi le ministère des Affaires étrangères pour Roland Dumas.

— Et chez les Allemands, Biedenkopf a été nommé ?

— Non, Kohl a confirmé Narjes qui était déjà commissaire et représentait les chrétiens-démocrates, le second commissaire étant Pfeiffer, un syndicaliste du *Deutscher Gewerkschaftsbund*, la très puissante confédération des syndicats allemands, qui sera d'un apport très précieux pour la Commission, notamment pour faire accepter l'idée de coopération économique entre les Etats membres et pour dynamiser le dialogue social que j'allais relancer. Pfeiffer est malheureusement décédé en cours de mandat et Kohl a alors désigné un autre représentant de la coalition majoritaire, le ministre de l'Economie, Martin Bangemann, qui appartenait au parti libéral.

J'ai rendu visite aux chefs de gouvernement des dix pays membres ainsi qu'au Parlement européen où j'ai été auditionné par le Conseil élargi. J'ai pris des contacts avec le patronat et les syndicats. J'ai été splendidement aidé par Emile Noël, qui était secrétaire général de la Commission, et par Pascal Lamy qui souhaitait venir avec moi et que j'ai associé dès le début à mes visites aux chefs de gouvernement.

Auparavant, j'avais pris congé d'un gouvernement auquel j'étais fier d'avoir appartenu. Je me limiterai à rappeler quelques grandes réformes : la suppression de la peine de mort, de nouveaux droits pour les travailleurs, un saut qualitatif pour la décentralisation...

Nous avions, je crois, montré que la gauche n'était pas condamnée à ne danser qu'un seul été au gouvernement, qu'elle était capable de mettre fin à la grande illusion de l'inflation qui aggrave les inégalités sociales et ronge les forces de l'économie. Après Pierre Mauroy, les autres gouvernements de gauche allaient poursuivre dans cette voie et contribuer à la nécessaire modernisation de notre économie et de notre société.

6

Le temps de la relance européenne

Bref retour sur le passé

— *Où en était l'Europe lorsque vous avez pris la présidence de la Commission ?*

— L'histoire de la construction européenne ne peut pas être assimilée à un long fleuve tranquille. Dynamisme, stagnation et crises se sont succédé. Par exemple, la période qui a suivi la mise en œuvre du Traité de Rome, à la fin des années cinquante, a été très productive, puisque les six Etats membres se sont mis d'accord sur les dispositions prévues pour réduire les droits de douane avant même les échéances fixées par le traité.

Quant à la stagnation, elle n'est jamais totale, mais illustre la difficulté qu'ont les gouvernements à appliquer les dispositions du traité, centrées, en dehors de beaucoup d'autres objectifs, sur la réalisation d'un marché commun et sur la mise en œuvre d'une politique commune très importante, la politique agricole.

De temps en temps, surviennent des crises, comme celle que déclencha le général de Gaulle au milieu des années soixante, avec la politique de la chaise vide, autrement dit le boycott des réunions communautaires, pour protester contre ce qu'il considérait comme des abus de pouvoir de la part de la Commission européenne, mais aussi pour défendre la politique agricole commune.

Autre exemple de crise, lorsque Mme Thatcher, dès son arrivée au pouvoir en 1979, se plaint que la contribution de la

Grande-Bretagne au budget communautaire soit trop élevée par rapport à ce qu'elle reçoit et exige, comme préalable, que l'on trouve une solution à ce problème. Je parle de préalable parce que, dans ces années difficiles où l'Europe avançait lentement, la Grande-Bretagne ne fut pas le seul pays à opposer à ses partenaires des préalables. D'autres pays, pour d'autres raisons, ont pu le faire également.

Pendant ces périodes, la politique ne perdait pas pour autant ses droits et certains croyaient stimuler la construction européenne en affichant déclarations ou propositions. Par exemple, en plaidant pour un plan d'ensemble, qui fut demandé au ministre belge Léo Tindemans en 1975, ou bien en faisant des déclarations sur l'avenir de l'Europe, comme l'initiative prise par le ministre des Affaires étrangères allemand Hans-Dietrich Genscher et l'Italien Emilio Colombo dans les années 1980-1982.

Au risque de produire des effets contraires, car la construction européenne y perdait de sa crédibilité, dans la mesure où les citoyens comparaient le contenu de ces déclarations aux résultats. Cette tentation de s'en remettre à des déclarations flamboyantes existe toujours. On en verra la preuve dans la relation que je ferai des années 1985 à 1994, notamment à travers certaines dispositions du Traité de Maastricht.

Mais il y avait aussi le problème institutionnel. Comme on le sait, la Commission propose – elle a même un droit exclusif d'initiative –, le Conseil des ministres dispose, c'est-à-dire décide, et le Parlement est consulté sur les lois européennes. Le blocage venait de ce que la plupart des décisions concernant la réalisation du marché commun devaient être prises à l'unanimité. Il suffisait donc qu'un pays sur dix se refuse à adopter le projet de loi en question pour que celui-ci passe à la trappe. Au surplus, la crise gaullienne de l'Europe s'était traduite par l'introduction d'un droit de veto, c'est-à-dire qu'un pays pouvait se démarquer de ses partenaires en imposant son veto, même dans des domaines où la décision aurait pu être prise à la majorité qualifiée.

Enfin, il faut ajouter que cette période de stagnation coïncidait souvent avec un environnement économique peu favorable, ralentissement de la croissance, augmentation du chômage, sans parler des terribles années qui ont succédé à la hausse du prix du pétrole et à l'instabilité monétaire.

Pour le citoyen qui, avec bon sens, considérait que la construction européenne était avant tout un projet économique, une conjoncture défavorable dont il subissait les conséquences – stagnation de son pouvoir d'achat, ou augmentation du chômage – lui faisait porter un regard négatif sur l'Europe. Les sondages d'opinion signalent clairement le lien que fait le citoyen entre une situation économique dégradée, un immobilisme européen et une perte de crédibilité du projet.

Ces années, que je qualifie, peut-être abusivement, de stagnation, n'étaient pourtant pas des années où il ne s'est rien passé. En 1974, à l'initiative de Valéry Giscard d'Estaing, est créé le Conseil européen : les chefs d'Etat et de gouvernement prennent alors l'habitude de se réunir dans une sorte de sommet, non pas pour prendre des décisions – celles-ci appartiennent au Conseil des ministres – mais pour donner des impulsions, régler des conflits et permettre à l'Europe de partir, ou de repartir, d'un bon pied.

Il faut également citer, parce qu'il est au cœur du projet d'Union économique et monétaire, dont il a permis la réalisation ultérieure, l'entrée en vigueur du Système monétaire européen (SME) qui limite les mouvements des monnaies, à la hausse comme à la baisse, apportant ainsi ce réconfort de stabilité à l'économie. Rappelons, en deux mots, que le SME introduisait un système de changes relativement fixe, les marges limitées de fluctuation entre les monnaies, le recours possible à des prêts pour fortifier le système. Et enfin, la création de l'ECU (*European Currency Unit*) comme monnaie de compte entre les participants. L'écu est en quelque sorte l'ancêtre de l'euro.

N'oublions pas non plus, en juin 1979, l'élection au suffrage universel du Parlement européen qui était constitué, jusquelà, de représentants des Parlements nationaux, procédant ainsi d'une élection au second degré. A l'époque, les hommes politiques ont accordé à cette réforme une grande importance en pensant que cette élection directe permettrait au citoyen de se rapprocher de la construction européenne et de démocratiser la vie politique de l'Europe.

A la même époque, la Commission a redoublé d'efforts, sans en être récompensée pour autant. Elle a multiplié les propositions pour appliquer le Traité de Rome et réaliser, pas à pas, le marché commun. Elle a proposé de résoudre les problèmes de financement de la Communauté et donner, du même coup, satisfaction à Mme Thatcher. Mais en vain, jusqu'au Conseil européen de Fontainebleau où Mitterrand mit fin à une série de contentieux qui paralysaient la marche de l'Europe, en s'attaquant non seulement au financement et à la contribution britannique, mais aussi à d'autres problèmes, dans le domaine agricole notamment.

Telle était l'analyse que je m'étais construite au fur et à mesure que je fréquentais plus assidûment les institutions européennes, soit comme expert, dans les années soixante-dix, soit comme député au Parlement européen entre 1979 et 1981, soit encore comme ministre de l'Economie et des Finances entre 1981 et 1984, avec l'expérience d'une présidence française au premier semestre de l'année 1984.

A partir de là, en arrivant à la Commission, et profitant des facilités que me donnaient les décisions de Fontainebleau, j'orientai ma stratégie de relance autour de trois idées simples :

– Faire adopter un projet central, conforme à l'esprit et aux exigences du traité, accepté de ce fait par les dix Etats membres, projet qui puisse redonner du souffle à une économie européenne marquée par une croissance faible et une augmentation inquiétante du chômage.

– Provoquer un changement des institutions qui facilite la décision au niveau européen, en retenant le vote à la majorité qualifiée pour toutes les mesures nécessaires à la réalisation du projet central.

– Compléter le projet central par des objectifs qui répondraient au souci d'une plus grande coopération et d'une plus grande solidarité entre les Etats membres, de manière à cimenter l'Union européenne et illustrer le destin commun qui est le nôtre, en mettant en valeur la plus-value politique, la plus-value d'efficacité, qu'apportent les actions européennes.

Avant d'évoquer la relance que François Mitterrand avait rendue possible en réglant les querelles de famille, et même si on peut considérer que la période précédente a été globalement caractérisée par la stagnation, n'oublions pas que les propositions n'avaient pas manqué pour relancer l'Europe. Je citerai simplement la résolution dite Genscher-Colombo, adoptée par le Conseil européen à Stuttgart en juin 1983, qui comprenait déjà beaucoup des objectifs dont on discutera sous ma présidence, et aussi le projet Spinelli d'un traité sur l'Union européenne.

Ce projet de traité fut débattu au Parlement européen à l'issue de la première élection au suffrage universel de 1979. J'en étais membre à l'époque et président de la Commission économique et monétaire. Altiero Spinelli invita notre assemblée à tirer les leçons du conflit budgétaire qui opposait régulièrement le Parlement et le Conseil des ministres, pour stigmatiser l'absence de projet commun et de stratégie ainsi que les risques accrus de blocage. Lui qui avait connu les prisons fascistes, avait beaucoup réfléchi à l'avenir de l'Europe. Fondateur du mouvement fédéraliste, il avait passé quelques années à la Commission européenne de 1970 à 1976. Il attribuait aux diplomates, mais aussi aux partisans de la théorie fonctionnaliste[1] – dont je me suis, pour ma part, inspiré – les échecs répétés pour aller vers une unité européenne qui était son idéal. Sa stratégie s'appuyait sur le Parlement européen qu'il invita à proposer un traité d'union européenne. Ce fut une bataille longue et difficile, mais pour moi pleine d'enseignements. Une résolution fut adoptée le 9 juillet 1981 et, après un long processus, le Parlement adopta en 1984 ce projet de traité.

Quoique non retenu par les chefs d'Etat et de gouvernement, ce traité a exercé une influence politique indiscutable, notamment sur le Parlement, mais aussi sur moi. Personnellement, j'estime que sans cette action de Spinelli lui-même et du Parlement, il ne m'aurait pas été possible d'insérer autant de facteurs de progrès dans la révision du traité adoptée en décembre 1985 sous le titre peu explicite d'Acte unique, que Spinelli devait d'ailleurs critiquer sévèrement en séance, ce qui me causa surprise et peine.

---

1. La théorie fonctionnaliste veut prouver le mouvement en marchant, les réalisations déjà faites en appelant automatiquement d'autres, comme dans un engrenage.

En ce qui concerne l'évolution au jour le jour de la Communauté européenne, jetons un regard sur la Commission présidée d'abord par Roy Jenkins, puis de 1980 à 1984 par Gaston Thorn. Les propositions de l'institution n'ont pas manqué et je les ai étudiées avec intérêt quand j'ai pris mon poste. Mais rien n'y fit pendant les années dites de crise : les rapports de la Commission s'accumulaient sur la table du Conseil des ministres et n'en sortaient pas, en dépit des résolutions nominales et de bonne volonté adoptées par les chefs d'Etat et de gouvernement réunis en Conseil européen.

– *Sur quoi portaient ces résolutions ?*

– Sur la réalisation du marché commun, la réforme de la politique agricole commune, la recherche d'un modus vivendi en matière budgétaire entre les deux coresponsables, le Conseil et le Parlement. Toutefois, il convient de signaler deux avancées décisives de cette période. La première – déjà évoquée – lorsque, en 1979, Valéry Giscard d'Estaing et Helmut Schmidt ont lancé, en liaison avec le président de la Commission Roy Jenkins, le Système monétaire européen qui, par sa réussite même chaotique au long des années quatre-vingt, a préparé la voie de l'Union économique et monétaire.

Autre point positif sur le plan de la coopération, qui est pour moi un des piliers de la réussite de la construction européenne : grâce au vice-président de la Commission, Etienne Davignon, la Communauté a lancé des actions de recherche et de développement, trouvant ainsi une synergie bienvenue entre les autorités publiques, les entreprises et les centres de recherche. Le programme le plus connu et le plus spectaculaire fut le programme Esprit dans le domaine vital de l'électronique.

– *Je reviens sur le SME. Toutes les monnaies des Etats membres se trouvaient dans le SME, même la livre ?*

– Toutes, à l'exception – déjà ! – de la livre anglaise, se trouvaient dans ce système qui n'était pas une création du traité, mais un simple accord intergouvernemental entre les autorités monétaires des pays pour fixer les règles de ce que j'appellerai un système monétaire relativement fixe, géré par les gouverneurs des banques centrales, avec des possibilités de variation autour d'un taux pivot, mais dans des marges limitées. On se trouvait, en quelque sorte, à mi-chemin entre un système de changes fixes, comme l'avait connu le monde avant le décrochage du dollar en 1971, et le non-système des changes flottants qui sévissait depuis lors.

Pour ma part, quand je suis arrivé, je voulais montrer qu'il y avait encore un fossé entre ma volonté d'inscrire la monnaie dans le traité et les réalités techniques mises en œuvre lors de la création du Système monétaire européen.

– *Comment cela fonctionnait-il concrètement ?*

– Les gouverneurs se réunissaient tous les mois à Bâle et ils avaient entre-temps des conversations, bilatérales ou multilatérales. Quant aux changements de parité, c'est-à-dire les changements des taux pivot, dont nous avons parlé à propos des oscillations du franc français, ils étaient arrêtés par les ministres de l'Economie et des Finances, mais la décision était confirmée par les autorités monétaires, les banquiers centraux. Voilà la subtilité...

Enfin, pour aller à l'essentiel des points positifs, je mentionnerai l'accord obtenu sous présidence française, avant Fontainebleau, sur une politique commune de la pêche, qui a assuré jusqu'à ces derniers temps, en dépit de quelques difficultés inévitables, l'expansion de ce secteur et la préservation des ressources halieutiques. Ce fut, selon l'expression de Mitterrand, l'Europe bleue après l'Europe verte des paysans.

Sans faire une analyse exhaustive des raisons de cette situation, que j'ai reprise dans mon discours d'investiture de janvier 1985, je rappellerai que le fonctionnement de l'Europe était fondé sur l'excellence du modèle communautaire mis en place par les pères du traité. Je vais en résumer l'essence de manière brutale puisque, encore aujourd'hui, de nombreux journalistes et une partie de l'opinion font des confusions : la Commission européenne propose et exécute. Les décisions sont prises par le Conseil des ministres et, depuis les modifications apportées au Traité de Rome par l'Acte unique et le Traité de Maastricht pour renforcer les pouvoirs du Parlement européen, une grande partie des lois européennes relève d'une procédure de codécision avec le Parlement. A la Cour de Justice de veiller, de son côté, au bon fonctionnement des règles fondamentales du traité et des lois communautaires. Comme je l'ai rappelé dans un discours prononcé à l'occasion du quarantième anniversaire du Traité de Rome en 1987, chaque fois que le système communautaire a bien fonctionné, l'Europe a avancé et dans le cas inverse, elle a stagné.

Quant au Conseil européen qui réunit les chefs d'Etat et de gouvernement, il débat de l'état de l'Union et adopte de grandes orientations dans le cadre desquelles opère le triangle institutionnel : Parlement, Conseil, Commission.

Que se passait-il au début des années quatre-vingt, avant que je ne prenne mon poste ? La Commission n'arrivait pas à imposer au Conseil des ministres une stratégie pour réaliser l'objectif central du Traité de Rome, le marché commun. Quant au Parlement européen, à l'instar des Parlements nationaux qui, historiquement, avaient renforcé pas à pas leurs pouvoirs sous des régimes monarchiques, il voulait grignoter ceux du Conseil des ministres. D'où des disputes fréquentes – et pour des montants limités – sur le budget de la Communauté européenne, qui doit faire l'objet d'un accord entre les deux institutions, au point même que la signature la plus importante est celle du président du Parlement, puisqu'elle intervient en dernier.

Cette impotence institutionnelle était nourrie et aggravée par la crise qui opposait la Grande-Bretagne à ses partenaires. De cette période, on n'a pas oublié la phrase célèbre et maintes fois répétée par Mme Thatcher : « *I want my money back !* » En d'autres termes, le Premier ministre britannique estimait que son pays payait trop par rapport à ce qu'il recevait de la Communauté. Cet écart était particulièrement frappant en ce qui concernait le poste agricole, puisque, dans ce domaine, la Grande-Bretagne était moins partie prenante que ses autres partenaires, notamment la France. Toute cette période fut hantée par cette revendication britannique. En dehors d'un mauvais fonctionnement des institutions, c'était une lourde hypothèque politique. Alors il a fallu attendre.

– *Quand le souci européen est-il devenu primordial chez Mitterrand ?*
– Il est visible dès son arrivée au pouvoir en 1981. Jusque-

là, il avait plutôt gardé le silence. Le bureau du Parti socialiste avait affirmé son hostilité à l'égard du Système monétaire européen lors de sa création en 1979, en dépit d'un plaidoyer que Mitterrand m'avait demandé de faire, en m'invitant à titre exceptionnel au bureau politique. Pour ma part, je savais qu'il était un Européen de toujours. Il avait participé au congrès de La Haye en 1948 et il en était ressorti très impressionné. Dès qu'il fut question de l'adhésion de l'Espagne et du Portugal, il s'y montra favorable, contre la majorité du PS, de la gauche et d'une bonne partie de la droite. Ce point mérite d'être souligné. Par conséquent, l'engagement historique de François Mitterrand en faveur de l'Europe ne faisait pas de doute, même si l'expression en était plus ou moins explicite selon les contingences de la politique, surtout avant qu'il n'accède au pouvoir.

– *Les contingences du Parti socialiste ?*
– Et de l'Union de la gauche... Dès 1981, bien aidé par Claude Cheysson et André Chandernagor, qui était alors ministre des Affaires européennes, François Mitterrand a présenté un mémorandum sur la relance de la construction européenne avec une forte dimension sociale. Dans le contexte de 1981, ce document ne fut pas très bien reçu – c'est le moins qu'on puisse dire. C'est donc à partir de son choix décisif de mars 1983 qu'il a vraiment chaussé les bottes du grand Européen qu'il était. A ce moment-là, il s'agissait d'assumer toutes les conséquences d'une ligne politique qui devait conduire progressivement à la victoire contre l'inflation, à un sévère assainissement financier, à un rééquilibrage des comptes extérieurs et au dynamisme retrouvé des entreprises françaises. C'est-à-dire les bases indispensables pour adapter notre économie à la nouvelle donne technologique et internationale – car nous étions déjà dans les affres de la mondialisation – ainsi que pour faire entendre notre voix en Europe... et dans le monde.

Telle était la situation et tel était l'état d'esprit de François Mitterrand lorsque la France a pris en janvier 1984 la présidence de l'Europe. Mais rien n'était gagné car aucun des points contentieux apparus depuis 1979 n'était réglé : qu'il s'agisse de la divergence financière entre la Grande-Bretagne et ses partenaires, de l'absence de décisions dans certains domaines, des acrobaties pour les prix agricoles, avec le système extrêmement complexe des montants compensatoires monétaires, ou encore des problèmes budgétaires et des discussions sur l'insuffisance des ressources. Eternel débat entre, d'un côté, ceux qui voulaient réduire les dépenses, ou les gérer mieux, de l'autre, ceux qui disaient que l'on manquait de ressources.

Mitterrand débloque l'Europe

– Les dépenses portaient surtout sur la politique agricole commune ?
– Oui, plus de 50 % du budget. François Mitterrand allait s'employer à résoudre ces conflits, avec succès et ténacité, en s'investissant personnellement. C'est Mitterrand qui a mis en place, dans un subtil jeu de patience, les différentes pièces qui allaient conduire à l'accord au Conseil européen de Fontainebleau. Je ne puis m'empêcher de témoigner d'un sentiment d'admiration pour le travail accompli, dans les principes comme dans les détails...

Soit directement, soit par l'intermédiaire des ministres, le président de la République va multiplier les contacts avec les autres capitales. Il tirera parti des avancées réalisées grâce au concours efficace de la Commission Thorn, dans les domaines agricole et budgétaire notamment. Mais il restait à donner à tout cela une orientation, un sens politique que seul peut conférer un Conseil européen.

Le Conseil européen, rappelons-le ici, était né d'une initiative du président Giscard d'Estaing soucieux de voir, à côté des institutions communautaires, les chefs de gouvernement se réunir au coin du feu, pour discuter des grandes orientations. Un problème que j'ai connu et qui demeure était de limiter ces Conseils aux grandes orientations. C'est pourquoi je me suis attaché à exercer, en tant que président de la Commission, si le mot n'est pas trop fort, un contrôle intellectuel sur la préparation des Conseils européens. J'ai appris d'expérience que chaque fois que je leur présentais une note courte – trois à cinq pages – et un nombre de points limités mais importants à décider, les membres du Conseil en étaient satisfaits et aboutissaient à des conclusions efficaces.

Malheureusement, la dérive du Conseil européen a repris. Il suffit de voir l'abondance des conclusions des Conseils pour en être convaincu, et de constater que, le jour même du Conseil, un chef de gouvernement n'hésite pas à introduire une question qui ne figure pas sur l'agenda. Tout cela fait partie de l'ingénierie et du fonctionnement de l'Union et je regrette que, dans les discussions sur les améliorations institutionnelles, on s'attache davantage au *design* de la voiture et qu'on refuse de soulever le capot pour améliorer le processus de préparation, de décision puis d'exécution.

Après ces considérations générales, revenons-en à la présidence française du premier semestre 1984 : un ensemble de propositions fut présenté, qui redonnait l'image d'un consensus et d'un certain dynamisme. C'est l'édifice consensuel que François Mitterrand a construit et fait adopter au Conseil européen de Fontainebleau les 25 et 26 juin 1984. Il a réglé les contentieux déjà évoqués et il a obtenu d'augmenter les ressources de la Communauté en portant le taux plafond de la TVA à verser au budget européen de 1 à 1,40 %, avec une option à 1,60 % pour plus tard. Enfin, il a réglé le problème britannique explosif en faisant décider par le Conseil de rembourser *grosso modo* les deux tiers de la contribution versée par Londres.

Ce dernier point fut le plus spectaculaire. Il y a eu des suspensions de séance, de multiples propositions. Pour l'année 1984, la Grande-Bretagne a reçu une compensation forfaitaire de un milliard d'euros ; pour les années suivantes, les pays s'engageaient à compenser 66 % de l'écart entre ce que les Anglais versaient à la Communauté et ce qu'ils recevaient du budget européen. Il fut aussi beaucoup question d'agriculture. J'avais moi-même, en tant que ministre de l'Economie et des Finances, proposé à mes collègues européens un mémorandum qui a servi de base à la solution retenue : respect de la discipline budgétaire, baisse des prix garantis de 0,50 % pour la campagne 1984-1985, instauration des quotas laitiers et d'un cadre rassurant pour les producteurs de céréales.

Depuis, la politique agricole commune demeure au centre, à la fois des préoccupations internes de l'Union, mais aussi des négociations internationales du GATT et maintenant de l'Organisation mondiale du commerce, l'OMC. En tant que président de la Commission, j'allais constamment mener une bataille, à la fois pour rationaliser la politique agricole commune et pour défendre les petits agriculteurs. Ce dernier point m'a valu de violentes attaques, sans oublier les quolibets qui tournaient en dérision ce Jacques Delors évoquant le cas de son grand-père corrézien faisant vivre sa nombreuse famille sur une propriété de cinq hectares. Pour certains technocrates, l'image même de l'antiproductivisme ! Enfin, le drame de la vache folle a montré que la question est toujours d'actualité.

Pour la petite histoire, j'ajoute que c'est au cours de ce Conseil européen que furent créés deux comités, l'un présidé par le sénateur irlandais John Dooge, qui devait réfléchir sur les institutions, et l'autre présidé par un politique italien, Pietro Adonnino, sur l'Europe des citoyens.

Mon tour des capitales

— *Voilà donc l'Europe telle que vous la trouvez en arrivant à Bruxelles.*

— Oui, mais ma nomination intervient en juillet 1984... Dans un premier temps, je devais poursuivre mon travail de maire de Clichy, ce qui nécessitait de longs et sympathiques moments dans cette ville où mon épouse me secondait efficacement. Mais après avoir consulté les autorités juridiques de la Communauté, il apparut que la poursuite de mon mandat de maire était incompatible avec la présidence de la Commission, ce qui me contraignit, à regret, à démissionner du poste de maire à la fin décembre 1984.

Dans ma nouvelle tâche, je reçus immédiatement l'appui enthousiaste d'un des pères de l'Europe, Emile Noël, qui avait été un collaborateur de Guy Mollet et qui était l'incontournable secrétaire général de la Commission depuis sa création. Il en était devenu un rouage essentiel, au point qu'on se demandait parfois si ce n'était pas lui qui avait imprimé sa marque dans telle orientation ou dans telle décision. Et puis, j'ai eu la chance que Pascal Lamy manifeste son désir de partager avec moi cette redoutable aventure. Il était alors membre du cabinet de Pierre

Mauroy après avoir été mon collaborateur, aux Finances. Pourquoi chercher ailleurs un autre directeur ? Dans le langage bruxellois, on dit chef de cabinet. A ce poste où, pour le plaisanter, je l'appelais parfois « moine soldat », il suscita l'estime et le respect de tous, pour sa compétence et sa capacité de travail, mais aussi un sentiment de crainte, ce qui était indispensable pour que cette redoutable armada de fonctionnaires sorte de son scepticisme et travaille avec autant d'enthousiasme que de discipline. Je connaissais bien ces fonctionnaires et ce fut pour moi un atout important, car lorsque je les rencontrais dans la rue ou dans l'ascenseur, ils ne manquaient pas de me confier leurs espoirs, leurs déceptions et leurs critiques.

Devenu commissaire de la Commission Prodi, dont il est un des membres les plus estimés et respectés, Pascal Lamy assume – et j'en suis heureux – les responsabilités les plus importantes, avec la charge des relations économiques extérieures et donc des redoutables négociations internationales, notamment au sein de l'Organisation mondiale du commerce. Il tient bon, il tire les enseignements de ses années passées comme chef de cabinet, sans négliger aucun élément, ni aucun partenaire dans le dialogue. Il sait aussi combien la communication est importante pour se faire comprendre.

Dès l'été 1984, le trio Noël-Lamy-Delors se met donc au travail, en se focalisant sur la préparation des visites de capitales, à partir d'excellentes notes préparatoires de la Commission. Bien entendu, je ne négligeais pas les autres contacts, notamment avec le président sortant Gaston Thorn, qui avait été Premier ministre du Luxembourg et dont j'appréciais la gentillesse, la disponibilité et l'expérience politique. Il devait me confirmer l'écart entre les objectifs que se proposait d'atteindre la Commission et les décisions des Etats membres.

Je bénéficiais aussi des amitiés que j'avais nouées au cours des années précédentes, notamment avec Lorenzo Natali, qui sera le bienvenu à la Commission Delors, et avec Etienne Davignon qui demeure pour moi une des références essentielles pour qui veut comprendre ce qui marche ou ce qui ne marche pas en Europe. Sans oublier François-Xavier Ortoli, mon dernier patron au Commissariat au Plan, qui, en tant que vice-président de la Commission, m'avait énormément aidé dans la période ingrate qui fut la mienne de 1981 à 1983 pour lutter contre la spéculation monétaire, et obtenir l'appui politique et matériel de la Communauté.

D'autres personnalités hors normes doivent être citées pour leur appui permanent et leur contribution positive. Je citerai Max Kohnstamm qui fut le secrétaire de Jean Monnet et recréa le Comité d'action pour l'Europe après la retraite de ce dernier. Européen convaincu, lui qui avait souffert de la férule nazie, il conservait dans son for intérieur le meilleur de ce que lui avait appris Jean Monnet, enrichi de ses propres réflexions. J'ai fait un large usage de ses avis et je continue à en profiter dans mon activité militante d'aujourd'hui, à la tête du groupe Notre Europe. Je citerai également Tommaso Padoa Schioppa qui fut directeur à la Commission, directeur à la Banque d'Italie, qui présida un groupe de travail à ma demande sur les perspectives du grand marché et fut enfin rapporteur général avec Gunther Baer du Comité Delors sur l'Union économique et monétaire en 1988. Il est maintenant un des membres du directoire de la Banque centrale européenne.

Le point commun entre tous ces hommes, c'était que, quels que fussent les difficultés de la construction européenne, ils ne s'étaient jamais découragés. Ils puisaient dans le capital d'inspiration des pères du traité et cherchaient toujours, dans cet esprit, à trouver des solutions. Cette fleur bleue qu'ils avaient en eux était impressionnante.

Je n'oublierai pas non plus les contacts que j'ai eus avec le Parlement européen pendant cette période, avec son président, certains comités, certains groupes. Mais l'essentiel était de réussir cette tournée des capitales en tant que président désigné.

Je partais avec Emile Noël et Pascal Lamy en emportant sous le bras les dossiers qui divisent et qui fâchent : les négociations d'élargissement avec l'Espagne et le Portugal qui traînaient en longueur, le conflit budgétaire entre le Conseil des ministres et le Parlement, et la menace du manque de ressources, l'agriculture européenne qui accumulait des excédents et était en butte aux mesures de rétorsion de ses partenaires en raison des aides à l'exportation. Bref, c'est en fonction de cette analyse que nous avons préparé cette tournée des capitales.

Compte tenu de ce bref bilan et de ma connaissance historique des problèmes européens, j'étais parti avec l'idée de tester trois propositions choc :

– Dans la lignée du Système monétaire européen, pourquoi n'aboutirions-nous pas à une monnaie commune (ou unique) qui serait le complément nécessaire du marché commun ?

– En plein contexte de guerre froide et connaissant les problèmes internes de l'Alliance atlantique, pourquoi l'Europe ne ferait-elle pas un effort en matière de défense pour arriver un jour à une politique commune de la défense ?

– La troisième proposition faisait écho à ceux qui, aujourd'hui comme hier, pensent qu'une bonne réforme institutionnelle transcendera les difficultés et fera converger les volontés. Pourquoi pas une mutation institutionnelle sous le signe de l'amélioration de la décision et de la démocratisation du processus ?

J'ai développé ces idées dans tous mes contacts qui ne se limitaient pas à une réunion avec le chef de gouvernement, mais s'étendaient à des séances de travail avec les principaux ministres. Qu'en ai-je retiré ? Aucune de ces trois propositions-chocs ne faisait l'unanimité des Dix. Même si certains appuyaient l'une ou l'autre. C'est la raison pour laquelle j'avais en réserve une proposition centrale. A tous, à un moment ou à un autre de notre conversation, je tenais le langage suivant :

« La Communauté européenne traverse les difficultés que vous savez ; sur le plan économique, la stagnation et l'augmentation du chômage – 1,5 million de chômeurs de plus dans l'Europe des Dix depuis 1980. Je suis persuadé que si nous réalisions vraiment l'objectif du Traité de Rome, un grand espace commun sans frontières, avec liberté de circulation des biens, des services, des capitaux et, un jour, des personnes, nous donnerions un stimulant sans équivalent à nos économies. »

Cet argument a convaincu tous les pays et, sur le conseil avisé de Max Kohnstamm, j'avais fixé une date butoir, 1992, c'est-à-dire le temps de deux Commissions. Si j'avais été dans la publicité, j'aurais fait fortune parce que cette date de 1992 a été utilisée par de nombreuses entreprises, organisations professionnelles, secteurs d'activité et associations...

– *Vous rappelez-vous par où vous avez commencé ?*

-- J'ai commencé par Rome, dans une Italie traditionnellement sensible à l'idéal européen, mais où les débouchés pour sa production viticole étaient une source de préoccupation. On souhaitait également que le programme Davignon sur la recherche soit amplifié et élargi. Quand j'ai évoqué ma deuxième proposition choc, la Défense, le ministre des Affaires étrangères, Giulio Andreotti, est intervenu pour demander avec malice : « Qui paiera ? » mettant le doigt sur un problème qui est encore prégnant aujourd'hui. On parle de Défense commune mais quand on regarde les budgets militaires de la plupart des pays, on se demande s'il s'agit d'une conviction solide et engagée.

A Dublin, l'agriculture et le développement régional s'affichaient comme des priorités aux yeux du Premier ministre Garret Fitzgerald qui était un fervent Européen.

Au Luxembourg, Jacques Santer, chef du gouvernement, se préoccupait de sa sidérurgie ainsi que de la dimension sociale de la construction européenne.

A Copenhague, le Premier ministre Poul Schlütter devait compter avec une opinion publique réticente, ce qui allait se confirmer au moment de la ratification du Traité de Maastricht... Réticents, les Danois l'ont toujours été. Ils ont leur modèle, ils ont aussi un système de relations entre gouvernement et parlement qui donne à leur comité parlementaire chargé des Affaires européennes une prise sur le gouvernement. Mais enfin... Aujourd'hui, le modèle social danois est un des mieux adaptés aux circonstances générales. Nous avons aussi parlé social, discipline budgétaire, et j'ai perçu les difficultés à venir en ce qui concerne les contributions budgétaires respectives des Etats membres.

A Paris aussi, François Mitterrand et le nouveau Premier ministre Laurent Fabius ont mentionné la discipline budgétaire, mais ils ont, bien entendu, mis l'accent sur les grands axes du mémorandum français de 1983, la recherche, le social, l'environnement.

A Bonn, où j'eus des réunions sectorielles multiples, je reçus de tous le meilleur accueil, avec des promesses de me soutenir et de m'aider. Le chancelier Kohl ne put s'empêcher de plaisanter sur ma mauvaise pratique de l'allemand, rappelant au passage que lorsqu'il avait été question, avant moi, d'un candidat allemand, Paris lui avait demandé si son candidat parlait français ! Mais les entretiens avec le chancelier étaient toujours l'occasion de bonne humeur, de plaisanteries...

– *Kohl vous faisait marcher ?*
– Il aimait bien ça... Les Allemands évoquèrent, eux aussi, la recherche, l'environnement, les relations sociales qui étaient au premier rang de leurs préoccupations. Au sein du gouvernement fédéral, certains s'inquiétaient des excédents agricoles, car non seulement nous exportions beaucoup, mais nous produisions de plus en plus et il fallait financer des stocks de beurre, de lait, de céréales, etc., or les ministres allemands le faisaient en l'absence de leur collègue de l'Agriculture Ignaz Kiechle, un personnage original, un Bavarois avec un bel accent, madré comme pas un. Si bien que, pendant mes années de présidence, chaque fois qu'il fut question d'agriculture et que j'avais des discussions avec les Allemands, on m'envoyait Kiechle. Mais encore fallait-il ensuite faire la synthèse entre les deux points de vue allemands !

On dit souvent que la France a accepté le marché commun parce que les Allemands ont endossé la politique agricole commune contre l'exportation de leurs produits industriels. En réalité, ce fut moins simple : lorsqu'il fut question de fixer le prix des céréales, la France, compte tenu de sa compétitivité, aurait pu accepter un prix plus bas. Mais un prix plus élevé fut adopté pour permettre aux Allemands de développer leur production céréalière.

En Grèce, Andréas Papandréou m'a reçu dans sa résidence personnelle, en dehors d'Athènes. Lui non plus ne manquait pas d'humour. Il avait été professeur d'économie en Amérique du Nord et il m'a dit : « Jacques Delors, depuis que je suis Premier ministre, je suis obligé d'oublier tout ce que j'enseignais auparavant. » Il ne répugnait pas à se moquer un peu de lui-même. Je le connaissais depuis les repas pris en commun à l'invitation de François Mitterrand. De lui, j'allais apprendre les classiques spécificités grecques qui sont toujours là. Mais il me promettait de m'aider et il a beaucoup soutenu ma proposition de politique économique européenne axée sur la croissance, l'emploi et la solidarité, qui impliquait une coopération accrue entre les Etats membres. Ce fut un des chevaux de bataille de la Commission Delors que l'on mena avec un succès limité, avec le commissaire allemand Alois Pfeiffer, et avec le soutien des partenaires sociaux. Mais les ministres des Finances étaient réticents. Chacun craignait de perdre ses marges de manœuvre, ce qui ne les encourageait pas à coopérer davantage entre eux.

A La Haye, le Premier ministre Lubbers allait inaugurer avec moi une longue période d'amitié, voire de complicité. La discipline budgétaire était son souci constant mais, en bon libéral qu'il était, il insistait sur l'anémie de l'économie européenne, en plaidant pour une politique de l'offre qui encouragerait l'esprit d'entreprise, l'innovation, l'investissement et, bien sûr, la liberté et l'ouverture vers l'extérieur. Dans l'effort pour réaliser le marché unique, il mettait l'accent sur les secteurs où les Néerlandais étaient particulièrement bien placés, comme les transports.

Lubbers n'était pas apprécié de tout le monde, mais j'avais pour lui une grande estime en raison de l'ambiance amicale qu'il mettait dans nos réunions, de son goût du social et de sa volonté même de dépasser les intérêts néerlandais pour penser l'Europe et réfléchir aux consensus possibles. Jusqu'à son départ, nous avons eu des dîners de travail en tête à tête à Bruxelles, à Anvers ou à Amsterdam. Il a été Premier ministre pendant quasiment toute ma présidence, puisqu'il a été remplacé par Wim Kok en août 1994.

A Bruxelles aussi, l'ambiance était vraiment excellente, presque fraternelle. Le Premier ministre Wilfried Martens a confirmé que son pays demeurait à la pointe de l'audace communautaire, traitant de manière positive de mes projets, y compris mes trois projets tests. Il était l'un des rares à comprendre qu'il fallait, comme j'aimais à le dire, regarder sous le capot de la voiture. Il était aussi pour le renforcement du Système monétaire européen. Autrement dit, une Belgique fidèle depuis toujours à l'esprit de l'Europe communautaire, à son modèle de fonctionnement, et où le politique et le social devaient avoir la même place que l'économie.

Avant de parler de Londres, un mot de ma visite aux deux pays candidats et à deux personnalités que j'estime beaucoup :

Mario Soares, Premier ministre du Portugal, pionnier de la démocratie retrouvée, et Felipe Gonzalez, socialiste, président du gouvernement espagnol, qui a joué un très grand rôle en Europe en raison de son charisme et de sa compréhension intelligente des problèmes, ce qui allait faire de lui un élément fort du Conseil européen. C'est pourquoi, lorsqu'on affirme, encore aujourd'hui, que sans initiative du tandem franco-allemand rien n'avance en Europe, je réponds que c'est beaucoup moins simple.

Sans désobliger pour autant les autres capitales, je serai un peu plus long sur ma visite à Londres, pour la raison simple que la Grande-Bretagne a été durant ces années le pays qui s'est opposé à certains de mes projets ou qui les a freinés. Là aussi, les entretiens avaient été remarquablement préparés, avec la possibilité de voir le ministre des Affaires étrangères, sir Geoffrey Howe, le ministre des Finances, Nigel Lawson, les hauts fonctionnaires, le représentant permanent à Bruxelles, sir Michael Butler, et David Williamson qui était en quelque sorte le secrétaire général de Downing Street. Je le cite aussi parce que j'allais le choisir pour remplacer Emile Noël lorsque celui-ci quittera la Commission. J'ai ressenti, comme toujours chez les Britanniques, l'impression d'une grande capacité professionnelle et technique, mise au service d'une très bonne organisation, aidée par une concertation interne remarquable. Mais il ne fallait pas s'attendre que mes trois projets tests suscitent l'enthousiasme.

– *Comment se faisaient les rencontres ?*
– Il y a eu des réunions à trois, puis un tête-à-tête avec Mme Thatcher. Nous avons finalisé nos entretiens au cours d'un dîner au 10, Downing Street. J'ai passé un après-midi et une soirée à Londres. Je suivais, j'ai toujours suivi, avec attention les expériences des autres pays car je pensais qu'il y avait beaucoup à en tirer pour le bien comme pour le mal. Je savais ce qu'était l'expérience thatchérienne, mais il me restait à connaître le Premier ministre britannique elle-même à travers des entretiens directs. C'était la première fois que j'étais reçu au 10, Downing Street car je n'avais jusque-là rencontré Mme Thatcher qu'à l'occasion des G 7, les sommets des pays

industrialisés où nous n'étions pas à la même table. Elle était à celle des chefs de gouvernement et moi à celle des ministres des Finances.

En cet été 1984, elle me reçut fort aimablement et très souriante. Elle me donna l'impression, confortée par la suite, de connaître remarquablement les dossiers. Chaque fois que j'ai eu l'occasion de discuter avec elle au cours de ces années, et en dehors de nos affrontements, de grands problèmes monétaires ou de grandes questions de société, c'était toujours passionnant. Autrement dit, Mme Thatcher était une personnalité riche et complexe qui avait, bien entendu, des idées arrêtées sur la manière dont pouvait évoluer la société britannique, comme sur les limites de l'intégration européenne.

– *Comment s'adressait-elle à vous ?*
– Je l'appelais *Prime Minister* et elle me disait « Monsieur Delors », parce qu'elle n'aimait pas ce titre de président de la Commission. Elle considérait que la Commission devait rester un organe de hauts fonctionnaires. Cela rappelle une vieille querelle. Au moment de boucler le Traité de Rome, en 1957, le terme envisagé était celui de « Haute Autorité », en usage pour la CECA. Mais déjà à Messine, en 1956, certains pays n'en voulaient pas, et c'est Pierre Uri, dont le rôle, trop sous-estimé, a été très important dans la construction de l'Europe, qui a dit : « Pourquoi ne pas choisir le mot de Commission qui correspond à l'usage anglo-saxon ? » Au cours de cette période, Pierre Uri, toujours jaillissant d'idées, aura trouvé quarante à cinquante compromis de cette nature... Donc Mme Thatcher m'appelait Monsieur Delors.

Je retins de cette conversation qu'elle n'avait pas beaucoup d'égards pour la Commission précédente et pour son président, mais elle me faisait confiance. N'avait-elle pas refusé d'autres candidats avant moi, et n'avait-elle pas accepté de ne pas discuter des portefeuilles qui seraient attribués aux deux commissaires britanniques ? Je lui ai rappelé la nuit dite des longs couteaux, pendant laquelle le président de la Commission à peine nommé marchandait interminablement au téléphone, avec les chefs de gouvernement, les attributions des commissaires. « Je m'en souviens, m'a-t-elle dit, c'était affreux. » Elle m'a vanté les mérites de lord Cockfield qu'elle allait désigner pour Bruxelles.

Sur le fond des sujets, bien entendu, elle s'est plainte de la mauvaise gestion générale des ressources agricoles. Elle voulait limiter les dépenses publiques. Lorsque je lui ai parlé du grand marché et de l'Objectif 92, elle était tout à fait d'accord. Je lui ai dit qu'un grand marché ne pouvait pas aller sans coopération industrielle, elle m'a répondu que l'Europe ne devait pas servir à figer le marché, mais qu'il y avait quand même du pain sur la planche pour les avions, l'énergie et les ordinateurs. Pour elle, la coopération sans doute devait prendre une forme intergouvernementale et non pas communautaire, mais elle était sensible à ces exigences. Sur la monnaie européenne, elle s'est montrée sceptique dans notre conversation en tête à tête mais au dîner, elle fut tranchante : lorsque nous avons abordé ce point, Nigel Lawson s'est levé et a dit : « *Never* !... Il ne sera jamais question de changer la livre sterling contre une monnaie européenne. » A ce moment-là, Mme Thatcher a tapé sur la table et a dit : « *Right !* »

— *Qui assistait à ce dîner ?*
— Il y avait, pour autant que je me le rappelle, le ministre des Affaires étrangères, le ministre des Finances, le représentant permanent à Bruxelles, sir Michael Butler, et David Williamson, le principal conseiller pour les Affaires européennes. Outre cette manifestation brutale à propos de la monnaie, notre conversation sera marquée par le fait que Mme Thatcher ne voulait pas de nouveau traité. Elle a même souligné ce qui est une position anglaise constante : la notion d'unité européenne entendue comme une fusion est dangereuse. « Cela n'arrivera pas ! » D'où l'absurdité d'un nouveau traité. Par ailleurs — et comme beaucoup d'autres –, elle m'a dit : « Il y a un Conseil européen de trop par an. Deux suffiraient... » Ce qui était la sagesse. A l'époque, il y en avait trois, un à Bruxelles et un dans chaque capitale de la présidence tournante, et parfois quatre ! Par la suite, les gouvernements en ont réduit le nombre à deux. A présent, on est revenu à quatre parce que la dérive actuelle de l'Union européenne est due au fait que la majorité — sinon la totalité — des chefs de gouvernement pensent que c'est à eux

de tenir la barre en main. Leur ignorance du système communautaire aidant, on est conduit à augmenter le nombre des Conseils européens pour y traiter à la fois des grandes orientations et des détails. Mme Thatcher, elle, voyait les choses différemment.

Parallèlement à ces visites dans les capitales et à mes entretiens avec la commission politique du Parlement européen pour m'assurer que l'Objectif 92 serait accepté par tous, je me préoccupais de le compléter par la coopération industrielle et la dimension sociale. C'est là que j'ai fait preuve d'audace – le mot étant justifié par le scepticisme qui a entouré ma démarche : après avoir rencontré l'UNICE, c'est-à-dire l'organisation patronale européenne, et la CES – la Confédération européenne des syndicats –, sans oublier l'association qui regroupe les entreprises du secteur public, je leur ai donné rendez-vous le 31 janvier 1985 au château de Val-Duchesse, obligeamment prêté par le gouvernement belge, afin d'inaugurer une ère de concertation et de négociation sociales. Cela a surpris beaucoup d'observateurs. En 1977 en effet, avait été interrompu une sorte de trialogue annuel entre le gouvernement, la Commission, le patronat et les syndicats, parce que c'était une grand-messe sans la foi...

Enfin, il fallait fabriquer l'outil, et l'outil à fabriquer d'urgence, c'était la Commission européenne...

La machine en ordre de marche

Je m'attaquais donc à l'organisation de la future Commission au fur et à mesure que m'étaient notifiés les noms des membres désignés par chaque gouvernement, deux pour les grands pays (démographiquement parlant) et un seul pour les petits. Je les invitais chacun à un déjeuner en tête à tête, parfois à un second. En fonction des personnalités choisies, de leurs qualités, de leur compétence, de leur expérience passée sous leur mandat ministériel et de mes contacts personnels, j'avais élaboré un schéma qui ne rencontra pas de difficulté majeure. Sauf du côté de Claude Cheysson qui rejeta avec fracas ma proposition de lui confier le portefeuille de l'Industrie et de la Recherche, stratégique à mes yeux pour les raisons déjà indiquées, ainsi que pour concilier la dérégulation par le grand marché avec le renforcement de la coopération et des politiques communes. Pour répondre à son souhait d'œuvrer à l'action pour le tiers-monde, je divisai en deux le domaine de l'aide au développement : je confiai à Lorenzo Natali, déjà membre de la Commission, les accords de Lomé, c'est-à-dire les accords historiques entre la Communauté et les pays d'Afrique, des Caraïbes et du Pacifique, et j'offris à Cheysson le reste du monde, l'Amérique centrale et latine, l'Asie et l'Océanie. Les autres ajustements étaient d'ordre technique, afin d'assurer la meilleure cohérence possible et d'éviter les querelles de compétence. Je dois avouer que je n'y ai pas réussi à 100 %.

La monnaie, domaine réservé

J'avais gardé pour moi certains domaines : les affaires monétaires, que je dissociais de l'économie pour la première et unique fois dans l'histoire de la Commission, en accord avec mon ami syndicaliste du DGB, Alois Pfeiffer, qui recevait la responsabilité de l'Economie. Pfeiffer a disparu prématurément en ayant accompli un travail formidable en faveur de la coopération économique entre les Etats membres, et il m'appuya efficacement pour l'animation du dialogue social dit de Val-Duchesse. En me réservant la monnaie, mon intention était de faire progresser mes idées sur le renforcement du Système monétaire européen et – qui sait ? – d'en faire la rampe de lancement de la monnaie unique. Mais je n'en étais pas là. Ce qui m'a amené à participer chaque mois à Bâle, au siège de la Banque des règlements internationaux, aux réunions des gouverneurs des banques centrales. Depuis mon séjour rue de Rivoli, j'en connaissais déjà certains mais rien ne pouvait remplacer cette présence à leurs réunions, ni le dîner de la veille auquel assistaient aussi les banquiers centraux des Etats-Unis, du Canada, du Japon et des pays européens non membres de la Communauté, un vrai club. J'y apprenais beaucoup et j'allais créer des liens qui devaient s'avérer précieux pour mon travail à la tête du comité chargé en 1988 de proposer un schéma

d'Union économique et monétaire européenne. Ce fut un enrichissement pour moi et un investissement pour l'Europe...

C'était en général le gouverneur du pays assumant la présidence semestrielle de la Communauté qui présidait ces réunions. Bâle avait été choisi à cause de la Banque des règlements
internationaux qui était au cœur du dispositif international,
même si elle n'avait pas les fonctions du Fonds monétaire. Les
conditions de travail y étaient exceptionnellement bonnes.

Après toutes ces démarches pour construire ce que j'espérais
être un château fort et non un château de cartes, j'ai réuni tous
mes collègues à l'abbaye de Royaumont le vendredi 8 et le
samedi 9 décembre, c'est-à-dire avant même qu'ils ne se retrouvent pour la première fois à Bruxelles, comme ils s'y attendaient
tous, dans les premiers jours de janvier. Vous pouvez imaginer
le spectacle pour les médias, une Commission qui arrive et qui
commence, sous les regards avides des journalistes, à se répartir
les portefeuilles. Je voulais éviter cette nuit des longs couteaux.
Je souhaitais une décision collégiale avant que nous nous
retrouvions à Bruxelles.

A Royaumont, les conditions de séjour étaient frugales, à la
surprise de certains qui étaient habitués, sinon au luxe, tout au
moins aux facilités des grands hôtels. J'ai même vu Lorenzo
Natali errer dans les couloirs de Royaumont, le samedi vers
7 heures du matin, en pyjama, une serviette à la main, à la
recherche d'une des rares salles de bains... Mais rien ne pouvait
en ces jours de chance rompre la bonne ambiance, l'espoir partagé de faire avancer l'Europe sur la base des grandes lignes du
programme que je leur avais soumis. Car je leur demandais
– sinon cela aurait été impossible – à la fois un accord sur les
grandes lignes de la stratégie de la future Commission et sur la
répartition des responsabilités pour réussir.

– *Comment avez-vous composé votre cabinet ?*
– Durant cette même période, Pascal Lamy et moi allions
souvent à Bruxelles pour auditionner les hauts fonctionnaires.
Et pour tester les candidats à des fonctions au cabinet du président. A vrai dire, à part deux Français sollicités par moi et ne
venant pas de l'administration européenne – Jérôme Vignon,
mon conseiller rue de Rivoli, et, une idée originale que j'avais

eue, Jean-Michel Baer, chef du service économique et social a *Libération*, pour s'occuper des questions sociales – à part ces deux cas, ce fut Pascal Lamy, un remarquable chasseur de têtes, qui sélectionna les autres membres du cabinet que je voulais multinational, avec un Allemand, Gunther Burghardt, qui devint chef adjoint du cabinet, un Belge, Bruno Liebhaberg, et un Anglais, David White[1].

L'équipe se composait aussi de trois autres Français venus des rangs de la Commission : François Lamoureux, à l'esprit imaginatif et ouvert et à la compétence exceptionnelle en matière institutionnelle, Michel Jacquot, spécialiste vigilant des questions agricoles, et Pierre Nicolas, qui veillera sans faute à la machinerie. En outre, et pour assurer la transition avec la précédente Commission, j'usai de la prérogative reconnue au président d'avoir à ses côtés, pendant une période limitée, un ou deux chargés de mission choisis parmi les fonctionnaires ayant brillamment servi sous les Commissions précédentes. Je fis appel à Pierre de Boissieu, le chef de cabinet de mon ami François-Xavier Ortoli. Il fut un des architectes des programmes intégrés méditerranéens en faveur des régions du Sud de la Communauté qui allaient affronter la concurrence des deux nouveaux venus, l'Espagne et le Portugal. Il occupe maintenant le poste stratégique de secrétaire général adjoint du Conseil des ministres.

Pour l'autre poste provisoire de chargé de mission, j'ai eu la chance de recruter Jean Durieux, ancien chef de cabinet de Gaston Thorn, gardien de toutes les propositions faites de 1980 à 1984. Aujourd'hui encore, il est à mes côtés au Conseil d'administration du groupe Notre Europe. J'avais aussi un secrétariat, avec l'irremplaçable Marie-Thérèse Bartholomé qui me secondait depuis 1973 et que vinrent rejoindre les deux secrétaires qui avaient travaillé auparavant pour Ortoli, Evelyne Pichon et Claudine Buchet...

---

1. Voir en Annexe la composition des cabinets de Jacques Delors à la Commission.

Devant le Parlement européen

Ce n'est que plus tard que des règles nouvelles allaient renforcer la main du Parlement européen dans la désignation des commissaires et l'approbation de l'exécutif européen. Mais pour ma part, dès ma nomination par les chefs de gouvernement, je pris très au sérieux cette présentation devant le Parlement, voulant ainsi montrer toute l'importance qu'avait, à mes yeux, cette assemblée élue, depuis 1979, directement au suffrage universel. En d'autres termes, je préparai une sorte de discours d'investiture.

Un tel exposé comporte quelques passages obligés car on ne vous pardonnerait pas d'avoir passé sous silence telle ou telle cause qui tient au cœur des députés. Mais au-delà de ces contraintes, ma tâche essentielle était d'articuler un diagnostic, une vision et une stratégie dans le droit fil de ce que j'avais testé auprès des dix gouvernements. J'ai commencé à rédiger mon discours en novembre et décembre 1984, pour être prêt dès notre entrée en fonction, le 7 janvier 1985, et je me suis adressé au Parlement le 14 janvier.

Les députés européens avaient conscience que l'Europe perdait du terrain en raison de la stagnation économique et de l'aggravation du chômage qui l'accompagnait. Mais, franchement, en ce qui concerne le risque le plus sérieux, celui de voir l'Europe marginalisée par l'Histoire, la prise de conscience n'était pas là. Je tentai donc de les convaincre en ces termes :

« Nous sommes mis au défi. Qu'il s'agisse de maintenir l'Europe au rang de puissance verte, d'assurer notre rang dans les technologies de pointe, de consacrer notre épargne à notre propre développement et non de la voir, pour partie, nourrir la croissance des plus puissants. Il s'agit de partager les responsabilités mondiales en matière monétaire, de défendre nos intérêts commerciaux, tout en participant pleinement à la diffusion des échanges de biens et de services.... Qui n'a rien à proposer est vite oublié, voire méprisé. Qui n'a pas les moyens de ses ambitions en est vite réduit au suivisme ou à l'agressivité verbale. »

La survie ou le déclin

Tout au long de mon mandat, j'allais enfoncer le clou en usant de cette formule : l'Europe n'a d'autre choix qu'entre la survie et le déclin.

Or, ajoutais-je un peu plus loin, le redressement suppose non seulement la prise de conscience, mais une volonté commune d'agir. Celle-ci n'est pas suffisante, car les artisans de la construction européenne butent moins sur le « que faire » que sur le « comment faire ».

« Devant le comment faire, disais-je, nous sommes – pourquoi ne pas en convenir – embarrassés. J'en ai eu la confirmation au cours des visites que j'ai faites dans les dix Etats membres. Partout, le fonctionnement institutionnel a été évoqué. Partout, chacun se rend compte que nous ne pouvons plus vivre dans un imbroglio qui nous paralyse. Certes, des solutions ont été trouvées pour régler nos querelles de famille. C'est bien. Mais au-delà – soyons francs –, l'Europe n'arrive plus à décider, l'Europe n'avance plus. Hélas, l'accord n'existe que sur le constat d'impuissance. Dès que l'on interroge sur les voies pour en sortir, les réponses sont pour le moins diverses. »

Ceux qui liront ces lignes, écrites il y a près de vingt ans, constateront qu'il y a de l'immuable, autant que du changeant dans l'histoire de la construction européenne. Vingt fois sur le métier... !

En dépit des pièges que recèle l'usage des mots, je m'efforçais d'introduire dans la réflexion un autre concept : celui d'une Europe puissante et généreuse à la fois. Aujourd'hui encore, ce n'est pas une tâche aisée, alors que les militants les plus engagés sur le plan social se méfient de la puissance qui prend de nos jours, à leurs yeux, les visages de la globalisation et du marché financier mondialisé. A l'inverse, le terme de générosité est synonyme pour certains, dont les authentiques disciples de la pensée unique, de laxisme financier, voire de dangereuse naïveté.

Et pourtant, si je puis dire, la générosité allait se révéler payante. J'insistais sur la nécessité de finaliser les discussions d'élargissement avec l'Espagne et le Portugal. J'évoquais les programmes intégrés méditerranéens en faveur de la Grèce, du Sud de la France et de l'Italie. Tous des jeux à somme positive, comme on allait le vérifier quelques années plus tard.

Enfin, je mettais l'accent sur les relations Nord-Sud et sur nos responsabilités mondiales à l'égard du sous-développement.

Je plaidais pour une Europe de l'équilibre, ce qui me paraît correspondre à l'un de ses messages universels. J'y voyais un élément de la culture que j'illustrais en ces termes :

« La culture vécue, c'est aussi la possibilité pour chacun de s'épanouir dans une société où il a son mot à dire et dans des espaces organisés ou naturels qui favorisent le développement humain. Voilà pourquoi on nous somme – et on a raison – de lutter contre les nuisances de toutes sortes, d'améliorer les conditions de travail, de repenser nos villes et nos types d'habitat, de préserver cette base irremplaçable de ressourcement qu'est la nature. »

J'ouvrais ainsi la voie à l'introduction, dans le prochain traité, de dispositions concrètes pour une politique européenne de l'environnement, comme pour la dimension sociale.

Du côté de la puissance et sur la base d'un grand marché unique, objectif unanimement accepté, il fallait planter des jalons pour établir une véritable capacité économique et monétaire. J'affirmais donc :

« Je crois possible un renforcement substantiel de la coopération monétaire et une extension contrôlée du rôle de l'écu, de l'écu officiel, comme de l'écu privé[1]... A partir d'un système monétaire renforcé, considéré comme une des clés des progrès passés comme des progrès à venir, on pourrait trouver les voies tant désirées de l'Union économique et monétaire. Quel succès pour la Communauté si elle pouvait démontrer dans les faits que rigueur monétaire et lutte contre le chômage vont de pair, qu'elles ne sont pas antagonistes ! »

Cette dernière phrase choqua à l'époque. Et pourtant, si on veut bien considérer l'évolution depuis 1997, n'est-ce pas la confirmation d'une longue et difficile stratégie pour se débar-

---

1. Car l'écu, conçu à l'origine comme la monnaie de compte des mouvements à l'intérieur du SME, allait être utilisé comme monnaie pour libeller des emprunts sur le marché des capitaux. C'étaient les débuts de l'écu privé.

rasser de la facilité inflationniste et retrouver les voies d'une croissance soutenue et fortement créatrice d'emplois ?

Bien entendu, l'axe central était la réalisation du grand marché unique. Fort de l'appui des chefs de gouvernement, j'interpellais les députés : « Est-il présomptueux d'annoncer, puis d'exécuter, la décision de supprimer toutes les frontières à l'intérieur de l'Europe d'ici à 1992 ? »

Un grand marché certes, mais flanqué des politiques destinées à le faire fonctionner et à l'accompagner : concurrence, harmonisation de la fiscalité indirecte, politiques agricoles et régionales – ce qui était plus difficile à faire admettre –, puis à réaliser concrètement.

« L'effet de dimension, disais-je, ne peut être mieux illustré que par ce triptyque : réalisation du grand marché, harmonisation des règles, coopération industrielle... On ne mobilisera les entrepreneurs, les chercheurs, les travailleurs, que si, conscients de l'intérêt vital de la dimension européenne, ils deviennent eux-mêmes les acteurs de ce changement. »

Des appels démagogiques

Venait alors le social proprement dit à propos duquel je souhaitais m'exprimer avec pudeur et réalisme. Aujourd'hui, je me sens confirmé dans cette approche, après avoir entendu les slogans et les promesses de ceux qui parlent de l'Europe sociale. Ils me font penser à la formule par laquelle le général de Gaulle nous désignait, nous les militants d'une Europe politique, les cabris ! Oui, j'ai rencontré beaucoup de cabris et entendu leurs appels lyriques, mais trop souvent démagogiques.

Dans cet esprit, je plaidais tout d'abord pour un minimum d'harmonisation des règles sociales, autrement dit pour le refus du dumping social à l'intérieur de la Communauté. Dans un contexte favorable à la dérégulation, j'insistais :

« L'Europe ne se fera pas dans une sorte de progrès social à rebours. Certes, il convient d'accroître la flexibilité du marché du travail... Mais il est non moins nécessaire de stimuler les initiatives et de lutter contre toutes les rentes indues de situation, sans exception ! »

Fort de l'accord de principe donné par les partenaires sociaux pour une relance du dialogue social, à mes yeux le creuset de la dimension sociale européenne, j'ajoutais : « Nous ne réussirons qu'à deux conditions : que les réformes soient négociées par les partenaires sociaux... et que soit recherché un minimum d'harmonisation au niveau européen. » Précisément, les deux points que j'allais faire inscrire dans la prochaine réforme du traité, l'Acte unique qui entrera en vigueur en 1987.

« Je pose donc la question, disais-je encore : A quand la première convention collective européenne ? Elle serait un cadre dynamique mais respectueux des diversités, une incitation à l'initiative et non une uniformité paralysante. »

Le chemin allait être long, depuis la première réunion du dialogue social en 1985 jusqu'en 1993 où fut obtenu le premier accord portant sur le droit à l'information et à la consultation des travailleurs dans les entreprises multinationales. Puis suivront d'autres accords, notamment sur certaines formes de contrat de travail et sur le congé parental.

Il me fallait aussi aborder les perspectives institutionnelles. La stagnation des années 1979 à 1984 avait comme cause principale la revendication britannique, mais elle devait aussi beaucoup à la difficulté de décider. La route était semée d'embûches. Fallait-il le rappeler au Parlement qui avait eu le mérite de rédiger un projet de traité sur l'Union européenne, le projet Spinelli ? « Tout cela, disais-je aux parlementaires, serait plutôt encourageant et prometteur. Oui, mais, me semble-t-il, à une condition... Je crains en effet, tout en souhaitant me tromper, que surgissent à propos des questions institutionnelles des oppositions dogmatiques dont chacun pourrait prendre prétexte pour ne rien faire. » Dirais-je autre chose aujourd'hui si je devais m'adresser à ces mêmes parlementaires ou, mieux encore, aux citoyens européens souvent plus soucieux de progresser que ne le sont leurs dirigeants ?

En tout cas, à Strasbourg, en janvier 1985, j'enfonçais le clou : « Vous connaissez, hélas, l'engrenage : chaque Etat membre subordonne tout progrès dans une direction aux apaisements et aux concessions sur des points qu'il juge essentiels ! » Devant les parlementaires, il fallait m'engager à utiliser toutes les possibilités offertes par les traités, tout en laissant percer le bout de l'oreille sur la nécessité d'une réforme institutionnelle, la stratégie que la Commission allait adopter pour aboutir au Conseil européen de Milan en juin 1985, non sans drame ni sans ambiguïté, en prouvant que le mouvement se faisait en marchant.

« La Commission usera pleinement de son droit d'initiative pour réaliser les priorités que j'ai exposées devant vous, affirmais-je devant les députés... Elle n'hésitera pas, comme le Traité l'y autorise, à retirer une proposition si elle estime que son contenu est par trop altéré ou si elle constate le refus implicite ou explicite d'en débattre. »

Le débat devant le Parlement se déroula dans une atmosphère sympathique et donc encourageante pour la Commission. Les députés votèrent ce qui tenait lieu d'investiture par 206 voix contre 34 et 37 abstentions. La revue de presse établie par nos services relevait que le vote favorable avait impressionné par son ampleur. Elle signalait aussi que l'image de Jacques Delors était comme « en transit » : cette image s'imposera-t-elle comme plus européenne que française ? – toujours cette méfiance de la part des journalistes de plusieurs pays – et le *leadership* viendra-t-il s'ajouter à un ascendant intellectuel d'ores et déjà reconnu ? Les commentateurs laissaient à l'avenir le soin d'en décider.

7

L'Acte unique : mon traité favori

Choisir comme objectif central de la relance la réalisation du marché intérieur, l'espace sans frontière, appelle deux remarques :

Pendant longtemps, les protagonistes de la Communauté ont cherché à réaliser les objectifs du Traité de Rome en harmonisant progressivement leurs législations. La tâche était sans fin. C'est pourquoi la Cour de Justice, qui alimente par sa jurisprudence, surtout en période de crise, la base légale des règles européennes, a stipulé en février 1979 que « chaque produit légalement fabriqué et commercialisé dans un Etat membre devait être admis dans le marché de tous les Etats membres ». En substituant à l'harmonisation la reconnaissance mutuelle, cet arrêt célèbre, connu sous le nom de « cassis de Dijon », a permis de réaliser l'Objectif 92.

Il existe toutefois des domaines dans lesquels l'harmonisation reste nécessaire pour des raisons de compétition loyale ou de progrès social, mais il convient de ne pas mettre la charrue avant les bœufs.

– *Qu'est-ce qui a amené la Cour, à ce moment-là, à cette jurisprudence fondamentale ?*
– Pendant les périodes où l'Europe stagne, il est curieux de voir que la Cour de Justice prend plus d'importance. Certains lui ont reproché cette jurisprudence – et ils maintiennent aujourd'hui leurs critiques – en argumentant qu'on ne peut pas

réaliser un marché intérieur sans harmoniser auparavant, non seulement les règles techniques, mais aussi les règles fiscales et sociales. Un préalable complètement irréaliste ! Avec une telle perspective, nous n'aurions pas encore commencé...

J'en conclus pour ma part que le progrès s'accommode sans difficulté du déséquilibre. J'en étais conscient à l'époque et je disais souvent à mes collaborateurs :

« La montée des marchés et la dérégulation se feront avec ou sans nous. Le vent est là et il souffle fort. Il s'agit de savoir si le pilote du bateau peut résister au vent et trouver une trajectoire qui soit un bon compromis entre, d'un côté, l'évolution de l'environnement international et des idées, de l'autre, la défense de nos intérêts et du modèle européen. »

— *Les Français insistaient sur l'harmonisation sociale et fiscale.*

— Avec raison. Je veux dire par là que l'avancée de l'Europe économique ne pouvait se faire qu'en acceptant le risque de déséquilibre. On le verra bien lorsque, après avoir beaucoup réfléchi et alors que le Livre blanc de lord Cockfield était nuancé sur ce sujet, je proposerai en 1986 un projet de loi européenne sur la libération des mouvements de capitaux. Projet qui sera adopté en 1988, mis en œuvre progressivement et constituera la première étape, au 1er juillet 1990, de la réalisation de l'Union économique et monétaire. Cette mesure a donné un très grand tonus, une très grande crédibilité au projet d'ensemble. C'était un des gros morceaux. Dans le Livre blanc, on y allait avec prudence mais, réfléchissant à ce qui allait arriver après le Système monétaire européen, il fallait bien qu'il y ait ce pilier essentiel du marché sans frontières.

Le Livre blanc de lord Cockfield

Le moment était venu de préparer ce Livre blanc sur le marché unique et l'Objectif 92, le premier de ma magistrature dont je confiai la responsabilité à lord Cockfield qui avait occupé des responsabilités importantes, tant dans le secteur privé qu'au gouvernement.

– *Qu'est-ce qu'un Livre blanc ?*

– On parle de Livre blanc et de Livre vert. Disons qu'un Livre vert est une pré-étude destinée à sensibiliser les lecteurs et donc les gouvernements sur un sujet, afin de les préparer à une autre discussion qui, elle, se fera à partir d'un Livre blanc. Autrement dit, un Livre blanc est plus proche de la décision et appelle le Conseil européen à se prononcer.

– *C'est donc une étude très complète.*

– Oui, exhaustive et annonçant explicitement les orientations qui se traduisent soit en lois européennes, soit en actions sous le couvert des politiques communes.

A vrai dire, lord Cockfield fut la grande révélation de la Commission et ses positions l'amenèrent à rencontrer des difficultés, y compris avec Margaret Thatcher qui était pourtant une amie personnelle.

En dépit de nos orientations différentes, notre entente fut totale. Il mena à bien cette tâche gigantesque, avec l'appui des services certes, et en rappelant sans cesse l'essentiel, à savoir la suppression des frontières, condition de la réalisation du Grand marché. Chacun convenait que cette perspective et l'achèvement de ce marché seraient un formidable stimulant pour nos économies minées par la stagnation, handicapées par la faiblesse des investissements et rongées par l'accroissement du chômage. Considérations qui avaient déterminé l'accord des chefs de gouvernement.

Lord Cockfield était le plus âgé d'entre nous, mais pas le moins assidu dans sa tâche. L'esprit clair, la réplique qui fait mouche, il ne s'en laissait pas conter. Il mena à bien la rédaction de ce Livre blanc sur le marché intérieur après avoir quelque peu hésité à propos d'un droit communautaire des sociétés – un des serpents de mer de la législation européenne – et en se posant des questions sur l'ampleur de la libre prestation dans les services (banques, assurances, services aux entreprises et aux particuliers...).

Dans la préface du Livre blanc, la Commission faisait référence aux indispensables politiques d'accompagnement, comme le renforcement du Système monétaire européen, la relance du dialogue social, la convergence des politiques économiques, la solidarité entre les régions. J'avais insisté sur cette introduction, en raison des accusations de déséquilibre déjà mentionnées, mais aussi en prévision des batailles qui allaient être menées pour la réforme du traité et pour le renforcement des politiques communes.

La Commission adopta le Livre blanc en séance plénière, sans grande opposition. Au demeurant, chaque commissaire savait que s'il contestait par trop les arguments, il recevrait en pleine figure une réplique cinglante et parfois chargée d'humour de lord Cockfield qui savait se montrer redoutable.

Il restait à ce grand artisan de notre réussite à transformer toutes les propositions en projets de lois européennes. Travail de titan que lord Cockfield mena sans faiblesse avec l'appui de la Commission qui connut par la suite des débats difficiles sur les projets les plus complexes comme le rapprochement des régimes de TVA (la Taxe sur la valeur ajoutée), effroyablement compliqué sur les plans technique et politique, ou bien encore l'institution d'un statut européen des sociétés. Je quitterai la Commission dix ans plus tard sans voir ce projet de société de droit européen adopté par le Conseil ou le Parlement. Il est vrai que le sujet requérait l'unanimité et que, depuis, le Conseil des ministres a fini par accepter un texte. Il aura fallu plus de vingt ans !

L'important était de tenir le Conseil européen au courant de nos travaux puisque le principe en avait été adopté dans les rencontres bilatérales. Ce qui fut fait au Conseil des 29 et 30 mars 1985, alors que l'Italie avait pris la présidence de la Communauté pour six mois depuis le 1er janvier.

Le Conseil européen a reconnu l'Objectif 92 comme prioritaire dans les termes suivants : A propos « des actions visant la réalisation d'ici 1992 d'un grand marché unique créant ainsi un environnement plus propice à la stimulation de l'entreprise, de la concurrence et des échanges, le Conseil européen a invité la Commission à établir, à cette fin, avant sa prochaine session, en juin 1985, un programme détaillé assorti d'un calendrier précis ».

Le Livre blanc sur le marché intérieur reprendra le programme de consolidation établi par la Commission Thorn qui nous avait précédés, le programme de travail présenté devant le

Parlement européen, ainsi que l'ensemble des mesures conduisant à supprimer tous les contrôles aux frontières. C'était donc un travail exhaustif. Dans la présentation finale de ce document, la Commission mettait l'accent sur les conditions essentielles à la réussite du projet :

– La fixation d'un calendrier précis et contraignant, créant des automatismes qui permettraient de surmonter les obstacles rencontrés dans le passé du fait des résistances ponctuelles de tel ou tel Etat membre.

– L'abandon de l'harmonisation à tout prix, au profit du rapprochement et de la reconnaissance mutuelle des techniques, dans l'esprit de l'arrêt « cassis de Dijon ».

– Le rejet des solutions qui, sous prétexte de faciliter les échanges, comportaient des contrôles aux frontières et donc le maintien des frontières elles-mêmes. Les dérogations ne seraient admises que pour des raisons impératives liées à la protection de la santé, comme ce fut le cas dans l'épisode de l'encéphalopathie spongiforme bovine, l'ESB (autrement dit la vache folle).

– Le caractère global du programme qui est une garantie d'équilibre indispensable entre les intérêts, les avantages et les inconvénients pour tous les Etats membres.

On peut parler ici de la théorie de l'engrenage, puisqu'une mesure en appelait une autre dans le dynamisme retrouvé et dans un jeu à somme positive. La pièce centrale de la relance était donc prête à être soumise à l'accord du prochain Conseil européen qui allait se tenir à Milan les 28 et 29 juin. Auparavant, il avait fallu plaider le dossier devant le Conseil des ministres, notamment lors d'une réunion informelle des ministres des Affaires étrangères à Stresa où, pour la première fois, certains Etats membres avaient laissé entrevoir leur position sur les réformes institutionnelles indispensables à la réalisation du marché intérieur sans frontières. Des pays comme la Grande-Bretagne, le Danemark et à la Grèce avaient exprimé quelques réticences. Ce n'étaient que les premières escarmouches de la bataille politique qui allait se dérouler au Conseil européen.

J'ai parlé d'un conseil informel des ministres des Affaires étrangères parce que, jusqu'au début de l'Union économique et monétaire, c'est-à-dire jusqu'aux années 1993-1994, le rôle majeur, en dehors des chefs de gouvernement réunis en Conseil européen, revenait au Conseil des Affaires générales, composé précisément des ministres des Affaires étrangères. Avant chaque Conseil européen, en plus de leurs sessions mensuelles, ceux-ci se réunissaient en conclave pour préparer ce Conseil.

Lorsque j'évoquerai plus tard les arbitrages financiers consécutifs à ce qu'on a appelé les paquets Delors I et II, c'est-à-dire l'ensemble des dispositions financières nécessaires pour faire fonctionner l'Europe, ce sont bien les ministres des Affaires étrangères, dits des Affaires générales – et non pas les ministres des Finances – qui, avec le concours de la Commission, feront les arbitrages et la répartition des fonds entre les pays. Mais à partir de la fin de l'année 1993, les ministres de l'Economie et des Finances monteront en puissance en revendiquant une place au Conseil européen alors que jusque-là, les chefs de gouvernement n'y étaient assistés que des ministres des Affaires étrangères et du président de la Commission. De mon côté, j'ai pu obtenir qu'un second commissaire m'accompagne. Ce qui du point de vue psychologique était un avantage. Selon les sujets traités, j'invitais Lorenzo Natali, qui s'occupait de l'aide à l'Afrique, Frans Andriessen en charge de l'agriculture ou, bien entendu, lord Cockfield, l'architecte du Livre blanc.

On en arrive à Milan, où le Conseil européen s'est tenu les 28 et 29 juin sous la présidence de Bettino Craxi. Auparavant, le 8 juin, j'avais participé au conseil informel des ministres des Affaires étrangères en mariant les exigences professionnelles et l'ambiance amicale puisque nos épouses étaient également invitées. Je suis donc parti pour Stresa, au Grand Hôtel, un lieu impressionnant au bord du lac Majeur et des îles Borromées, avec mon épouse et flanqué d'Emile Noël, le secrétaire général, de Pascal Lamy et de François Lamoureux. Nous avons eu trois séances de travail, en fin de matinée, l'après-midi et le dimanche matin, avant de nous consacrer à des activités plus festives. Il a été bien entendu question de la préparation du Conseil européen mais sans entrer dans le vif du sujet. Après cette réunion, j'étais allé jusqu'à Milan pour y rencontrer Craxi et lui exposer les deux options qui s'offraient à nous : modifier deux ou trois articles du traité ou bien établir un nouveau traité.

La surprise franco-allemande

Dès que j'avais su que le Livre blanc serait adopté, j'avais prévenu les chefs de gouvernement que je rencontrais en tête à tête, ou bien leurs ministres des Affaires étrangères, qu'on ne pourrait pas appliquer ce Livre blanc avec les règles actuelles du traité qui exigeait l'unanimité pour 90 % des mesures que nous aurions à prendre. Tous se préparaient donc à des changements. Les Britanniques avaient envoyé un document dans lequel ils expliquaient qu'il n'était pas indispensable de réformer le traité et qu'on pouvait se contenter d'un système d'abstention volontaire. Nous en étions là lorsque je suis arrivé au Conseil de Milan où une surprise de taille m'attendait puisque Allemands et Français venaient de faire distribuer un projet de traité.

— *Dont vous n'aviez pas entendu parler auparavant ?*
— Ni moi, ni la présidence italienne ! Aussitôt arrivés à l'hôtel, je réunis mes collaborateurs, Pascal Lamy, Gunther Burghardt, François Lamoureux et, bien entendu, le secrétaire général Emile Noël, et je leur dis : « A première lecture, cela ressemble à un plan Fouchet numéro 2. Bien entendu, personne n'a songé à prendre avec lui le plan Fouchet[1] ! » Aussitôt, l'irremplaçable François Lamoureux sort de sa grosse serviette les plans Fouchet numéro 1 et numéro 2, ce dernier rectifié de la main même du général de Gaulle !

Le projet franco-allemand était centré sur la politique étrangère et la politique de sécurité. Il préconisait la mise en œuvre d'une politique commune pour les affaires étrangères et une coordination des aspects politiques et économiques de la Défense. Ce qui me paraissait prématuré. Ce fut le même sentiment qui m'anima et dont je fis part aux chefs de gouvernement en 1991, lors de la préparation du Traité de Maastricht. Mais ce qui me troublait le plus dans le projet franco-allemand, c'était une innovation institutionnelle. On créait une Union

---

1. Le projet de confédération entre les Six connu sous le nom de plan Fouchet, que de Gaulle n'avait pas réussi à faire adopter en 1961 et 1962.

européenne à la place de la Communauté européenne, sous la direction du Conseil européen, lequel était flanqué d'un secrétaire général, nommé pour quatre ans, aidé d'une équipe de collaborateurs nommés pour deux ans. Et les maîtres d'œuvre étaient les ministres des Affaires étrangères qui se réunissaient quatre fois par an dans un contexte intergouvernemental.

Ce projet de traité, qui arrivait comme un cheveu sur la soupe, présentait à mes yeux deux inconvénients : le premier, celui de ne pas répondre à l'objectif que les chefs de gouvernement eux-mêmes avaient reconnu comme central, c'est-à-dire la réalisation de l'Europe économique. Le second, parce qu'il constituait une grave entorse à la méthode communautaire à laquelle j'étais – et je demeure – attaché. Même si, dans mes prises de position, j'ai toujours soutenu que l'Union européenne, la Communauté européenne à l'époque, est à la fois une union des peuples et une union des Etats. Ce qui implique un compromis positif entre la méthode communautaire et la méthode intergouvernementale. Mais dans le projet franco-allemand, comme dans le plan Fouchet, on mettait l'accent uniquement sur la méthode intergouvernementale. J'aime autant vous dire que les autres gouvernements n'étaient pas très contents. Alors, avec mes collaborateurs, nous nous sommes réparti la tâche pour faire connaître nos réactions avec calme, et déférence, mais avec force, aux membres des deux délégations concernées, celles de l'Allemagne et de la France. Pour ma part, je me réservais des conversations personnelles avec Helmut Kohl et François Mitterrand.

Kohl n'a pas beaucoup insisté quand je lui ai dit ma surprise de le voir abandonner la méthode communautaire et de ne pas traiter des moyens de réaliser l'Europe économique. Quant à Mitterrand, je l'ai abordé assez brutalement et quand je lui ai dit : « Alors, vous êtes devenu un partisan du plan Fouchet ? » il a pris un air étonné.

– *Kohl et Mitterrand n'avaient pas discuté de ce plan ensemble ?*
– Je n'en sais rien, mais je me suis posé la question. Si on regarde l'histoire des rapports Kohl-Mitterrand, on voit qu'ils ont toujours été préoccupés par l'Europe politique, avec au premier rang la politique étrangère et la défense. Parfois ils ont mis

l'accent sur la politique étrangère – ce fut le cas à Maastricht –, parfois ils ont essayé de progresser sur la défense. Ma seconde remarque, c'est que ce texte, dû vraisemblablement à la plume de Jacques Attali et de Horst Teltschik, un des principaux conseillers du chancelier, avait été rédigé très rapidement et que les deux chefs n'en avaient pas suffisamment parlé ensemble.

Toujours est-il qu'après le Conseil européen de Milan qui n'a même pas discuté du projet franco-allemand, j'ai dû m'en expliquer devant le Parlement européen, intéressé par les commentaires qu'en avaient donnés les journaux, au moment où le texte était diffusé aux délégations présentes à Milan. Le projet s'était immédiatement heurté à une attitude crispée et vexée de la présidence italienne et à un non définitif des trois pays du Benelux, c'est-à-dire des pays fondateurs.

Au début juillet, j'ai donc rendu compte au Parlement européen en ces termes : « Nous sommes venus à Milan avec l'idée d'améliorer les processus de décision et de maintenir l'unité des institutions. D'où notre hostilité à tout secrétariat politique en dehors des institutions communautaires existantes.

« Pourquoi ? – je continue la citation – pas pour des querelles de boutiquier, mais parce qu'il fallait éviter deux risques pour l'avenir : le premier, c'est le choc potentiel de deux institutions qui voudraient définir, je ne sais comment, la frontière entre l'économique et le social d'un côté, la politique de l'autre. Le second c'est de voir un jour certains Etats, faute de pouvoir se mettre d'accord sur un approfondissement de la Communauté, céder à la tentation – ils l'ont déjà eue – de fuir dans la coopération politique, sans traiter les vrais problèmes de la Communauté. »

– *Ces remarques sont tout à fait d'actualité...*
– Elles le sont d'autant plus qu'on est en plein travail sur l'avenir institutionnel de l'Union. Je dois ajouter qu'il y avait à Milan, sur la table du Conseil, le rapport d'un des deux comités mandatés par le Conseil de Fontainebleau, le comité présidé par le sénateur irlandais Dooge, qui faisait des propositions, dans l'esprit fonctionnaliste aussi, mais beaucoup moins audacieuses que celles du projet Spinelli et même en dessous de ce que nous allions obtenir avec l'Acte unique.

Il est intéressant de noter qu'à chaque phase de l'histoire de l'Europe où on a évoqué la réforme des institutions et les finalités du traité, ce sont les mêmes problèmes qui ont surgi :

– Les nuances, les réticences et parfois même les oppositions, devant une politique étrangère commune.

– Des débats toujours amorcés sur la défense, mais sans cohérence puisque certains pays européens ne font même pas l'effort nécessaire pour leur propre défense.

– Ce que j'appelle d'un terme barbare : la différenciation, autrement dit, la question de savoir si tous les pays vont marcher du même pas, ou bien s'il faut admettre que certains soient exonérés de certaines obligations du traité. L'exemple le plus courant de différenciation, ce sont les périodes de transition accordées aux nouveaux adhérents à l'occasion d'un élargissement. Mais il y a eu surtout les épisodes liés au Traité de Maastricht, lorsque la Grande-Bretagne et le Danemark ont refusé d'appliquer toutes les dispositions et ont obtenu des régimes spéciaux. De même pour l'Union économique et monétaire qui s'est faite à onze, puis à douze, mais pas à quinze.

Il y a toujours eu la volonté de certains pays de limiter la méthode communautaire, ou, si on préfère une formule moins agressive, un oubli des avantages et des réussites de cette méthode. Quand elle a été bien appliquée, elle a toujours fait avancer l'Europe, mais elle ne peut rien sans la volonté politique, l'habileté et le courage des dirigeants, des responsables, aussi bien ceux des gouvernements que de la Commission et du Parlement. C'est une problématique qui finit par être lassante pour les vieux routiers de la cause européenne. Ils ont l'impression que certains pays membres ne tirent pas les enseignements des divergences passées ou des échecs rencontrés pour poser d'une manière réaliste les problèmes du présent et de l'avenir.

Le Conseil européen de Milan allait donc oublier le projet franco-allemand. Mais il y restait sur la table le plan dit plan Howe, du ministre des Affaires étrangères britannique, qui préconisait le recours à l'abstention pour éviter le blocage de la réalisation du marché intérieur et qui, dans la même ligne que les Français et les Allemands de l'époque, était partisan d'un secrétariat permanent du Conseil européen. Une idée qui revient constamment.

Les pays du Benelux, eux, soutenaient qu'il fallait une conférence intergouvernementale pour approfondir la méthode communautaire. Quant aux Italiens, ils appuyaient, bien entendu, le projet de constitution européenne de Spinelli adopté l'année précédente par le Parlement européen.

Un Conseil à l'italienne

Les trois personnages importants de la présidence étaient le président du Conseil Bettino Craxi, le ministre des Affaires étrangères Giulio Andreotti et le conseiller diplomatique de Craxi, Renato Ruggiero... Rappelons que ce gouvernement italien a duré de 1983 à 1987, ce qui était exceptionnel dans une Italie qui comptera quarante gouvernements de 1945 à 2003. C'était aussi la première fois depuis la guerre qu'un socialiste était président du Conseil. Craxi, qui avait un grand flair politique, était – même s'il ne le disait pas – un grand admirateur de François Mitterrand. J'ai le souvenir qu'avant 1981, il venait à Paris humer l'air et voir ce qui allait se passer. Notons encore que ce gouvernement a institué l'indépendance de la Banque d'Italie et fait une première entorse à l'indexation des revenus et des salaires. Craxi était un homme qui décidait. Dans le contexte italien de l'époque, cette capacité attirait l'attention et surprenait.

Quant à Giulio Andreotti, trois fois président du Conseil, c'était un des personnages centraux de la politique italienne et ses convictions européennes remontaient à ses débuts politiques comme collaborateur d'un des pères de l'Europe, Alcide De Gasperi.

Andreotti impressionnait et indisposait à la fois ses collègues. Il les impressionnait parce qu'il avait une tête bien faite, le sens de la repartie et, parfois, un humour méchant. Mais il suscitait des réticences – sans parler de son comportement sur la scène italienne où on l'a soupçonné de collaborer avec la Mafia – par ses positions fréquemment originales sur les problèmes de politique étrangère. On sentait bien que ce n'était pas la tasse de thé de Mme Thatcher. Mais reconnaissons qu'il a fait beaucoup pour l'Europe.

Revenons à ces deux journées de Milan. L'Espagne et le Portugal y participaient en tant qu'observateurs et pourtant, j'avais le sentiment qu'ils faisaient partie de la famille depuis toujours, tant leurs interventions s'intégraient sans surprise, sans faute de goût, sans trace d'incompétence ou d'ignorance de l'histoire. Felipe Gonzalez et Mario Soares s'exprimaient sobrement en ayant conscience de leur condition d'observateurs, mais dans le bon sens.

Le Conseil se tenait au palais Sforza, une ancienne forteresse au centre même de Milan. La première journée fut consacrée aux explications des uns et des autres : rappel par la Grande-Bretagne qu'il n'était pas nécessaire d'envisager un nouveau traité. Engagement du Benelux. De son côté, Helmut Kohl a dit d'emblée qu'il était prêt à modifier le traité. Il a beaucoup insisté sur le renforcement des pouvoirs du Parlement européen, une de ses thèses favorites. Quant à François Mitterrand, il s'est efforcé d'éliminer les malentendus nés de la communication tardive du texte franco-allemand. Il a répété qu'il fallait mieux appliquer le traité. Il s'est prononcé pour un renforcement des pouvoirs du Parlement européen et il a souhaité, en reprenant la proposition franco-allemande, que l'on crée un secrétariat politique qui ne serait pas une institution comme les autres. Sur ce dernier point, il a tenté de rassurer ses collègues et a conclu d'une manière ouverte en disant que la France ne refusait aucune discussion.

Après ce tour de table, complété par Gonzalez et Soares, Craxi m'a donné la parole. J'ai rappelé les quatre priorités que s'était fixées la Commission : la réalisation du marché unique d'ici à 1992, le renforcement de l'industrie et de la recherche européennes, la coopération monétaire et la convergence des économies des Etats membres. Je soulignais avec force qu'un aménagement du traité était absolument nécessaire car trente-trois de ses dispositions exigeaient l'unanimité et il existait toujours la menace d'un veto, en vertu du compromis de Luxembourg de 1965. Selon moi, une déclaration interprétative du traité comme le proposaient les Anglais n'offrait pas de garantie suffisante. A l'appui de ma démonstration, je rappelais les engagements anciens et non tenus. Quelle crédibilité aurait-on en reprenant, sans autre forme d'action, les décisions du sommet de 1972 qui promettaient l'Union européenne pour 1980 ?

Pour conclure, je proposais le choix entre deux solutions.

Si on ne voulait pas de réforme générale du traité, il fallait en amender trois dispositions. C'était essentiel pour la réalisation du marché unique et on pouvait le faire sans frais en joignant des amendements au traité d'adhésion de l'Espagne et du Portugal. Je me référais à l'article 57 § 2 relatif à la liberté d'établissement des professions libérales, à l'article 99 sur le rapprochement des fiscalités indirectes et à l'article 100 concernant l'harmonisation des législations.

Dans ces trois cas, l'unanimité serait remplacée par la majorité qualifiée lorsque le Parlement européen aurait donné un avis favorable aux propositions de la Commission. Mais ce ne serait qu'une première étape et une réforme plus ambitieuse devrait porter sur quatre points essentiels sur lesquels le Conseil européen devait apporter une réponse claire :

— Les nouveaux domaines d'action de la Communauté.

— L'extension du vote à la majorité qui doit devenir la règle, l'unanimité restant l'exception (l'histoire est vieille, mais toujours actuelle).

— La reconnaissance d'un véritable pouvoir de codécision au Parlement européen et les domaines qu'il devrait concerner.

— Enfin, la flexibilité des modalités de participation des Etats membres pour les nouvelles actions communautaires. Je pensais déjà à la différenciation.

Ou bien, seconde option, le Conseil acceptait de mettre en chantier une réforme du traité, en liaison avec les exigences que je venais de mentionner.

Le Conseil se reporta au lendemain après un nouvel échange de propos, en confiant aux ministres des Affaires étrangères le soin de poursuivre la discussion au cours de leur dîner. Le lendemain matin, bien entendu, la presse faisait largement écho à mes propositions. Je n'avais pas donné de conférence de presse, ce qui aurait été prématuré, mais mon porte-parole avait confié aux journalistes la substance de mon intervention. Avant que ne débute cette seconde journée, Craxi arrive tout flambant et me dit : « On parle beaucoup de toi dans la presse italienne ! Mais tu vas voir... » La veille, les ministres des Affaires générales avaient travaillé sous la direction d'Andreotti qui, devant le Conseil, avait conclu : « Il ne peut pas y avoir de marché intérieur sans modification du traité. »

Le Danemark et la Grèce étaient opposés à toute modification. Pourtant, à partir de là, une dynamique est enclenchée : Kohl se déclare en faveur d'une conférence intergouvernementale ; sir Geoffrey Howe affirme que cela ne conduirait nulle part ; Papandréou rappelle son opposition ; Martens, Lubbers, Santer – le trio du Benelux – donnent leur appui. Pour François Mitterrand, Kohl a bien posé le problème politique et la France se rallie à la position de la RFA. La discussion s'éternise. Mme Thatcher signale son hostilité à une conférence intergouvernementale et insiste sur les droits du Parlement national. Kohl reprend la parole : « Je suis tenace, je maintiens ma position, dit-il, il faut absolument décider sur le marché intérieur. »

Alors, coup de théâtre. Pour la première fois de son histoire, à la demande de Bettino Craxi qui préside, le Conseil européen va être invité à voter. Le vote a lieu : sept pays se prononcent en faveur d'une conférence intergouvernementale, trois s'y opposent, la Grande-Bretagne, le Danemark et la Grèce. La conférence intergouvernementale est donc convoquée.

– *Comment les chefs de gouvernement qui n'en voulaient pas ont-ils accepté ce coup de force ?*

– C'était le style de Craxi qui justifiera son initiative en expliquant qu'une décision portant sur une question de procédure pouvait être soumise à un vote et acceptée à la majorité. Une trouvaille de Lamoureux et de Natali qui avaient travaillé une bonne partie de la nuit à la rédaction des conclusions adoptées par Andreotti et les ministres des Affaires étrangères en début de matinée.

Après ce vote surprise, les membres du Conseil ont traité des autres sujets, notamment de l'Europe de la technologie et d'Euréka. Je n'étais pas opposé à Euréka, le programme de recherches dont la France avait pris l'initiative et qui allait réunir seize pays, mais je voulais poursuivre dans le droit fil des efforts faits par la Commission, notamment par Etienne

Davignon, dans le cadre communautaire, en faveur de certains créneaux scientifiques. C'est à ce moment-là qu'est venu se glisser un incident regrettable : les délégations du Benelux avaient proposé que ce soit la Commission qui convoque la conférence Euréka. François Mitterrand a cru – à tort – que cet amendement émanait de moi. J'ai demandé au Benelux de le retirer et j'ai confirmé qu'il y aurait complémentarité entre le programme Euréka et le programme communautaire de coopération technologique.

En route pour l'Acte unique

Il sera question dans ces Mémoires de deux changements du Traité de Rome, l'Acte unique, le moins connu et le Traité de Maastricht, plus connu parce qu'il a fait l'objet d'un référendum dans notre pays. Toute réforme du traité – ce n'est qu'un rappel de l'ordre institutionnel – part d'un mandat fixé par les chefs de gouvernement. En l'espèce, pour l'Acte unique, le mandat fixé à Milan était très clair. Il demandait que l'on prépare :

– Un traité sur les politiques étrangères et de sécurité commune, sur la base des projets franco-allemand et britannique qui, ayant été écartés, comme cadre de travail politique et institutionnel, ne pouvaient pas, pour des raisons psychologiques, être oubliés.

– Les modifications du Traité du Marché commun nécessaires en ce qui concerne le mécanisme de décision du Conseil des ministres, le pouvoir d'exécution de la Commission et les pouvoirs du Parlement européen, ainsi que l'extension de nouveaux champs d'activité sur lesquels j'avais beaucoup insisté à Milan. J'ajoute le mandat concernant la libre circulation des personnes, qui sera un des points les plus controversés. Mais la Commission parlait d'espace sans frontières (ce qui concernait aussi les personnes) et pas seulement d'un marché commun avec libre circulation des biens, des services et des capitaux.

C'est donc le Conseil européen qui fixe le mandat et qui, à la fin du cycle, avec la conférence intergouvernementale, adopte les changements apportés au traité, lesquels doivent être ratifiés, dans chaque Etat membre, par le Parlement ou par référendum. Voilà qui illustre bien le rôle de ce Conseil européen, au sommet de la hiérarchie institutionnelle, pour discuter de l'état de l'Union et fixer les grandes orientations.

Pourquoi, dira-t-on, ce titre abscons d'Acte unique ? Parce que la Commission avait la hantise que l'on coupe en deux l'organisation européenne, d'un côté l'économie sur la base du Traité de Rome et de l'autre, une nouvelle architecture traitant de la politique étrangère et de la sécurité. Ces craintes n'étaient pas sans fondement puisque le projet franco-allemand prévoyait la création d'un secrétariat politique dont on pouvait se demander s'il ne prendrait pas le dessus sur les institutions du Traité de Rome et par conséquent sur la méthode communautaire et sur la Commission.

Après bien des discussions et des polémiques, j'ai obtenu satisfaction : le traité s'appellerait l'Acte unique. Mais ce n'était qu'une première manche. La deuxième, que je perdrai, aura lieu à Maastricht où on divisera le traité en trois piliers : un pilier pour l'économie et le monétaire, un autre pour la politique étrangère et la défense, enfin un troisième pour les affaires intérieures, de justice et de sécurité.

— *C'est-à-dire le contraire de l'Acte unique.*

— C'est pourquoi je tiens à rappeler que la Commission a mené une bataille permanente pour l'unicité du schéma institutionnel, tant dans ses fonctions que dans ses objectifs. Ce qui ne veut pas dire – j'anticipe sur le Traité de Maastricht – que je demandais un droit d'initiative pour la Commission en matière de politique étrangère et de sécurité. Mais au lieu des trois piliers, je réclamais qu'on voie bien l'image de l'arbre, avec ses différentes branches, de façon à assurer l'osmose entre toutes les politiques de l'Union. J'y reviendrai à propos des différents épisodes qui ont conduit en 1991 à l'adoption du Traité de Maastricht par le Conseil européen.

— *Comment fonctionnait cette conférence intergouvernementale chargée de proposer une réforme du traité ?*

— Il y avait une conférence qui réunissait les mandataires des gouvernements, les ministres des Affaires étrangères assistés d'un ou deux collaborateurs. Si ma mémoire est bonne, cinq réunions de ce type se sont tenues pour l'Acte unique. Le second échelon était formé par un groupe préparatoire composé des représentants permanents des Etats et, pour la Commission, de son secrétaire général. Son président était le Luxembourgeois Jean Dondelinger qui approfondissait les sujets, préparait les dossiers et dégageait les points d'accord.

Mais pour bien maintenir la distinction faite dans le mandat de Milan, la partie Union politique était confiée à un « comité politique » créé au début des années soixante-dix, à la suite du rapport d'Etienne Davignon, lors d'une première tentative de formalisation modeste de la politique étrangère. Les ministres des Affaires étrangères se réunissaient dans ce cadre, encore informel, assistés par un comité composé des directeurs politiques de leur ministère. Ce sont donc eux qui ont préparé la partie de politique étrangère. La Commission y était représentée par son secrétaire général adjoint, Carlo Trojan.

J'avais moi-même créé un groupe de travail à l'intérieur de la Commission, qui comprenait le secrétaire général et le secrétaire général adjoint, en raison de leurs fonctions, un représentant de Carlo Ripa di Meana, un de mes collègues, commissaire chargé des questions institutionnelles, le directeur des services juridiques et deux ou trois fines lames dont l'indispensable François Lamoureux. C'est au sein de ce groupe que nous avons élaboré la partie économique, financière et sociale du futur traité. On peut dire, sans exagérer, que nous avons formulé 90 % des propositions qui figurent dans l'Acte unique. C'est un exemple unique de travail collégial – puisque mené par la Commission – d'une aussi grande portée. Je dis collégial parce que nous prenions le plus grand soin de tenir les collègues de la Commission au courant de l'évolution de la réflexion générale et que nous sollicitions leur avis.

Ce groupe a commencé à travailler dès le mois de juillet. Au lendemain de Milan, nous avons tenu une réunion de la Commission. Certains collègues étaient un peu critiques, d'autres sceptiques. En revanche, j'étais très optimiste sur les résultats du Conseil européen. Et j'avais mes raisons : d'abord parce que les tentations à la Fouchet, ou à la de Gaulle, étaient écartées. Nous avions balisé le socle de la relance, fait accepter le Livre blanc sur l'Objectif 92 et la réalisation d'un espace sans frontières. Et nous avions également accroché l'intérêt des pays membres sur leurs autres responsabilités, la situation économique et sociale qui n'était pas à l'époque des plus brillantes. J'avais obtenu du Conseil européen qu'à chacune de ses séances, la Commission dresse un état de l'Union sur le plan économique et social. En décembre 1985, j'ai même eu droit aux félicitations de Mme Thatcher pour mon exposé au Conseil européen de Luxembourg. J'avais l'obsession de ne pas nous focaliser uniquement sur les points qui fâchent mais aussi de répondre aux préoccupations communes des chefs de gouvernement. Ce qui était une des conditions d'une bonne ambiance qui facilitait ensuite les bonnes décisions.

Petit pays, grande présidence

La présidence luxembourgeoise – c'était son tour au deuxième semestre – a pris les affaires en main avec beaucoup d'autorité. Qu'il s'agisse du Premier ministre, Jacques Santer, un homme peu expansif, grand militant européen, plein d'expérience et qui présida très bien le Conseil européen, ou du ministre des Affaires étrangères, Jacques Poos. Le premier était démocrate-chrétien, le second socialiste, la coalition type de l'Europe. Poos était, lui aussi, très engagé dans les affaires européennes et très intéressé par les réformes institutionnelles. Dans l'équipe figurait aussi, avant qu'il ne devienne lui-même Premier ministre et une des stars du Conseil européen après mon départ, Jean-Claude Juncker qui s'occupait à la fois des finances et du social. Entre nous régnait un climat d'amitié exceptionnel. Avant les séances du Conseil, je tenais toujours une brève réunion avec Jacques Santer et Jacques Poos, et les collègues en nous voyant disaient : « Voilà les trois Jacques qui arrivent ! »

Cette présidence fut pour moi un moment de bonheur. Tout y concourait : l'absence d'arrière-pensées et les soucis de préséance ramenés au second plan. Ce fut un grand succès pour les Luxembourgeois. Ce ne sera pas le seul cas : Jean-Claude Juncker présidera le sommet de 1997 avec beaucoup de maestria, en avançant l'idée qu'on pouvait aller plus loin sur le plan social, ne serait-ce qu'en confrontant les résultats obtenus et en coopérant entre pays membres.

On ne comprend rien à la construction européenne si on ne tient pas compte du rôle joué par chaque pays, du plus petit jusqu'au plus grand. Pour la même raison, j'attachais une grande importance à développer l'esprit de collégialité de la Commission dont chaque membre doit sentir qu'il est écouté pour ce qu'il est, qu'il peut exprimer à l'occasion des points de vue reflétant une inquiétude ou une aspiration nationales, mais qu'au deuxième tour de discussion, le devoir de tous les commissaires est de dégager l'intérêt européen.

Dans l'histoire de la Communauté, le succès a souvent été lié à la force collégiale de la Commission. On en aura une nouvelle preuve en 1985 : le traité invitait la Commission à donner son avis sur toute réforme envisagée. Pour l'Acte unique, elle travaillera très vite puisque c'est le 22 juillet qu'elle présentera ses remarques en insistant sur les points suivants :

« Il convient pour avancer sur la voie de l'Union européenne, disions-nous, que soient réalisés de nouveaux progrès tant dans le domaine de l'intégration économique et sociale que dans celui de la politique extérieure. L'un et l'autre constituent d'ailleurs un ensemble dont le caractère indissociable devrait conduire à l'insertion des dispositions envisagées dans un cadre unique. »

En second lieu, nous parlions d'améliorer le fonctionnement du Conseil et de la Commission, et de renforcer l'engagement démocratique, en faisant participer davantage le Parlement européen à l'élaboration des lois sans alourdir le processus de décision. Fort de cet avis, j'allais m'efforcer – c'était mon travail – de convaincre les représentants des douze pays. J'ai commencé au mois de septembre, le 9, à Luxembourg avec les ministres des Affaires étrangères. Je leur proposais de remettre en perspective la construction européenne, de maintenir l'unicité du traité, de codifier la coopération politique, telle qu'elle se pratiquait depuis le début des années soixante-dix, et de créer les conditions d'un ensemble économique performant avec le grand marché, la maîtrise technologique, la cohésion économique et sociale, la dimension sociale, l'environnement et la capacité monétaire. L'Acte unique – j'insiste toujours là-dessus – ne s'est pas contenté de changer le traité pour nous permettre de prendre les décisions nécessaires à la réalisation du marché intérieur. Il l'a flanqué de politiques communes qui supposaient un équilibre entre le marché, les interventions publiques et la volonté politique.

Comme le Petit Poucet

A l'époque aussi, j'avais semé, comme le Petit Poucet, quelques cailloux blancs pour plus tard ! Pour préparer le terrain à la différenciation, c'est-à-dire accepter qu'on n'aille pas tous à la même vitesse, selon les objectifs poursuivis. J'ai reçu de Jacques Poos les félicitations et le soutien de la présidence luxembourgeoise, ainsi que du Parlement européen. Altiero Spinelli, qui sera moins enthousiaste quand il lira le Traité de l'Acte unique, disait à l'époque : « Monsieur Delors, vous avez défendu la pleine participation du Parlement européen. Je tiens à vous en remercier. Le Parlement européen ne doit pas être exclu du processus décisionnel. »

J'évoquerai maintenant les points les plus difficiles de cette conférence qui fut très courte puisqu'elle se limita à cinq séances.

Il y a eu d'abord une bataille sur les pouvoirs du Parlement et le rôle de la Commission. Pour le Parlement, on a défini une procédure de coopération, certes moins avancée que celle que lui réservera Maastricht, mais qui le faisait entrer dans la zone institutionnelle où sont élaborées les lois européennes.

J'insistais aussi sur la Commission en raison du rôle qu'elle joue, à côté des Etats membres, dans l'application des lois européennes, lorsqu'elle intervient avec l'assistance d'un comité de fonctionnaires représentant les Etats nationaux. La pratique communautaire nous avait légué des formules alambiquées qui, souvent, retardaient ou empêchaient la décision. On était arrivé à ce point extrême où un haut fonctionnaire national connaissait l'orgasme en empêchant d'appliquer une loi décidée par le Conseil des ministres. J'ai plaidé pour une réforme de ce qu'on appelle la comitologie, appuyé ultérieurement par le Parlement européen et par un brillant rapport de Klaus Hänsch, le député socialiste allemand du Parlement européen, qu'il présidera plus tard.

Autre difficulté, le risque de grignotage du marché unique : quand les gouvernements des Etats membres ont lu le Livre blanc, ils ont été effrayés par l'ampleur des modifications que cela représentait. On a voulu nous faire supprimer l'expression « espace sans frontières ». Mais si nous acceptions une autre formule (marché unique, espace commun), nous aurions un cadre pour la libre circulation des biens, des services et des capitaux, mais pas pour la circulation des personnes. Or nous savions à la Commission que cela poserait des problèmes redoutables. Il fallait décider du principe et créer un mécanisme qui permette progressivement la libre circulation des personnes.

— *Pourquoi ces réticences ?*

— Parce que lorsque vous parlez de libre circulation des personnes, vous tombez dans le droit civil et dans le droit public, dans les spécificités nationales juridiques, la protection des personnes, sans compter la crainte que la libre circulation des travailleurs ne vienne perturber votre marché du travail et causer du chômage. Enfin, nous avons tenu bon sur ce point.

En dehors de la présidence luxembourgeoise, l'appui décisif a été celui des Allemands et des Français, et très concrètement de Genscher et de Dumas, les deux ministres des Affaires étrangères. De leur côté, certains Etats membres, dont la France, l'Allemagne et le Benelux, allaient prendre, en dehors du traité, une initiative sur la libre circulation des personnes et l'harmonisation des contrôles aux frontières : les accords dits de Schengen (1985 et 1990), du nom d'une petite ville du Luxembourg où fut signé le premier accord. Ce système, que n'ont pas rejoint la Grande-Bretagne et l'Irlande, sera incorporé dans l'ordre juridique communautaire par le Traité d'Amsterdam en juin 1997.

Autre point difficile : la cohésion économique et sociale. Déjà, on en avait eu un aperçu lorsque, pour faciliter l'élargissement au Portugal et à l'Espagne, j'avais proposé les Programmes intégrés méditerranéens (PIM), c'est-à-dire des plans d'aide aux régions les plus concernées par les investissements et les exportations venus des deux pays candidats. Mais il s'agissait maintenant de répondre à une exigence plus générale : les nations et les régions ne sont pas armées de la même façon devant la perspective d'une compétitivité accrue. Certaines ont du retard, d'autres sont aux prises avec des difficultés structurelles. Le libre marché appelle la solidarité. J'essayai donc de traduire ma formule favorite : la compétition qui stimule, la coopération qui renforce, la solidarité qui unit. Nous sommes arrivés dans le traité à une rédaction satisfaisante, en y faisant figurer un nouveau fondement du contrat de mariage : la cohésion économique et sociale.

Autre thème, plus explosif encore pour certains pays membres, la dimension sociale. Je naviguais sur la vague de succès que m'avait valu la reprise du dialogue social en janvier 1985. Avec l'appui des syndicats et de nombreuses organisations patronales, j'essayai d'insérer quelques dispositions tendant à harmoniser certaines situations sociales et consacrant l'importance du dialogue social. La Commission obtiendra un début de satisfaction avec l'article 118 du nouveau traité.

Pour la coopération technologique, il y avait eu l'incident, déjà relaté, au Conseil européen de Milan entre le Benelux et la France qui avait créé de son côté le programme Euréka, et il a fallu beaucoup batailler pour renforcer le cadre communautaire et développer avec succès la coopération technologique. Pour ma part, je m'intéressais à tout ce qui pouvait rapprocher Euréka et le programme communautaire et j'ai participé personnellement au lancement d'Euréka.

L'horizon de l'union monétaire

Enfin, il y avait la capacité monétaire de la Communauté. La bataille suprême en quelque sorte. Au départ, mes deux arguments étaient les suivants :

Comment concevoir la liberté totale des mouvements de capitaux, qui est un des buts principaux de l'Objectif 92, sans s'interroger sur le renforcement indispensable de la coopération monétaire ? Dans le SME tout d'abord, au sein d'une Union économique et monétaire (UEM) par la suite.

Comment ne pas tirer les conséquences de cette expérience

de coopération, tout en conservant le statut du Système monétaire européen qui est en dehors du traité ? Je souhaitais que le traité reconnaisse que la Communauté pouvait se doter d'une capacité monétaire. J'avais l'appui de certains pays, notamment de la France et de l'Italie. Mais il y avait de grandes réserves du côté de la RFA et l'hostilité de la Grande-Bretagne.

La grande réserve de l'Allemagne fédérale a été une des constantes de l'histoire qui va nous mener à l'Union économique et monétaire. N'oublions pas que six mois avant la mise en œuvre de la troisième étape de l'UEM, le 1er janvier 1999, 60 % des Allemands se prononçaient toujours contre l'abandon du deutschemark. C'était un sérieux obstacle que cet attachement des Allemands à l'indépendance de leur Banque centrale et à la force du deutschemark, illustration de leur prospérité retrouvée après les désastres de la dernière guerre.

J'ai dû me battre, non seulement à la Conférence intergouvernementale, mais aussi, en octobre 1985, devant les ministres des Finances qui étaient directement concernés. Le Conseil avait été houleux. *Libération* titrait : « Delors encore loin de son Europe monétaire. » J'ai contre-attaqué en déposant un chapitre à insérer dans l'Acte unique. L'exemple même du compromis qui fait avancer les choses. Le chapitre I était intitulé « La coopération en matière de politique économique et monétaire », et en sous-titre : « Union économique et monétaire ». Le premier article se lisait ainsi : « En vue d'assurer la convergence des politiques économiques et monétaires, les Etats membres coopèrent conformément aux objectifs de l'article 104. Ils tiennent compte ce faisant des expériences acquises dans le système monétaire européen et grâce au développement de l'écu. »

Le deuxième point, c'était la garantie que je donnais à l'Allemagne : on ne pourrait changer le traité qu'à l'unanimité.

Le suspense a duré jusqu'au Conseil européen de Luxembourg. Dans ses Mémoires, Mme Thatcher fait écho à cette bataille, en se plaignant d'avoir été abandonnée par les Allemands car, au dernier moment, j'avais expliqué mes objectifs à Helmut Kohl, avec toutes les précautions requises, et il m'avait donné son accord.

L'environnement aussi nous a posé problème. Statuant à l'unanimité sur proposition de la Commission, le Conseil des ministres prévoit une obligation de décider. Mais dans ce domaine, il fallait éviter de pénaliser ceux qui étaient le plus en avance. Car les motifs de discorde étaient partagés entre ceux qui voulaient une politique de l'environnement et ceux qui n'en voulaient pas. Et aussi entre ceux qui souhaitaient des premiers pas au niveau européen et ceux qui avaient pris de l'avance au niveau national comme le Danemark, à l'époque. D'où cet article qui stipulait pour lui offrir des garanties : « Les mesures de protection arrêtées en commun ne font pas obstacle au maintien et à l'établissement par chaque Etat de mesures de protection renforcées compatibles avec le présent traité. » C'était – je le souligne – une application du principe de subsidiarité... Déjà !

Quand il s'agira par la suite de mettre en œuvre ces dispositions sur l'environnement, le Conseil et la Commission aborderont d'autres difficultés. Des cas se sont présentés où certains pays affichaient des exigences plus élevées, notamment pour les voitures, ce qui amenait les autres à les critiquer en prétendant que la compétition n'était pas loyale, puisque eux-mêmes se voyaient exclus de ces marchés pour la vente de leurs voitures. A quoi j'ai répondu : « Faites des voitures qui obéissent à ces normes ! » Aux yeux des pays réticents, comme l'Italie, l'Espagne et la France, ces normes étaient trop sévères.

Lorsque, ensuite, on a adopté les textes d'application concernant le marché intérieur, nous avons réussi grâce au principe de la reconnaissance mutuelle, mais nous avons eu beaucoup de difficultés, notamment en ce qui concerne les caractéristiques des voitures répondant à la protection de l'environnement. Je pense au pot d'échappement catalytique qui était déjà en usage dans certains pays. Ces difficultés surmontées, le traité sera prêt en temps utile. Soutenue par la Commission, la présidence luxembourgeoise le présente donc au Conseil européen de Luxembourg, les 2 et 3 décembre 1985. Mais ce n'était pas le seul sujet à l'ordre du jour dans lequel figurait en bonne place un exposé sur la situation économique qu'il me revenait de présenter.

Le Conseil européen décide

Le fonctionnement du Conseil européen, nous l'avons dit, était l'objet de toutes sortes de critiques : multiplicité des questions abordées, rôle d'appel lorsque les ministres n'arrivent pas à se mettre d'accord, questions nouvelles introduites subrepticement en séance, discussions mal décantées qui rendent la décision difficile, enfin, les quarante pages de communiqué qui s'ensuivent.

J'étais d'autant plus sensible à ce souci qu'on avait largement constaté pendant la période précédente que le Conseil européen n'arrivait pas à décider. Il y avait bien entendu des oppositions fortes auxquelles nous avons fait allusion, mais la Commission, quelle que fût la qualité de son travail, n'avait pas l'autorité intellectuelle et morale – je ne dis pas politique – qui lui aurait permis d'aider le Conseil à prendre des décisions. Donc ma tâche essentielle était de m'assurer le contrôle intellectuel de l'agenda du Conseil européen.

En liaison avec le secrétaire général du Conseil, Niels Ersböl, en liaison aussi avec la présidence qui faisait un tour des capitales avant la réunion du Conseil, il s'agissait de limiter le nombre des sujets et, sur chaque sujet, de proposer des papiers courts, de trois ou quatre pages, en ramenant le problème à ses points les plus importants.

Dans le droit fil de la réunion de Val-Duchesse, c'est-à-dire le dialogue social, mon exposé devant les chefs d'Etat et de gouvernement m'a permis de proposer une stratégie de croissance, pour essayer – en plus du stimulant du grand marché qui allait produire des effets à court et à moyen terme – de développer la coopération.

Le Conseil européen s'est ensuite penché sur le projet de traité. Tout avait été bien mis en place par la présidence luxembourgeoise. Vraiment remarquable sur le plan technique. L'entente avec la Commission était parfaite. Parmi les trois pays qui, à Milan, avaient refusé d'ouvrir une conférence intergouvernementale, la Grèce était satisfaite de la partie consacrée à la cohésion économique et sociale. Elle en attendait une aide, qu'elle obtiendra pour moderniser son économie et améliorer son niveau de vie. Le Danemark appréciait beaucoup l'idée du marché intérieur, les normes élevées et le dialogue social. Il ne restait plus que la Grande-Bretagne. Nous n'avons pas échappé à l'inévitable suspension de séance demandée par les Britanniques. Mme Thatcher s'est retirée avec ses troupes et pendant un moment nous avons attendu de connaître sa position finale. En fin de compte, elle a accepté l'Acte unique. On lui a expliqué que c'était son approche, sa philosophie économique, qui avaient été retenues, au moins en partie, avec le marché unique et la suppression des barrières aux échanges. Bien entendu, cela impliquait aussi des politiques communes, autrement dit, on n'allait pas simplement vers une zone de laisserfaire et de laissez-passer. Mais du côté des sceptiques ultralibéraux, qui pouvait prévoir le succès grandissant des politiques structurelles ? Car le paquet Delors I sur le programme des politiques communautaires n'est venu que plus tard.

D'un autre côté, en ce qui concerne la coopération politique, Mme Thatcher était rassurée, puisqu'il ne s'agissait pas d'intégration politique. Le nouveau traité se limitait à formaliser ce que les ministres des Affaires étrangères pratiquaient depuis le début des années soixante-dix. Mais c'était dorénavant inscrit dans le traité.

Je sortis heureux de ce Conseil, et la Commission avec moi. Nous avions franchi la deuxième étape de la stratégie de l'engrenage : après l'Objectif 92, les moyens institutionnels pour l'atteindre. Certes, il fallait attendre la ratification des Etats membres et donc un référendum en Irlande. Ce qui fut fait.

Si j'ai dit souvent par la suite que l'Acte unique était mon traité préféré, c'est aussi parce que ce traité n'a pas un pouce de graisse, un peu comme le Traité de la CECA. J'avais été très frappé par l'opposition entre le Traité de la CECA de 1951, assez court et net, et le Traité de Rome de 1957, beaucoup plus compliqué parce que, pour obtenir l'accord des Six, il avait fallu rajouter des phrases et des phrases. Avec l'Acte unique, nous nous sommes battus pour ne pas tomber dans le même travers. C'est un traité court, qui dit bien ce qu'il veut dire et se prête peu à des controverses sur sa portée ou son interprétation. Avec ce texte, la Commission avait l'outil politique dont elle avait besoin, non seulement pour mettre en place le marché intérieur,

mais aussi pour appliquer des politiques qui donneraient à la
Communauté le visage d'un modèle européen de société, un
équilibre entre marché et régulation, une dialectique subtile
entre compétition, coopération et solidarité.

8

Le paquet Delors I

Une fois l'Acte unique adopté par le Conseil européen de Luxembourg, il restait à le ratifier, soit par référendum, soit par un vote des Parlements nationaux. Ce qui explique que ce traité n'entrera en vigueur qu'en juillet 1987. Mais l'élan était donné pour la Commission qui devait, conformément aux engagements que j'avais pris, s'attacher à l'ensemble du socle de la relance autour de l'Objectif 92. Tout d'abord mettre en musique le Livre blanc sur un bon rythme, ensuite mener l'offensive pour une stratégie coopérative de croissance économique, dans un contexte marqué par la stagnation économique dans nos pays et par une situation internationale une fois de plus obérée par les Etats-Unis, notamment avec l'augmentation inquiétante de leur déficit extérieur et de leur déficit budgétaire.

La Commission devait aussi mettre en œuvre le programme communautaire de recherches, et en particulier dégager des crédits en faveur du programme électronique « Esprit » adopté à l'initiative d'Etienne Davignon, en même temps qu'elle apporterait son appui au lancement d'Euréka.

Enfin, ayant fait inscrire la capacité monétaire dans le traité, il fallait apporter tous mes soins au Système monétaire européen, quoique celui-ci ne relevât que d'un simple accord intergouvernemental. Je participais chaque mois à Bâle à la réunion des gouverneurs bien que ces derniers et leurs ministres aient toujours veillé à ce que la Commission ne mette pas les pieds dans ce domaine.

Le plat de résistance, c'était le Livre blanc. Les choses allaient bon train et nous avions déjà de bons résultats en ce qui concerne la production des textes par la Commission, leur examen par le Conseil des ministres et leur adoption. Sur les 280 textes nécessaires, nous en avions élaboré 145 au cours des deux premières années de cette Commission. A noter un fait d'expérience : alors que l'Acte unique – qui prévoyait l'extension du vote à la majorité – n'était pas encore en vigueur, le Conseil décidait souvent à la majorité. Miracle européen, déjà réalisé dans les années 1958-1961 où le dynamisme institutionnel – en l'espèce, le Traité de Rome – avait suscité de nouveaux comportements. Une leçon à retenir pour comprendre le processus européen et pour relancer l'avenir quand l'esprit de famille se manifeste.

J'allais me battre aux côtés de lord Cockfield sur deux points importants : faire admettre que, pour réaliser le Grand marché, il fallait rapprocher les taux de la TVA, c'est-à-dire des impôts indirects, et se préparer à libérer les mouvements de capitaux, ce qui donnerait un impact considérable à la mise en place du Grand marché. En cette matière, le Conseil des ministres adoptait dès la fin de 1986 des orientations importantes. Il y avait au demeurant un lien évident entre l'incitation à la convergence des économies produite par le Système monétaire européen et la mise en service d'une stratégie coopérative de croissance.

– *Qu'entendez-vous par stratégie coopérative de croissance ?*
– Il s'agissait de convaincre les pays de mieux coopérer en orientant dans le même sens leurs politiques nationales pour stimuler la croissance et l'emploi. Quant au Système monétaire européen, il avait préservé l'économie communautaire d'une surenchère perverse, celle du dumping monétaire, qui voit un pays baisser le taux de change de sa monnaie pour favoriser ses exportations. En ce sens, le SME avait écarté le danger de protectionnisme interne, qui aurait été un obstacle de plus à la réalisation du grand marché. Et puis, face aux secousses et aux amples fluctuations du dollar, provoquées par les déficits américains, il avait formé un bloc homogène assurant la stabilité des monnaies européennes entre elles.

Par ailleurs l'écu, cet enfant naturel du SME, connaissait un certain succès sur le marché financier auprès des banques et des emprunteurs. J'avais ainsi le sentiment qu'une organisation monétaire régionale était en train de se constituer et qu'elle serait renforcée par la libération des mouvements de capitaux.

Les soubresauts du Système monétaire

Cependant, nous n'étions pas au bout de nos peines. Des soubresauts agitaient encore le SME et allaient conduire à deux réalignements. En raison de ces difficultés combinées avec les réticences allemandes et néerlandaises, les projets de renforcement du SME n'allaient donner que des résultats limités.

– *A quels réalignements faites-vous allusion ?*
– L'un en juin 1986, l'autre en janvier 1987... Je rappelle que le SME définit les marges de fluctuation des taux de change autour d'un taux pivot, les marges étant de 2,25 %. A titre transitoire, certains pays avaient obtenu une marge plus large de 6 %. C'était le cas de l'Espagne, du Portugal, de l'Italie et, plus tard, en 1990, de la Grande-Bretagne. En cas de dépassement de ces limites, les taux s'évaluaient par comparaison entre deux monnaies et, au-delà de certaines limites, les banques centrales étaient obligées d'intervenir, pour maintenir les taux pivots. Cette solidarité était au cœur du système mais elle avait des bornes. Lorsqu'une monnaie faiblissait, la banque du pays en question intervenait pour défendre sa monnaie, mais si la spéculation se poursuivait, c'était à la banque centrale de la monnaie la plus forte, en l'occurrence la Bundesbank, d'acheter la monnaie défaillante pour la maintenir dans les limites convenues. Comme on l'a vu pour le franc français en 1983, il arrivait un moment où les pays à monnaie forte – au premier rang l'Allemagne – refusaient d'entrer dans ce qui apparaissait comme un gouffre sans fond.

Cela s'est produit à plusieurs reprises et notamment, nous le verrons plus tard, lors des graves événements monétaires des années 1992 à 1993. Ajoutons, pour être complets, que le système était conforté par des crédits à très court terme et à moyen terme, offerts au pays en difficulté, qui l'aidaient à retrouver l'équilibre, à travers le soutien de sa monnaie et un programme de rigueur.

Lorsque les ministres de l'Economie et des Finances se sont réunis sous présidence hollandaise, à Ootmarsum en avril 1986, il y avait du réalignement dans l'air. C'était en même temps le premier bal d'Edouard Balladur comme ministre de l'Economie et des Finances. La droite qui venait de gagner les élections législatives était revenue au pouvoir avec Jacques Chirac comme Premier ministre. La France vivait sa première expérience de cohabitation...

Comme d'habitude, le Comité monétaire, c'est-à-dire la réunion des directeurs du Trésor et des sous-gouverneurs de banques centrales, préparait le terrain en se réunissant la veille. Et c'était le début d'une discussion qui m'était familière. Lorsque j'étais ministre des Finances et que je revenais d'une séance de réalignement monétaire, on me reprochait immanquablement de n'avoir pas obtenu une dévaluation assez forte. Et je rappelais à mes interlocuteurs qu'il fallait pour cela un accord de tous les pays.

Même problématique à Ootmarsum. La France demandait une différence de 8 à 9 % sous la forme suivante : le franc français dévaluait de 4 % son taux pivot et le deutschemark réévaluait du même montant. Cette proposition s'est heurtée au refus de l'Allemagne fédérale, des Pays-Bas, du Luxembourg, de la Belgique et du Danemark. Si bien qu'Edouard Balladur s'est fâché, à juste titre, en refusant qu'on le soupçonne d'avoir été guidé par des raisons politiques. Bref, je suis intervenu pour essayer de rapprocher les points de vue et finalement, la France a dû accepter que l'on passe de 8 à 6 %. Ce qui donnait + 3 % pour le deutschemark et le florin, + 1 % pour la monnaie danoise et le franc belge, le statu quo pour l'Italie et − 3 % pour le franc français.

Coup de main à Balladur

Balladur se trouvait dans la même situation que j'avais connue et comme nous avions un long passé de rapports professionnels et cordiaux, il m'a demandé de prendre mon téléphone pour expliquer cela au Premier ministre Jacques Chirac, ce que je me suis empressé de faire. Nous n'étions plus dans des schémas où l'on tenait compte des divergences entre les données fondamentales de l'économie, en prenant acte du programme de redressement proposé par le pays qui devait dévaluer. Ces données objectives existaient, mais elles étaient dépassées par des querelles de prestige entre Etats membres. Une situation qui compliquait sérieusement la négociation et créait un climat détestable. On le constatera plus nettement encore à l'occasion d'un nouveau réalignement interne, en janvier 1987.

– *Pourquoi deux réalignements aussi proches l'un de l'autre ?*
– Parce qu'on n'avait pas remis les compteurs à zéro en avril 1986. En janvier 1987, les ministres des Finances se retrouvent dans une atmosphère qui allait devenir de plus en plus exécrable. Le fameux Comité monétaire avait préparé le travail en proposant un grille de 0 à 3 %. Le mouvement essentiel était une revalorisation de 3 % du deutschemark et du florin, ce qui représentait une dévaluation du même montant pour les autres monnaies. Mais voilà qu'entrent en ligne de compte les questions de prestige : la Belgique, le Luxembourg et le Danemark s'indignent que leur monnaie ne soit pas réévaluée ! J'ai compris ce jour-là que nous allions nous trouver dans les plus grandes difficultés si ce climat s'installait durablement. Pour conclure, on décida d'une réévaluation de + 2 % pour la Belgique et le Luxembourg et, comme prévu, de 3 % pour le mark allemand et le florin hollandais. Les Allemands l'acceptèrent de fort mauvaise humeur, forcés qu'ils étaient de soutenir les autres monnaies parce que leur monnaie était la plus forte.
J'en ai tiré deux leçons, qui allaient m'aider à remplir mes objectifs et que j'ai soumises en fin de réunion aux ministres : il faut coordonner davantage les mouvements de nos taux d'intérêts, et cette fois-ci vers la baisse, car nous en avons besoin pour assurer la reprise de l'économie. Ensuite, je les ai invités à revoir les modalités de coopération à l'intérieur des marges, de + ou – 2,25.
C'est ainsi qu'on a fini par renforcer la coopération à l'intérieur du SME, ce qui allait nous conduire, si j'excepte les difficultés italiennes, à des années relativement calmes jusqu'en

1992. Ce fut l'œuvre des accords de Bâle-Nyborg : les gouverneurs, en tant que maîtres d'œuvre, s'étaient mis d'accord à Bâle, mais il fallait ensuite que les représentants des gouvernements entérinent leur décision, ce qui fut fait, sous présidence danoise, à Nyborg.

Grâce à ces accords, les possibilités d'intervention entre les marges ont été accrues de façon à décourager la spéculation. Lorsqu'une monnaie commence à fluctuer pour aller vers son plancher, il est possible de stopper le mouvement à condition d'intervenir avant que l'indicateur ne soit au rouge. Certains professent la théorie contraire en disant : « En maintenant un taux dont certains pensent qu'il n'est pas défendable à moyen terme, vous encouragez les spéculateurs à jouer à la baisse de la monnaie. » Autrement dit, cette monnaie soutenue à coups de crédits, ils la vendaient immédiatement à court terme, et ils la rachetaient à terme en pronostiquant que les soutiens ne seraient ni durables ni suffisants.

Mais au total, les ministres croyaient dans des possibilités d'intervention accrues entre les marges, ainsi que dans l'augmentation des concours à très court terme et à moyen terme. Les accords furent bien accueillis par les marchés et donnèrent un coup de fouet à l'usage privé de l'écu.

A mes yeux, cela n'était pas suffisant, mais cet accord inaugurait une période de consolidation du Système monétaire européen, préalable obligatoire à toute offensive vers l'Union économique et monétaire. En tant que président de la Commission, j'en soulignais les insuffisances, mais j'ajoutais qu'il valait mieux engranger ces modestes progrès que rien du tout.

— *Après ces réajustements, il n'y en a pas eu d'autres ?*

— Il y en a eu pour l'Italie. Ensuite, la grosse affaire a été l'entrée de la livre sterling, en 1990 – j'en traiterai avec la genèse de l'UEM –, qui m'a valu une sérieuse dispute avec John Major pour deux raisons : il voulait que la décision soit prise au niveau du Comité monétaire et non à celui des ministres des Finances, ce qui lui enlevait de la solennité et du poids politique. Et surtout, cette entrée de la livre s'est faite à un taux excessif. Mais tel était l'accord qu'il avait passé avec Mme Thatcher – la condition posée par celle-ci –, un taux relativement fort. On en verra les conséquences dramatiques pour la livre sterling en 1992.

La préparation du paquet

Revenons à la locomotive de la relance : l'Objectif 92. Comme toujours, j'étais préoccupé par l'équilibre entre la fonction du marché – qui allait prendre encore plus d'importance – et la régulation, avec ses politiques d'accompagnement et de correction. Ce sujet était au cœur de la préparation du paquet Delors. A mon habitude, dans toutes les initiatives que je prenais, je me préoccupais de le justifier par un raisonnement intellectuel et théorique. La chance a voulu que Tommaso Padoa Schioppa, à l'époque directeur de la Banque d'Italie, après avoir été directeur général à la Commission, vienne me voir pour discuter précisément de cet équilibre.

Au cours de la conversation, il me rappelle – ce qui était très éclairant – les trois fonctions économiques dégagées par l'économiste Musgrave, l'allocation des ressources, la stabilisation, la redistribution. De mon côté, je plaide pour une réflexion approfondie qui étayerait notre approche de départ et servirait à justifier les politiques que nous allions proposer. Et, sans désemparer, je crée un groupe de travail baptisé « Efficacité, Stabilité, Equité » que présidera Padoa Schioppa et qui, en 1988, justifiera cette théorie de l'équilibre entre marché et régulation.

Dans ce groupe de travail, il y avait un haut fonctionnaire de la Commission mais aussi des économistes réputés comme Jean-Claude Milleron, pour la France, et Fritz Scharf pour l'Allemagne. J'ai souhaité que ce rapport très utile soit publié en librairie. Il suffit d'en regarder les principaux chapitres : Vers un développement équilibré du système communautaire, Le marché intérieur, La mobilité des capitaux, La fonction de stabilisation macro-économique, La fonction de redistribution et le budget communautaire, Les conditions de la croissance.

C'est ainsi que nous arrivons au Conseil européen de Londres de décembre 1986, que j'ai soigneusement préparé avec le ministre des Affaires étrangères, sir Geoffrey Howe, avec qui j'entretenais des rapports aisés, ainsi qu'avec le représentant permanent britannique auprès de la Commission, David Hannay, successeur de Butler. Je devais préparer aussi les bases de mes entretiens avec le Premier ministre. Par la suite, avec Mme Thatcher, nous évoquerons les différents thèmes que la présidence britannique et moi-même souhaitions inscrire à l'ordre du jour. Chiffres en main, je lui explique que, faute de ressources suffisantes, la Communauté va vers une crise budgétaire. Elle m'a alors invité à exposer la situation au cours de l'apéritif qui précède le dîner des chefs d'Etat et de gouvernement du premier jour. C'est ce que je devais faire et qui a été à l'origine d'une incompréhension entre nous deux, comme Mme Thatcher le raconte, en ces termes, dans ses Mémoires :

« A noter avec ce Conseil de Londres l'émergence de M. Delors comme un nouveau type de président de la Commission européenne, un acteur majeur dans le jeu. Mais, dit-elle, en entendant son exposé *over drinks*, je fus surprise et de plus en plus irritée par le fait qu'il utilisait ce moment de la discussion pour présenter un long exposé sur l'état de la Communauté et, non content de cela, pour soumettre ensuite un ensemble de propositions. »

J'ai répondu que nous en avions discuté avant mais qu'il fallait se contenter pour l'instant du diagnostic. En conclusion, le Conseil européen me demanda d'effectuer un tour des capitales pour trouver des solutions et lui faire ensuite rapport. Le troisième étage de la fusée était donc sur orbite – ce qui était pour moi l'essentiel.

Je me suis rappelé que mes rapports avec Mme Thatcher avaient déjà subi quelques dommages à la suite du Conseil européen de Luxembourg où, avec l'aide des Allemands, j'avais réussi à inscrire la capacité monétaire dans le projet de l'Acte unique. J'ai eu le sentiment que nous entrions dans une phase de détérioration. C'est pourquoi lorsque, à l'issue du Conseil européen, elle a tenu sa conférence de presse, à laquelle assiste traditionnellement le président de la Commission, et qu'ensuite elle m'a donné la parole, j'ai dit, comme embarrassé, que je n'avais rien à ajouter. Ce qui m'a valu une moquerie de sa part. Sans doute a-t-elle pris l'épisode suivant pour une revanche car, lorsque nous sommes allés rendre compte de cette réunion du

Conseil au Parlement européen, elle m'a trouvé très bavard, très critique et très caustique. Elle a aussi été fâchée par l'accueil extrêmement positif que m'ont réservé les députés européens dans leurs applaudissements comme dans leurs interventions.

— Le président de la Communauté en exercice et le président de la Commission se rendent à Strasbourg ensemble ?

— Nous avons parlé à la même séance. Et nous avons atteint à Strasbourg un niveau de tension qui n'allait pas se reproduire par la suite. Je ne savais pas quelle forme prendrait le Conseil européen qui allait suivre. Je ne savais qu'une chose, c'est que les chefs de gouvernement n'accepteraient pas de rester dans une situation budgétaire aussi dangereuse.

Dès l'été 1986, au sein de la Commission, j'avais lancé la réflexion sur ce qui allait devenir le paquet I, sous le titre « Réussir l'Acte unique ». Nous avions beaucoup d'avance sur les Etats membres et j'avais déjà les idées claires sur ce qu'il fallait proposer. C'est dans cet esprit que je me suis rendu au début de l'année 1987, et en cinq semaines, dans les douze capitales pour recueillir les sentiments des chefs de gouvernement et tester leurs positions sur les différents sujets à traiter. A peine terminée ma dernière visite, j'ai soumis à mes collègues un document préparé pendant l'année 1986 et légèrement amendé pour tenir compte des enseignements de ma tournée.

Le dimanche 15 février, le document « Réussir l'Acte unique » était donc adopté par la Commission et transmis immédiatement aux gouvernements. Autrement dit, nous précipitions les événements. Cet accord recueilli en une seule journée, un dimanche, obéissait à la nécessité d'aller vite, mais témoignait aussi d'un long travail préalable mené ensemble et dans un esprit collégial.

Ce « paquet » qui concernait la politique agricole commune, les politiques d'accompagnement (recherche, aides régionales...), la réforme des ressources budgétaires, la discipline budgétaire, se présentait comme un document compliqué et à certains égards indigeste. Il fallait donc expliquer, expliquer, et expliquer encore... aux représentants des gouvernements, mais aussi aux parlementaires qui étaient plutôt favorables à la Commission.

Le changement était si considérable qu'il n'était pas possible d'en décider au Conseil européen de La Haye de juin 1987 qui clôturait la présidence hollandaise. Ce Conseil prendra acte de mes propositions et demandera qu'on étudie les orientations proposées. On transmettait le relais à la présidence danoise. Toutefois, nous avions recueilli des indications assez positives en ce qui concerne les politiques d'accompagnement ainsi que l'agriculture. Mais, dans l'ensemble, les positions restaient très figées et les progrès lents. Au moins les différents Conseils intéressés, Affaires générales, Finances, Agriculture, pouvaient-ils discerner les grandes arêtes du projet. Nous sommes arrivés ainsi au Conseil de Copenhague où ce fut l'échec dont témoigne ce texte distribué aux journalistes : « Le Conseil européen s'est contenté d'adopter des résolutions dans les problèmes de politique étrangère, les relations Est-Ouest, l'Afghanistan, occupé depuis huit ans par les troupes soviétiques, le Moyen-Orient, sujet permanent, les relations Est-Ouest... » De réussir l'Acte unique, il n'était plus question !

— *Comment avez-vous travaillé avec les Danois ?*
— Comme j'avais pris l'habitude de le faire avec Niels Ersböl, le secrétaire général du Conseil, lui-même danois, de manière à avoir un certain contrôle intellectuel du Conseil. J'insistais sans cesse pour limiter le nombre des sujets à l'ordre du jour, des papiers courts, avec les principales options soumises aux gouvernements. J'avais appliqué cette méthode avant le Conseil européen de Copenhague, mais j'avais le sentiment que les choses n'étaient pas mûres et qu'à vouloir forcer la chance, on n'y arriverait pas... Mais cela n'enlève rien aux extraordinaires qualités du secrétaire général du Conseil qui voulait servir et l'Europe et son pays.

Que s'était-il donc passé ? Dans la nuit qui sépare les deux jours que dure un Conseil européen, travaillent à la rédaction du communiqué final la présidence, le secrétaire général du Conseil, le secrétaire général de la Commission et quelques fonctionnaires des institutions européennes. A mon avis, les Danois ont cherché à forcer la décision mais le lendemain matin, ils se sont heurtés à une colère noire d'Helmut Kohl lorsque le chancelier eut pris connaissance des conclusions qui sont glissées sous la porte des chefs de gouvernement entre 4 heures et 8 heures du matin...

L'envergure d'un homme d'Etat

Certes, tout n'était pas perdu, mais il fallait reprendre le travail sous présidence allemande. Et c'est là qu'Helmut Kohl a montré sa vision de l'Europe en même temps que ses capacités d'homme d'Etat.

Pour moi, le test est décisif : pour faire progresser l'Europe, un chef de gouvernement doit être prêt à des concessions souvent difficiles à expliquer à ses propres concitoyens. Nul doute qu'Helmut Kohl a su faire ces concessions, notamment en matière budgétaire, ce qui s'est traduit par un alourdissement lucidement accepté de la contribution allemande.

Avec le chancelier et ses ministres, les contacts ont été fréquents et intenses. Je suis allé à Bonn où les Allemands ont tenu une réunion ministérielle en ma présence, ce qui est exceptionnel. Dans les jours qui ont précédé le Conseil, c'était le suspense parce qu'il y avait réunion sur réunion des conseils spécialisés, notamment de l'Agriculture. Et puis il y a eu ce qu'on appelle le conclave, c'est-à-dire la rencontre des ministres des Affaires étrangères, à qui il revenait de préparer cette réunion cruciale pour la stratégie de relance.

Pour planter le décor, je ferai référence à une publication que connaissent bien tous ceux qui s'intéressent à la Communauté : les dépêches de l'Agence Europe. Voici ce qu'écrivait son fondateur, Emmanuel Gazzo : « M. Delors a mis en garde contre ceux qui seraient prêts à échanger l'âme européenne contre un plat de lentilles. Il doit être extrêmement attentif à ne pas se laisser placer dans une situation où ce serait à lui de se contenter de lentilles. » La presse me surveillait de près !

Les travaux du Conseil ont commencé le jeudi matin 11 février à Bruxelles, dans le bâtiment qui abritait le Conseil des ministres à côté du Berlaymont, et se sont poursuivis le vendredi jusque dans la nuit. Après les réunions plénières, le président en exercice use parfois de la technique dite du confessionnal en recevant chaque délégation séparément, en présence du président de la Commission. J'ai assisté notamment à un affrontement que je n'oublierai jamais entre la présidence allemande – en l'espèce Helmut Kohl et Hans-Dietrich Genscher – et les Néerlandais, le Premier ministre Ruud Lubbers et le ministre des Affaires étrangères Hans Van den Broek. Certes, les rapports ne sont jamais faciles entre Allemands et Hollandais, en raison des souvenirs de la Seconde Guerre mondiale, mais en la circonstance, c'est l'image d'un combat de boxe qui me vient à l'esprit pour décrire la rencontre. Sur la politique agricole notamment, il y avait des divergences et la discussion a été très dure mais, à la fin, j'ai eu le sentiment, confirmé par la suite, que les Hollandais se ralliaient à la ligne proposée. En séance, il y a eu, bien entendu, beaucoup de mises en garde de Mme Thatcher, ainsi que des plaidoyers enflammés de Jacques Chirac pour le *statu quo* en matière de politique agricole commune. J'y ajouterai le souvenir d'un échange avec le président Mitterrand qui éclaire la France de la cohabitation. Lors d'une interruption de séance, je m'approche de François Mitterrand et tout en gardant mes distances, je lui dis : « Il me semble que Jacques Chirac exagère. » Le président m'a regardé et, sans ciller, m'a répondu : « Il exprime la position de la France. »

– *Mitterrand parlait aussi dans ces Conseils ?*
– Lui et le Premier ministre se partageaient la tâche. De la même façon, lorsqu'il n'y avait pas cohabitation, il laissait son ministre des Affaires étrangères exprimer certains points de vue. François Mitterrand était toujours très présent, mais il ne donnait jamais à ses interlocuteurs le sentiment d'une France impérieuse et cassante, ce qui n'excluait pas, de sa part, la fermeté sur certains points. « Nous les Européens, disait-il, aurions sans doute intérêt à... » C'était sa formule favorite.

Après bien des séances de confessionnal, des échanges en plénière et des suspensions de séance, je sentais les positions se rapprocher autour de la proposition centrale de la Commission. Avec quelques modifications de détail, notamment dans le nouveau régime des ressources financières. Arrive le moment de décider. Sentant Mme Thatcher mécontente et très tendue, je fais signe à sir Geoffrey Howe et lui suggère une suspension de séance que la présidence accorde.

Au début de cet entracte, je demande à David Williamson, qui avait remplacé Emile Noël comme secrétaire général et connaissait bien le 10, Downing Street, pour y avoir travaillé auparavant, d'aller dans la salle où Mme Thatcher était en train de se concerter avec ses collaborateurs. Dix minutes plus tard, elle me demande de venir les rejoindre. Elle me pose quelques questions, sollicite des garanties que je peux lui donner sans lui mentir, et elle revient en séance où elle accepte le paquet. C'est ainsi qu'à minuit, le vendredi soir, nous avons pu redescendre l'escalier du bâtiment du Conseil pour répondre à tous ceux, commissaires et collaborateurs, qui nous attendaient avec anxiété.

Là, je suis allé retrouver mes collègues en souriant et tout heureux du résultat. Immédiatement après, j'ai rencontré lord Plumb, le président du Parlement européen, et le lendemain, les chefs des groupes parlementaires à qui j'ai rendu compte. Nous avons évalué les résultats et publié un communiqué en commun. Ce sont des gestes qui comptent pour le bon fonctionnement de ce qu'on appelle le triangle institutionnel, Parlement, Conseil, Commission. Après l'accord de Mme Thatcher, j'avais profité de l'euphorie des deux dernières heures pour commettre une audace – je me demande encore comment j'ai osé – en proposant, pour les Portugais qui étaient dans la situation la plus difficile, un programme supplémentaire d'un milliard d'écus qu'on a appelé le PEDIP (Programme d'encouragement et de développement industriel du Portugal). Personne n'y a trouvé à redire, le programme a été adopté et a servi de stimulant pour le Portugal.

– *Le moment est peut-être venu d'expliquer ce qu'il y avait dans votre fameux paquet.*

– En le faisant maintenant, c'est-à-dire *in fine*, j'évite d'entrer dans tous les détails d'une discussion au Conseil européen qui a duré trente heures !

Le contenu du paquet

Ce paquet reposait sur trois orientations principales :
– Augmenter les ressources budgétaires de l'Union.
– Mettre en œuvre les politiques nouvelles de l'Acte unique.
– S'engager à trouver un accord inter-institutionnel avec le Parlement européen sur le budget pour éviter les querelles de fin d'année et les douzièmes provisoires.

Le programme comprenait une première réforme de l'agriculture, un renforcement des fonds structurels, une nouvelle structure financière et la discipline budgétaire.

En ce qui concerne l'agriculture, sans doute le chapitre le plus difficile, il a fallu fixer des plafonds. La dépense agricole représentait 60 % du budget communautaire, c'est-à-dire 31,5 milliards d'euros sur un budget total de 52,7. Nous avons d'abord fixé ce plafond et, à partir de là, nous avons décidé que, jusqu'en 1993, la dépense agricole ne pourrait pas augmenter de plus de 80 % de la croissance du produit national brut. Si la richesse augmentait de 10, l'agriculture pourrait augmenter de 8. On a adopté des stabilisateurs agissant de manière automatique sur le niveau des prix. Et enfin – ce qui a fait beaucoup crier –, un gel des terres a été institué. Et j'ai arraché la promesse que l'on mettrait en place des aides au revenu pour soutenir les petites exploitations.

Le gel des terres consistait à mettre en jachère une partie de la surface exploitable ; selon les années, à ne pas en utiliser 10 ou 15 %. On avait adopté le principe d'aide au revenu auquel je tenais beaucoup. Une des caractéristiques de la politique agricole de l'époque était en effet que 80 % de l'argent allaient aux 20 % des exploitations les plus riches. On avait prévu également le financement du déstockage, parce que non seulement la politique agricole coûtait de plus en plus cher, mais nous accumulions des stocks non vendus de beurre, de lait, de céréales et de viande. Enfin j'avais obtenu – ce qui me paraissait important pour l'avenir – la création d'une réserve pour faire face aux fluctuations du dollar, car lorsque le dollar montait, nous dépensions moins mais lorsque le dollar baissait nous dépensions plus en subventions pour demeurer compétitifs. Je voulais donc qu'il y ait une réserve pour montrer qu'il s'agissait d'un paramètre indépendant en quelque sorte de nos volontés. Bref, il y avait là déjà un ensemble, la réforme de 1988, qui annonçait les réformes futures, et notamment celle de 1992.

Deuxième chapitre, la réforme des fonds structurels, au nom de la cohésion économique et sociale inscrite pour la première fois dans le Traité de l'Acte unique. Le cadre de financement était assuré jusqu'en 1992. J'ai concédé sa prolongation en 1993 pour obtenir l'accord de tous. Mais la mesure phare, c'était le doublement des fonds structurels, c'est-à-dire des trois fonds qui assuraient cette cohésion économique et sociale : le FEDER pour le développement régional, le Fonds d'action sociale, et le FEOGA pour l'agriculture. J'indiquais aussi que les politiques qui seraient menées ne se traduiraient plus par la technique du saupoudrage. Nous exigions des politiques concentrées sur ceux qui en avaient vraiment besoin, donc une programmation pluriannuelle, avec la nécessité pour le pays considéré d'apporter les ressources additionnelles. En plus, j'avais inséré dans « Réussir l'Acte unique » la liste des objectifs que l'on poursuivait avec les fonds structurels, ce qui exigeait une coordination entre eux.

Le premier objectif – et le plus important –, c'était l'aide aux régions en retard. L'objectif numéro 2, l'assistance aux régions industrielles en déclin. Le troisième, la lutte contre le chômage de longue durée. L'objectif 4, l'insertion professionnelle des jeunes. L'objectif 5, l'agriculture mais avec un a) qui était l'adaptation des structures agricoles et un b), dont j'étais très fier, qui était l'encouragement au développement rural. Une de mes obsessions était le déséquilibre croissant entre le monde urbain et le monde rural, avec des risques en France – et pas seulement en France – de désertification liée à la disparition des petites exploitations.

Ce programme de développement rural a très bien marché. Il a beaucoup intéressé en France puisque nous avons eu pour l'ensemble des objectifs, au début des années quatre-vingt-dix, 46 % du territoire français couvert. Malheureusement, lorsque je suis parti, la Commission a décidé de supprimer cet objectif et de l'insérer dans la politique agricole, ce qui est absolument différent. Car le développement rural dépend d'un certain nombre d'actions dont, bien entendu, le maintien des paysans, la réorientation de l'agriculture, mais aussi l'installation de petites entreprises, les services privés comme publics, les infrastructures... J'ai été vraiment très déçu de cette décision et aussi surpris du manque de réaction du gouvernement français face à la suppression de cet objectif en tant que tel. Ce que je crains, c'est que lorsqu'on parle de développement rural sous couvert de la politique agricole, on n'y voie que menue monnaie destinée à résoudre les difficultés de tel ou tel secteur agricole.

Pour revenir au dispositif du paquet I, notons qu'à la contribution des fonds, s'ajoutaient aussi les prêts de la Banque européenne d'investissement qui était concernée par nos projets de développement harmonieux et durable.

L'autre exigence de « Réussir l'Acte unique » était d'augmenter les ressources de financement. On a maintenu la TVA au taux de 1,40 % qui avait été décidé à Fontainebleau, alors que je craignais que certains n'en demandent la diminution.

Aux trois ressources existantes, les deux premières – les droits de douane et les prélèvements faits aux frontières sur les échanges – et la troisième, la TVA, on en a ajouté une quatrième, calculée, comme je le proposais, sur une clé de répartition en fonction du produit national brut. Je fais grâce au lecteur des modalités d'application trop complexes. Certains se sont plaints, comme l'Italie qui se disait pénalisée pour avoir révisé le chiffre de son PNB à la hausse en tenant compte de l'économie submergée, de l'économie noire. Le plafond des ressources était fixé à 1,20 % du PNB et l'accord s'est révélé si difficile à trouver qu'on n'est pas revenu sur le schéma de compensation adopté à Fontainebleau quatre ans auparavant, en faveur des Anglais.

Enfin, le dernier élément – très utile à mes yeux – était le respect de la discipline budgétaire. Le Conseil européen avait donné son agrément pour que le Conseil et la Commission négocient un accord pluriannuel avec le Parlement afin d'éviter les ennuis mentionnés auparavant. Tel a été le mérite de Gerhardt Stoltenberg, le ministre des Finances allemand, qui, avec la collaboration constante de la Commission, a obtenu cet accord.

Le Parlement – c'est encore le cas aujourd'hui – vote les dépenses dites «non obligatoires», c'est-à-dire celles qui ne relèvent pas des dépenses agricoles. Il ne peut pas toucher à la décision agricole qui a été prise par le Conseil des ministres. Toutefois, comme le président du Parlement est le dernier à signer le budget, il peut utiliser ce levier de procédure pour ne pas signer s'il est en désaccord.

Le Parlement explique toujours qu'il faut augmenter les dépenses non obligatoires, les différences portent sur 0,5-1,5 % du budget. Mais quand il n'y a pas d'accord – comme cela se passe à l'échelon national lorsque le Parlement national n'a pas voté le budget – on recourt aux douzièmes provisoires. Un expédient techniquement peu satisfaisant, générateur par ailleurs de dégradation des relations institutionnelles.

Pour mesurer le formidable changement opéré sous l'égide de la cohésion économique et sociale, et compte tenu du paquet Delors II adopté en 1992, on notera qu'avant l'application du paquet I, les dépenses relevant de la cohésion économique et sociale s'élevaient à cinq milliards d'euros par an. Pendant la période du paquet I, la moyenne annuelle est passée à quatorze milliards d'euros, et le paquet II (1993-2000) portera cette moyenne à vingt-six milliards d'euros, soit trois fois plus, puis cinq fois plus !

L'effort consenti en faveur des pays les plus en retard, la Grèce, l'Irlande, l'Espagne et le Portugal, représentait chaque année entre 2 et 3,5 % de leur produit national brut. C'est considérable. Et à ceux qui prétendaient – comme ils l'affirmaient déjà à propos de l'Espagne et du Portugal – que c'est au détriment des pays les plus riches, je répondrai qu'il s'est agi en définitive d'un jeu à somme positive. Car les pays riches, notamment les Français, les Allemands, les Hollandais, ont nettement accru leurs ventes et leurs investissements dans les pays de la cohésion.

– *D'où vient ce terme sympathique mais inattendu de paquet ?*
– Je ne sais pas qui l'a lancé. La première fois que je l'ai employé, c'était peu après mon arrivée à Bruxelles, lorsque j'ai vu les négociations piétiner avec l'Espagne et le Portugal, et j'ai dit : «Il faut un paquet... » J'entendais par là que, au lieu de

discuter séparément de tel ou tel sujet, il fallait faire un compromis général qui ferait la part du pour et du contre dans l'ensemble de ce qui était sur la table.

— *Ce n'était pas à l'occasion d'une négociation budgétaire ?*

— Non, disons que c'est une technique de négociation.... Je voudrais revenir un instant sur l'intense travail de préparation de ce premier paquet. De l'été 1986 jusqu'à janvier 1988, la Commission lui aura consacré trois séminaires d'une journée. Trois séminaires hors de Bruxelles et de nos habitudes de bureau ! La collégialité est un des éléments de puissance et d'efficacité de la Commission. J'attachais donc beaucoup d'importance à ce que tous mes collègues s'engagent. Si je n'ai pas eu trop de peine à les mobiliser, j'en ai eu beaucoup plus à finaliser le paquet. Mais avec le concours actif de tous les collègues et la gouvernance de ceux qui étaient en charge d'un des thèmes essentiels, Frans Andriessen pour la politique agricole, Grigoris Varfis pour les fonds structurels, Karl Heinz Narjes pour la coopération technologique, Manuel Marin pour les questions sociales, ce paquet était devenu le leur.

— *Avant vous, la Commission n'avait pas eu l'occasion de faire un paquet de cette nature ?*

— Non, il n'y avait pas eu de paquet, ni de programmation financière. Jusqu'alors la Commission s'était contentée de présenter un budget annuel, certes préparé longtemps à l'avance, mais dépourvu de vision d'ensemble. On vivait au jour le jour. Parce que l'Europe n'avançait pas...

— *Quels ont été les gouvernements les plus difficiles à convaincre, à part Mme Thatcher ?*

— Je vous ai parlé des Néerlandais, pour l'agriculture et le budget, des Italiens pour leur contribution aux ressources, des Français pour l'agriculture. Je terminerai par une anecdote. A l'occasion d'une rencontre avec le gouvernement grec, je profitais de ce déplacement à Athènes pour visiter quelques régions en retard. Partout on parlait du *paqueto Delors* ! *Paqueto* par-ci, *paqueto* par-là, la sonorité de ce mot me comblait et m'amusait, mais je n'en garantis pas l'orthographe en grec !

9

Une méthode à l'épreuve

L'Union européenne a ses lois propres. Et d'abord, la méthode communautaire dont la Commission est l'organe moteur et rassembleur et qui doit être créatrice de consensus dynamique. Tel est l'esprit dans lequel j'ai voulu – et j'ai – travaillé. La Commission a le monopole du droit d'initiative. Elle propose, et par là même elle entraîne, mais elle ne peut réussir que si elle est forte de sa collégialité pleinement appliquée. Et c'est la responsabilité du président de créer cet état d'esprit.

– *Qu'entendez-vous par collégialité ?*
– Au lieu d'avoir des commissaires assimilables à des ministres, chacun travaillant dans son domaine sur ses dossiers, réticent à les présenter devant ses collègues, la Commission a besoin que ses membres discutent ensemble de tous les sujets importants, des propositions de loi bien sûr, mais aussi de la stratégie générale, ce qui implique d'aborder chaque semaine les points qui fâchent, sans exclure de recourir éventuellement à un vote.

Or les hommes et les femmes sont ainsi faits qu'ils n'aiment pas beaucoup les affrontements. Des commissaires auraient préféré que certains points soient classés, comme on dit en Conseil des ministres français, en points « A », c'est-à-dire discutés par les chefs de cabinet sans qu'il soit besoin d'y revenir en Commission. Mais chaque fois qu'il y avait une menace de frictions ou de grincements dans les Etats membres, je tenais au contraire à ce qu'il y ait une discussion au sein de la Commission.

La collégialité, qui s'est renforcée sous ma présidence, a un grand atout : les gouvernements ont un ambassadeur très spécial auprès de la Commission qu'on appelle leur représentant permanent et dont le rôle est important. Pourtant, curieusement, quand ils ont besoin de connaître le cheminement d'une décision – pourquoi la Commission est arrivée à telle ou telle conclusion –, c'est leur commissaire qu'ils veulent entendre. Dans certains pays, les commissaires sont même convoqués dans leur capitale à des réunions ministérielles. Ce qui explique pourquoi, à l'occasion du dernier élargissement et de la réforme des institutions, chaque pays a insisté pour avoir son commissaire. Ce n'est pas une simple question de rapport de force classique sur le plan diplomatique. Le commissaire est à la cuisine, là où se fabriquent les plats, et il est celui qui connaît mieux que d'autres les arcanes de la construction européenne, si bien qu'une collégialité forte de la Commission peut amener les gouvernements à une vue plus européenne. C'est donc un élément clé de la réussite de la méthode communautaire.

Je n'y serais pas arrivé par mes seuls talents. Il n'était pas toujours facile d'obtenir le consensus du collège dont la vie était parsemée de petites querelles de ménage dues parfois à mes propres erreurs de comportement. Tous les commissaires, même lorsqu'ils exprimaient un désaccord ou une nuance avec mes positions, affichaient sans réserve amitié et fidélité à mon égard et aussi entre eux. L'esprit de famille était là. Ce qui n'empêchait pas de vifs et utiles débats dans l'esprit de la collégialité.

Pour le président, ce devoir collégial a une autre face, celle d'entretenir des contacts personnels avec les chefs de gouvernement et leurs ministres, de manière à repérer les oppositions et les frottements, à jouer les médiateurs et à rapprocher les points de vue. La Commission n'est pas seulement le moteur de la construction européenne, l'organe qui propose, c'est aussi celui qui doit rapprocher les points de vue et créer un consensus dynamique. C'est indispensable pour obtenir le soutien, voire l'estime, des gouvernements.

– Dans le débat institutionnel du moment, cela veut-il dire que chaque pays membre doit être représenté à la Commission ?

– Personnellement, dans l'état actuel des choses, je le crois. Pour les raisons politiques et pratiques que je viens d'indiquer. Mais ce n'est déjà pas facile de gérer une Commission de vingt membres. Ce sera demain encore plus difficile à vingt-cinq, vingt-sept ou plus.

L'agenda du président

– Quelle est la vie quotidienne du président de la Commission ?

– Commençons par le dimanche : s'il n'y avait pas de Conseil des ministres ou de voyage officiel à l'étranger, je consacrais cette journée à la préparation de la réunion hebdomadaire de la Commission.

Le lundi, les chefs de cabinet des commissaires se réunissent sous la présidence du secrétaire général de la Commission. Ils examinent l'ordre du jour, font la distinction entre les points « A » et les points « B », et préparent la réunion de la Commission qui a lieu le mercredi matin et se prolonge l'après-midi, si nécessaire. A partir de 1987-1988, il y aura table ouverte pour les commissaires le mercredi, une bonne occasion pour continuer les discussions de la matinée et enrichir leurs contacts personnels.

Pour ma part, je fixais mon agenda en fonction du calendrier interne des institutions : deux fois par mois, je participe au Conseil des Affaires générales, c'est-à-dire à la réunion des ministres des Affaires étrangères, ainsi qu'au Conseil des ministres de l'Economie et des Finances. De temps en temps, j'assiste au Conseil des Affaires sociales. Soit parce que j'y suis invité, soit parce que je sens venir une discussion générale sur la place du social dans la construction européenne.

Une fois par mois, je participe aux réunions des gouverneurs des banques centrales qui se réunissent à Bâle, à la Banque des règlements internationaux. Ces rencontres dépassent l'Union européenne puisque, la veille, y participent les gouverneurs des banques centrales des Etats-Unis, du Canada, du Japon et des pays européens non-membres de la Communauté. Ils m'invitent à leur dîner du soir. Je les écoute et si on me demande où en est la construction européenne, je leur donne les explications nécessaires. Le lendemain matin, les gouverneurs des banques centrales de la Communauté se réunissent en ma présence pour la gestion du Système monétaire européen. Enfin, une semaine par mois, je fais le voyage de Strasbourg pour participer à la session plénière du Parlement européen où, selon les exigences, je reste deux, trois ou quatre jours. En plus des séances plénières, je passais des auditions devant les commissions parlementaires, je rencontrais le bureau de l'Assemblée et les groupes politiques. J'en profitais pour avoir des dîners informels avec tel ou tel groupe, de façon à resserrer les liens, écouter et expliquer. Le Parlement appréciait beaucoup que je sois présent pendant toute la séance lorsqu'il organisait un grand débat sur la situation économique, sur l'emploi, sur la comitologie ou encore le processus de décision. A certains moments ne restaient dans l'hémicycle que trente ou quarante parlementaires. Je restais à mon banc et je prenais des notes. Le Parlement européen, c'est passionnant, mais c'est aussi un grand investissement en temps.

— *D'autres commissaires vous accompagnaient-ils ?*
— Les membres de la Commission ont toujours été extrêmement attentifs au Parlement et un commissaire, qui ne quittait pas Strasbourg du lundi matin au vendredi midi, était spécialement chargé des relations avec l'institution.

A chaque session, à l'invitation du président du Parlement, il y avait un déjeuner entre les trois présidences, à Strasbourg : Parlement, Conseil et Commission. Ce qui nous permettait de clarifier l'agenda et de renforcer l'efficacité du travail.

Au siège de la Commission, j'avais aussi des entretiens avec diverses personnalités, chefs d'Etat, de gouvernement ou ministres venus des quatre coins du monde. C'est ainsi que j'ai reçu en 1985 le président mexicain Miguel de la Madrid, le Premier ministre du Japon Nakasone, le président du Rwanda, le vice-Premier ministre de la Chine, le président de la Knesset d'Israël et c'est en 1985 que se situe ma première rencontre avec le vice-président des Etats-Unis, George Bush.

Il était vital que j'aie aussi des contacts avec le monde des entreprises, des syndicats, de l'agriculture et avec des associations, notamment celles qui à l'époque avaient déjà des rapports réguliers avec la Commission, qu'il s'agisse des représentants des consommateurs, des spécialistes de l'environnement ou des mouvements caritatifs, toutes les associations qui avaient des bureaux à Bruxelles. Avec le développement de ce qu'on appelle la société civile, ce phénomène a pris de plus en plus d'importance.

– *Et les relations avec les médias ?*
– Comme la construction européenne est mal connue, mal décrite et fait l'objet de polémiques, le président de la Commission doit consacrer beaucoup de temps aux médias, fortement représentés à Bruxelles par des envoyés permanents de la presse écrite, de la radio et de la télévision. Je les voyais ensemble à l'occasion d'un événement comme la préparation d'un Conseil européen, ou avant un G 7. La transparence étant de règle, mes collègues présentaient devant la presse leurs projets et leurs propositions de loi. En matière communautaire, tout commence avec une proposition de la Commission. Donc il fallait expliquer, écouter, annoncer, réagir.

Les relations internationales

Enfin, sur le calendrier du président, figurent aussi des réunions d'autres institutions internationales : tous les ans, le sommet des pays industrialisés. J'ai commencé à Bonn en 1985, puis à Tokyo en 1986. La réunion de l'OCDE, vieille institution internationale qui convoque, au mois de mai généralement, une réunion ministérielle à laquelle je participais avec deux autres collègues, celui de l'Economie et celui du Commerce extérieur car, à l'époque, le plat de résistance de ces réunions de l'OCDE, concernait les négociations commerciales qui avaient commencé avec l'Uruguay Round.

Et puis n'oublions pas les voyages ! D'abord, à l'intérieur de la Communauté, il faut se rendre à plusieurs reprises dans le pays qui assure la présidence semestrielle. En 1985-1986, pour ne parler que des deux premières années, je suis allé plusieurs fois en Italie, en Allemagne, aux Pays-Bas, en Grande-Bretagne. J'ai visité aussi l'Espagne, le Portugal et la Grèce. Sans oublier mes rencontres périodiques avec le président et le Premier ministre français. Quant aux pays extérieurs, j'ai fait ma première visite aux Etats-Unis dès avril 1985, pour rencontrer le président Ronald Reagan. Je suis allé pendant ces deux ans en visite officielle au Japon, en Chine, en Autriche, en Suède et en Norvège ainsi qu'en Afrique.

A part aux Etats-Unis, où c'était parfois un peu plus long, ces visites duraient environ trois jours. J'avais droit au protocole réservé aux chefs d'Etat. Par exemple en Suède ou en Norvège, il y avait un dîner offert par le roi ou la reine. En Autriche, par le président de la République. Aux Etats-Unis, il y avait un entretien en tête à tête avec le président, dans le bureau ovale. Des conversations avec des ministres. Je demandais toujours à voir le gouverneur de la Banque fédérale, l'institut d'émission. A Washington, il faut se fondre dans le système américain et voir des membres du Sénat et de la Chambre des représentants sous forme de visite personnelle à un *congressman* important, ou d'audition devant une des commissions. L'ambassadeur de la Commission à Washington et ses services contribuaient très efficacement à la préparation du voyage. Pour moi qui avais une connaissance plutôt livresque des Etats-Unis, les conseils de sir Roy Denman, un Britannique alors en poste à Washington, étaient très précieux.

— *Dans combien de pays la Commission a-t-elle une représentation ?*

— Nous approchions la soixantaine, en tenant compte bien entendu, en dehors des pays industrialisés, de toute l'Afrique, du Moyen-Orient et de l'Extrême-Orient. Pour pourvoir ces postes, nous faisions appel à des fonctionnaires de la Commission qui avaient travaillé sur les relations extérieures de la Communauté. Mais il nous est arrivé aussi de recourir à des diplomates venant de leur service national. Ces représentants ont peu à peu conquis le titre d'ambassadeur. Au début, des pays membres ne voulaient pas entendre parler de représentants de la Commission comme d'ambassadeurs à part entière, avec dépôt des lettres de créance et réception par le chef d'Etat ou de gouvernement. Mais à force de travail et de patience, ils sont arrivés à s'imposer au cercle des ambassadeurs dans un certain nombre de pays, sinon dans tous. A leur réunion mensuelle, les ambassadeurs des Douze, puis des Quinze, ont pris l'habitude d'inviter le représentant de la Commission.

— *Comment les Etats-Unis sont-ils représentés à Bruxelles ?*

— Ils sont représentés à la fois auprès de la Communauté et de la Commission. Leur ambassadeur est presque toujours un homme vigilant et très actif, proche du président des Etats-Unis. Ils ont de très bons services. En cas de différend commercial sur l'acier, la banane ou la viande de bœuf, je peux vous dire qu'ils sont techniquement très bien armés. Mais nous aussi.

Les groupes de pression

— *Y a-t-il beaucoup de lobbying à Bruxelles ?*

— On ne peut pas comprendre le système européen sans dire un mot des groupes de pression. Ce qui a choqué et choque encore beaucoup les observateurs français ne cause pas le même trouble ailleurs. Dans une démocratie parlementaire, il est évident que les représentants des différents groupes, des différentes professions et industries, se doivent d'être présents. C'est le cas auprès du Parlement européen et de la Commission. Il faut donc accepter la discussion avec les représentants des intérêts économiques, financiers ou commerciaux, garder sa porte ouverte mais aussi, à un moment donné, être capable de dire qu'on a pris en considération leurs remarques, mais que la décision sera fonction du seul intérêt européen.

Ces groupes de pression se sont multipliés avec le marché intérieur. Il y a de grandes entreprises, mais aussi des groupements professionnels organisés par activités, sans oublier les syndicats professionnels, de la production du verre à la fabrication de produits alimentaires ! Sans oublier non plus la puissante organisation européenne des agriculteurs, la COPA, qui s'efforce de réaliser la synthèse entre les différentes fédérations nationales, mais additionne souvent les revendications des uns et des autres. Elle est évidemment en relations constantes avec le commissaire chargé de l'agriculture, les services, le Parlement, etc.

— Il y a aussi des représentations des régions ; dans le cas de l'Allemagne, des Länder ; dans celui de l'Espagne, des autonomies.

— A partir de 1989-1990 et avant la création par le Traité de Maastricht du Comité des régions et des collectivités locales, on a vu les régions nommer une délégation, louer des locaux, payer une petite équipe pour être présentes à Bruxelles. Cette progression a des racines politiques, bien sûr, la revendication régionale. Mais le développement des politiques structurelles n'y est pas non plus étranger. Parce que les régions étaient en première ligne pour soutenir nos programmes de développement. Si la France et l'Espagne centralisaient à Paris et à Madrid la gestion des fonds structurels, d'autres pays ont joué le jeu de l'Acte unique : la décentralisation, le dialogue, voire le compagnonnage entre la Commission et les régions.

Loin de nous l'idée d'utiliser ces fonds comme un moyen de contrôler les régions, ou de nous faire les auxiliaires involontaires de la promotion régionale aux dépens de l'intérêt national. Nous étions extrêmement vigilants mais, dans l'esprit du paquet I, nous avions besoin de savoir comment les collectivités réalisaient les plans de développement ou de reconversion afin d'en tirer les leçons pour faire mieux à l'avenir. J'y tenais beaucoup. Autrement dit, il y a eu maintes disputes politiques sur ce point mais j'ai toujours estimé que la Commission n'était pas une chambre de compensation qui distribue de l'argent dans le cadre des décisions du Conseil des ministres.

Je me suis donc battu en mon temps — et je sais qu'on a régressé depuis sous la pression des Etats — pour que les fonctionnaires qui s'occupent de ces questions soient des spécialistes du développement et puissent dire : « Voilà ce qui marche et ce qui ne marche pas. » Pour pouvoir en tenir compte par la suite. Avec d'autant plus de conviction que nous avions, à côté des programmes affectés à des régions particulières, des programmes communautaires de développement interrégional comme INTERREG. Dans ce domaine, j'entendais faire de la Commission un expérimentateur et un innovateur.

L'expérience de ces dernières années a montré toute la richesse des initiatives locales pour le développement et pour l'emploi : dans le jargon des technocrates, l'initiative venue d'en bas (en anglais *bottom up*) opposée à la décision venue d'en haut (*top down*). L'esprit même de la subsidiarité ! Un développement harmonieux et créateur d'emplois dépend à la fois d'une bonne politique macro-économique et des actions menées à la base. Faire l'inventaire de ces initiatives locales ouvre une mine d'exemples à imiter par d'autres entités locales ou régionales. Je crains qu'on ait trop négligé, au sommet, cette formidable occasion de mobiliser la participation citoyenne et la créativité économique et sociale.

— *Aviez-vous des contacts avec des chefs de gouvernement ou des présidents régionaux ?*
— J'ai consacré beaucoup de visites aux régions, non pas pour me mêler de leur contentieux interne, mais pour être à l'écoute de leurs avis, de leurs propositions et de leurs exemples de réussite dans le domaine du développement.

La mécanique institutionnelle

J'ai déjà insisté sur deux points essentiels : la collégialité de la Commission et son rôle de médiateur entre les Etats membres. Il va de soi que la qualité du travail, la coopération transparente entre les commissaires étaient aussi des points importants. Chaque commissaire avait son portefeuille, son domaine de responsabilité. Il n'était pas obligé de rendre compte de tous les détails de son activité à la Commission, mais il devait être présent pour participer aux débats sur les projets de ses collègues. Pour assurer le maximum de fluidité, il pouvait toujours taper à la porte du président, mais surtout à celle de Pascal Lamy qui faisait preuve d'une grande disponibilité en même temps que d'une grande autorité.

Chaque commissaire avait à sa disposition une et parfois deux directions générales. J'avais demandé aux commissaires l'autorisation de réunir leurs directeurs généraux trois ou quatre fois par an. Pour leur décrire l'état de l'Union, telle que je la voyais, leur exposer mes projets et en discuter avec eux. Mes collègues ont accepté. Pour moi, on ne pouvait pas réussir notre stratégie sans l'appui des directeurs généraux. Nous avions besoin de leur autorité et de leur expérience.

— *Combien y avait-il de directions générales ?*

— Entre vingt-cinq et trente selon les périodes. C'était un élément essentiel pour la cohésion de l'ensemble et même un support à la collégialité de la Commission. Les directeurs généraux s'exprimaient franchement devant moi, à la fois sur les finalités qu'ils ne discutaient pas beaucoup car cela les enthousiasmait de voir une Europe qui avance, mais aussi sur le fonctionnement interne, sur le problème classique des relations entre les cabinets et les services. Car les cabinets avaient tendance à proliférer et à prendre la place des services, notamment celle du directeur général. Pourtant, j'en avais limité la dimension à six ou sept membres. Il y avait un porte-parole de la Commission, mais chaque commissaire voulait avoir son propre porte-parole pour entretenir ses relations avec les médias. On a donc créé un service du porte-parole pas toujours facile à gérer : question de cohérence.

— *Vous avez évoqué les séminaires de la Commission.*

— C'était un outil important pour stimuler la réflexion intellectuelle, mais aussi pour la collégialité. Par conséquent, deux ou trois fois par an, je réunissais les commissaires en séminaire, soit à Val Duchesse, le château près de Bruxelles, soit dans un autre domaine de Belgique. Là, ils étaient coupés de tout. Nos réunions duraient en général un jour et demi, en compagnie du secrétaire général et de mon directeur de cabinet. Nous abordions plusieurs thèmes. Nous avons tenu notamment trois séminaires pour préparer le Traité de Maastricht. Comme l'emploi du temps était parfois pesant, nous avons même été obligés d'en organiser sur les lieux de travail habituels. Deux ou trois fois, nos agendas étaient tellement tendus que nous n'avons pas pu aller à l'extérieur. Mais je le regrettais parce que le changement de lieu aide à créer une ambiance d'amitié, de dialogue et de travail.

— *Quelles étaient vos relations avec les autres institutions, c'est-à-dire le Conseil, le Parlement, la Cour de Justice et la Cour des comptes ?*

— Du côté du Conseil, je rappelle que le Conseil européen réunit les chefs de gouvernement pour fixer les grandes orientations et parfois prendre des décisions mais, comme l'organisme est venu se superposer aux institutions prévues par le traité, lorsqu'il lui arrive de prendre une décision, il faut qu'elle soit formellement entérinée par le Conseil des ministres, seule institution figurant alors au traité.

Quoi qu'il en soit, le Conseil européen a été ma grande hantise. En multipliant les contacts avec les chefs de gouvernement, j'ai travaillé d'arrache-pied pour obtenir la maîtrise « intellectuelle » de 80 % de leur ordre du jour, les 20 % restants étant dévolus à la politique étrangère qui n'est pas de la compétence de la Commission. C'était d'autant plus difficile à obtenir que le président en exercice de la Communauté, accompagné du secrétaire général du Conseil, faisait le tour des capitales avant chaque réunion du Conseil européen et que je n'étais pas invité à les suivre.

— *Comment avez-vous réussi à maîtriser l'ordre du jour du Conseil ?*

— Je faisais des offres de service. Par exemple, dans les années 1985-1986, je disais au président du Conseil que l'Amérique entrait dans un de ces cycles que les Européens redoutent, la baisse du dollar, le gonflement des endettements intérieur et extérieur, avec des conséquences pour nous d'autant plus négatives que nous souffrions au début de 1985 d'une économie stagnante. J'invitais à une réflexion commune préalable à une réaction commune. Toujours mon triptyque : compétition, coopération, solidarité. Le point qui a toujours été le plus faible, c'est la coopération. Et c'est celui sur lequel je me suis le plus battu, on le reverra à propos de l'Union économique et monétaire.

Mon combat en l'occurrence était de faire accepter une

stratégie coopérative de croissance. Le président en exercice me proposait alors d'introduire le sujet devant le Conseil. Lorsqu'il s'agissait de l'Objectif 92, du marché intérieur, du programme technologique, c'était à la Commission de préparer les papiers et de faire le rapport d'ouverture. J'ai perfectionné le système en envoyant aux chefs de gouvernement des notes de trois pages sur les sujets à l'ordre du jour. Les « chefs » étaient très contents. Ils siégeaient sur un Himalaya de comités et de conseillers de toute espèce. Raison de plus pour apprécier ces exposés précédés d'une note claire avec l'indication de deux ou trois grandes options à prendre. C'est un travail dont je dois avouer que je suis assez fier parce que la suite des événements a montré que ce n'était pas évident.

De mon côté, je pouvais compter sur le secrétaire général de la Commission, Emile Noël puis David Williamson, et sur la présence tous azimuts de Pascal Lamy qui me servait aussi de sherpa pour préparer les sommets des pays industrialisés, ce qui lui a permis de tisser un réseau de connaissances et d'établir ce climat d'estime et d'autorité dont il a très vite bénéficié.

En dépit de cela, la Commission n'était pas à l'abri d'une présidence qui se mettait en tête de traiter un autre sujet, ou d'un chef de gouvernement qui, deux jours avant l'ouverture du Conseil, demandait d'inscrire un thème inédit à l'ordre du jour. Il arrivait que d'autres chefs de gouvernement protestent devant l'inclusion de dernière heure de sujets qu'eux-mêmes n'avaient pas préparés, et qu'ils préfèrent se reporter aux sujets préparés par la Commission et connus de longue date.

Il y avait aussi les Conseils des ministres auxquels je participais, notamment ceux des ministres des Affaires étrangères faisant fonction, depuis les années cinquante, de ministres des Affaires générales. En cette qualité, ils supervisaient le travail des conseils spécialisés qui pouvaient adopter des directives, des propositions de loi et autres recommandations. Ils préparaient aussi, en conclave, chaque Conseil européen et il leur revenait enfin de faire les grands arbitrages financiers auxquels, à cette époque, les ministres des Finances n'étaient pas directement associés. Un des arbitrages les plus difficiles portait sur la répartition des fonds structurels. Pour cet exercice, ils étaient très bien préparés par leurs représentants permanents. Je prendrai comme exemple le paquet numéro II, adopté sous présidence anglaise, au premier semestre de 1993, à Edimbourg. Sous la présidence belge qui a suivi, durant le deuxième semestre de 1993, il a fallu répartir la manne. En dépit de critères objectifs, sans que ce soit pour autant ni le souk, ni le marché des quatre-saisons, les ministres n'y arrivaient pas. J'avais laissé au Conseil mon collègue le commissaire chargé de la politique régionale, Bruce Millan. A 23 heures, le président belge Willy Claes m'appelle pour me dire : « Jacques, il faut que tu viennes ! » Pendant quatre heures, j'ai reçu chaque délégation en me livrant à un travail acrobatique. Je mettais des chiffres sur des bouts de papier en m'assurant qu'ils étaient compatibles entre eux. A 5 heures du matin, nous sommes arrivés à un accord global. Mais pour réussir de tels compromis, il fallait travailler en toute confiance avec les représentants permanents de chaque pays membre. Installés à Bruxelles avec d'importants services, ceux-ci sont chargés de veiller à tout et de préparer les réunions des ministres. C'est une tâche énorme. Je les voyais en tête à tête, à leur demande, et deux fois par an, nous partagions un déjeuner de travail. Ils ont joué le tout premier rôle dans la préparation des paquets Delors I et II.

Certains commissaires ne voulaient pas aller devant ce Comité des représentants permanents, le COREPER, pour y défendre leurs textes. Ce qui, à la vérité, me choquait. Ils envoyaient leur directeur général en me disant : « Si vous y allez, vous-même, vous dépréciez votre fonction. » A quoi je répondais : « On ne peut pas comparer la Commission à un gouvernement national. Elle est au service de tous ceux qui exercent une influence et doit dialoguer avec eux. » Je ne me dépréciais en rien en travaillant avec le COREPER. Il y avait entre nous une sorte de complicité, comme il en existait une entre eux. Même lorsque les discussions étaient difficiles, c'était l'esprit de famille qui soufflait. La famille européenne, on la sent. Disons que le COREPER avait adopté le cousin, en l'espèce le président de la Commission !

– *Où étaient installés les représentants permanents ?*
– Chacun avait son ambassade mais ils se réunissaient ensemble au Charlemagne. Depuis, un nouveau bâtiment a été

construit pour le Conseil des ministres, le Justus Lipsius, redoutable ensemble à l'architecture d'inspiration stalinienne. Mais à cette époque, ils avaient encore leur petit immeuble, plus discret et plus sympathique.

Quant à la Cour de Justice, devant qui les commissaires prêtent serment, ses avis forment une partie de la jurisprudence de l'Union européenne : nous avons parlé du fameux arrêt « cassis de Dijon » – j'aurais pu en citer d'autres –, et elle contrôle les excès de pouvoir. Je recevais régulièrement le président pour une discussion générale dans laquelle je sollicitais son avis sur les problèmes institutionnels et juridiques. C'était toujours passionnant et je ne manquais pas de me faire expliquer par notre service juridique les attendus et les conclusions de leurs décisions.

Il y a aussi la Cour des comptes. Les rapports sont toujours difficiles entre l'exécutif et ce genre d'organisme parce qu'ils font des vérifications qui parfois donnent le sentiment qu'on coupe les cheveux en quatre et deviennent exaspérantes. A l'époque, il fallait notamment améliorer nos processus d'engagement budgétaire et de contrôle de la dépense. Dans ces domaines, la Cour des comptes est absolument indispensable. Elle est installée à Luxembourg où a été édifié une sorte de village européen, un grand espace où se trouvent un immeuble du Parlement – parce qu'il y a eu pendant longtemps des sessions à Luxembourg –, un bâtiment du Conseil, la Cour de Justice, la Cour des comptes et la Banque européenne d'investissement, plus certains de nos services dont l'un, très important, est dévolu à la statistique européenne.

Priorité à la réflexion

– *Comment arriviez-vous à garder du temps pour la réflexion personnelle ?*

– Concilier le court terme et le long terme, c'est un problème essentiel de gouvernement. Comment mettre suffisamment d'hélium dans le ballon ou d'essence dans le moteur, et ne pas se laisser dévorer par la mise en œuvre des projets en cours et la gestion quotidienne d'un ensemble très absorbant ? Il fallait

À l'école communale de la rue Saint-Maur, Paris XIe (1932).

Avec ses parents,
Louis et Jeanne (1933).

A l'âge de
9 ans (1934).

Jacques et Marie
en vacances (1959).

Marie et Jacques en session à La Vie nouvelle (1959).

Avec Jean-Paul
et Martine (1972).

Marie et Jacques en
vacances de neige avec
Jean-Paul et Martine (1972).

Marie et Jacques avec
Jean-Paul, alors journaliste
en Corse (1975).

Le Premier ministre Jacques Chaban-Delmas visite des logements vétustes
avec Jacques Delors, alors conseiller pour les Affaires sociales et culturelles. © AFP

Boulevard de Bercy, au milieu de ses livres et dossiers (1977).
© Claude Azoulay/*Paris-Match*

En visite à Latche, chez François Mitterrand, avec Louis Mermaz, Pierre Bérégovoy et Hubert Védrine (1981). © Muller/Sipa Press

Au ministère de l'Economie et des Finances, rue de Rivoli (1981-1984).
© Bernard Charlon/*L'Express*

A côté de Jacques
Chaban-Delmas.
© Michel Lacroix

Un retour tardif
au basket-ball
(Clichy, 1984).
© Isidore Leandro

L'écharpe de maire
de Clichy (1983).

Accueillant le Premier ministre des Pays-Bas, Ruud Lubbers,
en visite à la Commission européenne (1985). © Photothèque CCE DG de l'information

A Bruxelles avec ses camarades de la CFDT (1986).

Le pape Jean-Paul II en visite à la Commission, aux côtés de Giulio Andreotti, ministre
des Affaires étrangères de l'Italie, et deux membres de la Commission, Frans Andriesen et Willy De Clercq.

En conversation avec le roi Baudouin
et son collègue de la Commission, Manuel Marin.

Avec Pascal Lamy, directeur de cabinet,
entre deux séances d'un séminaire
de travail à la Commission (1987).

Assis à côté de Nigel
Lawson, au cours
d'un Conseil des
ministres des Finances
sous présidence
britannique (1987).

En visite chez l'un
de ses collègues préférés,
Lorenzo Natali, dans
les montagnes de l'Aquila (1987).

Avec Jacques Chancel à l'étape
de L'Alpe-d'Huez pendant le Tour
de France (1988). © Philippe Ricard

Avec Helmut Kohl
et Hans Dietrich
Genscher au Conseil
européen de Hanovre
qui a lancé le chantier
de l'Union écono-
mique et monétaire
(juin 1988).

Marie et Jacques
en visite en
Suède avec
le ministre
suédois des
Finances, Feldt,
et son épouse
(1989).

Avec François Mitterrand lors de la réunion du Sommet des pays industrialisés à Paris (1989).

Au Sommet des pays industrialisés de Paris, visite de la pyramide du Louvre (1989).

La deuxième « Commission Delors » (1989-1992) dans sa réunion hebdomadaire du mercredi.

Avec les enfants des Ecoles
européennes de Bruxelles (1990).
© Photothèque CCE
DG de l'information

En visite en Irlande, la passion pour l'agriculture (1990).

Accueilli par le chancelier Kohl au Sommet des pays industrialisés (G7) de Munich (1992).

Serrant la main du président Eltsine, lors de la signature
d'un traité de coopération avec la Russie, au Conseil européen de Corfou (1993).

Très détendu
avec le président Clinton
à la Maison-Blanche (1993).

Recevant, avec son épouse, l'empereur du Japon Akihito (1993).

Les adieux à son dernier sommet européen, Essen, le 9 décembre 1994. © Sipa Press/*L'Express* du 4 mai 1995

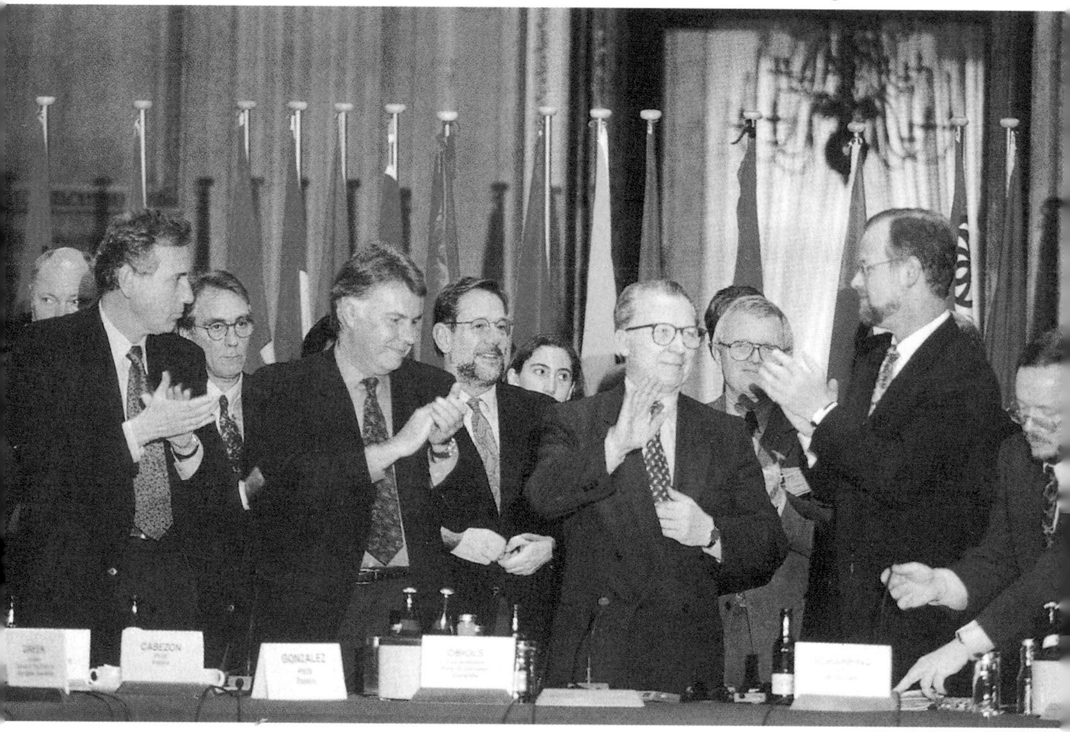

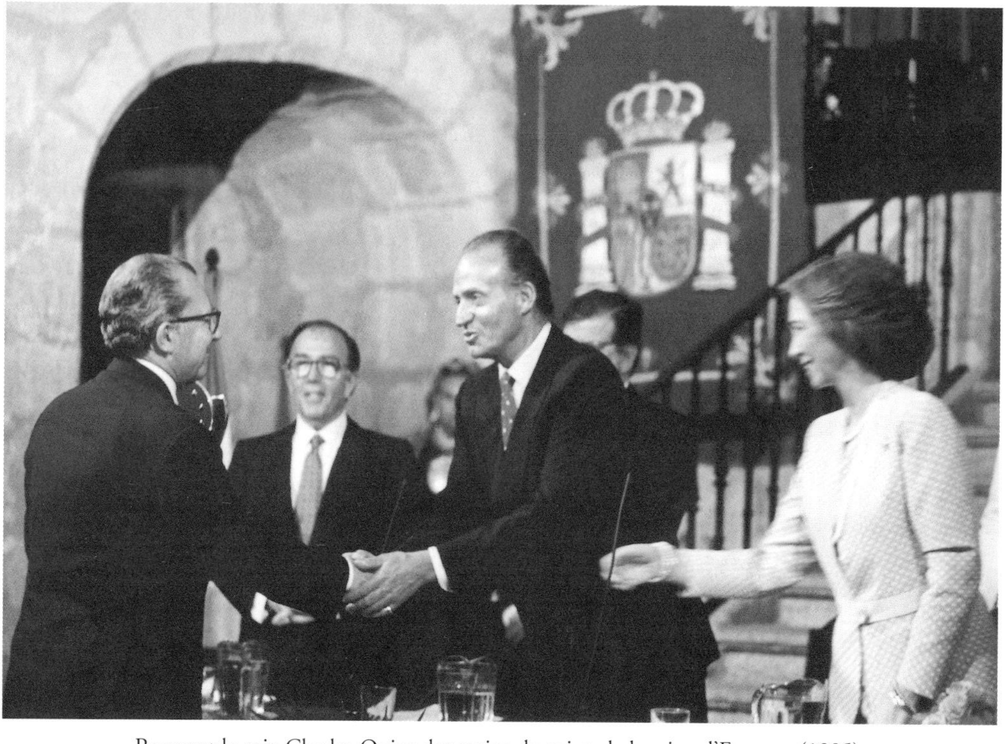

Recevant le prix Charles-Quint des mains du roi et de la reine d'Espagne (1995).

Avec son épouse,
peu avant leur départ
de Bruxelles (1995).

Au ping-pong dans sa maison
de l'Yonne (1995).

Avec le président de la Pologne, Alexander Kwasnieski (1996).

Après 1994, d'un colloque à l'autre (Bonn, 1997).

Avec le cardinal Matini à Milan (1998).

Avec Felipe Gonzalez, confidences entre anciens du Conseil européen (1999).

Avec sa fille, Martine, en « supporters » de l'équipe
de football de Lille, l'Olympique Sporting Club (2000).

Marie et Jacques : leur nouvelle
vie après Bruxelles (2000).

En vacances au Pays basque,
toujours la presse (2001).

La rédaction de ses mémoires, dans sa maison de l'Yonne (2002).

Un hommage spécial de la Confédération européenne des syndicats
et de son secrétaire général, Emilio Gabaglio (Prague, 2003).

pourtant absolument garder de la place et du temps pour une nourriture intellectuelle.

Sous cet angle, il faut présenter la cellule de prospective qui s'appelait groupe des conseillers quand je suis arrivé, et que j'ai transformée. Ce groupe était dirigé par un fonctionnaire belge Jean-Louis Lacroix, que je tenais en très haute estime mais qui est malheureusement décédé et que j'ai remplacé par Jérôme Vignon. Je voulais une franche orientation vers la prospective sans créer des zizanies avec les directions générales. Je donnais donc au groupe un programme de réflexion auquel il associait les directeurs généraux en traitant surtout de sujets transversaux. Je réunissais les membres de la cellule pour travailler avec eux, les écouter et faire un exercice de réflexion détaché des contingences quotidiennes. Je leur confiais des sujets variés sur l'importance et le rôle stratégique de la recherche, la relation entre croissance et emploi, le devenir démographique de l'Europe, la place que peut tenir la politique extérieure, l'aide alimentaire, les structures à venir du budget européen. Il fallait penser au-delà de l'Acte unique.

– *Comment travaillait la cellule ?*
– Les directeurs généraux intéressés lui envoyaient un de leurs collaborateurs et, bien entendu, le chef de la cellule allait voir chaque directeur général pour le consulter et lui rendre compte de ses travaux. Il lui arrivait de faire appel à des experts extérieurs, étant entendu que la cellule constituait un groupe volontairement limité, qui produisait des notes ou des rapports écrits. Il m'arrivait aussi d'appeler Lacroix ou Vignon pour une discussion d'une heure en tête à tête. C'était très utile, mais, à mes yeux, encore insuffisant.

C'est pour cela que j'ai créé les Carrefours de la Science et de la Culture avec l'aide du vice-président de la commission, Filippo Maria Pandolfi. Deux ou trois fois par an, nous invitions des personnalités politiques, intellectuelles et scientifiques à débattre pendant deux jours. A partir de 1992, nous avons ainsi traité des rapports entre droit et démocratie à Poznan, de la relation entre l'Europe et le Sud à Salamanque, du modèle européen de société à Lausanne (siège de la fondation Jean-Monnet), de Science, conscience et société à Oxford, de l'éducation en Europe à Bologne, de la place de la ville dans la société européenne à Bruxelles et du devenir du monde rural à Vézelay... Avant de quitter mon poste, j'ai rassemblé à Leiden, aux Pays-Bas, tous les participants de ces Carrefours pour une réunion de synthèse autour de trois concepts : l'identité, la démocratie et le travail. Nous en avons publié les actes. Ce Carrefour des Carrefours s'est tenu dans un grand enthousiasme, ce qui m'a réchauffé le cœur à quelques semaines de mon départ [1].

— *Pendant la durée de votre mandat, aviez-vous encore le temps de lire ?*

— Je me suis toujours ménagé des espaces de réflexion et de lecture personnelles. Les soirs non dévolus à la préparation des travaux de la Commission, je me plongeais dans des ouvrages qui m'aidaient à rester dans le coup et à mieux comprendre le présent à travers le passé lorsque c'était nécessaire. D'ailleurs, comment imaginer l'avenir sans connaître le passé ? Je consultais des livres d'histoire, de sociologie politique, de relations sociales, car je voulais poursuivre mon approfondissement dans ces domaines.

Je m'arrangeais aussi pour que, de temps en temps, les exposés qu'on me demandait portent sur les sujets les plus variés. J'ai traité de l'avenir du travail, des relations sociales, de la France et bien entendu des problèmes européens, notamment à l'occasion de ma nomination comme docteur *honoris causa* de très nombreuses universités. Je m'acharnais à faire un travail personnel pour donner de la forme à ces réflexions. Parfois mes lectures étaient très utilitaires. Par exemple, devant une difficulté qui se présentait, je me demandais comment Monnet, Spaak ou Hallstein auraient réagi. Je me reportais donc à leurs Mémoires. En outre, une fois par an, il y avait une cérémonie d'anniversaire qui servait de prétexte à réfléchir sur le Traité de Rome, ce qui m'a permis, pour le trentième anniversaire du Traité, de défendre la méthode communautaire en expliquant pourquoi elle était indispensable. Nous avons fêté aussi Jean Monnet, Denis de Rouge-

---

1. Les comptes rendus de ces Carrefours ont été publiés dans deux livres parus aux éditions Apogée, collection « Politique européenne », sous les titres *En quête d'Europe* (1994) et *La Commission européenne à l'écoute du changement* (1997).

mont, toutes rencontres qui provoquaient mémoire et réflexion tout en m'obligeant à rattacher mon action à celle de mes prédécesseurs et à une histoire.

Je ressentais aussi l'impérieuse nécessité d'élargir le cercle. D'où mon obstination à associer les partenaires sociaux. Même s'il ne suffit pas de recevoir une délégation patronale, syndicale ou agricole. Dans ces milieux, pour bien comprendre les attitudes et les réactions, le partage du pain est irremplaçable : au cours d'un déjeuner ou d'un dîner, des échanges plus informels permettent de mieux comprendre celui qui est assis en face de vous. Un peu de provocation aide au besoin à stimuler les esprits. C'est au cours de ces dîners que j'ai réussi à préparer le ralliement des *Trade unions*, les syndicats britanniques, à la cause européenne. Le repas, un fondement de la civilisation européenne, a donc joué son rôle.

— *Où teniez-vous ces agapes sociales ?*
— Cela dépendait des groupes, mais très souvent autour de la place du Marché aux poissons ou bien dans un restaurant italien auquel je suis resté fidèle, *Le Pou qui tousse*, qui est au-dessus de la Grand-Place de Bruxelles.

Dans deux domaines en particulier, je me suis attaqué aux chefs d'entreprise. Dans ce beau restaurant du *Cygne*, face à l'Hôtel de Ville, j'ai réuni les constructeurs d'automobiles au moment où les difficultés commençaient, parce que la concurrence était telle que fabriquer des pièces à deux millions d'exemplaires ne suffisait pas pour être compétitif. Je pensais à des coopérations qui les auraient fait bénéficier de l'effet de dimension et, d'autre part, je trouvais regrettable de les laisser, chacun dans son coin, faire des recherches dans des domaines qui intéressaient tout le monde... En l'espèce, ce n'est pas à l'utilisation optimale de l'essence que je pensais, mais à l'éclairage de nuit, ou au système de freinage. N'est-ce pas un peu absurde, leur disais-je, de travailler seuls à ce type de recherches ? Enfin je leur rappelais – mais sans grand succès – que le personnel de l'industrie automobile était relativement âgé, et qu'il fallait préparer leurs salariés à de nouvelles techniques de production. Sur ces deux points, je leur ai laissé espérer le soutien financier de la Communauté. Bref, je les poussais à travailler ensemble.

Par ailleurs, j'en voyais certains en tête à tête, notamment Jacques Calvet, le plus réticent et le plus hostile à l'Europe. Mais je donnais la priorité à des réunions de groupe. Il y avait là Volkswagen, Fiat, Renault, Peugeot-Citroën. J'ai ressenti le même besoin pour l'industrie électronique dont j'ai réuni les représentants pendant deux jours à Saulieu chez Loiseau. Magnifiquement traités ! J'étais là avec le commissaire compétent, Martin Bangemann, et cinq dirigeants de l'industrie électronique.

Hélas, je dois reconnaître que ni avec les uns, ni avec les autres je n'ai obtenu de grand succès. L'industrie automobile, c'était du chacun pour soi. La seule chose qui les intéressait, c'était l'argent de la Commission pour le côté social. Je leur ai dit : « Il n'y aura pas de sous s'il n'y a pas, en même temps, un programme renforçant votre coopération et optimisant vos efforts... » On en est resté là. Quant à l'électronique, ce n'était pas un séminaire qui allait changer les choses. Je pouvais seulement provoquer des prises de conscience. Je suis revenu à l'assaut avec le Livre blanc de 1993 [1].

Le dialogue avec les Eglises

— N'avez-vous pas également fait venir les Eglises à Bruxelles ?

— Peu de temps après mon arrivée à la tête de la Commission, j'ai été reçu – ce qui était exceptionnel – à l'Assemblée de l'épiscopat français. J'y ai passé une journée à plancher sur les questions européennes. J'avais déjà pris contact avec la COMECE, c'est-à-dire la Commission des Eglises d'Europe pour les catholiques, qui allait être doublée d'une deuxième organisation, la Commission pour la grande Europe. Sans oublier les protestants, anglicans et autres confessions. La difficulté pour les orthodoxes, c'est l'absence de hiérarchie entre les églises nationales, mais il y avait une personnalité éminente, le patriarche Bartholomé Ier, qui, d'Istanbul, venait me voir à Bruxelles. Quant aux juifs, le Congrès mondial juif est venu des Etats-Unis pour me ren-

---

1. Voir chapitre 19.

contrer. Le plus délicat pour moi, c'était l'islam. Non pas parce que c'est l'islam mais parce que, là non plus, il n'y avait pas de hiérarchie. Je me suis beaucoup renseigné. Je connaissais un peu le Coran mais j'ai surtout interrogé le responsable mondial des jésuites qui avait vécu longtemps en terres musulmanes et le roi Hassan II avec qui j'ai eu des conversations passionnantes. Mon but était de rassembler un jour toutes les confessions autour d'une table, avec la fédération des non-croyants. J'ai commencé sérieusement en 1987, mais je n'ai réussi à les réunir qu'une seule fois à Bruxelles, trois semaines avant mon départ, soit sept ans plus tard ! C'est vous dire le nombre d'obstacles que j'ai rencontrés.

Il y avait tout d'abord une certaine méfiance, notamment du côté de l'islam ; mais également les insuffisances de ma culture... Des réticences aussi, liées au fait que certains, sachant que j'étais catholique pratiquant, me faisaient un procès d'intentions. En ce qui concerne l'organisation de la rencontre, les plus grandes difficultés sont venues du Vatican ! J'étais convenu avec la Commission des Eglises catholiques d'Europe qu'il n'était pas question de leur réserver un régime privilégié, mais qu'un membre de la cellule de prospective serait spécialisé dans les relations avec les Eglises, notamment pour les questions sociales, la lutte contre la pauvreté, l'aide au développement et autres projets de la Commission susceptibles de les intéresser.

Tout cela allait bien. Jusqu'au jour où j'ai senti des freins quelque part. Je m'en suis ouvert à Mgr Lustiger et à d'autres évêques européens. A la suite de quoi le Vatican m'a dépêché Mgr Tauran, un Français, ministre important du Saint-Siège. Il m'a expliqué que le Vatican était une institution de droit international, ce qui impliquait que mon interlocuteur soit le nonce à Bruxelles. J'ai eu des propos un peu méchants sur la capacité de l'intéressé à jouer son rôle dans les discussions complexes que nous envisagions... Puis en décembre 1994, j'ai fini par réunir tout le monde. Y compris le nonce, accompagné d'un petit curé très calé. Il y avait aussi le président de la COMECE. Mais je n'aurais pas eu le second sans le premier ! J'ai donc perdu quelques années à cause de ces considérations politico-juridiques qui, franchement, m'échappaient.

Toujours est-il que lorsque je suis parvenu à les réunir, je les ai fait parler. Au cours d'un repas casher, en raison du rabbin. L'islam était représenté par deux musulmans résidant en Allemagne, parce qu'il y a une forte implantation musulmane de l'autre côté du Rhin. Tout le monde était là. On a discuté d'une manière œcuménique des valeurs communes qu'ils attribuent à l'Europe. Tous ont dit des choses intéressantes mais, à la différence des Carrefours, les actes de cette réunion, qui n'était qu'un déjeuner privé, n'ont jamais été publiés.

Pour moi, c'était aussi un point d'orgue après des efforts pénibles. Mon objectif n'était pas d'inscrire Dieu dans le Traité, ni d'entretenir des polémiques sur les racines religieuses de l'Europe, mais d'inciter les forces spirituelles, celles qui croient et celles qui ne croient pas en un Etre suprême, à œuvrer pour que l'Europe ne soit pas uniquement une réalisation économique et marchande. J'ai mis en chantier un programme : « Une âme pour l'Europe ». L'offre a été lancée et suivie d'effets avec des groupes d'études travaillant sur ce thème. Aujourd'hui encore, cet effort de réflexion perdure.

— Avec toutes ces activités européennes, intellectuelles, philosophiques et œcuméniques, que vous restait-il pour la vie politique française ?

— J'allais très peu à Paris, ce que je regrettais parce que ma femme et moi avions distendu les liens avec de nombreux amis. C'est une contrainte personnelle. Côté vie politique, j'étais membre du Comité directeur du Parti socialiste. J'assistais à ses réunions mais j'allais aussi à celles des deux clubs que j'avais créés ou réformés, d'un côté Clisthène, et de l'autre, le club Témoin qui s'appelait à ses débuts Démocratie 2000 et avait été fondé par un quatuor de talent composé de Jean-Michel Gaillard, François Hollande, Jean-Pierre Jouyet et Jean-Pierre Mignard.

— Et du côté du Parti socialiste ?

— J'assistais au Comité directeur. Je voyais le gouvernement et pendant la cohabitation, j'ai conservé les contacts avec les dirigeants socialistes. Avec Jospin, alors premier secrétaire, et beaucoup d'autres, mais dans la stricte limite du peu de temps disponible que me laissaient mes nombreuses tâches européennes.

10

La prodigieuse mutation

Délaissant momentanément les progrès de la Communauté européenne, venons-en à cette année charnière 1989 et à ses immenses répercussions pour l'Europe et pour le monde. Sans oublier pour autant deux événements forts qui se sont déroulés en dehors de notre continent : la fin de la dictature de Pinochet au Chili, et l'insurrection des jeunes sur la place Tianan Men à Pékin, avec son cortège de victimes et d'arrestations, qui me fera annuler une réunion entre des techniciens européens et chinois sur les questions économiques et commerciales.

La grande rupture allait se produire en Europe et changer radicalement le décor, avec la fin du communisme et celle de la guerre froide, sans oublier les dégâts collatéraux, notamment la chute de Gorbatchev acculé à la démission à la fin de l'année 1991. La rapidité et l'intensité des événements ont souvent surpris les grands responsables politiques. Mais au total, peut-être aidés par la chance, ils ont réussi à conduire cette partie du monde vers son nouveau destin sans guerre, sans tension grave et sans trop de victimes. Dans cet ensemble, sans leur attribuer un ordre de priorité, je citerai le président George Bush et son secrétaire d'Etat, James A. Baker, le président Gorbatchev, le chancelier Kohl, ainsi que son ministre des Affaires étrangères Hans-Dietrich Genscher, sans négliger le président Mitterrand et Mme Thatcher dont les réticences finiront par tomber, une fois obtenues, non sans débats ni tensions, certaines garanties concernant la sécurité de l'Europe et le maintien des frontières.

Je citerai aussi Brian Mulroney, le Premier ministre canadien qui a souvent joué les intermédiaires, notamment entre Bush et Gorbatchev.

La Communauté européenne ne fut pas absente de ces bouleversements. Même si elle n'a pas joué en tant que telle le rôle directeur, ses membres furent constamment sur la brèche, d'abord pour analyser les événements et leurs répercussions à l'Ouest, ensuite pour prendre les décisions, notamment en ce qui concerne la réunification allemande et l'aide aux pays de l'Europe de l'Est, y compris à la Russie.

Dans ce contexte, la Commission européenne a rempli pleinement sa fonction d'analyse et de proposition, voire d'aiguillon. Pendant toute cette période, elle a bénéficié d'une attention particulière de George Bush et de James Baker qui avaient compris le rôle que nous pouvions jouer.

L'Est bouge

– Vous êtes discret sur votre propre rôle. Pourtant la Commission a été un protagoniste essentiel puisque, aussitôt le Mur tombé, elle a travaillé à l'entrée des Länder de l'Est dans la Communauté, en même temps qu'elle aidait les autres pays de l'Est et qu'elle se préparait à les recevoir eux aussi dans la Communauté.

– Dès le début de l'année 1989, les premiers signes d'un grand mouvement apparaissent alors que, depuis les événements de Gdansk et les tensions qui ont suivi, la Pologne avait déjà un pied dans la nouvelle Europe. Dès avril 1989, le président Jaruzelski et le gouvernement polonais ne s'étaient-ils pas vus obligés d'accepter la réunion d'une table ronde qui rassemblait les communistes et des éléments de Solidarité ? Cette année-là, j'avais eu l'occasion de rencontrer le président Jaruzelski dans son ambassade à Bruxelles et de faire la connaissance de Lech Walesa, grand responsable de Solidarité.

En Tchécoslovaquie, le 16 janvier 1989, les opposants au régime communiste commémorent le sacrifice par le feu de l'étudiant Jan Palach lors des événements de 1968-1969. Vaclav Havel est arrêté, puis libéré. Plus tard, le 10 décembre, à la suite de la réapparition politique de Dubcek, Premier ministre de 1968, un nouveau gouvernement est formé avec une majorité de communistes mais aussi une minorité d'opposants.

Après l'épisode dramatique d'Imre Nagy en 1956 et cet éloignement momentané de la pure doctrine communiste en matière économique, la Hongrie avait connu le retour à l'orthodoxie marxiste, plus tard les avancées, prudentes et progressives, du kadarisme, du nom du Premier ministre Janos Kadar. Mais en juin 1989, les Hongrois assistent aux obsèques solennelles de Nagy, réhabilité par la Cour suprême. Un gouvernement de transition est mis en place à Budapest jusqu'aux élections de 1990. C'est une deuxième révolution de velours, après celle de la Tchécoslovaquie.

En Bulgarie, l'agitation se répand et, d'une manière surprenante, le président communiste Jivkov démissionne le 10 novembre. Enfin en Roumanie, Nicolas Ceaucescu, au pouvoir depuis 1965, s'affiche en grand adversaire des réformes qui se déroulent dans les autres pays, mais il est renversé brutalement et, à l'issue d'un procès qui a donné lieu à maintes interprétations, le couple Ceaucescu est exécuté le jour de Noël, le 25 décembre 1989. Iliescu, un dirigeant communiste, prend la suite. La situation est extrêmement confuse.

En République démocratique allemande, la marmite bout sérieusement et les Allemands de l'Est profitent des congés pour passer en Tchécoslovaquie et en Hongrie. Ils y remplissent les ambassades de l'Allemagne fédérale qui débordent, surtout à Prague. Le 2 mai, sous la pression de Gorbatchev, la Hongrie, *via* le ministre des Affaires étrangères Gyula Horn, décide d'ouvrir sa frontière avec l'Autriche qui devient le point de passage des Allemands de l'Est vers la République fédérale. La Tchécoslovaquie suivra un peu plus tard. Les manifestations s'amplifient en République démocratique allemande jusqu'à la chute du Mur de Berlin.

L'intensité du changement était forte et, au fur et à mesure qu'il progressait, de vives inquiétudes se faisaient jour, non seulement dans les chancelleries, mais aussi chez les populations. Un peu partout, on s'interrogeait, non sans angoisse.

Première question : la démocratie s'imposera-t-elle dans ces pays en marche vers leur libération, ou bien y aura-t-il des périodes confuses pendant lesquelles les communistes se maintiendront au pouvoir directement ou indirectement ? Dans la mesure où la liberté politique s'étend, aura-t-elle des effets heureux sur l'évolution économique ? Mme Thatcher, pour sa part, a toujours mis l'accent sur l'implantation de la liberté et de la démocratie qu'elle considérait comme un préalable à toute réforme économique. Sa réaction traduisait également le souci tout à fait légitime que les subventions de la Communauté européenne soient bien utilisées. Chaque fois que ces questions étaient abordées au Conseil européen, le Premier ministre britannique posait des questions judicieuses pour savoir quand et comment l'aide serait utilisée et si les grandes institutions internationales, Fonds monétaire et Banque mondiale, interviendraient elles aussi.

– Elle voulait être sûre que ces pays iraient dans le sens de la démocratie.

– Oui, et elle avait le même souci que pour les affaires domestiques : une bonne utilisation de l'argent public.

Deuxième question : que va devenir le processus de désarmement engagé depuis des années et encadré par la Conférence pour la sécurité et la coopération en Europe, la CSCE, à l'époque un point de référence pour beaucoup de gouvernements ? Au-delà, quel avenir pour l'Alliance atlantique et quelle évolution pour le Pacte de Varsovie alors que les pays qui en sont membres s'effondrent ?

Troisièmement – et ce point-là va être un des plus délicats à négocier – conservera-t-on les frontières issues de Yalta ? Une question pour beaucoup essentielle, pour les Américains comme pour les Européens. Pendant un moment le chancelier Kohl a laissé planer le suspense, car il s'agissait pour lui de renoncer définitivement à la Silésie, cette partie de la Pologne fortement peuplée d'Allemands.

– La principale question portait sur les frontières orientales de l'Allemagne, la frontière avec la Pologne et la frontière des Sudètes.

– Le facteur dominant fut la ligne Oder-Neisse parce que le dialogue entre la Pologne et l'Allemagne n'était jamais facile. Avec la Tchécoslovaquie en revanche, le problème a été en

quelque sorte reporté, mais il n'a pas connu l'intensité dramatique de celui de la frontière germano-polonaise.

Au moment où on refermait le livre de la Deuxième Guerre
mondiale et de la guerre froide et où on établissait une géogra-
phie politique pour des dizaines d'années à venir, il était normal
que la question des frontières allemandes soit à nouveau posée.
N'oublions pas que Kohl comptait des dizaines de milliers
d'électeurs originaires de ces régions-là.

Quatrièmement : Gorbatchev, dont on ne soulignera jamais
assez le rôle déterminant, Gorbatchev pourra-t-il se maintenir
au pouvoir ? Nous savions qu'il était aux prises avec une contestation croissante et que, pour résister à celle-ci, il était très gêné
par la volonté d'indépendance des Etats baltes, par la question
des frontières et par le sort réservé à l'Allemagne réunifiée,
notamment son adhésion pleine et entière à l'OTAN.

Cinquième question qui troublait beaucoup les Européens,
qu'il s'agisse de conversations sérieuses ou de café du
Commerce : que fera la nouvelle Allemagne ? L'inquiétude était
manifeste, dans les réunions ministérielles comme dans les
apartés entre dirigeants politiques. Le souvenir de la guerre était
toujours présent dans les pays qui avaient souffert du conflit.
Les plus chauds partisans de l'Europe se demandaient si l'Allemagne ne s'en éloignerait pas, une fois réunifiée. Pendant toute
cette période, on verra les ministres allemands, le chancelier
Kohl, Genscher pour les Affaires étrangères, Weigel pour les
Affaires économiques, expliquer longuement, à chaque réunion
du Conseil européen ou du Conseil des ministres, ce qui allait
se passer outre-Rhin. Ils avaient besoin de nous informer, mais
aussi de nous rassurer.

Sixième question enfin : quelles conséquences pour la
construction européenne ? En dehors des questions posées par
la nouvelle Allemagne, comment répondre à l'aspiration vite
exprimée par les anciens satellites de l'URSS de rejoindre les
institutions du camp occidental, l'Alliance atlantique d'un côté,
la Communauté européenne de l'autre ? Politiquement – et
intellectuellement – cette période de trois ans a été d'une
extrême richesse et d'une très grande intensité.

Les Européens de l'Est au G 7

En juillet 1989, c'était au tour de la France de réunir le sommet des pays industrialisés qui restera sous le nom de « sommet de l'Arche » parce qu'il s'est tenu dans ce monument que Mitterrand venait de faire construire à La Défense, dans le prolongement des Champs-Elysées et de l'Arc de triomphe. A l'époque, les sept pays membres représentaient les deux tiers de la production mondiale et 622 millions d'habitants sur 5 milliards. Alors que s'ouvrait le sommet, nous avons reçu une lettre de Gorbatchev qui demandait à participer à cette réunion, tout au moins à sa partie économique. Ce qu'il obtiendra, mais deux ans plus tard, au sommet de Londres de 1991.

– *Que lui a-t-on répondu ?*
– Qu'un certain temps était nécessaire et qu'il lui fallait au préalable s'entretenir avec le nouveau président des Etats-Unis, George Bush.

Ce sommet de l'Arche avait été combiné avec les cérémonies du 14 Juillet, qui étaient celles du bicentenaire de la Révolution. Les Français avaient déployé tous leurs fastes et leur inventivité culturelle. En dépit des craintes de certains et des critiques des autres, toutes ces manifestations ont été une réussite aux yeux des partenaires étrangers avec qui j'ai eu l'occasion d'en parler.

Le président Mitterrand avait aussi invité quelques responsables des pays en voie de développement pour bien montrer la priorité que représentait, à ses yeux, pour le G 7, l'aide au développement. Mais le journal *Le Monde* a pu titrer que les Américains s'opposaient à une sorte d'institutionnalisation du dialogue Nord-Sud. Et le grand sujet de ce sommet restera la situation dans les pays de l'Est.

A tout seigneur tout honneur, George Bush plaide le premier pour une ouverture politique et économique à la Pologne et à la Hongrie, les deux pays à la tête de l'émancipation. Kohl enchaîne en parlant déjà de ses entretiens avec Gorbatchev et en signalant qu'il n'était pas très optimiste pour l'URSS. Il confirme ainsi les craintes d'instabilité potentielle chez les Soviétiques que nourrissaient plusieurs gouvernements. Il mentionne aussi le problème des Allemands vivant en Pologne. Mme Thatcher, toujours très pragmatique, met l'accent sur l'aide alimentaire à ces pays et sur l'allégement de la dette extérieure qui restreignait beaucoup leurs marges de manœuvre.

Mitterrand insiste sur le lien entre l'avenir de Gorbatchev et la réussite de la Pologne et de la Hongrie. Leur sort est lié, dit-il, en ajoutant avec force qu'il n'y avait pas de risque à aider Gorbatchev. Il était en pointe pour soutenir le dirigeant soviétique. Je suis intervenu pour aider à la réussite des expériences polonaise et hongroise. J'en ai profité pour dire que nous pouvions faire une proposition technique. Et de fil en aiguille, fort de l'appui de Bush et de Mulroney, j'ai fini par obtenir que la Commission soit chargée de la coordination des aides à ces pays. C'était une compétence tout à fait nouvelle et je prenais un grand risque. Mes deux collègues présents à ce G 7, Andriessen et Christophersen, avaient légitimement attiré mon attention sur les aléas d'une telle opération. Mais le Conseil européen m'a chargé d'engager des conversations avec les autres pays industrialisés qui ont abouti à la constitution d'un G 24, c'est-à-dire un groupe de vingt-quatre pays décidés à aider, sous une forme ou sous une autre, la Pologne et la Hongrie. Ils étaient tous invités à cette immense tâche d'aide à l'administration et à la démocratisation.

Dès le 17 juillet, dans la foulée du sommet, la Communauté, sur notre proposition, a décidé une aide alimentaire à la Pologne, prouvant le mouvement en marchant, sans attendre la réunion des 24. En obtenant de coordonner ces aides, ce qui était vraiment un fait nouveau, je crois avoir installé davantage la Commission en tant que telle dans le concert institutionnel.

A partir de là, il y a eu une floraison de propositions dont certaines verront le jour, comme la création d'une Banque européenne pour la reconstruction et le développement, une idée que Jacques Attali avait soufflée à Mitterrand. Il a fallu plusieurs mois pour que les gouvernements se mettent d'accord sur le choix du lieu et sur le nom du président. Le siège échut à Londres et la présidence à Attali.

Pendant ce temps, la Commission réfléchissait à différentes propositions. Nous aurions aimé créer une fondation européenne pour la formation, puisque les problèmes d'adaptation à l'économie de marché, à la compétitivité, à la gestion des entreprises étaient prioritaires. Nous envisagions déjà des accords de coopération entre la Communauté et chaque pays, et puis on a donné un nom de baptême à ce programme des 24 qu'on a appelé PHARE[1] et qui fut étendu ensuite, au fur et à mesure des événements, à la Tchécoslovaquie, à la Bulgarie et à l'Allemagne de l'Est.

La discussion s'est poursuivie au sommet suivant, à Houston en 1990, un sommet pittoresque puisque nous étions au Texas et que chacun de nous a reçu un chapeau de cow-boy, des bottes et une magnifique ceinture. Faut-il dire que nous étions invités à siéger sous cet uniforme ?

— Y compris Mme Thatcher ?

— Plusieurs d'entre nous, voulant faire plaisir aux Américains, sont arrivés aux réunions comme à un bal costumé... C'était bon enfant. Mais revenons aux choses sérieuses : un satisfecit a été délivré à la Commission pour son travail de coordination...

— Dans la Commission, qui travaillait à cette aide aux pays de l'Est ?

— Dès que nous avions reçu cette mission, j'en avais chargé, en priorité, l'énergique vice-président Andriessen, qui avait occupé d'autres postes à la Commission et avait été ministre des Finances aux Pays-Bas. Dans cette deuxième Commission Delors, il y avait eu des changements : Andriessen était passé de l'Agriculture aux Relations internationales. Christophersen était en charge de l'Economie et, en coopération avec moi, de la Monnaie. Il contribua pour beaucoup à ce programme d'aide aux pays de l'Est.

Au cours de ce sommet de Houston, le G 7 soutiendra la perestroïka de Gorbatchev, acceptera le dialogue économique qu'il proposait et l'invitera au sommet de Londres.

---

1. PHARE, acronyme pour Pologne, Hongrie, Aide à la Restructuration Economique.

Les Allemands de l'Est bousculent l'histoire

Revenons à l'année 1989 et à l'Allemagne de l'Est. Les événements se précipitent. La mèche initiale a été allumée par la Pologne et la Hongrie. Ensuite, le moteur du bouleversement est venu des Allemands de l'Est qui passent la frontière mais manifestent aussi dans plusieurs grandes villes pour des changements spectaculaires. La première fois, ils crient : « Nous sommes le peuple », dressé contre un pouvoir totalitaire. Mais quelques jours après : « Nous sommes un peuple ! » Ces manifestations commencées à Leipzig vont gagner ensuite Berlin, Rostock et Dresde.

Avant de traiter des aspects politiques et techniques de la réunification allemande, il faut se rappeler ces événements de 1989, les inquiétudes des uns, les questions des autres, les tensions et les malaises provoqués d'une part par la fuite en avant d'Helmut Kohl, et de l'autre par les réserves de Mme Thatcher et les faits et gestes de François Mitterrand qui, en décembre 1989, rend visite à Gorbatchev à Kiev avant d'être reçu à Berlin-Est par un dirigeant épisodique de la République démocratique, Hans Modrow.

Pour ma part, dès que se sont produits ces mouvements en Allemagne de l'Est, et sans prévoir une issue aussi rapide, je voyais bien qu'à l'Ouest, les Allemands commençaient à s'interroger et surtout à s'inquiéter. J'ai pris sous ma responsabilité de leur parler et même de précéder des événements que je ne pouvais pas pronostiquer. Dès le 5 octobre, avant même la chute du Mur de Berlin, à l'occasion d'une visite à Bonn et d'un discours consacré à l'urgence de l'Europe communautaire, je leur envoie un premier signal : je néglige le texte que j'avais préparé et je commence en disant aux Allemands : « Oui, chers amis, la formule doit être prise dans un sens fort. C'est d'abord comme un ami de la République fédérale d'Allemagne que je suis ici, comme un ami du peuple allemand... »

Ensuite, à la fin de mon discours, je citais Willy Brandt pour essayer de bien me faire comprendre, car je voulais à la fois rassurer, mais aussi tordre le cou à l'idée que l'avenir de l'Allemagne se situait dorénavant en dehors de la Communauté européenne.

« Il y a quelques jours devant le Bundestag, disais-je aux Allemands, Willy Brandt déclarait : "L'espace européen futur ne fera pas de place à des Etats sur des béquilles et exclura les persécutions, il ne tolérera pas les murs qui séparent les citoyens d'une même nation." Brandt affirmait : "Qui regarde l'Europe dans son entier, ne peut contourner la question allemande." » Et moi d'ajouter : « La Communauté européenne offre le cadre le plus réaliste à cette perspective, à la condition d'affermir son essor et de renforcer encore son attrait. Ainsi notre Communauté, votre Communauté, a rendez-vous avec tous les Allemands. Pour vous rencontrer, n'a-t-elle pas déjà accompli un chemin irréversible ? »

En France, nombre de gens craignaient à l'époque que l'Allemagne ne sorte de la Communauté. Pour ma part, le jour de la chute du Mur, que j'ai vue à la télévision, j'étais à Bruxelles, communiant avec l'émotion de ceux qui étaient là. C'est alors que j'ai expliqué à certains collègues, peut-être surpris de ma première déclaration à Bonn, qu'il y avait dans le Traité de Rome de 1957 une déclaration de la République fédérale d'Allemagne, qui avait été acceptée par les cinq autres pays, et qui disait : « En ce qui concerne la République fédérale d'Allemagne, il faut entendre par ressortissants tous les Allemands au sens défini par sa loi fondamentale. » C'est sur ce texte que je me suis fondé et, dès le 12 novembre, compte tenu de mon intervention précédente et de mes liens d'amitié avec les Allemands, la deuxième chaîne de télévision allemande m'interrogeait. Le 12 novembre à 19 h 30, c'est-à-dire trois jours après la chute du Mur.

Les journalistes allemands m'ont posé plusieurs questions. On m'a demandé comment je voyais le rôle de la Communauté européenne en face des événements historiques d'Allemagne. J'ai répondu : « D'abord je voudrais vous dire que je partage avec nos amis allemands leur émotion, leurs joies et leurs espoirs. La Communauté européenne est le centre de gravité de l'histoire de l'Europe. C'est vers elle que regardent les habitants de la RDA, de Pologne et de Hongrie. Nous ne devons pas les décevoir, nous devons leur offrir notre aide et notre coopération. »

« Avez-vous peur ? » ajoutait l'interviewer, en faisant allusion aux craintes que la République fédérale allemande choisisse un chemin différent. J'ai répondu en allemand : « *Ich habe keine Angst !* Je n'ai pas peur. » Et lui d'enfoncer le clou : « N'avez-vous pas peur d'une situation où les deux Allemagne se rapprocheraient ? » J'ai répondu : « Pas du tout ! »

A la question de savoir si je pouvais envisager une Communauté qui comprendrait deux Allemagne au début du processus, j'ai répondu : « Tout est possible. Ce n'est pas à moi de choisir. C'est aux Allemands de bien peser le pour et le contre et, au gré des événements, les possibilités, les contraintes de l'Histoire. A eux de faire leur choix souverainement, dans leur droit à l'autodétermination. »

A un moment, il a été question de faire cohabiter les deux Allemagne dans la Communauté, alors que l'important était qu'on dise aux Allemands : Vous avez le droit à l'autodétermination. La Communauté est prête à vous accueillir. Point à la ligne. Mais cela contrastait avec ceux qui se taisaient par prudence ou par méfiance.

J'ai répété ces propos à l'émission d'Anne Sinclair, sur TF1, le 12 novembre. Les Allemands, pourquoi ne pas le dire, m'ont toujours eu une grande reconnaissance d'une prise de position qui a été précoce et qui a précédé celle des autres acteurs.

— *Etiez-vous déjà allé à Berlin ?*

— Oui, à Berlin-Ouest. Je m'étais arrêté pour méditer devant le Mur. Ces gardes que l'on voyait de l'autre côté, ces immeubles qui paraissaient non habités, tout cela me glaçait. Au-delà du rôle historique du Mur et de l'époque à laquelle il a été construit, l'image était d'une force incroyable, émotionnelle, mais aussi politique. N'oublions pas qu'il y avait plus de mille kilomètres de Mur et que, à la campagne, la frontière traversait les hameaux et les villages...

Dès le 10 novembre c'est-à-dire le lendemain de la chute du Mur — je dois dire que c'était une coïncidence —, j'avais convoqué des collègues dans un séminaire à Bruxelles, comme nous le faisions régulièrement. Bien entendu, nous avions l'intention de parler des événements de l'Est, mais a surgi comme un éclair cette chute du Mur qui a donné à la discussion toute sa gravité et toute sa difficulté aussi.

J'ai vu tout de suite une Commission capable, avec ses dix-sept commissaires, de discuter à fond, sans procès d'intentions, dans une atmosphère extrêmement encourageante. En d'autres termes, dans cet esprit de collégialité qui faisait notre force. Nos deux collègues allemands, Bangemann et Schmidhuber, se sont expliqués, les Anglais aussi. Tout cela avec beaucoup de sérieux, des points d'interrogation, bien sûr, mais dans une ambiance qui traduisait l'unité de la Commission. Ce qui était un élément très important pour la réussite de ce que nous allions faire.

Bien entendu, la vie de la Communauté continuait. Mais une nouvelle étape s'offrait à moi : Roland Dumas, président du Conseil des ministres en exercice, m'a invité à l'accompagner dans un voyage en Hongrie et en Pologne afin d'en rencontrer les dirigeants. Je connaissais déjà Jaruzelski et Walesa, mais c'était mon premier contact avec les Hongrois. Nous avons fait un voyage éclair puisque nous sommes partis le jeudi 16 novembre à 16 h 30 pour la Hongrie et nous sommes rentrés de Pologne le samedi 18 pour 20 heures, afin d'assister à un Conseil européen exceptionnel à l'Elysée.

— Quel a été votre sentiment après ce premier contact, en particulier avec les Hongrois que vous ne connaissiez pas ?

— A Budapest, il y avait un gouvernement qui était encore aux mains des communistes. Nous avons eu un déjeuner de travail avec eux. C'est nous surtout qui avons parlé. Sur l'avenir de leur pays, ils ont été peu diserts. Nous avons beaucoup discuté des problèmes économiques. Nous avons vu aussi les partis de l'opposition et notamment Jozsef Antall, président du Forum démocratique qui allait devenir Premier ministre à l'issue des élections. Et puis Reszö Nyers, le président du Parti socialiste hongrois.

Dumas et moi sommes allés faire une visite au cardinal Laszlo Patskai au palais épiscopal, de façon que nos contacts soient complets. Je n'ai pas tiré de ce voyage à Budapest d'élément très nouveau en ce qui concerne ma connaissance de la Hongrie, que ce soit par les livres ou par les notes des collaborateurs ou de nos ambassadeurs. Les Hongrois avaient déjà un état d'esprit un peu différent des autres en raison d'une expérience économique particulière. J'ai mentionné Imre Nagy et, ensuite, l'expérience très ambiguë du kadarisme. Sur le plan économique, ce n'était plus un système totalement planifié et autoritaire. Quant aux dirigeants de l'opposition, c'étaient des gens très estimables, professeurs et chercheurs qui s'étaient réfugiés dans leurs recherches, puis avaient manifesté au nom de la liberté, notamment au sein du Forum démocratique, mais qui me paraissaient – je dois le dire aujourd'hui – peu préparés à l'exercice du pouvoir. Il y avait donc une sorte de fossé entre ceux qui étaient aux affaires, avaient des marges d'action limitées et ne maîtrisaient pas l'avenir, et ceux qui étaient dans l'opposition et souffraient d'avoir toujours été éloignés des responsabilités.

Ensuite nous sommes allés en Pologne. Ce fut beaucoup plus passionnant parce que là, il y avait un gouvernement mixte, avec une de nos vieilles connaissances, Krzysztof Skubiszewski, ministre des Affaires étrangères, un interlocuteur d'une grande culture. Puis, nous avons découvert un homme qui allait jouer un rôle très important et qui était un partisan intégral de l'économie de marché, Leszek Balcerowicz, alors ministre des Finances, aujourd'hui gouverneur de la Banque centrale polonaise. Enfin, j'ai fait la connaissance de Tadeusz Mazowiecki, le Premier ministre, avec qui je me suis immédiatement bien entendu. Il est amusant de noter ce que disait Willy Brandt de Mazowiecki : « Je me rappelle d'autant mieux mon entretien avec lui, disait-il, que son état d'esprit est proche de celui de Jacques Delors... » Nous avons tout de suite profondément sympathisé. Il nous a expliqué les difficultés de la Pologne – y compris en matière alimentaire – et celles aussi du gouvernement qui marchait sur des œufs.

Autre impression forte : tous ces Polonais, sauf peut-être Mazowiecki, beaucoup plus réservé sur ce point, avaient le sentiment d'appartenir à un grand pays, avec un destin et une certaine propension nationaliste.

Nous avons eu ensuite un long entretien – c'était pour moi le deuxième – avec le général Jaruzelski, qui avait été élu président, conformément à ce qu'avait souhaité Walesa qui s'avérait un grand stratège, et dont le sang-froid faisait l'admiration de tous ceux qui avaient vécu les événements de Gdansk. Walesa était entouré d'intellectuels – et quels intellectuels ! – notamment Geremek et Michnik, mais l'analyse, la fermeté, le calme lui appartenaient en propre. Cela saute aux yeux lorsqu'on revoit les actualités de l'époque. Pensant que c'était la meilleure solution pour une période de transition, il avait accepté de combiner un président communiste, Jaruzelski, avec un gouvernement de Solidarité.

Jaruzelski nous a fait une grande impression. Bien sûr, il ne reniait en rien les événements dramatiques auxquels il avait contribué de fâcheuse façon. Selon lui, parce qu'il était inséré dans un réseau incontournable de contraintes, compte tenu de l'Union soviétique. Mais il se souciait beaucoup de l'avenir de son pays, en des termes objectifs et en patriote qui ne savait pas très bien, lui non plus, ce qui allait se passer. Il affichait une grande vigueur d'analyse et une grande disponibilité. Tout en sachant que ce serait lui qui payerait un jour ou l'autre, il voulait accompagner son pays pendant cette période de transition.

– *Jaruzelski, vous l'aviez déjà vu une fois à Bruxelles ?*

– Oui, avec ses lunettes noires, il m'avait paru très semblable à l'homme qu'on voyait à la télévision. La conversation était restée assez distante et nous avions surtout parlé des problèmes économiques de la Pologne. Mais à Varsovie, c'était différent.

Ce voyage fut, je le rappelle, une initiative heureuse de Roland Dumas qui m'associait à sa propre visite. En voyant ce tandem du président du Conseil des ministres en exercice et du président de la Commission, on avait le sentiment que s'il n'y avait eu que nous, certains problèmes institutionnels de l'Union européenne, qui se posent encore aujourd'hui, auraient été vite réglés.

Mais il n'était pas question de s'attarder à Varsovie car un Conseil européen nous attendait à l'Elysée, avec un dîner qui a commencé peu après 20 heures pour se terminer à 23 h 30 par une conférence de presse de Mitterrand, entouré de Felipe Gonzalez, président pendant le semestre précédent, et du

Premier ministre irlandais Charles Haughey qui allait prendre le relais un mois et demi plus tard.

Le dîner avait été entièrement consacré à la situation dans les pays de l'Est. C'est à Dumas et à moi qu'il revenait de parler des développements en Hongrie, Pologne, République démocratique allemande et Tchécoslovaquie. Nous avons présenté la gamme des instruments disponibles pour dresser des ponts avec ces pays. Les membres du Conseil européen ont compris qu'il fallait continuer cet effort et ils ont confirmé les orientations déjà prises. Puis le chancelier Kohl a fait un long exposé sur l'Allemagne. Les autres participants ont écouté, intervenant à l'occasion, mais je n'ai pas eu le sentiment qu'on entrait dans le vif du sujet. Après tout, ce sommet exceptionnel ne se déroulait que neuf jours près la chute du Mur de Berlin. Et on ne parlait pas encore de réunification à ce moment-là, même si le sujet était dans toutes les têtes.

A l'issue du dîner, devant la presse, François Mitterrand a dit que le Conseil s'était placé devant la question suivante : que signifie l'évolution de l'Europe de l'Est et quelles en sont les répercussions pour ces pays, ainsi que pour le reste de l'Europe et du monde ? Il s'est ensuite exprimé en ces termes :

« Les participants ont tenu à exprimer leurs sentiments de joie devant cette nouvelle marche en avant de la liberté. Avant tout autre commentaire politique et toute appréciation, l'essentiel était là et dans la logique d'une façon de sentir et d'agir, la Communauté veut multiplier ses encouragements aux mouvements de réforme partout en Europe, qui accéléreront le déclin des totalitarismes. De ce point de vue, nous pensons que l'existence même de la Communauté européenne des Douze a servi de référence pour les espérances à l'Est, et souvent de stimulant. »

Comme j'étais présent, un journaliste a voulu m'interroger, mais Mitterrand lui a répondu : « C'est à moi qu'on pose des questions ! » Puis, malgré tout, il m'a invité à parler, ce qui me mettait dans une situation embarrassante. J'ai été le plus sobre possible.

Quelques jours plus tard, au Conseil européen de Strasbourg du 9 décembre, il n'y avait pas que la question de l'évolution de l'Europe de l'Est, centrale du point de vue historique. Il fallait aussi faire avancer l'approfondissement de l'Europe, dans la perspective de l'Objectif 92. J'étais chargé d'un exposé sur la mise en œuvre de l'Acte unique, la réalisation du grand marché, les politiques d'accompagnement, la réforme de la politique agricole commune, la rigueur budgétaire (qui s'appliquait dans le cadre du récent accord entre le Parlement, le Conseil et la Commission), enfin, les politiques structurelles de cohésion économique et sociale.

La dimension sociale a été d'autant plus évoquée que figurait à l'ordre du jour du Conseil l'adoption d'une Charte sociale. J'avais eu l'idée d'en confier la rédaction au Comité économique et social, ce qui lui donnait une base consensuelle. Si le Comité économique et social avec ses trois formations – patronale, salariale et autres activités – était d'accord, cela en rendrait l'adoption plus facile par le Conseil. Le projet de Charte a effectivement été adopté, mais sans l'agrément de Mme Thatcher.

Les « chefs » se sont montrés satisfaits de mon exposé sur l'Acte unique, comme j'en faisais à chacune de leurs réunions, non pas pour amener le Conseil à entrer dans les détails, mais parce que j'étais très sensible à cette hygiène institutionnelle qui veut que le Conseil européen dresse l'état de l'Union, puis fixe les grandes orientations, mais sans entrer dans les détails. L'accueil fut bon, y compris de la part de Mme Thatcher. C'est Edith Cresson, alors Premier ministre, qui a parlé, de manière très positive, pour la France. Au déjeuner, les participants ont engagé une discussion sur les relations Est-Ouest, entre chefs de gouvernement, mais pour une fois accompagnés de leurs ministres des Affaires étrangères.

Tous ont parlé : François Mitterrand avait trouvé Gorbatchev détendu et reposé, malgré ses difficultés. Le numéro 1 soviétique lui avait dit : « Maintenant que j'ai décidé, je suis tranquille. » Très calme, a précisé Mitterrand, sauf sur le problème allemand.

Genscher, le ministre des Affaires étrangères allemand, a tout de suite ajouté : « Sans Gorbatchev, la réforme en République démocratique allemande aurait été impossible. C'est lui qui l'a provoquée. Il l'aurait même souhaitée six mois plus tôt. » Genscher a donné ensuite son analyse de la situation en Allemagne de l'Est : une lourde irritation devant la corruption, une grande inquiétude au sujet des troupes soviétiques et des incertitudes sur la capacité des autorités à maintenir le calme.

Comme les événements évoluaient très vite, il y avait dans ces interventions un mélange de notations conjoncturelles et d'analyses de fond. Pour Kohl, le climat avait évolué dangereusement au cours de la semaine précédente en raison des réactions populaires au phénomène de corruption. Le parti communiste devrait résoudre ses propres problèmes, disait-il, en anticipant sur le congrès du parti.

De son côté, Mme Thatcher observait : « Nous avons besoin de conclusions très claires, avec des garanties pour les frontières actuelles. Face à des pays qui n'ont aucune expérience, que devons-nous faire en tant que Communauté ? » C'est à ce moment que j'ai senti les tensions monter à la surface. Avec brusquerie, Kohl a rétorqué : « On ne peut pas parler en termes aussi généraux ! » et il s'est référé au programme en dix points qu'il venait de proposer à ses compatriotes pour résoudre le problème des deux Allemagne[1].

Le soir, le dîner ne réunissait que les chefs de gouvernement et le président de la Commission. François Mitterrand a relancé la discussion : « La Communauté aura son mot à dire. Nous avons décidé une aide pour la Hongrie et la Pologne. Que faisons-nous pour les autres ? Et puis, a-t-il ajouté, la question se pose des rapports entre les quatre puissances victorieuses et occupantes et l'Allemagne. » Mme Thatcher est intervenue à nouveau sur la question des frontières, en disant qu'on pourrait peut-être en traiter dans le cadre de la Conférence pour la sécurité et la coopération en Europe.

Kohl a dit : « C'est une discussion très importante ! » et il a insisté sur la réaction inquiète des dirigeants soviétiques. « Je vous rappelle que le résultat de la Deuxième Guerre mondiale, c'est d'avoir amputé d'un tiers le territoire du Reich », a-t-il dit, avant d'affirmer : « Ma politique est que les gens doivent rester où ils sont », et d'annoncer qu'il espérait un accord avec la Pologne dans un délai de quatre semaines. Quant à la frontière

---

1. Le 28 novembre, le chancelier avait présenté au Bundestag un plan qui prévoyait des structures confédérales entre la RFA et la RDA pour surmonter, précisait-il, la division de l'Allemagne et de l'Europe.

Oder-Neisse, c'était, selon lui, aux quatre d'en parler avec les deux Allemagne.

Kohl a poursuivi en s'interrogeant sur l'opportunité d'un traité de paix, puis en affirmant que, si la réforme échouait en Pologne, il n'y aurait pas de chance pour la République démocratique allemande. « Je n'ai pas parlé de calendrier, mais je veux cette unité européenne, dira-t-il encore, en terminant là-dessus, et nous ferons l'Union économique et monétaire[1]. » Kohl entendait ainsi confirmer très explicitement l'ancrage de l'Allemagne dans la Communauté européenne.

La dimension mondiale de l'affaire allemande

Les conversations au sommet se multiplient au fur et à mesure que les événements s'accélèrent. Pour certains, souvent déroutants. Pour d'autres, très préoccupants. Ces conversations se déroulent, directement ou indirectement, entre les collaborateurs des principaux chefs de gouvernement, leurs ministres des Affaires étrangères et leurs ambassadeurs. Le tête-à-tête le plus significatif fut la rencontre, les 2 et 3 décembre 1989 à Malte, du président George Bush et de Gorbatchev, alors secrétaire général du PC de l'Union soviétique. Cette toute première rencontre des deux dirigeants avait été précédée par une minutieuse préparation. Ce fut un succès. Bush et Gorbatchev décidèrent de conjuguer leurs efforts pour accélérer le désarmement et renforcer la coopération soviéto-américaine afin d'éviter la déstabilisation en Europe de l'Est, qui était leur inquiétude commune.

Après cette rencontre, Bush est venu à Bruxelles informer ses partenaires de l'OTAN et rendre visite à la Commission qui, sans être au premier rang, faute de compétence en matière de politique étrangère, était tout de même au cœur du dispositif. La Commission était à l'écoute de tout ce qui se passait, faisait ses propres évaluations et participait aux nombreuses discus-

---

1. L'Union économique et monétaire était déjà en marche, puisque le rapport Delors avait été endossé au sommet de juin 1989 sous présidence espagnole.

sions qu'allaient avoir les chefs de gouvernement, mais aussi les ministres des Affaires étrangères ou des Finances, à propos de l'unification allemande.

— *Etait-ce la première visite de Bush à Bruxelles ?*
— Il était déjà venu comme vice-président de Ronald Reagan. Je me rappelle que la conversation avait été très cordiale mais aussi que, dès cette époque, il insistait pour que l'on prenne en considération la demande d'adhésion de la Turquie. A l'issue de la visite de décembre 1989 après Malte, le porte-parole de la Maison Blanche a publié une déclaration qui témoigne d'une certaine considération pour la Commission :

« Le président Bush a discuté, avec le président de la Communauté économique européenne Jacques Delors, des grandes lignes de ses conversations avec le président Gorbatchev, mettant en particulier l'accent sur les développements économiques et politiques en Europe de l'Est. Il a félicité le président Delors pour la coordination de l'aide occidentale à la Hongrie et à la Pologne, qu'assume la Communauté européenne. Il s'agissait de la troisième rencontre cette année entre le président Bush et le président Delors, ce qui est une indication de l'importance que chaque partie attache aux relations entre les Etats-Unis et la Communauté européenne. »

Les deux rencontres précédentes se situaient dans le cadre des rendez-vous périodiques entre les Etats-Unis et la Communauté qui avaient lieu tous les six mois en général. Je rendrai ainsi visite au président Bush aux Etats-Unis en avril 1990 et là, de nouveau, il y aura un communiqué. A cette occasion, j'ai eu d'intéressantes conversations avec Alan Greenspan, le président de la Réserve fédérale, ainsi qu'avec le secrétaire au Trésor, Brady, et des membres éminents du Sénat et de la Chambre des représentants.

A Bruxelles, nous avons eu un ordre du jour chargé pour traiter des pays de l'Est puisque, conformément au mandat que nous avions reçu, nous avions convoqué vingt-quatre pays industrialisés, le G 24, pour les appeler à contribuer à cette assistance. La réunion sera préparée et bien gérée, dans toutes ses dimensions politiques, économiques, financières et commerciales, par Frans Andriessen, le vice-président de la

Commission. En outre, en plus de la Hongrie et de la Pologne, notre mission avait été étendue à l'Allemagne de l'Est et à la Tchécoslovaquie. Avec le président Bush, nous avions parlé de cette réunion du G 24 et il m'avait expliqué, avec quelque prudence, comment il voyait l'évolution de l'Allemagne de l'Est. Nous avions surtout abordé le plat de résistance de toutes les réunions avec les Etats-Unis, c'est-à-dire les négociations commerciales. Nous étions dans le processus de l'Uruguay Round, ainsi appelé ainsi parce que la première réunion avait eu lieu à Punta del Este. Dans ce domaine, la pomme de discorde était, et demeure, l'agriculture.

– *Avec Bush, discutiez-vous en tête à tête ou en présence de certains ministres ?*

– L'entretien d'avril 1990, autant que je m'en souvienne, n'a pas été un tête-à-tête. Il y avait avec moi Frans Andriessen et, du côté américain, James Baker plus quelques collaborateurs.

Baker, que j'allais rencontrer périodiquement pour reparler de l'Uruguay Round, devait se montrer à la fois sévère envers la Communauté et assez bienveillant à mon égard. Il allait stigmatiser la division des Douze à propos de la tragédie yougoslave, même si, à l'époque, les Américains n'avaient pas du tout l'intention de s'en mêler. Je me rappelle qu'en décembre 1991, nous avons discuté de tout, mais surtout du commerce international. Comme c'était un facteur de tensions constantes, j'ai voulu détendre l'atmosphère au cours de notre conférence de presse commune. J'ai raconté un épisode du film des Marx Brothers, *Soupe au canard*. Vous vous rappelez, Groucho, la vedette des frères Marx, président d'une république imaginaire, penché en avant, les mains dans le dos, avec son éternel cigare, parcourant le front de ses troupes, en pleine guerre civile. Il donne l'ordre de tirer. Les canons tonnent lorsqu'un militaire, plus courageux que les autres, vient lui dire : « Président, excusez-moi. Vous faites tirer sur vos propres troupes ! » A ce moment-là, Groucho lui tend vingt dollars qu'il sort de sa poche en disant : « Que cela reste entre nous ! »

Avec cette histoire, j'entendais faire comprendre qu'il ne fallait pas transformer une dispute commerciale en divorce politique, quand Baker, sans sourciller, a sorti vingt dollars de sa poche et me les a remis devant les caméras.

— Les relations avec les Etats-Unis comptaient beaucoup pour vous ?
— Quelles que soient les difficultés et quelles que soient les divergences, politiques ou commerciales, les Européens ont intérêt à ce que les rapports transatlantiques fonctionnent, même si on doit constater des désaccords sur tel ou tel problème. Reconnaître les désaccords vaut mieux que l'incompréhension aggravée par les procès d'intention.

En tout état de cause, ces relations ont été très utiles pour la Commission et pour moi. Utiles pour la compréhension des affaires et pour notre propre agenda qui consistait à coordonner au mieux les aides aux pays de l'Est et à encourager, dans de bonnes conditions, une réunification allemande qui apparaîtra bientôt inévitable à tous, même aux plus réservés.

Les poussées de fièvre n'ont pas manqué dans ces moments où George Bush et ses deux collaborateurs, James Baker et Brent Scowcroft, son conseiller pour la Sécurité nationale, étaient au cœur de la réflexion sur le sort de l'Europe. Au cours de ces entretiens, Bush m'est apparu comme un Américain de l'Est, à la manière dont il accueillait ses visiteurs, notamment européens, avec un grand souci de son interlocuteur et cette expérience de la diplomatie et des hommes qu'il avait acquise dans ses postes précédents d'ambassadeur à Pékin, de directeur de la CIA et surtout de vice-président. En réalité, il était plus soucieux du fond que de la forme. Même s'il a hésité par moments, sa passion pour le fond l'a emporté.

Et pourtant, dans cette affaire allemande, la forme comptait beaucoup pour permettre aux différents protagonistes de s'adapter aux réalités : le chancelier Kohl à la frontière Oder-Neisse, Gorbatchev aux demandes de ses propres troupes, François Mitterrand à ses interrogations sur l'avenir de l'Allemagne, Mme Thatcher, plus fortement que Mitterrand, à son allergie à la Grande Allemagne. Bush a su gérer tout cela dans la forme, en voyant ou en parlant avec tous ces dirigeants quand il le fallait, au téléphone ou dans des rencontres bilatérales. Mais il y avait aussi le fond où le problème était dramatiquement simple : comment sortir de la guerre froide en consolidant ce qui avait été acquis après la victoire des Alliés ?

Le président américain a dû réagir aux poussées de fièvre mais il a eu dès le début – et je l'avais noté pour la suite – cette phrase, dans un de ses communiqués : « Tout doit se faire en respectant le rôle juridique et les responsabilités des puissances alliées. » Une référence fondamentale.

– *Quels ont été les moments les plus difficiles ?*

– Curieusement, l'un est venu de Lituanie lorsque le président Vytautas Landsbergis a déclaré, tout à trac, la souveraineté de son pays. Ce qui mettait Gorbatchev dans la plus grande difficulté puisque les Soviétiques ne regardaient pas les Pays baltes avec les mêmes yeux que les pays d'Europe de l'Est. Gorbatchev a été obligé de lancer un ultimatum à la Lituanie, qui n'a pas été suivi d'effet, mais il a cependant imposé un embargo sur le pétrole et sur le gaz naturel.

Les Etats-Unis ont réagi prudemment en sentant que dans cette affaire, qui n'était pourtant pas la plus grave, on marchait sur le fil du rasoir. De leur côté, Mitterrand et Kohl sont intervenus auprès de Landsbergis pour qu'il ne complique pas un jeu déjà dramatiquement difficile.

George Bush a donc multiplié les contacts avec Gorbatchev et Kohl, mais en restant très attentif à ce que pouvaient dire François Mitterrand et Margaret Thatcher. De Mitterrand, il m'a confié, à la veille du G 7 de Houston de 1990, que son expérience et ses avis lui avaient été des plus précieux.

D'une manière générale, Mitterrand et Kohl étaient déterminés à aider Gorbatchev. Mme Thatcher également, qui, après sa première rencontre avec lui, a dit à peu près ceci : « C'est le premier communiste de ce type que je rencontre. » Elle avait une certaine passion pour Gorbatchev. Il ne faut pas l'oublier. Simplement, lorsqu'il s'agissait de l'aide concrète à l'Union soviétique, François Mitterrand et Kohl étaient plus allants.

A Houston, les Américains étaient encore réservés parce qu'on ne savait pas encore si cette Union soviétique avait choisi le camp de la paix, et Washington n'oubliait jamais l'aide qu'elle continuait de fournir à Cuba. De son côté, Mme Thatcher défendait Gorbatchev, mais elle ne voulait payer que si l'argent était bien utilisé. Et elle n'avait pas tort.

Deuxième poussée de fièvre, Gorbatchev pose ses conditions. Quand il voit que, les dix points de Kohl vite abandonnés, on se dirige à pas de géant vers l'unification, il se fait plus dur et rappelle que l'Union soviétique, comme les Etats-Unis, la France et la Grande-Bretagne, a un droit de veto sur toute modification du statut de l'Allemagne. Pendant une longue période, nous avons marché sur des œufs...

Autre dossier explosif, la frontière Oder-Neisse. L'intangibilité des frontières acquises après la guerre était un principe fondamental pour les Alliés. On avait donné à la Pologne une partie de la Silésie parce qu'elle avait dû abandonner à l'est des territoires à l'Union soviétique. Nous étions là dans la norme des grands traités qui ont découpé et retracé les frontières, provoquant souvent des dégâts ultérieurs. Pour Kohl, cette question était très difficile. Dès qu'on l'abordait, on voyait son front se plisser. Mais lui aussi a fini par admettre que l'intangibilité des frontières était une des conditions pour surmonter les tensions et aboutir au résultat recherché, c'est-à-dire à la réunification de l'Allemagne.

Nous étions au milieu de l'année 1990 et nous tremblions pour Gorbatchev, car il était contesté à l'intérieur même du Parti communiste soviétique. Mais quand l'Histoire va dans le bon sens, la chance est au rendez-vous. En juillet 1990, Gorbatchev est confirmé dans ses fonctions de secrétaire général du PC. A peu près au même moment, il réitère sa demande de participer aux conversations du G 7. La diplomatie américaine restait méfiante, mais à Houston, François Mitterrand et Helmut Kohl gagneront la partie en obtenant que le G 7 soutienne le mouvement réformateur en URSS et dans les pays de l'Est. Un nouveau pas était franchi.

— *Entre Américains et Soviétiques, à ce moment-là, la pomme de discorde principale portait sur le désarmement et la guerre des étoiles.*

— Il y avait effectivement tous les problèmes posés par le processus de désarmement déjà engagé. La nouveauté, c'était le sort des troupes soviétiques stationnées en Allemagne de l'Est, l'équilibre entre les forces militaires qui stationneraient dans la future Allemagne, d'un côté et de l'autre, enfin, le déploiement de l'Armée rouge en Union soviétique. Tous ces sujets étaient sur la table.

Dans la foulée de Houston, Kohl va voir Gorbatchev, fort de l'appui de la Communauté européenne et du G 7. Entre les deux hommes, trois obstacles à surmonter : l'avenir des troupes soviétiques en RDA, l'appartenance à l'OTAN de l'Allemagne réunifiée et l'effectif des forces armées en Allemagne. La rencontre, d'après ce que Kohl m'en dira quelques jours plus tard, se passa très bien, avec un rôle actif des deux ministres des Affaires étrangères, Chevardnadzé et Genscher.

Déjà au Bundestag, le 8 mars 1990, le chancelier s'était engagé « à s'en tenir à l'esprit et à la lettre du Traité de Varsovie, dans son entier ». En ce qui concernait le maintien de la frontière Oder-Neisse, la partie était déjà gagnée.

Il restait à trouver le cadre pour définir cet après-rideau de fer. C'est là que James Baker a proposé la formule 2 + 4 (les deux Allemagne d'un côté, l'URSS, les Etats-Unis, la Grande-Bretagne et la France de l'autre), ce qui a fait grogner les autres membres de l'Alliance atlantique. A l'exception du Canada car Brian Mulroney, comme toujours, jouait les bons offices avec beaucoup de talent.

Mais pour que la formule 2 + 4 réussisse, il fallait que l'Allemagne et la Pologne, dont les rapports étaient inévitablement tendus, se rapprochent. Kohl et Mazowiecki, nommé Premier ministre à l'issue des premières élections polonaises, se sont donc rencontrés. Entre Kohl et un Mazowiecki, ouvert, mais excessivement tenace et peu prolixe, cela n'a pas été facile et il a fallu du temps pour sceller l'entente.

A partir de juin 1990, les 2 + 4 se sont réunis à Berlin et c'est dans ce cadre qu'ont été définis les rapports entre tous les pays concernés, avec une mention de la CSCE, la Conférence sur la sécurité et la coopération en Europe, dont beaucoup de responsables voulaient faire le forum central du dialogue avec l'Union soviétique.

Quand on songe au poids du passé, aux souffrances endurées par les peuples, aux millions de morts, aux rancœurs et aux méfiances, comment ne pas reconnaître que ce règlement global fut un des grands succès pour l'esprit de paix, le second après la première réconciliation entre les Allemands et leurs voisins occidentaux, qui avait donné naissance à la CECA et à la Communauté européenne.

Confrontés aujourd'hui à une actualité souvent dramatique, trop de gens oublient que, par moments, l'esprit de paix peut l'emporter. A quoi doit-il cette victoire ? A un peu de chance peut-être, mais surtout à une chaîne d'événements et à des relations de confiance entre les principaux responsables, qui n'excluent pas une franchise brutale.

La dimension européenne de l'affaire allemande

Dès novembre-décembre 1989, pour revenir au cadre européen, le décor était planté. Quelques jours après les grandes manifestations en Allemagne de l'Est, Helmut Kohl, qui s'avançait dans cette affaire avec beaucoup de sagesse, mais aussi avec un mélange détonant de ruse et d'émotion, avait dit : « Dieu bénisse notre patrie allemande ! » Il avait multiplié les entretiens avec Mazowiecki, le Premier ministre polonais, avec Miklos Nemeth, le Premier ministre hongrois. Il avait rencontré Hans Modrow, le dernier chef issu du parti communiste d'Allemagne de l'Est, et il avait eu avec lui, m'a-t-il dit, des conversations toujours froides et difficiles. Ce qui ne l'a pas empêché le 22 décembre 1989, quelques semaines après la chute du Mur, d'ouvrir avec Modrow la porte de Brandebourg. Devoir historique oblige.

Pendant cette période où le bateau était secoué, notre stratégie était de pousser en même temps les feux de la construction européenne. Ce qui amenait l'hebdomadaire *Le Point* à titrer en janvier 1990 : « Le forcing de l'Europe ».

Il fallait démontrer, par une action vigoureuse du président de la Commission, que l'Europe continuait. J'ai déjà signalé comment, à chaque réunion du Conseil européen, je faisais un bilan de l'application de l'Acte unique. En décembre 1989, j'avais fait adopter une Charte sociale. Je forçais la marche vers l'Union économique et monétaire. Dans ce climat d'incertitude, voire d'anxiété, et de doute qui régnait au sein des Douze, l'exigence était de fortifier la confiance dans la construction communautaire.

Sachant quel serait le coût de la réunification, je proposais à Kohl une aide hors norme, plus substantielle que celle prévue par les dispositions sur la cohésion économique et sociale et je me préparais à présenter cette demande au Conseil européen de Dublin. Le chancelier m'en dissuada en me disant : « Jacques, j'ai déjà assez de difficultés, en raison des inquiétudes de mes partenaires, je ne veux pas en rajouter. »

Je n'ai donc pas donné suite à cette idée, cependant je ne peux m'empêcher de remarquer que nous avons payé indirectement notre part de la réunification allemande, en subissant, sur notre croissance, les conséquences des taux d'intérêt élevés pratiqués en Allemagne. Mieux aurait valu une aide directe. Mais les choses étant ce qu'elles étaient, je me suis limité à indiquer que, l'unification faite, nous offririons aux nouveaux Länder, dans les régions moins développées ou dans les régions en difficulté, le même traitement qu'ailleurs en Europe. Le Parlement européen était très vigilant et je suis intervenu plusieurs fois sur ce thème.

Les élections en Allemagne de l'Est furent une surprise. Beaucoup pensaient, avec Willy Brandt, que le SPD serait majoritaire en Allemagne orientale. Pas du tout ! Ce furent les alliés des chrétiens-démocrates qui gagnèrent. Ma vision des nouveaux Länder sera marquée par le discours d'investiture de Lothar de Mézières, qui avait été élu par la Chambre du peuple, et qui dira : « Nous apportons avec nous les expériences des dernières décennies que nous partageons avec les pays de l'Europe de l'Est. Nous apportons notre sensibilité envers la justice sociale, la solidarité et la tolérance. »

Ces propos m'avaient frappé et, anticipant sur ce qui allait arriver, j'ai dit à Helmut Kohl, quand il m'a fait part des modalités économiques, financières et monétaires de la réunification : « Le grand problème ne sera pas économique mais psychologique. » Malheureusement, les événements m'ont donné raison. On a vu en Allemagne comment le psychologique et le culturel ont des incidences sur l'économique. C'est tout un système d'organisation sociale qui avait été brisé. Un sentiment d'envie devant la vitrine de la société de consommation de l'Allemagne fédérale, mais aussi un besoin de liberté ont fait naître au début des espoirs inconsidérés. La tension entre « Wessies » et « Ossies » n'en est pas moins demeurée. A l'époque, Kohl ne le voyait pas. Il était sous le coup des manifestations de soutien, d'une émotion intense, qui l'avaient accueilli dans plusieurs grandes villes de l'Est. Il m'a raconté comment, assistant incognito, avec son fils, à un match de foot dans un des nouveaux Länder, au bout d'un quart d'heure, tout le stade ne regardait plus que la tribune dans laquelle il se trouvait et personne ne suivit plus le match. Voilà dans quel état d'esprit il était à cette époque.

De leur côté, pour calmer le jeu avec les partenaires de la Communauté, Genscher et Weigel multipliaient les propos apaisants et les explications économiques et monétaires.

Au moment de choisir la disposition constitutionnelle qui servirait de base au Traité d'unification préparé par les représentants de Kohl et de Lothar de Mézières, ils prendront la formule la plus expéditive : l'article 23 de la Loi fondamentale, prévoyant que ce texte s'appliquerait aux parties de l'Allemagne autres que les Länder occidentaux, après leur accession à la République fédérale.

Je passe sur les multiples débats auxquels la réunification a donné lieu. L'un des points clés de la négociation entre les deux Allemagne était la question monétaire et, malgré les nombreuses réserves de Karl Otto Pöhl, président de la Bundesbank, Kohl a choisi l'échange entre marks de l'Est et de l'Ouest à 1 contre 1, pour les salaires, les retraites et l'épargne. Un taux différencié à 2 contre 1 serait réservé pour les dettes internes des entreprises de l'Etat, pour les entreprises privées, pour les coopératives. Ce fut une décision très discutée en Allemagne mais Kohl y voyait un geste indispensable, qui aiderait précisément à surmonter les obstacles psychologiques et qui permettrait aux Allemands de l'Est d'atteindre dès le début un niveau de vie acceptable.

— *De votre côté, aviez-vous une idée là-dessus ?*
— Je n'avais pas eu le temps d'y réfléchir dans le détail et je me demandais si c'était à moi d'intervenir sur ce sujet. Au niveau de la Communauté, tout cela s'est heureusement traduit

au Conseil européen le 28 avril 1990, à Dublin, par l'appui des Douze à la réunification allemande. J'en ai rendu compte au Parlement le 16 mai en disant que le premier sujet de satisfaction avait été cette unification approuvée unanimement sans réserve.

A partir de là, la Commission a surveillé de près le contenu du traité entre les deux Allemagne et travaillé sans relâche pour accueillir ces 18 millions de nouveaux Européens, dans des conditions exceptionnelles. En effet, il ne s'agissait pas d'un élargissement classique comme l'arrivée de la Grèce, de l'Espagne ou du Portugal, puisque la République fédérale, à laquelle s'incorporaient les nouveaux Länder, était déjà membre de la Communauté. Nos services ont avancé d'arrache-pied sous la direction d'un Néerlandais, Carlo Trojan, secrétaire général adjoint de la Commission, connu pour son talent de régulateur et d'organisateur. Devenu secrétaire général sous Santer, Trojan quittera ce poste que Prodi confiera à un Irlandais, David O'Sullivan. Il est aujourd'hui représentant de la Commission auprès de l'ONU à Genève.

Au mois d'août, la Commission s'est mobilisée, beaucoup ont sacrifié leurs vacances pour mettre au point les nouveaux textes sur l'application des lois européennes aux Länder de l'Est, la libre circulation des personnes, des biens, des services et des capitaux telle qu'elle existait à l'époque, le bénéfice de la cohésion économique et sociale, ou encore l'agriculture qui était un problème parce qu'il y avait de grandes fermes d'Etat et nous avons dû terminer notre travail sans savoir exactement quelle était la dimension des surfaces agricoles en RDA. Mais il n'était pas question de nous laisser arrêter par cette difficulté. Les délais devaient être respectés.

– *Il n'y a pas eu de négociation comme dans les autres élargissements ?*

– Non, car les Allemands des « nouveaux Länder » faisaient partie potentiellement de l'Europe, dont ils avaient été séparés par Yalta. Ils allaient être citoyens de l'Allemagne réunifiée, mais ils avaient besoin de périodes de transition pour s'adapter aux lois et règles européennes, comme aux données, pour eux nouvelles, de l'économie de marché. J'ai revu Helmut Kohl le

28 septembre 1990 pour finaliser les modalités de cette entrée dans la Communauté. Puis, le 2 octobre, fut solennellement célébrée la fête de l'unité allemande, avec deux invités non allemands, le président du Parlement européen, l'Espagnol Enrique Baron, et moi.

A Berlin, lorsque mon nom a été mentionné dans les discours, j'ai été chaleureusement applaudi. Après la cérémonie du soir au *Schauspielhaus*, je suis rentré à pied avec mon collaborateur Bernard Zepter et l'interprète Mme Friedrich jusqu'à notre hôtel, à Berlin-Est. Il y avait de la musique et beaucoup de gens dans les rues mais j'ai été frappé, peut-être parce que ce ne sont pas des Latins, par le calme et la sérénité de cette joie qui enveloppait toute la ville. Les gens ne se bousculaient pas pour s'embrasser comme au moment de la chute du Mur. Tout le monde était joyeux, participait à la fête, mais sans exubérance.

J'étais dans cet état d'esprit lorsque je suis intervenu à Antenne 2 le 3 octobre, au journal de 20 heures. On m'a demandé : « Pensez-vous que l'Allemagne est capable de gérer à la fois son unification et son rôle européen ? Il n'y a pas d'ambiguïté ? » J'ai répondu : « Ce sera difficile, parce que la réunification coûte très cher. Elle va demander aux Allemands de l'Ouest un grand effort. Pas simplement financier, un effort de compréhension et, si possible, de l'enthousiasme pour comprendre leurs frères de l'Est et aussi pour les aider. Il y a un tel contraste entre les niveaux matériels des uns et des autres que cela est indispensable. Et puis quarante ans de régime communiste ont laissé de profonds traumatismes chez les Allemands de l'Est. Je crois que les Allemands de l'Est et de l'Ouest ont besoin d'apprendre à vivre ensemble, à se reconnaître, à découvrir leur vrai visage et à sentir qu'ils font partie d'une même nation. » Ce qui se révélera juste par la suite.

L'attention portée aux nouveaux Länder ne pouvait pas être le fait du seul gouvernement allemand et des Allemands de l'Ouest eux-mêmes. La Commission devait elle aussi s'y intéresser. C'est pourquoi, à partir de 1991, tous les six mois, j'allais rencontrer chez eux les présidents des nouveaux Länder, mais travailler ensemble n'était pas toujours facile. Non seulement parce qu'ils avaient leurs problèmes économiques dont on discutait à fond, mais aussi parce que leurs regards étaient tournés vers cette Europe de l'Est qui était la leur, la Tchécoslovaquie, la Hongrie, la Pologne. Ils se faisaient du souci pour leurs voisins, se demandaient quel allait être l'avenir de leurs relations, et j'éprouvais du mal à les intéresser aux objectifs spécifiques de la construction européenne.

A propos de Gorbatchev

Cette période m'a également permis de faire la connaissance de Gorbatchev, à l'occasion de deux visites à Moscou mais aussi au cours d'entretiens en marge du G 7, puisqu'il allait assister à celui de 1991. Je l'ai très vite apprécié ainsi que son ministre des Affaires étrangères Eduard Chevardnadzé, ex-président de la Géorgie. Les Soviétiques avaient alors un très remarquable représentant à Bruxelles, l'ambassadeur Wladimir Chemiatenkov, par l'intermédiaire de qui, malgré la pesanteur d'un système et d'une diplomatie communistes, ont été très bien organisées mes deux visites à Moscou.

– *Cet ambassadeur était spécialement accrédité auprès de la Commission ?*

– Non, plus généralement auprès de la Communauté européenne. C'était un homme compétent, ouvert et passionné... La première étape, dans ces rencontres avec les dirigeants soviétiques, fut une conversation avec Chevardnadzé qui nous a fait à tous une description dantesque de l'économie soviétique. Il disait que lorsqu'on pompait 100 litres de pétrole, on en laissait 80 au fond. De même pour le gaz. Il était d'une extrême sévérité et passablement pessimiste. Mais c'était un homme charmant.

Un soir où nous dînions mon épouse et moi à Moscou, à l'occasion de ce qui était l'équivalent d'une visite d'Etat, Mme Chevardnadzé s'est approchée de mon épouse et, sachant qu'elle était basque, lui a dit : « Bonjour cousine ! »

Parce qu'elle estimait que Géorgiens et Basques avaient la même origine.

Depuis l'arrivée de Gorbatchev au pouvoir, il y avait eu une évolution lente. Il avait lancé la *perestroïka*, c'est-à-dire la réforme économique, et la *glasnot*, la liberté d'expression. Et il avait multiplié les signes de détente. Nous en étions arrivés à la préparation d'un accord de commerce en bonne et due forme avec l'Union européenne, que nous avons signé le 27 novembre 1989.

Les rencontres se sont alors multipliées avec des responsables du Soviet suprême, qui sont venus m'expliquer comment préparer ma visite au Kremlin. Puis on a demandé à la Commission d'analyser les besoins de l'URSS, ce qui m'avait contraint à un travail personnel et à la lecture d'ouvrages et de travaux des plus variés, non seulement d'économistes, mais aussi d'historiens et de politologues. A deux reprises je ferai part de mes analyses au Conseil européen.

Lors de sa réception par le G 7 à Londres en 1991, Gorbatchev sera traité plus que cordialement par John Major devenu Premier ministre et par Bush. Mais au moment où l'on planchait sur l'économie, j'ai senti que j'agaçais par le côté pugnace et précis de mes questions. Chez George Bush, le diplomate avait repris le dessus et il trouvait que je jouais un peu trop les professeurs, en faisant passer un examen à Gorbatchev.

Pour moi, c'était nécessaire pour l'utilité de notre effort, mais aussi pour convaincre ceux qui, avec raison, s'inquiétaient de savoir où irait l'argent. Gorbatchev allait recevoir le prix Nobel de la Paix – un événement significatif qu'il ne faut pas oublier – et nous préparions, avec Frans Andriessen, en quelque sorte le ministre des Affaires extérieures de la Commission, notre première visite à Moscou, celle de juillet 1990. J'avais en tête, outre mes propres recherches et l'analyse sulfureuse de Chevardnadzé, un épisode de la visite de Mitterrand à Moscou à l'époque de Tchernenko. Bien qu'étant alors ministre des Finances, je n'étais pas de ce voyage. On m'avait raconté comment, à la fin du grand dîner au Kremlin, Mitterrand s'enhardissant à poser la question de l'économie, non loin de lui, un des Soviétiques avait fait une remarque en russe. Traduction faite, c'était Gorbatchev qui avait lancé : « Ça n'a jamais marché depuis 1917 ! »

N'oublions pas qu'avant d'accéder au sommet du pouvoir, Gorbatchev avait été ministre de l'Agriculture et qu'un long voyage au Canada l'avait beaucoup marqué. Il avait été très impressionné par l'organisation, la productivité, le souci du consommateur.

Je suis revenu de cette première visite à Moscou séduit par le charme personnel de Gorbatchev. Je me suis rappelé la formule de Mme Thatcher – le premier communiste pas comme les autres qu'elle ait rencontré...

Il ne parlait pas le français mais donnait l'impression, comme les hommes d'Etat les plus doués, qu'à défaut de comprendre la langue de son interlocuteur, il pouvait répondre vite, sans attendre l'interprète. Chez Kohl également, j'ai observé la même aptitude à percevoir la teneur de ce qu'on lui disait avant même que l'interprète ait terminé de traduire.

Depuis son voyage au Canada, Gorbatchev savait très bien ce qu'était l'économie de marché. Il ne parlait pas comme un néophyte enthousiaste de la fin du centralisme d'Etat et de la planification rigide, même s'il paraissait avoir quelques difficultés à discerner les modalités de la transition vers une économie ouverte.

Ma seconde visite à Moscou aura lieu en juin 1991. Entre-temps, Gorbatchev avait été réélu secrétaire général du parti communiste et nommé président de l'Union soviétique. Mais le climat demeurait très incertain. Soljenitsyne proclamait que le peuple russe était en danger et le 12 juin 1991, quelques jours avant mon départ pour Moscou, Boris Eltsine était porté à la tête de la fédération de Russie.

Je suis donc retourné au Kremlin du 19 au 21 juin. Tout le monde a dans les yeux l'image d'Epinal du Kremlin et de sa muraille vus de l'extérieur. Une fois à l'intérieur, vous vous trouvez dans une grande cour. Ce n'est pas encore la splendeur et vous pénétrez dans le palais proprement dit par une petite porte. Après un long couloir, vous découvrez enfin les héritages du passé et les ors du Kremlin.

Gorbatchev recevait dans une grande pièce – sans doute n'y en avait-il pas de plus petite – dans un coin avec son interprète.

Mais ce qui m'avait beaucoup frappé, en juin 1991, pendant que je parcourais ce long couloir, c'est ce que plusieurs personnalités du régime m'avaient demandé de dire à Gorbatchev, les uns : « Dites-lui qu'il va trop loin, qu'il est imprudent », et les autres : « La réforme est trop lente. Il va avoir des ennuis ! »

A Moscou, j'ai rencontré le Premier ministre Pavlov, un homme de forte taille physique, qui participera au complot contre Gorbatchev le mois d'août suivant.... Il m'a reçu d'une manière assez caustique, en glosant sur les retards que mettait la Communauté à aider l'Union soviétique. Quant à Gorbatchev, il fut égal à lui-même, comme si de rien n'était ! Nous avons beaucoup parlé du plan anticrise. Les Soviétiques étaient dans une situation difficile : la production nationale diminuait de 11 %, l'inflation atteignait 95 % par an et le déficit du budget était sidéral. C'était en partie la conséquence de ce qu'on a appelé la rupture, le big-bang. Le système traditionnel des commandes publiques qui alimentaient l'économie soviétique s'était effondré, les uns n'y croyant plus, les autres ne voulant pas gâcher leur avenir. C'était le moment le plus difficile. J'ai beaucoup insisté pour qu'on renforce ce plan, mais que, dans le même temps, on ménage les transitions. J'avais constamment pris parti contre le big-bang, le passage brutal à l'économie de marché.

Gorbatchev m'a abreuvé de bonnes paroles, mais il a surtout critiqué les conservateurs qu'il appelait « des hourrah patriotes ! des incapables de saisir les réalités ! » faisant ainsi écho à ce qui m'avait été dit dans les couloirs avant d'arriver jusqu'à lui. Il m'a expliqué que les difficultés de l'Union soviétique tenaient à ce que les républiques n'étaient pas d'accord pour décider à qui attribuer la propriété des ressources naturelles, alors qu'on sortait d'un régime centralisé. De même pour l'institution d'un impôt fédéral. Je suis reparti inquiet. Comme on avait réuni pour moi des députés et des responsables de l'économie soviétique, j'ai carrément donné un cours, dont la presse soviétique a rendu largement compte. Mais j'ai noté que la presse parlait surtout de mes entretiens avec Gorbatchev et très peu de ceux que j'avais eus avec le Premier ministre.

J'ai communiqué mes impressions à certains chefs de gouvernement. Eux aussi étaient préoccupés. L'année 1991 était celle de la première guerre du Golfe, avec une participation discutée, mais une participation de tous les Européens. On était impressionné parce que les troupes de la coalition avaient rapidement fait refluer les troupes irakiennes du Koweït, mais on se heurtait à un problème douloureux : les Américains et leurs alliés n'avaient pas voulu prendre Bagdad. Je pense que c'était une question d'équilibre avec l'Iran, mais aujourd'hui, on reproche aux Etats-Unis d'avoir abandonné à leur sort chiites et Kurdes sur lesquels Saddam Hussein allait exercer d'atroces représailles.

Les Etats membres de la Communauté avaient reçu mon message sur l'état inquiétant de l'Union soviétique. Pour ma part, lorsque survint le coup d'Etat d'août 1991, je n'ai pas été surpris. Je savais que c'étaient les conservateurs, les nostalgiques du passé, qui voulaient marginaliser Gorbatchev. Ce qui m'a surpris en revanche a été la contre-attaque d'Eltsine. Il avait bien préparé son affaire. N'avait-il pas visité les Etats-Unis et pris d'utiles contacts ? C'est alors qu'a commencé le calvaire politique de Gorbatchev.

Les analyses historiques que j'ai lues décrivent un Gorbatchev indécis et, dans le fond, victime de cette attitude. Je ne les suis pas. Mes conversations avec lui, la façon dont il a opéré, me semblent au contraire démontrer qu'il ne pouvait gouverner que dans l'ambiguïté. Or, selon la formule du cardinal de Retz reprise par François Mitterrand, « on ne sort de l'ambiguïté qu'à ses propres dépens ».

Gorbatchev aura donc été jusqu'au bout de ce qu'il pouvait faire, dans un climat de tension de moins en moins supportable. D'un côté, ceux qui considéraient – la nostalgie étant ce qu'elle était – que l'Union soviétique ne pouvait pas admettre certains changements géopolitiques, ni être reléguée à ce rang-là. De l'autre, ceux qui acceptaient de payer le prix d'une démarche vers la liberté et la démocratie.

Gorbatchev a navigué entre les uns et les autres pendant ces deux années terribles, depuis le début des événements d'Allemagne de l'Est jusqu'en août 1991. A mon sens, il ne pouvait pas faire davantage et je continue à penser que, par le jeu subtil et ambigu qu'il a joué, il a puissamment aidé à la réussite de cette transition dans la paix.

– En quoi consistait concrètement l'aide de la Communauté à l'URSS ?

– Nous avons commencé par une aide alimentaire. Puis nous avons inauguré une aide économique, mais en collaboration avec le Fonds monétaire et la Banque mondiale. Du côté de ces organismes, il y avait des partisans du big-bang. C'était une grande confusion chez eux, et plus généralement dans tout l'Occident.

Dans ce domaine, Kohl et Mitterrand ont été de grands politiques parce qu'ils ont tout de suite plaidé pour une aide massive à l'Union soviétique. Ils essayaient de l'obtenir déjà à Dublin au Conseil européen, en juin 1990. Dans le cadre de l'accord de commerce, puis en dehors de cet accord, nous avons donc fait beaucoup pour les Soviétiques. Mais le principal donneur a été l'Allemagne fédérale qui a payé le prix de son accord avec les Russes en finançant la réinstallation des troupes soviétiques en URSS. A coups de subventions de l'Etat fédéral et de grosses interventions des banques allemandes. La machine des Douze s'est mise en route, mais d'une manière plus lente et moins ample.

Pendant toute cette période, Mme Thatcher a soutenu Gorbatchev. Elle a toujours dit : « L'économie, il faut s'en occuper, le président de la Commission nous fera des propositions, mais il faut que la démocratie triomphe, c'est le préalable ! » Pour elle, démocratie et liberté étaient la clé qui ouvrait à ces pays leur sortie du communisme. Après, le chemin resterait très difficile mais il fallait commencer par des élections libres, le multipartisme, la création d'organisations professionnelles et syndicales indépendantes du pouvoir et des partis, enfin et avant tout, les libertés fondamentales.

– Avez-vous vu Eltsine à ce moment-là ?

– Non je l'ai rencontré par la suite à Moscou où je lui ai rendu visite. J'ai travaillé avec son Premier ministre Viktor Tchernomyrdine. Puis, en marge du Conseil européen de Corfou, sous présidence grecque, en 1992, j'ai pris un petit déjeuner avec lui, sur son bateau ancré dans le port de Corfou. Il était venu rejoindre les chefs de gouvernement européens pour signer un nouvel accord de coopération entre l'Union européenne et la Russie.

Durant les dernières années de mon mandat, de 1992 à 1994, j'aurai l'occasion de revoir le président Eltsine lors de ses voyages à Bruxelles, notamment pour un dîner de travail avec les chefs d'Etat et de gouvernement réunis en Conseil européen. La Commission aura au surplus de fréquents contacts avec le Premier ministre et son gouvernement.

11

Une période d'essor

Pour traiter de l'histoire de la construction européenne dans cette période à dominante économique, nous devons tenir compte de l'environnement mondial plus ou moins porteur. Parfois bénéfique, parfois jouant le rôle de frein. Au milieu des années quatre-vingt, il fallait donc nous habituer à ce nouveau contexte, autrement dit à la prolifération d'activités financières qui représentaient déjà vingt-cinq fois les échanges de biens et de services, aux facilités offertes de ce fait à la spéculation, à la sophistication des moyens de gagner de l'argent en jouant à terme ; bref tout un ensemble dont ni les gouvernements ni les banques centrales n'étaient totalement maîtres. En un mot comme en cent, une période d'argent facile.

Cette exigence de maîtriser la mondialisation existe toujours aujourd'hui, mais on remarquera que les périodes les plus aiguës coïncident avec une certaine évolution de la puissance la plus importante, les Etats-Unis, et donc du dollar. Lorsque les Américains décident de laisser aller leurs déficits, déficit budgétaire sur le plan intérieur, balance commerciale sur le plan extérieur, il en résulte une formidable pression à la baisse sur le dollar et une instabilité monétaire d'autant plus grande que nous ne sommes plus dans un système de changes fixes, mais dans un système de changes flottants.

Sur un fond de déséquilibre financier

Telle était la situation en 1987, et ce en dépit des efforts que la Commission avait encouragés pour obtenir un minimum de coopération entre les grandes monnaies.

— *Le deutschemark, le dollar ?*

— Et le yen japonais. Pour ma part, dès le sommet de Versailles en 1982, j'avais plaidé pour cette coopération, sans succès hélas ! J'avais cru pouvoir annoncer une avancée, mais à mes dépens, le résultat étant quasiment nul... Cela dit, des graines avaient été semées puisque deux accords interviendront au cours des années suivantes : celui du Plaza aux Etats-Unis, en septembre 1985, celui du Louvre à Paris, en février 1987. Ces accords prévoyaient que les banques centrales interviendraient, au besoin massivement, pour maintenir le dollar dans une fourchette raisonnable. C'est ce qu'elles firent, avec succès, jusqu'à octobre 1987, en maintenant la relation de référence entre le dollar et le deutschemark autour de 1,80 DM pour 1 dollar.

Dans ces conditions, comment expliquer que le monde ait été secoué par des crises d'endettement, du fait de pays insolvables qui durent recourir non seulement au Fonds monétaire international, mais aussi, en guise de complément, aux banques privées ?

La plus spectaculaire fut celle du Mexique en 1982. Elle sera surmontée grâce à l'action de Paul Volcker, président de la Réserve fédérale et, bien entendu, du Fonds monétaire international, mais d'autres crises s'annonçaient... Il y avait, à l'époque, 1 200 milliards de dollars d'endettement dans le monde. Telle était la situation lorsque, tout d'un coup, après avoir donné naissance à une bulle, comme ces dernières années, la confiance et l'optimisme ont fléchi et la Bourse s'est mise à baisser dangereusement. On a même parlé de krach en octobre 1987.

Pour ma part, je suis intervenu au Parlement européen dont la tribune me permettait d'influencer non seulement les ministres, s'ils le voulaient bien, mais aussi les milieux spécialisés et même l'opinion publique. Je dénonçais cette situation en disant que le risque était là depuis longtemps, qu'on n'en avait pas pris conscience assez tôt, que l'on s'attaquait aux symptômes et pas aux racines du mal. Celles-ci, ajoutais-je, étaient le fait de l'égoïsme de la plus grande puissance, de sa politique unilatéraliste, des problèmes croissants de l'endettement dans les pays pauvres et, ce qui n'arrangeait rien, d'une croissance économique mondiale qui n'était pas suffisante pour permettre aux pays en voie de développement d'exporter davantage de matières premières – et, pour certains déjà, des produits fabriqués –, d'avoir une croissance plus forte et donc une dette moins élevée....

Pendant cette période, certains pays riches ont profité de la situation, notamment le Japon, à ce moment-là en plein boom avec des méthodes de production originales. Mais la Suède et l'Allemagne en ont largement bénéficié aussi. Alors pourquoi suis-je intervenu ? Pour souligner que le renforcement du système européen était encore insuffisant et pour lancer un double appel : d'une part aux Etats-Unis pour qu'ils s'attaquent à leurs déficits et ne poursuivent pas une politique égoïste aux dépens du reste du monde, d'autre part à l'Europe pour qu'elle prenne la relève. Au Japon aussi, pour qu'il ouvre ses marchés – mais c'était s'adresser à un sourd. L'Europe, elle, pouvait apporter sa pierre, notamment en donnant le signal par des baisses concertées des taux d'intérêt. Enfin, j'avais proposé une réunion d'urgence du G 7 financier, mais en vain. Les pays européens, eux, avaient compris le danger et quelques jours plus tard, l'Allemagne fédérale, la France et les Pays-Bas décidaient d'un commun accord de diminuer leurs taux d'intérêt. J'y voyais une illustration d'un de mes thèmes favoris : la coopération est absolument nécessaire entre pays souverains.

En agissant ainsi, ces trois pays consolidaient le SME et jouaient sur les différentiels de taux d'intérêt. Ce n'était pas suffisant pour arrêter la dégringolade des taux boursiers. Il faut avouer qu'on a répondu à l'époque, non pas comme des architectes, mais comme des pompiers, c'est-à-dire que les banques ont arrosé d'argent les acteurs des marchés financiers et évité ainsi la contamination d'une crise boursière à une crise économique. Toujours l'argent facile !

— *Et du côté de l'Angleterre ?*
— La Grande-Bretagne ne faisait pas partie du SME et poursuivait donc sa propre politique.

L'Espagne et le Portugal

Les négociations avaient commencé sept ans auparavant. Les demandes d'adhésion avaient été déposées en 1977 par l'Espagne, qui ne faisait partie d'aucune organisation économique, et par le Portugal qui était membre de l'Association européenne de libre-échange (AELE), créée en 1959 par la Grande-Bretagne pour faire pièce au Marché commun.

Les difficultés étaient de deux ordres : côté économique, l'Espagne et le Portugal craignaient de devoir brader leur agriculture et leur pêche, et surtout de compromettre leur adaptation industrielle à la nouvelle donne, compte tenu des conditions dans lesquelles ils avaient évolué sous les régimes de Franco et de Salazar. Côté politique, les appréhensions étaient du côté des pays membres de l'Union, le paroxysme étant en France, notamment à cause de l'agriculture et de la pêche, mais aussi parce qu'on craignait que les territoires proches de la Méditerranée ne subissent, d'une manière générale, la concurrence de deux pays à bas salaires. En France, Mitterrand avait toujours été favorable à l'entrée de l'Espagne et du Portugal mais le Parti socialiste, dans sa majorité, y était opposé, de même qu'une grande partie de la droite.

En Espagne, l'adhésion du pays à l'OTAN en 1982, malgré les réticences du parti socialiste, devait faciliter le mouvement, les socialistes désormais au pouvoir étant impatients de compenser cette adhésion à l'OTAN par une entrée dans la Communauté.

A Fontainebleau, en 1984, le Conseil européen présidé par Mitterrand avait promis aux Espagnols et aux Portugais que tout serait terminé en septembre de la même année. Mais rien n'y fit. Du côté de la Commission, où les sujets étaient répartis entre plusieurs commissaires, le vice-président Lorenzo Natali, qui assumait l'essentiel de la charge avec intelligence et habileté, n'y était pas arrivé. A quelques semaines de mon installation à Bruxelles, la France demandait encore une suspension des négociations pour manifester ses inquiétudes qui allaient se concentrer sur le merlu espagnol et la sardine portugaise.

Un Conseil européen était prévu pour la fin mars 1985 à Bruxelles, sous présidence italienne. Il fallait donc accélérer les feux. De mon côté, j'ai proposé à la Commission qu'on fasse un paquet d'ensemble. J'ai même utilisé le mot en invitant à trouver un bon équilibre entre les satisfactions et les insatisfactions, les avantages et les inconvénients. Chacun comprit que le temps des marchandages et des menaces était terminé. Andreotti, ministre des Affaires étrangères et président du Conseil des ministres en exercice, avait demandé au Conseil de me confier un mandat global pour aller de délégation en délégation jouer non seulement les petits facteurs, mais aussi les intermédiaires.

Finalement, à 2 h 30 du matin, le vendredi 29 mars 1985, l'accord était signé. Du côté espagnol, le négociateur était Fernando Moran, appuyé par Manuel Marin qui allait devenir commissaire. Du côté portugais, Hernani Lopez, lui aussi un homme de poids et de conviction. De Moran, j'ai retenu cette phrase sur Andreotti : « Il a apporté la preuve du savoir-faire romain et de la patience franciscaine. » De son côté, le journal *Le Monde* titrait : « Une leçon d'espérance ».

Je ferai trois remarques additionnelles :

— On parle aujourd'hui d'Europe à deux vitesses. On en a eu là une application, puisque l'Espagne s'est vu accorder une période de transition de dix ans et le Portugal de sept.

— Comme je l'avais promis, les programmes intégrés méditerranéens étaient prêts. Nous avions fait vite puisque le Conseil des ministres avait adopté en juillet 1985 ces programmes destinés à aider la France, l'Italie et la Grèce à supporter le choc éventuel de la concurrence ibérique, surtout celle des produits agricoles.

— Enfin, en France, l'accueil était devenu meilleur. On notait cependant cette déclaration de Jacques Chirac, président du RPR, faite à la Foire commerciale d'Avesnes-sur-Helpe, dans le

Nord : « Si l'Espagne et le Portugal entraient dans la CEE le 1er janvier 1986 et si l'alternance jouait en France aux prochaines élections législatives, l'opposition actuelle serait fondée à demander une renégociation. L'adhésion de l'Espagne et du Portugal va créer de grandes préoccupations pour les agriculteurs français qui n'en avaient pas besoin. »

Un partenaire important : le Comité économique et social

Je crois pouvoir dire que, selon les années, j'ai consacré au social 25 à 30 % de mon temps. Mais avant de parler de cette relance risquée du dialogue social, je soulignerai le rôle du Comité économique et social, une institution souvent oubliée dont nous allions fêter les trente ans, le 1er juin 1988.

Tout au long de ma présidence, je suis allé dialoguer avec l'assemblée plénière de ce Comité et j'ai accepté des auditions devant leurs sections, parce que cette institution mérite qu'on la sollicite et qu'on l'écoute... Sa composition même m'incitait à le faire : un tiers de représentants des chefs d'entreprise, un tiers de représentants des syndicats de travailleurs, et le dernier tiers pour les autres organisations professionnelles de l'agriculture, du commerce et des services.

Pour mettre un atout de plus dans mon jeu, c'est à ce Comité que j'allais confier la rédaction de la Charte des droits sociaux qu'adoptera le Conseil européen de Strasbourg, en décembre 1989. Le fait qu'ils aient pu trouver un accord unanime sur ce texte montre la qualité de cet organisme et les possibilités de consensus chez les partenaires sociaux.

– *Comment travaillait le Comité ?*
– Dès que la Commission émettait un projet de loi sur des sujets éminemment techniques, tels que l'harmonisation ou l'acceptation des standards, les spécifications sur le contenu des marchandises, ou encore les précautions en ce qui concerne les conditions de la production, elle en saisissait le Comité économique et social qui, dans sa section spécialisée – et à l'aide d'experts spécialement mandatés – donnait des avis très

circonstanciés. Mais l'action du Comité ne se limitait pas à cela. Sur tous nos grands problèmes, relance de la construction européenne, Objectif 92, Acte unique et paquet Delors, il prendra position en émettant des avis. Il avait aussi un droit d'auto-saisine et pouvait, de son propre chef, engager une étude qu'il transmettait aux trois autres institutions, Parlement, Conseil et Commission. Je le signale d'autant plus volontiers qu'aujourd'hui se pose une question très délicate : à côté de la société organisée des partenaires sociaux, représentée au Comité, il y a une prolifération des manifestations de la société civile, avec ses nombreuses associations qui s'occupent depuis longtemps de consommation, d'environnement, de pauvreté, et qui ont des contacts répétés avec la Commission. Mais il y a aussi de nouvelles organisations qui vont de l'action caritative, ou de l'action pour le développement, jusqu'à la contestation du système actuel. Comment apprécier la représentativité de tous ces groupes et comment les associer à la consultation sans pour autant détruire ou marginaliser la société civile organisée ? C'est la question qui se pose aujourd'hui et dont se préoccupe beaucoup le Comité économique et social. Le groupement Notre Europe créé en 1996 et que je dirige, lui apporte son concours dans cette difficile recherche d'une meilleure concertation avec toutes les forces vives de la société.

Je tenais à souligner le rôle du Comité économique et social parce que, dans les conférences intergouvernementales, personne n'en parle. Pour moi, il a été un très bon compagnon de route et ce n'était pas méconnaître son action que de vouloir relancer le dialogue social, comme je l'ai fait dès ma nomination.

La relance du dialogue social

Pourquoi relancer et pas lancer ? Tout simplement parce que, jusqu'en 1977, était organisée, chaque année, une réunion entre les syndicats de salariés, les organisations patronales, la Commission et les gouvernements. Mais ces rencontres s'étaient avérées tellement décevantes et vides – je les appelais des messes sans la foi ! – qu'on y avait renoncé. Sans retomber dans les mêmes ornières, il fallait donc tenter une nouvelle ouverture. Avant même de prendre mes fonctions, j'avais sollicité les organisations patronales et syndicales et nous avons eu notre première réunion en janvier 1985 à Val Duchesse – d'où leur nom de rencontres de Val Duchesse – puisqu'elles seront renouvelées régulièrement.

Y participaient les partenaires sociaux au niveau européen. De mon côté, j'étais accompagné du commissaire en charge des affaires sociales, Manuel Marin, et du commissaire responsable des problèmes économiques Aloïs Pfeiffer. Au cours des deux premières réunions, nous nous sommes mis d'accord sur deux points :

– Le premier pour appuyer la stratégie coopérative de croissance qu'Alois Pfeiffer présentait au nom de la Commission : il fallait que les partenaires sociaux coopèrent entre eux pour accompagner l'élan de l'Objectif 92, réaliser plus de croissance et créer plus d'emplois.

– Le second, alors que les nouvelles technologies, comme la mondialisation, pointaient leur nez, consistait à concevoir un programme de formation des travailleurs à ces nouvelles disciplines.

Au surplus, il y avait un accord assez large pour développer les investissements publics, notamment ceux consacrés aux infrastructures qui conditionnaient la modernisation de nos économies. J'avais assisté, en mai 1985, au congrès de la Confédération européenne des syndicats à qui j'avais fait part du programme de la Commission, en insistant sur ce qui sera le leitmotiv de mon action jusqu'au Livre blanc en 1993 : « Notre modèle d'économie mixte a besoin d'être rafraîchi et rénové. » Je ne me présentais donc pas aux syndicats comme un défenseur du *statu quo*, pas plus qu'en partisan de lâcher les amarres au nom du marché et de la politique de l'offre.

– *Vous vouliez les associer à la réflexion et à l'évolution ?*

– Oui, mais pour réussir, je devais tenir compte de l'état des deux organisations, patronale et syndicale, auxquelles s'ajoutait une troisième, l'Association des entreprises publiques, que j'invitais également.

Il n'est pas simple de traduire en termes européens les

éléments de concertation sociale et de dialogue qui existent à divers degrés dans chacun des Etats membres. Les situations sont trop diverses sur le terrain et à l'intérieur même des organisations. Les deux syndicats qui ont les législations les plus avancées, les Allemands et les Danois, n'avaient pas l'air très intéressés par mes propositions. Je dus en convenir publiquement. Parce que ce que je visais, c'était un socle minimum de droits sociaux, certes avantageux pour le Portugal, l'Espagne, la Grèce, l'Irlande et parfois aussi pour la France et la Belgique, mais qui ne représentait aucun progrès tangible pour les Allemands et les Danois.

Telle est la difficulté qui m'a conduit, au nom de la subsidiarité, à préconiser que certaines questions sociales et relatives à l'emploi demeurent de la responsabilité de chaque gouvernement national, de manière que chacun puisse réaliser les progrès dans le contexte historique et traditionnel qui est le sien.

Cependant, la Confédération européenne des syndicats a franchi un pas quand elle a décidé de définir ses positions à la majorité. Mais aujourd'hui encore, tel n'est pas le cas de l'UNICE, l'organisation patronale, qui statue à l'unanimité sur le résultat des négociations. Il suffit qu'une seule organisation patronale ne soit pas d'accord pour que rien n'avance.

Telle est une des causes des retards apportés pour négocier des conventions collectives européennes. Ce qui était mon rêve absolu ! On y est tout de même arrivé à la fin de mon mandat et surtout après mon départ, grâce au protocole social que j'avais fait insérer dans le Traité de Maastricht.

Je dois le reconnaître, l'équilibre n'était pas facile à trouver entre, d'un côté, la réalisation du Grand marché accompagnée d'une certaine dérégulation qui était dans l'air du temps, et de l'autre, de nouvelles formes de régulation et la concertation sociale. J'étais donc obligé de consacrer du temps à l'organisation patronale pour lui expliquer que je n'étais pas l'homme de la première option. Je voulais un équilibre entre les deux. Je me suis même fâché avec le secrétaire général de l'UNICE, qui était très militant et trouvait qu'à partir de 1988 on faisait trop de social. « Si vous voulez que nous mettions sur les rails le Grand marché sans frontières, lui ai-je dit, il est inadmissible que vous persistiez dans votre refus de discuter et de négocier entre partenaires sociaux. » Mais, en dépit de mon audace à forcer le sort, je dois reconnaître que, dans un premier temps, les résultats furent mitigés. Par exemple, la stratégie coopérative de croissance n'a jamais été pleinement appliquée au niveau des ministres de l'Economie et des Finances, bien qu'elle ait rencontré un certain succès au Conseil européen. Les actions de formation pour les nouvelles technologies ont démarré et ont été en partie financées par le Fonds social de la Communauté. Pour faire vivre ce dialogue social, j'ai créé des groupes de travail commun et confié leur animation à des fonctionnaires particulièrement enthousiastes.

Ce qui était redoutable, c'est que j'étais pour l'autonomie des partenaires sociaux, mais que rien n'avançait si la Commission ne mettait pas du charbon dans la machine. Ce qui m'a conduit à intervenir directement devant les ministres des Affaires sociales, à la demande de la présidence britannique, en mai 1986, à Edimbourg, pour aborder le problème dans une approche conciliante et pour justifier une certaine régulation des actions pour l'emploi, ainsi que des mesures concernant les conditions d'hygiène, de santé et de sécurité des travailleurs.

Pourtant, après avoir tenu cinq réunions du dialogue social, j'avais bien précisé, en mai 1987, les règles du jeu :

– Laissons vivre le dialogue social, sans ou avec la Commission, selon le vœu des partenaires.

– La Commission n'a pas l'intention de légiférer si, ayant abouti à une entente sur un sujet donné, les partenaires sociaux décident de le transformer en accord contractuel.

– En revanche, la Commission ne se dérobera pas là où les traités lui permettent de consolider ou de faire avancer le progrès social, notamment les dispositions de législation minimale, avec un plancher des droits sociaux, les articles de l'Acte unique sur l'amélioration des conditions de travail, l'initiative communautaire pour le développement régional et la création d'emplois.

Dans ces domaines, les résultats ont été bons. Nous avons publié plusieurs lois qui élevaient le niveau de protection sur les lieux de travail. Même pour un pays avancé comme la France, cela représentait un progrès. Mais je devais être constamment sur la brèche sinon le processus s'endormait. C'était très dévoreur de temps.

C'est pourquoi, un an plus tard, devant la Confédération européenne des syndicats, qui tenait congrès tous les trois ans, je me suis engagé personnellement sur trois points :

– pour la mise en œuvre de l'éducation tout au long de la vie,

– pour l'adoption d'une Charte des droits sociaux, déjà évoquée. Le projet allait être mené à bien grâce au concours du Comité économique et social,

– pour la création d'une société de droit européen, réclamée par les chefs d'entreprise qui, au fur et à mesure que le marché intérieur progressait, étaient scandalisés par les complications que leur valait la diversité des régimes fiscaux dans les pays de la Communauté, mais aussi les obstacles mis à la fusion ou au reclassement des équipes de production. Bref, ils étaient pour une société de droit européen qui leur facilite la gestion de leurs établissements. J'ai répété aux syndicats que, dans cette loi, je proposerais des systèmes de consultation et de participation des travailleurs diversifiés pour répondre aux différentes pratiques, donc un système correspondant à la cogestion allemande, un système proche des expériences des comités d'entreprise à la française et enfin un système plus libre et optionnel. Bref, j'envisageais une société d'un type unique, où les pratiques syndicales seraient diversifiées selon le lieu envisagé.

Il a fallu attendre 2002 pour qu'on adopte ce statut d'entreprise. Mais entre-temps, il y avait eu deux avancées : l'une, en juillet 1985, pour les entreprises, avec la création du groupe d'intérêt économique européen, qui permettait à celles-ci de travailler ensemble dans des conditions plus accessibles ; l'autre, avec le mouvement suscité dans les entreprises multinationales pour créer des comités d'entreprise européens, qui s'est très bien développé.

Enfin, je reviens à mon premier thème, l'éducation tout au long de la vie, pour laquelle j'allais mener mes efforts en vain jusqu'en décembre 1994. Ce fut ma dernière réunion avec les représentants du patronat et des syndicats. Les uns comme les autres considéraient que leurs systèmes nationaux devaient être maintenus et ne voyaient pas ce que pourrait ajouter une dimension européenne. Par la suite, les syndicats en éprouveront du remords car, dans une économie en mutation rapide, le besoin est là et ne fait que grandir. Or, aucun des systèmes nationaux n'est préparé à un tel développement.

— *Comment expliquez-vous cette résistance ?*

— Parce que chacun a son régime et ce n'est pas seulement une affaire de portée juridique, c'est également un système de financement. Par exemple, en France, la loi Delors de 1971 prévoyait un système de financement obligatoire par des cotisations d'entreprise, donc une sorte de financement mixte entreprise-Etat. En RFA, en revanche, à l'époque où j'étais président de la Commission, il s'agissait surtout d'un effort financier des entreprises négocié contractuellement. Et la Grande-Bretagne allait aussi emprunter cette voie.

Bref, en décembre 1994, personne ne voyait l'intérêt, non pas d'une harmonisation stricte des droits des travailleurs en matière de formation, mais de donner un élan grâce à un cadre européen. Je ne demandais pas une loi européenne, mais un cadre stimulant, conforté par un accord patronat-syndicats qui aurait permis de combler les vides dans certains pays et d'améliorer le système dans d'autres. Or – et c'est l'esprit même de la coopération – il est possible de garder son système national et de le développer, tout en tirant profit des expériences des autres pays et en menant des actions communes.

C'est à l'issue de mon intervention à ce congrès des syndicats européens que l'UNICE, en 1988, s'est braquée. Nous avons eu des discussions plus difficiles dans lesquelles – on me l'a parfois reproché –je ne faisais aucune concession car je ne pouvais pas admettre que l'on ait répondu à leur aspiration à une économie plus flexible, plus compétitive, plus ouverte et que, d'un autre côté, les patrons ne veuillent pas réfléchir à la façon de maintenir les acquis des divers modèles sociaux européens, étant entendu que j'étais moi-même d'accord pour les aménager, ce que j'allais confirmer avec une certaine franchise dans le Livre blanc de 1993.

— *Qui faisait la loi à l'UNICE ?*

— Souvent les Allemands et les Anglais quand ils étaient

d'accord. Le patronat français était assez positif. Des hommes comme François Ceyrac et François Périgot ont vraiment joué le jeu, ainsi que l'actuel président, le Belge Georges Jacob. Le patronat allemand était réticent au nom de la spécificité du modèle allemand avec, derrière la tête, l'idée d'une certaine supériorité. Pour les Anglais, c'était plus idéologique.

Parlant de l'Angleterre, reste un fameux morceau : les rapports avec Mme Thatcher étaient tels que nous les avons décrits, notamment à l'occasion du Conseil européen de décembre 1986 et du paquet Delors I. Nous avions encore des conversations paisibles, mais le Premier ministre britannique s'inquiétait de plus en plus. Ce qu'elle n'admettait surtout pas, c'est que Delors sorte de Bruxelles et aille s'exprimer en Grande-Bretagne. Sauf peut-être – mais cela je ne l'ai jamais tenté – comme agent électoral du parti conservateur.

Dès 1985, j'étais allé parler devant la CBI, *Confederation of British Industry*, l'organisation patronale anglaise, pour défendre l'idée d'un grand marché qui d'ailleurs leur plaisait. Mais ensuite, je devais m'attaquer à la prévention, voire à l'hostilité des syndicats britanniques, les fameux *Trade unions*, qui souffraient d'une certaine perte et d'adhérents et d'influence. Il y avait eu la grève des mineurs, la défaite en rase campagne d'Arthur Scargill, qui avait été un tout-puissant leader syndicaliste. Dans les rencontres de Val Duchesse, cela pouvait se traduire par leur indifférence ou par leur réaction négative. Pour y remédier, j'ai eu recours au cadre indispensable des rencontres avec les camarades syndiqués : partager le pain ensemble. Une fois, deux fois, trois fois... sur le métier, remettez votre ouvrage !

— *L'époque des fameuses « saucissonnades » Delors.*
— Je pouvais compter sur l'aide du secrétaire général de la Confédération européenne des syndicats, Mathias Hinterscheid. Au cours de ces déjeuners ou dîners, tous les sujets étaient évoqués. Je les interrogeais sur la situation en Grande-Bretagne, sur les difficultés qu'ils rencontraient. Un peu de provocation était parfois nécessaire. Mais le secrétaire général de la confédération des *Trade unions*, le tout en rondeurs Norman Willis, était plein d'humour et avait la repartie facile. Rassuré sur mes intentions, convaincu enfin de l'intérêt

d'une présence active au stade européen, Willis m'invitera à son congrès à Bournemouth le 7 septembre 1988.

J'y suis arrivé la veille de l'ouverture, pour une rencontre organisée dans un esprit de franche camaraderie : des syndicalistes recevant un frère syndicaliste. Au cours de ce dîner, ils entonnèrent très vite « Frère Jacques ». L'ambiance était créée. Le lendemain, je fais mon discours et je reçois une ovation debout. A nouveau « Frère Jacques » ! Résultat : les participants adoptent dans le même congrès une résolution en faveur de l'Objectif 92.

En apprenant cela, Mme Thatcher sera furieuse. Même mon ami, sir Geoffrey Howe, jugera que j'avais fait une faute de goût en acceptant cette invitation. Pourtant, dans mon discours, je n'avais en rien interféré avec la politique britannique. J'avais développé des thèmes simples. J'invitais mes auditeurs à préserver notre modèle européen de société et à faire face au défi de la mondialisation. Pour cela, leur disais-je, il ne suffit pas d'avoir une économie européenne compétitive. Il convient de développer la coopération et la solidarité, et je citais les éléments du paquet Delors I, puisqu'il avait été adopté. « Quoi que vous en pensiez, ajoutais-je, le fléau essentiel, c'est le chômage et, avec lui, la pauvreté. »

Et je concluais :

« Face à cette situation, une mondialisation qui monte, un chômage qui s'accroît, moi je tourne le dos aux sceptiques sourds et aux enthousiastes naïfs. Je prends le parti des architectes et je propose que nous travaillions ensemble pour que le marché intérieur profite à tous, pour ne pas réduire le niveau de protection sociale des Européens, pour miser non seulement sur la concertation, mais un jour, sur la négociation et les conventions collectives européennes... Votre responsabilité comme syndicalistes est engagée... »

– *Sur le territoire de Mme Thatcher. C'était un peu audacieux...*
– Mais enfin, j'allais dans tous les pays ! Selon certains chroniqueurs, cet épisode anglais n'a pas seulement marqué le début d'une tension croissante entre Mme Thatcher et moi – voir en 1988 son discours de Bruges –, il aurait eu des incidences sur le parti conservateur, puisque le raidissement du

Premier ministre l'a conduit à des difficultés de plus en plus graves jusqu'à sa démission, à la fin de l'année 1990.

En tout cas, mes propos de Bournemouth allaient être suivis de pas très concrets, puisque j'ai proposé, dans le Traité de Maastricht, un protocole social, autorisant explicitement la conclusion de conventions collectives européennes qui auraient force de loi dans l'ensemble de l'Europe. Ce qui était, je dois le reconnaître, très ambitieux.

L'Europe des citoyens

Au Conseil européen de Fontainebleau, les chefs de gouvernement avaient créé un comité sur l'Europe des citoyens, présidé par une personnalité italienne, Pietro Adonnino, qui fera un rapport couvrant l'ensemble des sujets : promouvoir l'image et l'identité de la Communauté, développer l'information et l'enseignement, intéresser la jeunesse, parler de culture européenne, sans oublier la lutte contre la drogue.

Pour ma part, je souhaitais quelques gestes concrets dans ce domaine. Le plus cocasse, c'est qu'à mon arrivée à la Commission, j'avais appris qu'il y avait un désaccord entre les institutions sur le choix d'un drapeau européen. Sans même chercher à en savoir davantage, j'avais accepté la proposition du Parlement que présidait Pierre Pflimlin. On m'avait dit que c'était le drapeau aux douze étoiles du Conseil de l'Europe. « Eh bien, nous allons le prendre ! » décidais-je, mettant ainsi un terme à une discussion dont le contenu et les finalités m'échappaient. Le 29 mars 1986, le drapeau européen était donc hissé devant le Berlaymont, le siège de la Commission. Avec l'accord des trois institutions et au son de l'hymne européen, la Neuvième symphonie de Beethoven.

J'allais surtout me consacrer aux étudiants parce que mes différentes pérégrinations m'avaient montré que ceux qui avaient fait des études supérieures comprenaient mieux que les autres la construction européenne. Si ces étudiants étaient appelés à circuler en Europe et à se rencontrer, me disais-je, on créerait là un esprit européen. Sans oublier pour autant le profit personnel qu'ils tireraient d'une expérience dans un autre pays et dans une autre université.

Dès 1985, j'ai donc proposé que les étudiants puissent faire une année de leur cursus dans une université étrangère grâce à des accords entre les établissements. Là aussi, il y a eu des résistances. En accord avec Manuel Marin, j'ai alors utilisé un moyen auquel la Commission a rarement recours, quoique ce soit une de ses prérogatives : la Commission a le monopole de l'initiative des lois, mais si elle n'est pas satisfaite de la manière dont on traite son texte, elle peut le retirer. J'ai donc retiré le texte sur les échanges d'étudiants parce que cela n'avançait pas.

Plusieurs pays étaient réticents pour des raisons de principe – les antieuropéens –, et d'autres l'étaient pour des raisons financières. En accord avec Mme Thatcher, j'ai présenté à nouveau le texte au Conseil européen de Londres, en décembre 1986, pour le faire adopter par les chefs, ce qui fut fait. Je n'y avais rien changé. J'avais prévu des aides communautaires pour financer à la fois les études et les frais de séjour des étudiants. Et nous étions arrivés à la promesse de deux cent quarante programmes inter-universités. Ce programme baptisé « Erasmus » a donc été créé et il s'est développé d'une manière impressionnante, en permettant à des centaines de milliers d'étudiants de faire une partie de leur cursus dans un autre pays que le leur.

Le souffle européen joue. Il suffit de voir l'attrait du collège de Bruges, une institution éminemment communautaire que j'ai présidée pendant trois ans après mon départ de la Commission, pour se rendre compte avec ravissement que les étudiants sont fondamentalement européens. Dans un esprit différent de celui qui prévalait dans les années cinquante, à l'époque des fondateurs. Ce n'est plus le pardon et la promesse, mais très naturellement parce qu'ils se sentent à l'aise en Europe et curieux de ces nouvelles expériences de vie et d'étude.

Toujours dans la même période, le 30 juin 1988, a été adoptée une directive qui faisait partie du Livre blanc sur le marché intérieur, sur la reconnaissance mutuelle des diplômes de l'enseignement supérieur.

Autre sujet dans lequel je me suis beaucoup investi, fortement incité par François Mitterrand : l'audiovisuel. La Commission a fait reconnaître par le Conseil européen la capacité audiovisuelle de l'Europe. Les assises de l'audiovisuel se sont tenues en septembre 1989 et en avril 1990, et, à la suite de ces débats, la Commission a proposé le programme MEDIA, destiné à stimuler les initiatives dans la Communauté. Il s'agit de préserver nos cultures en gardant la maîtrise d'une partie au moins des programmes de radio et de télévision. Et aussi d'inciter à l'innovation et à la créativité.

Un regard sur les relations extérieures

En cette matière, la Communauté travaillait dans le cadre de la coopération politique, institutionnalisée par l'Acte unique et à laquelle la Commission n'était qu'associée, puisqu'elle ne disposait pas du droit d'initiative et n'établissait de rapports que si on le lui demandait expressément. Je noterai quelques épisodes qui jalonnent cette période : en juin 1988, la signature d'un accord de coopération avec les pays du Golfe, la même année l'ouverture des relations officielles entre la Communauté européenne et le COMECON. Celles-ci n'allaient pas perdurer, en raison des changements à l'Est à partir de 1989 mais, après des années de guerre froide, c'était simplement la reconnaissance que nous allions ouvrir des relations officielles et préparer un accord de commerce.

Le domaine dans lequel la coopération politique a été la plus active pendant cette période, ce fut l'évolution de la situation en Afrique du Sud. Nous étions dans une période de grande tension et beaucoup de pays membres étaient partisans d'un embargo auquel les Anglais restaient absolument opposés. Néanmoins, le gouvernement britannique laissa ses onze partenaires se mettre accord sur le commerce et les exportations de pétrole, lui-même se réservant la possibilité de l'appliquer comme il l'entendait. C'était la période précédant la venue du président Frederik De Klerk qui, à la tête de l'Afrique du Sud, allait inaugurer, avec Nelson Mandela, la fin de l'apartheid.

Pendant ce temps, la Commission n'était pas inactive. Elle finançait la formation des militants de l'ANC (le Congrès national africain), pas directement, mais par l'intermédiaire des églises et de leurs associations caritatives. Pas une formation à la guérilla mais une formation à la connaissance politique et géopolitique, à la gestion des affaires publiques. D'après ce que m'a dit Nelson Mandela qui me téléphonait souvent, cette action a eu de très bonnes retombées. Ensuite, j'allais recevoir le président De Klerk qui m'a produit une énorme impression : volonté de dialogue, robustesse, vision. C'est ainsi que nous avons pu accompagner modestement cet épisode admirable et encourageant de l'Histoire.

A l'actif de cette période, je ne saurais oublier deux nouvelles demandes d'adhésion, celles de la Turquie en 1987 et de l'Autriche en 1988. Il y a eu aussi quatre sommets des pays industrialisés : en 1985 à Bonn, en 1986 à Tokyo, en 1987 à Venise et en 1988 à Toronto. Les chefs d'Etat et de gouvernement y parlaient d'économie mais aussi d'autres questions internationales, notamment des accords de désarmement pris souvent à l'initiative de Gorbatchev. Sur ce terrain, l'Initiative américaine de défense stratégique, autrement dit la guerre des étoiles, a profondément impressionné le dirigeant soviétique qui s'est dit que, compte tenu de l'état de l'URSS et de son économie, il ne pourrait pas suivre et qu'il lui fallait négocier.

Dans le communiqué final de ces sommets économiques, les Etats-Unis essayaient d'insérer des résolutions politiques, ce que refusait, avec raison, François Mitterrand, considérant qu'il y avait d'autres types de réunions, notamment bilatérales, pour évoquer ces questions entre chefs de gouvernement.

Le choc le plus sévère eut lieu à Williamsburg, en Virginie, où se tenait en 1983 le G 7 à l'invitation des Américains. J'y assistais en tant que ministre des Finances de la France. Il était question d'euromissiles et d'un appel à l'URSS l'invitant à accepter ce qu'on appelait alors « l'option zéro », c'est-à-dire pas de Pershing américains du côté occidental, mais pas de SS 20 du côté soviétique.

Sans s'opposer à l'ensemble du projet de résolution américain, Mitterrand ne cessera pas de rappeler l'esprit de ces sommets pour obtenir que le texte soit amendé sur plusieurs points importants. Il sortira de la réunion insatisfait et furieux, mais son intervention aura eu le mérite d'empêcher le G 7 de dériver vers une institution politico-militaire, ce qui n'était – et continue aujourd'hui à n'être – dans l'intérêt de personne.

Deux autres incidents de moindre portée, disons-le tout de suite, méritent d'être notés dans ce chapitre :

Le premier à Tokyo lors d'un sommet du G 7 également. Comme le Canada et l'Italie ne faisaient pas partie du prestigieux G 5 qui réunissait les ministres des Finances et les gouverneurs des cinq autres pays (Etats-Unis, Grande-Bretagne, France, Allemagne et Japon), leurs premiers ministres menèrent à Tokyo une offensive en bonne et due forme pour changer la donne et y être acceptés. Les Américains finirent par céder. De mon côté, je plaidais pour que la Commission y ait aussi sa place, soutenu notamment par le Premier ministre néerlandais qui était là, en tant que président en exercice de la Communauté[1]. Mais rien n'y fit. Anglais et Américains – Reagan en tête – étaient absolument hostiles. J'ai plié bagage et j'ai quitté la salle. C'est Jacques Chirac qui m'a rattrapé par la manche pour me ramener en séance. Pour une fois, l'effervescence ne lui plaisait pas.

– Le second à Venise, en 1987, une anecdote, plutôt qu'un incident, qui est venue corser nos interminables discussions sur le commerce agricole. Reagan parlait de la nécessité d'ouvrir les marchés et de faire de la place aux agricultures les plus productives. « Avec le progrès technique, disait-il, des vaches de taille modeste, de petites vaches ont une rentabilité laitière considérable ». Et Fanfani, un des pontes de la Démocratie chrétienne, petit homme un peu narquois, de lui demander : « Dois-je comprendre, Monsieur le Président, que des vaches qui ne sont pas plus grandes que des chiens peuvent produire autant de lait ? » Des sourires ont envahi les visages des excellences assises autour de la table et la discussion s'est terminée là.

A un autre sommet, Reagan me demandera les raisons de mon acharnement sur l'agriculture. Je lui expliquerai ce qu'est la petite agriculture en Europe, le rôle qu'elle joue dans l'amé-

---

1. Dans un tel cas de figure, lorsque le président de la Communauté en exercice pour six mois n'est pas un des membres permanents du G 7, il assiste, aux côtés de la Commission, à la réunion du sommet des pays industrialisés.

nagement du territoire, l'équilibre des sols et l'environnement et je lui citerai l'exemple de ma famille avec ses cinq hectares. « Oh ! c'est moins grand que mon jardin ! » me répondra-t-il. Et nous en sommes restés là. Moi stupéfait et lui assez content.

12

La dimension sociale

Tout au long de ces Mémoires, il est souvent question des aspects sociaux mais, devant la complexité des dispositions institutionnelles et des modalités d'action, il n'est peut-être pas inutile d'en résumer les grands traits dans ce chapitre.

Depuis plus de trente ans, le thème de la dimension sociale est un des plus développés dans les discours politiques sur l'Europe, comme dans les projets présentés. Mais force est de constater à la fois la nécessité d'insérer cette dimension dans la construction européenne et ses limites qui tiennent à des considérations historiques pour ce qui est du Traité de Rome, et au désir des dirigeants nationaux de conserver la main sur nombre de politiques sociales. On constatera aussi que les responsables nationaux comptent sur l'intégration économique pour développer le progrès social, en estimant que plus de croissance, plus d'emplois leur donneront, avec l'amélioration du niveau de vie, plus de marges de manœuvre pour les politiques sociales proprement dites.

– *Que prévoyait le Traité de Rome en matière sociale ?*
– A cette époque, la principale ambition des six pays fondateurs était de construire un espace de paix et de prospérité fondé sur la coopération politique et économique. La législation européenne s'ordonnait donc autour d'un objectif : le marché commun. Les visées sociales étaient limitées à trois domaines : la mobilité des travailleurs ; la formation professionnelle consi-

dérée comme devant faciliter la réalisation de ce marché et le progrès du niveau de vie ; l'égalité hommes-femmes qui était une fin en soi et plaçait la Communauté en avance sur les législations et les pratiques nationales. Non que les Six n'aient pas cru à la nécessité d'une politique sociale, mais ils estimaient qu'elle ressortissait à la souveraineté nationale. Nous étions en pleines « *golden sixties* », formule recouvrant les années de reconstruction d'après-guerre, la modernisation des structures de production, l'attention portée à la législation du marché du travail, l'accroissement des garanties offertes aux travailleurs et enfin le développement de l'Etat providence.

— *On a parlé de modèle social européen.*
— Sous l'influence des idées sociales-démocrates et des théories de Keynes et de Beveridge, l'idée de modèle social européen allait s'affirmer pendant ces trente années, mais chaque pays lui imprimait sa marque spécifique, plus fédéraliste et plus conventionnelle pour l'Allemagne fédérale, plus centralisée et plus étatiste pour la France.

Le point d'ancrage national

Toutes les organisations sociales, ainsi que les partis politiques, faisaient de la nation le point d'ancrage de leur action. Si bien que de nombreux secteurs comme l'éducation, la santé, les régimes de retraite, les aides aux familles, étaient soustraits à la décision et au contrôle communautaires. Avec cependant l'exception notable de la politique agricole qui allait être fondée sur trois principes appelant une politique européenne : l'unité du marché, la préférence communautaire, la solidarité financière. Le Fonds d'orientation et de garantie agricole (FEOGA) qui avait été créé à cet effet allait absorber une partie importante des ressources financières mises à la disposition de la Communauté.

— *Mais bientôt, d'autres fonds seront créés.*
— Un fonds social et, plus tard, en 1975, un fonds régional. Mais leur impact, sans être négligeable, restera cependant limité jusqu'à l'Acte unique et au paquet Delors I qui allaient concré-

tiser le nouveau concept de base : la cohésion économique et sociale.

— *Et la relance de 1985 ?*

— En 1985, comme plus tard, aucun Etat membre n'est prêt à accepter une relance qui viserait à faire passer au niveau européen les compétences en matière d'emploi, d'éducation, de culture, de santé et de sécurité sociale. Pour justifier cette position, les gouvernements invoquent les particularités nationales, l'attachement de leurs concitoyens à leurs droits et à leurs modalités spécifiques. Ils invoquent aussi la subsidiarité qui consiste à ne pas transférer au niveau européen ce que l'on peut mieux faire, selon eux, au niveau national, régional ou local. Ces diversités nationales se reflètent aussi – comment s'en étonner ? – dans les organisations européennes patronales ou syndicales.

Il faut donc attendre l'Acte unique qui a ouvert le chemin à une législation européenne en matière d'hygiène, de santé et de sécurité des travailleurs, qui a reconnu le dialogue social comme une des voies privilégiées pour construire l'Europe, et grâce auquel les politiques de cohésion économique et sociale ont bénéficié de ressources financières suffisantes pour enregistrer des résultats positifs. Le retour de l'expansion économique et la création d'emplois à partir de 1985, et jusqu'à 1992, contribueront aussi à inverser le sentiment négatif né des crises pétrolières des années soixante-dix et de l'apparition d'un chômage massif.

Mais le contexte mondial va changer avec la globalisation qu'on accuse d'être à la racine de tous nos maux. « Que fait l'Europe ? » La question revient de plus en plus fréquemment. D'où les initiatives prises de 1989 à 1994 pour répondre à mon souci, que beaucoup partagent, d'accroître la plus-value apportée par la Communauté aux efforts nationaux. Initiatives qui illustreront par ailleurs le triptyque que j'avais placé à la source de l'Acte unique : la compétition qui stimule, la coopération qui renforce et la solidarité qui unit.

Un premier pas fut franchi au Conseil européen de Strasbourg, en décembre 1989, avec l'adoption de la Charte des droits sociaux fondamentaux qui insistait sur le principe de subsidiarité, en rappelant que le rôle respectif des normes communautaires, des législations nationales et des relations conventionnelles devait être clairement établi.

Pour obtenir l'adhésion de tous les pays membres – à l'exception de la Grande-Bretagne qui ne l'a pas acceptée à cette époque –, la Charte précisait que l'harmonisation ne se ferait pas par le bas et s'en tenait, dans beaucoup de domaines, à des généralités. Sa contribution était plus significative sur l'égalité des sexes et la participation des travailleurs. C'est sur cette base que la Commission établira un programme d'action comportant quarante-sept mesures à prendre avant le 31 décembre 1992 :

– des projets de lois européennes sur les conditions de vie et de travail, la libre circulation, l'information, la participation des travailleurs, l'égalité de traitement,

– des projets de recommandations – qui n'étaient donc pas contraignants – sur la convergence des objectifs de politique sociale, l'assistance aux plus démunis et le niveau minimum des rémunérations.

Mais en raison de l'obligation d'adopter ces textes à l'unanimité, beaucoup de ces projets resteront bloqués, même lorsqu'ils avaient été vidés d'une partie de leur substance dans l'espoir de rallier les réticents. C'est ce qui déterminera la Commission à proposer, en vue du Traité de Maastricht, que sur certaines questions sociales, la décision soit prise à la majorité qualifiée.

– *Que décidera finalement Maastricht ?*
– La préparation même du traité n'ira pas sans difficultés, les pays les plus développés craignant un « progrès social à l'envers », les moins riches, un accroissement insupportable de leurs coûts de production, qui ruinerait leur compétitivité. A l'époque, les disparités étaient importantes à l'intérieur de la Communauté : par exemple, en 1991, sur la base d'une moyenne de 100 pour l'ensemble des pays membres, les disparités, en ce qui concerne la production par tête d'habitant, allaient de 60 à 110.

Finalement, le chapitre social du Traité de Maastricht distinguera trois cas :

– Les matières dans lesquelles le Conseil des ministres décide à la majorité qualifiée : santé et sécurité des travailleurs, conditions de travail, information et consultation des salariés, égalité hommes-femmes et intégration des exclus du marché du travail.

– Celles pour lesquelles l'unanimité est exigée : sécurité sociale, protection des travailleurs, licenciement, représentation et défense collectives des travailleurs, conditions d'emploi des ressortissants des pays tiers, contributions financières à la création d'emplois.

– Les domaines qui demeurent de la compétence exclusive des Etats membres : rémunérations, droit syndical, grève et *lock-out*.

Pour ma part, j'étais déçu de ne pas avoir réussi à convaincre la conférence intergouvernementale de faire passer dans la première catégorie, celle du vote à la majorité, l'accompagnement économique et social des mutations industrielles et, par conséquent, le régime juridique des licenciements. En revanche, j'étais satisfait que le protocole encourage la négociation collective entre partenaires sociaux au niveau européen. Sur tout projet de nature social, puis sur son contenu, le protocole prévoyait que la Commission consulterait les organisations patronales et syndicales qui avaient le droit de se saisir du sujet pour négocier et, en cas de succès, de transformer leur accord en une sorte de convention collective européenne. Elles pouvaient également demander d'en faire une directive, c'est-à-dire une loi européenne pour faciliter son application dans tous les pays membres.

Le particularisme britannique

A Maastricht, ce chapitre social ne sera accepté que par onze pays, la Grande-Bretagne refusant de l'endosser, mais ne s'opposant pas pour autant à ce que ses partenaires le mettent en œuvre. Plus tard, Tony Blair acceptera de le signer.

A la grande joie du militant infatigable de la politique contractuelle que j'étais et que je suis resté, les organisations patronales et syndicales européennes signeront plusieurs accords, dont le droit d'information et de consultation dans les multinationales, le congé parental, le travail à temps partiel et le travail intérimaire. Mais, malgré un fort investissement personnel, il n'y aura pas de grand accord européen sur le droit à la formation permanente, en raison de l'attachement de certains protagonistes aux pratiques nationales en vigueur.

Après mon départ de la Commission, la persistance d'un taux de chômage élevé dans l'Union européenne incitera les Etats membres à inscrire dans le Traité d'Amsterdam de 1997 un chapitre spécial sur l'emploi. Plusieurs gouvernements, dont celui de la France, militeront dans ce sens. Cette avancée prendra corps dans le processus dit de Luxembourg que l'on doit à la présidence très active du Premier ministre de ce pays, Jean-Claude Juncker : des « lignes directrices pour l'emploi » seront définies au niveau européen. Elles fixeront les orientations à suivre par les pays membres et arrêteront une procédure commune pour en évaluer les résultats, tout en y associant les partenaires sociaux. A défaut de sanctions légales, la pression des autres pays membres, ainsi que l'exemple des expériences les plus réussies, devraient suffire pour que ces lignes directrices soient largement respectées.

Parmi les textes adoptés dans le droit fil de ces dispositions sur l'emploi, citons la directive sur l'information et la consultation des travailleurs. Bloquée pendant longtemps, elle fut remise sur la table du Conseil à la suite de licenciements collectifs dont celui – annoncé le 25 février 1997 – qui impliquait la fermeture de l'usine Renault de Vilvorde en Belgique et supprimait trois mille cent emplois.

En novembre 1998, la Commission proposera une directive contribuant à renforcer la compétitivité des entreprises « par le biais d'un engagement accru des travailleurs dans la marche de l'entreprise et de l'amélioration de la capacité de celle-ci pour s'adapter à de nouveaux contextes en évolution constante ». Directive très discutée qui va s'appliquer à tous les Etats membres à la fin de l'année 2001, après une période de transition de trois ans, dans toutes les entreprises ayant plus de cent cinquante employés.

Un long périple que celui de ce volet social, qui illustre bien la difficulté d'adopter des lois sociales au niveau européen, en raison de la diversité des situations, mais aussi des oppositions idéologiques plus marquées qu'il y a quelques années entre les gouvernements en place dans les pays membres de l'Union.

13

Préparer l'Union monétaire

L'Union économique et monétaire peut être considérée comme le départ d'un nouvel engrenage après les trois étapes de l'Objectif 92, de l'Acte unique et du paquet Delors. Cette gestation de l'UEM a occupé l'agenda européen de 1988 jusqu'en décembre 1991, c'est-à-dire jusqu'au Conseil européen qui a vu l'adoption du traité de Maastricht.

Le démarrage du processus supposait à la fois le renforcement du Système monétaire européen, obtenu par les accords de consolidation de Bâle-Nyborg de septembre 1987, et la libération des mouvements de capitaux.

C'est en octobre 1987 que la Commission a présenté au Conseil des ministres ses propositions pour la création d'un espace financier européen et c'est en novembre 1987 que, pour la première fois, j'ai parlé du rôle international de l'écu que je voyais appelé à devenir un jour une monnaie de réserve internationale. Puis, en décembre 1987, j'ai proposé au Conseil européen la création d'un groupe de Sages, chargé d'étudier la question très complexe posée par le lancement d'une monnaie unique. Avant même d'en commencer l'historique, je rappellerai la mise en œuvre de ce nouvel engrenage, les conditions préalables, les effets d'annonce, et mes propres propositions.

En ce premier semestre 1988 où la Communauté est présidée par l'Allemagne, le climat est à l'euphorie en Europe. D'abord, parce que les Européens sont forts de l'adoption – ô combien difficile – du paquet Delors I en février 1988. En second lieu,

parce que la situation économique s'est nettement améliorée :
d'un côté, l'économie internationale était plus porteuse, mais
surtout, l'économie européenne était stimulée par l'Objectif 92
et la perspective d'un marché unique.

Voilà le climat général. Après que le Conseil des ministres se
fut saisi de la libération des mouvements de capitaux, ce qui
posait des problèmes à plus d'un pays, la question monétaire a
fait surface dans le débat public, avec les interventions en janvier 1988 de plusieurs responsables. C'est ainsi qu'Edouard
Balladur, le 8 janvier, a reproché au Système monétaire de ne
pas respecter l'égalité entre les participants, puisque le poids de
l'ajustement portait toujours sur les monnaies faibles et jamais
sur les monnaies fortes. Il avait en mémoire les deux Conseils
où le franc avait dû diminuer son taux pivot. Il a évoqué la
possibilité de créer une Banque centrale européenne qui gérerait une monnaie commune et rétablirait ainsi, par ses
contraintes propres, l'égalité entre les Etats membres.

Ensuite ce fut Hans-Dietrich Genscher, le ministre des
Affaires étrangères allemand, toujours en avance pour l'Europe.
Le 20 janvier, au Parlement européen, il parle de l'Union
monétaire et de la création d'une Banque centrale et, pour rassurer ses amis allemands, il insiste sur la « stabilité » qui devrait
caractériser cette communauté monétaire. De quoi stimuler le
ministre des Finances allemand, Gerhardt Stoltenberg qui pose
comme un préalable la libération des mouvements de capitaux.
Les amateurs de grandes déclarations non suivies d'effets sont
rarement découragés... !

Le mandat du Comité Delors

Nous en étions là, avec cette perspective d'Union économique et monétaire dans l'air, quand Helmut Kohl m'invite
chez lui à Ludwigshafen. Avec Pascal Lamy, je rends donc visite
à Kohl qui nous reçoit à déjeuner dans un très bon restaurant
dont le chancelier prisait beaucoup les spécialités locales,
notamment la panse de porc farcie. Kohl est d'accord pour un
comité et, comme la confiance, c'est la confiance, il me dit :
« C'est toi qui dois le présider ! » A quoi je lui réponds : « Dans

ce cas, il faut parler de sa composition. » Et j'ajoute que j'y verrais les gouverneurs des banques centrales qui gèrent le Système monétaire européen et se réunissent tous les mois à Bâle, réunions auxquelles j'assiste avec assiduité. « S'ils sont dans le coup, lui dis-je, nous avons de meilleures chances d'aboutir, sinon à un consensus, tout au moins à un accord très large, ce qui nous mettrait à l'abri de critiques sur les défauts techniques de notre proposition. » Je le sens hésitant...

– *Il n'avait pas pensé aux gouverneurs des banques centrales ?*

– Il y avait les précédents des Comités Dooge et Adonnino. Par analogie, sans doute pensait-il à des personnalités désignées par les gouvernements. Peut-être même songeait-il aux critiques de son ministre des Finances soucieux de défendre le deutschemark, symbole unanimement respecté de la nouvelle Allemagne. Mais finalement, il se rallie à mon point de vue...

Le Conseil européen se réunit à Hanovre les 27 et 28 juin 1988. C'est pour moi l'occasion d'une rencontre avec Mme Thatcher, qui se préoccupait du sauvetage de l'entreprise automobile Rover. Honda venait à la rescousse et il fallait discuter du montant acceptable des subventions, voire des exonérations d'impôts, qui faciliteraient l'opération, sans que la Commission y fasse obstacle au nom de la réglementation sur les aides d'Etat.

Si je fais allusion à cette rencontre bilatérale à côté de dizaines d'autres avec des chefs de gouvernement, c'est pour montrer que les relations étaient bonnes avec le Premier ministre britannique lorsqu'il s'agissait de la routine du travail.

Ce Conseil de Hanovre a été préfacé par deux exposés de ma part : d'abord un bilan de la réalisation du marché intérieur, qui était déjà positif, mais j'insistai sur les points difficiles. Mme Thatcher a trouvé tout ça bien indigeste... Cela commençait bien ! Elle a rappelé ses priorités, le marché commun des services financiers, et fait un vibrant plaidoyer pour la dérégulation. Les autres m'ont remercié et félicité tout en adressant des compliments mérités à la présidence allemande.

Mon second exposé portait sur la dimension sociale : le dialogue social et les accords que nous avions obtenus sur la stratégie coopérative de croissance ainsi que sur les modalités d'information et de formation des travailleurs. Je soulignais que les travailleurs craignaient beaucoup les conséquences de la dérégulation et concluais sur l'opportunité de donner un signal politique fort dans ce domaine, en fortifiant la croissance, en développant les politiques structurelles et en appliquant les dispositions de l'Acte unique qui favorisent le dialogue social et améliorent les modalités d'information, de consultation et de négociation des travailleurs.

Kohl a soutenu mes conclusions. Mme Thatcher n'a pas beaucoup apprécié la tonalité et le contenu de mon intervention. Elle a rétorqué qu'il n'y avait pas de contradiction entre le Grand Marché et les conditions sociales, que l'économie était à la source de tout, comme le montrait l'exemple anglais, et elle a dit pour terminer – parce que c'était vraiment son jour –, je l'ai noté : « Les travailleurs ne sont que des gens comme les autres ! »

C'était toujours cette contestation du rôle des syndicats ! On en est arrivé à la question monétaire et là, je devinais des remous du côté de Kohl. La création du comité ne posait pas de problème à Mme Thatcher qui n'avait pas d'objection à faire tant que le comité n'était là que pour étudier.

C'était au sein de la délégation allemande qu'il y avait le plus d'agitation. Le président de la Bundesbank, Karl Otto Pöhl, voulait absolument avoir le chancelier au téléphone. Il aurait préféré que le mandat soit confié au Comité monétaire, c'est-à-dire à la réunion des sous-gouverneurs des banques centrales et des directeurs du Trésor. Mais enfin, l'idée du Comité a fait son chemin auprès des membres du Conseil. J'ai proposé d'y ajouter un deuxième membre de la Commission et j'ai suggéré Frans Andriessen. J'avais proposé également trois personnalités indépendantes : Jan Thygesen, un Danois professeur d'économie, Alexandre Lamfalussy, un Belge, directeur général de la Banque des règlements internationaux, professeur d'économie à Louvain la Neuve, et Miguel Boyer, l'ancien ministre des Finances espagnol, qui était à ce moment-là président du Banco Exterior.

Lorsque je pensais à la stratégie susceptible de nous conduire à l'Union économique et monétaire, je me comportais en pragmatique, tentant de progresser pas à pas. Je m'étais battu pour

que l'Acte unique mentionne expressément la capacité monétaire de la Communauté, premier jalon sur le chemin de l'Europe monétaire. Ce n'était pas en vain, puisque, dans ses
conclusions, le Conseil européen de Hanovre va rappeler qu'en
adoptant l'Acte unique, les pays membres avaient confirmé
l'objectif de réaliser progressivement l'Union économique et
monétaire. Comme quoi, rien n'est inutile ! Les conclusions
annonçaient ensuite des textes qui permettraient la libération
des mouvements de capitaux, de manière à rassurer ceux qui – à
commencer par les Allemands et les Hollandais – en faisaient la
condition préalable à toute marche vers la monnaie unique.

Vint le rendez-vous des banquiers à Bâle. Après la classique
réunion des gouverneurs, on avait prévu une journée ou une
journée et demie supplémentaire pour le nouveau comité.
J'avais préparé un texte qui ne faisait que poser des questions
et ne laissait apparaître aucune préférence de ma part, sachant
que deux ou trois gouverneurs – au premier rang desquels Karl
Otto Pöhl – se demandaient ce que Delors allait encore leur
fabriquer. Dans ce papier daté du 1er septembre, je me limitais
à poser des questions sur :
  – la définition de l'Union économique et monétaire,
  – les conditions de son établissement,
  – où en sommes-nous aujourd'hui,
  – l'objectif de l'Union monétaire,
  – la politique monétaire dans la perspective de 1992, une fois
achevé le marché commun,
  – les modèles alternatifs,
  – la monnaie de l'Union, monnaie commune ou monnaie
unique,
  – le sort de l'écu,
  – l'autorité monétaire en charge de gérer cette monnaie,
  – les opérations dont cette autorité aurait la responsabilité et
les instruments dont elle disposerait pour assurer la stabilité de
la monnaie.

J'évoquais ensuite l'aspect institutionnel en laissant entendre
qu'il faudrait un traité – ce que personne ne pouvait contester.
Bien entendu, j'avais affirmé que l'autorité monétaire devait
être indépendante, ce qui était la condition préalable et qui a
d'ailleurs amené la France à changer sa législation sur la

Banque de France. L'autorité monétaire établie à l'échelon européen rendrait des comptes, tout en étant indépendante, devant le Conseil des ministres et le Parlement européen.

Mon dernier point était relatif aux étapes intermédiaires qui devaient conduire à la monnaie unique. Nous avons fait un premier tour d'horizon sur toutes ces questions et les membres du Comité ont demandé un papier sur les précédents, tant il est vrai que, dans tous les domaines, il y a toujours un précédent à invoquer !

Près de vingt ans auparavant, Raymond Barre, alors vice-président de la Commission, avait proposé d'étudier la possibilité d'une Union économique et monétaire. A la suite des pressions exercées par lui-même et par la Commission, le Conseil des ministres avait confié au Premier ministre du Luxembourg, Pierre Werner, le soin de faire un rapport qui fut publié le 30 octobre 1970. Le Conseil des ministres en discuta en 1971 et adopta une résolution jamais suivie d'effet. La Communauté était alors en pleine tempête monétaire et il y avait une tension très grande entre Valéry Giscard d'Estaing, ministre des Finances, et son collègue allemand, Karl Schiller. Le désordre était là sur le marché des changes : le mark flottait depuis mai 1971 et le dollar allait être détaché de l'or en août 1971. La perspective d'Union économique et monétaire en a été ruinée et, en mars 1973, les Allemands, mécontents du défaut de coopération à l'intérieur de l'Europe, faisaient savoir qu'ils s'opposeraient à toute initiative communautaire.

C'est dire les mérites de Giscard d'Estaing et de Schmidt d'avoir réussi à mettre sur pied, dès 1979, le Système monétaire européen après la phase de jeu compliquée du « Serpent » qui, de 1972 à 1977, avait limité les fluctuations des monnaies entre elles. La France, pour sa part, était entrée dans le Serpent mais pour en sortir plus tard.

Notre Comité travaillera avec deux rapporteurs. Pöhl estimant que Padoa Schioppa était trop proche de moi, on lui avait adjoint Gunther Baer, un Allemand de la Banque des règlements internationaux, qui en est maintenant le secrétaire général. Heureusement, les deux rapporteurs se sont bien entendus entre eux.

Nous nous sommes largement inspirés du rapport Werner

dont nous avons repris les trois phases, et c'est à partir de là que s'est nouée la discussion. Il y avait les grands enthousiastes comme Ciampi, gouverneur de la Banque d'Italie, et actuellement le président respecté de la République italienne, Jean Godeaux, de la Banque nationale de Belgique, Jacques de Larosière, qui s'était converti aux charmes du Système monétaire européen depuis qu'il était gouverneur de la Banque de France, alors qu'il était plus réservé lorsqu'il était auparavant directeur général du Fonds monétaire international. De l'autre côté, il y avait Karl Otto Pöhl qui multipliait les objections du genre : l'Union politique doit précéder l'Union monétaire, ou bien l'Union économique doit garantir la stabilité de la monnaie. Dans le clan des sceptiques, le gouverneur de la Banque du Danemark, Eric Hofmayer, très doué malgré ses allures d'étudiant prolongé. Sans oublier Wim Duisenberg, gouverneur de la Banque nationale des Pays-Bas (et futur président de la Banque centrale européenne), qui cachait bien le fond de sa pensée.

– *Qui était le Britannique ?*
– Robin Leigh Pemberton qui était très embarrassé, mais n'a pas multiplié les obstacles étant donné que l'objectif n'était pas le « que faire », mais seulement le « comment faire », en restant dans le droit fil de la position prise par Mme Thatcher. Ce qui n'empêchera pas celle-ci de lui reprocher d'avoir signé le rapport – adopté à l'unanimité – et de le remplacer.

Toutes les réunions ont porté à la fois sur l'Union économique et sur l'Union monétaire, mais il est intéressant de noter, en se référant à la situation présente de l'Union, que nous avons consacré plus de développements à l'Union économique qu'à l'Union monétaire. D'où ma critique actuelle d'un système qui ne marche en réalité que sur une seule jambe, l'Union monétaire, l'Union économique laissant à désirer.

Je n'étais pas le seul à voir les choses ainsi. Pöhl partageait cette approche et exigeait une coopération très forte et très étroite entre les politiques économiques nationales. Quant aux divergences – puisqu'il y en a eu –, elles ne portaient pas sur les trois préalables que nous avions posés : la libération totale des mouvements de capitaux, la convertibilité irréversible des monnaies et le retour aux changes fixes. Nous n'avons pas eu non plus de difficulté à nous mettre d'accord sur les trois phases, reprises du rapport Werner, en les précisant : première phase consacrée au renforcement de la coordination à partir du 1er juillet 1990 ; deuxième phase de transition vers la phase finale, préparant les institutions définitives de l'Union économique et monétaire ; phase finale où seraient fixés irrévocablement les taux de change des monnaies entre elles et avec la monnaie unique.

— *Ces trois phases figuraient dans le rapport Werner ?*

— L'esprit des trois phases était le même, mais le contenu était différent. Venons-en aux divergences. Deux scénarios étaient sur la table en ce qui concerne la transition. Jacques de Larosière, suivi par certains, soutenait l'idée d'un Fonds de réserve qu'on aurait créé pendant la deuxième phase pour renforcer le système. D'autres gouverneurs objectaient que cela compliquerait la gestion du Système monétaire européen et faisaient remarquer que ce Fonds de réserve serait d'un montant trop modeste pour jouer un rôle important en cas de crise majeure.

La deuxième divergence portait sur le statut de la monnaie européenne. Certains évoquaient l'idée d'une monnaie parallèle, c'est-à-dire d'un système où la monnaie européenne coexisterait avec les monnaies des pays membres. Mais finalement, la majorité s'est formée sur un seul scénario, celui d'une monnaie unique sans Fonds de réserve. Wim Duisenberg a beaucoup œuvré en faveur de cette solution qui répondait par avance à la dernière offensive de John Major, partisan d'un *hard ecu*, un écu fort, qui ne toucherait pas aux monnaies nationales.

Nous avons eu droit à une ultime offensive de Pöhl qui trouvait le texte trop long, trop optimiste sur les perspectives de l'UEM, et insistait sur l'engagement économique. Je me suis attaché dans les deux dernières réunions à parler anglais pour neutraliser les mouvements d'impatience de Pöhl qui, quand je parlais français – ce qui était mon droit –, déposait ses écouteurs pour faire savoir qu'il était au comble de l'énervement. J'ai donc parlé mon mauvais anglais, ce qui, paraît-il, a beaucoup facilité la tâche. J'ai aussi noté soigneusement tous les points d'accord entre Pöhl et moi, ainsi que tous les points d'accord entre Pöhl et ses collègues.

C'est ainsi que nous sommes arrivés à boucler ce rapport, en nous tournant vers notre collègue anglais, Leigh Pemberton, qui a finalement signé après avoir répété qu'il ne s'agissait que d'indiquer comment concevoir le fonctionnement de l'UEM, mais en aucun cas d'en approuver l'objectif. Heureux, quoiqu'un peu surpris, de ce dénouement, les membres du Comité ont alors débouché le champagne. Notre dernière réunion eut lieu les 11 et 12 avril 1989. Nous avions respecté les délais impartis par le Conseil européen de Hanovre et le prochain Conseil, à Madrid, pourrait en discuter.

Ce fut une période très éprouvante pour moi parce qu'il fallait non seulement présider ce comité, mais en préparer les réunions. J'ai été très aidé, notamment par le Britannique Jolly Dixon qui était à mon cabinet et par Jean-Paul Mingasson, un Français, directeur général à la Commission. Et cela tout en continuant à remplir mes tâches de président de la Commission.

Je garde néanmoins un très bon souvenir de ces séjours à Bâle et de l'atmosphère générale de ces réunions à la Banque des règlements internationaux, dans cet immeuble de création récente qui surplombe les quartiers traditionnels de cette ville d'un grand charme. La veille de leur réunion, les gouverneurs avaient l'habitude de partager un dîner en ville, sans façon, dans un restaurant chaleureux. Le lendemain, nous déjeunions dans l'excellent restaurant de la Banque des règlements internationaux où l'on retrouvait d'anciens gouverneurs qui avaient gardé une activité de conseil.

C'est ainsi que j'avais la joie de rencontrer Bernard Clappier, qui avait été gouverneur de la Banque de France lorsque je siégeais au Conseil et qui a sa place dans l'histoire européenne pour avoir été directeur du cabinet de Robert Schuman et son conseiller très écouté.

Je n'aurai garde d'oublier les remarques publiques de Pöhl sur le travail du Comité :

« Delors, écrira-t-il, a été plus souple que je ne l'avais pensé et mes craintes ne se sont pas pleinement matérialisées. La substance du rapport vient des gouverneurs, non de Delors. Sa contribution a été modeste et pourtant c'est nous qui avons fait sa réputation[1]. ».

Je me suis félicité de ces remarques de Pöhl. Il est vrai que j'ai peu parlé dans ces réunions car je connaissais la mentalité des gouverneurs et je savais que nous aboutirions à un résultat. Mais je ne croyais pas que nous tiendrions les délais.

Le mark secoué par les yo-yo du dollar

De 1988 à fin 1991, c'est-à-dire jusqu'au Conseil européen de Maastricht, le Système monétaire européen s'est consolidé et s'est élargi en dépit des secousses monétaires du moment : les yo-yo du dollar secouaient le deutschemark et la Bundesbank était sollicitée d'intervenir. Elle le faisait, mais à contre-cœur. Grâce notamment à cette bonne volonté allemande, le Système européen est resté stable et il n'y a pas eu d'ajustement pendant cette période.

Pourtant, à partir de 1991, les divergences s'accentuent entre les pays appartenant au système, en ce qui concerne l'inflation et le déficit budgétaire. Les uns affichent un déficit, d'autres vont vers un excédent. Mais surtout, avec plus de 130 milliards de deutschemarks transférés chaque année aux nouveaux Länder, le coût de la réunification pèse de plus en plus lourdement sur l'économie allemande. D'un côté, nous exportions davantage, réduisant ainsi l'excédent commercial allemand. Mais de l'autre, afin d'éviter que l'Allemagne ne tombe dans l'inflation, la Bundesbank augmentait fortement ses taux d'intérêt. Ce fut une des causes du ralentissement de l'expansion économique, au moment même où, une fois Maastricht ratifié, il fallait appliquer les critères fixés par le Traité, ce qui conduisait la plupart des pays à une politique de rigueur, notamment à la réduction du déficit public.

Deuxième fait important : la participation de la livre sterling

---

1. Colette Mazzucelli, *France and Germany at Maastricht*, Garland Publishing (USA), 1997.

au Système monétaire européen. Mme Thatcher avait renvoyé son ministre des Finances, Nigel Lawson, qu'elle trouvait trop favorable à la coopération monétaire en Europe. Elle l'avait remplacé par John Major qui, à son tour, avait fini par la convaincre d'adhérer au SME. Ce qui fut fait le 6 octobre 1990. Cela était d'autant plus important que la Grande-Bretagne, qui avait connu jusque-là un taux de croissance assez fort, souffrait à présent de ce qu'on appelle la stagflation, autrement dit d'une menace de ralentissement économique et d'une augmentation du chômage combinées à un taux d'inflation supérieur de 4 à 5 points à la moyenne des pays membres du SME. En demandant de fixer son taux pivot à 1 livre pour 2,95 DM, la Grande-Bretagne choisissait la marge de fluctuation la plus large, soit 6 %.

Cet épisode a donné lieu à un grave incident entre John Major et moi parce que je pensais qu'une décision de cette importance, dans son principe comme dans ses modalités, avec un taux de change que je jugeais trop élevé, méritait une réunion des ministres de l'Economie et des Finances. Or John Major voulait que la décision soit prise au niveau du Comité monétaire, présidé par l'Italien Mario Sarcinelli. Ce que je trouvais regrettable et même condamnable. Major voulait agir vite et, sans doute, éviter une discussion avec les ministres des Finances. Le samedi 6 octobre, nous avons eu au téléphone une conversation orageuse. Je n'ai pas remonté les autres ministres contre lui puisque certains trouvaient que, pour des raisons politiques, l'adhésion de la livre au SME était une bonne chose. Mais nous avons eu une discussion très sérieuse et je lui ai dit : « Je prends rendez-vous avec vous, vous entrez à un taux trop élevé. » On connaît la suite : en 1992, victime d'une énorme spéculation, la livre sterling devra sortir du SME.

La Commission presse le mouvement

Devant les hésitations des uns, comme l'Allemagne, et les atermoiements des autres, comme la Grande-Bretagne, il fallut pousser les feux. La Commission a donc fait le maximum pour appliquer l'Objectif 92 et réaliser le marché intérieur. Elle a porté une attention égale aux autres chapitres de l'Acte unique, ce qui impliquait autant de décisions de la part du Conseil des ministres. Il s'agissait de maintenir ce climat d'euphorie et d'autosatisfaction, générateur de dynamisme.

Autre devoir assigné à la Commission, en application de l'article 236 du traité, donner son avis sur le projet d'Union économique et monétaire. Alors que la Commission était débordée par l'application de l'Acte unique, et par l'entrée imminente des Länder allemands de l'Est dans la Communauté, elle a travaillé tout l'été pour produire son avis le 21 août 1990. Sans entrer dans le détail, et après avoir rappelé que cette perspective s'inscrivait comme le complément naturel de l'Acte unique, nous avons préconisé, sur le plan institutionnel, un saut qualificatif nous rapprochant de l'Union politique. Ce qui témoignait de notre volontarisme plutôt que de notre réalisme.

Craignant que la Commission ne soit marginalisée dans le domaine économique et monétaire, nous avons pris nos précautions en faisant l'éloge du système institutionnel existant, qui n'appelait à créer qu'une seule institution nouvelle, la Banque centrale européenne, que nous nommions à l'époque « Eurofed ». Nous avons décrit les trois phases en rappelant que le début de la première était déjà fixé au 1er juillet 1990. Nous avons proposé le 1er janvier 1993 pour la deuxième phase. Nous avons beaucoup insisté – en confirmant le rapport Delors – sur les coûts et avantages de l'Union économique et monétaire, approuvé le choix d'une monnaie unique et mis l'accent sur son rôle extérieur. J'avais demandé à la Commission de renforcer la partie Union économique, en insistant sur le triptyque suivant : l'efficacité économique et sociale des politiques, l'indispensable coopération entre les Etats membres et entre ceux-ci et la Communauté considérée comme un acteur à part entière de l'Union économique et monétaire ; enfin, la cohésion économique et sociale.

Pour la Commission, il devait en résulter un accroissement du volume des dépenses budgétaires et des prêts de la Communauté, ainsi qu'un usage plus souple des moyens financiers. Elle avait mentionné un élément qui n'a pas été retenu mais qui a son importance : la création d'un mécanisme de soutien spécifique. Si un pays était en difficulté, s'il y avait asymétrie des situations économiques, l'UEM – en plus des efforts nationaux – aurait pu, grâce à cet instrument, aider le pays concerné à retrouver la convergence et la symétrie. La Commission traitait également des étapes de l'UEM et elle justifiait son opposition à la proposition britannique d'écu fort.

La première réunion de la Conférence intergouvernementale s'est tenue le 13 décembre 1990, c'est-à-dire après les élections allemandes. Pour ma part, j'ai été très déçu par les propos peu mobilisateurs – c'est le moins qu'on puisse dire – de plusieurs ministres des Finances, l'Allemand, le Français, le Hollandais. J'ai pensé qu'un brin de provocation, comme je le fais parfois, ne serait pas inutile. Devant le Parlement européen, le 23 octobre, j'ai fustigé l'attitude de ces ministres, ce qui m'a valu une réplique de Pierre Bérégovoy qui rejetait mes critiques, mais le jour suivant, Elisabeth Guigou, alors ministre des Affaires européennes, prenait mon parti !

Voilà ce qu'en disait le journal *Le Monde* :

« Mme Guigou donne ainsi raison à Jacques Delors qui s'était inquiété samedi dernier à Rome, puis lundi, dans les colonnes du *Financial Times*, en voyant plusieurs ministres des Finances flirter avec l'idée qu'on pourrait s'écarter des orientations fixées en octobre par onze chefs d'Etat et de gouvernement et considérer comme une piste méritant d'être explorée le projet d'écu lourd de John Major. »

– *Que voulait dire Major par « écu lourd » ?*

– Le gouvernement britannique menait une offensive destinée à retarder, le plus longtemps possible, l'avènement de l'Union économique et monétaire. Présentant ses idées sur la transition, il proposait en janvier 1991 la création d'un *hard ecu*, émis par un Fonds monétaire européen, parallèlement aux monnaies nationales. Il acceptait donc – fait nouveau – qu'on rédige un traité portant création d'une institution monétaire commune et qu'on coordonne les politiques économiques. Edouard Balladur avait un moment évoqué une idée semblable : la création d'une monnaie parallèle. Evidemment, mon activisme inquiétait les Britanniques, ce qui fait que l'*Economist* titrait quelques jours après : « *Not so fast Jacques !* » (Pas si vite, Jacques !)

En route pour Maastricht

J'en viens donc à la préparation du Traité, en rappelant les petits pas du Conseil européen. En juin 1989, le Conseil de Madrid prend en considération ce rapport et fixe la première étape de l'éventuelle Union économique et monétaire au 1er juillet 1990, avec les réserves d'usage de la Grande-Bretagne.

Pendant la présidence française, une excellente initiative est prise avec la création d'un groupe de haut niveau pour étudier le rapport Delors, un groupe comprenant, pour chaque pays, un représentant de l'Economie et des Finances, ainsi qu'un représentant des Affaires générales, c'est-à-dire des Affaires étrangères. Ce groupe sera présidé avec beaucoup de talent par Elisabeth Guigou. Son rapport traitera notamment du parallélisme entre l'économie et la monnaie, ainsi que de l'application du principe de subsidiarité (ce qui relève de l'échelon central et ce qui reste à l'échelon national). Un pas de plus sera franchi par Pierre Bérégovoy lorsqu'il demandera aux ministres de l'Economie et des Finances, réunis à Antibes, une discussion approfondie à partir d'un rapport du président de la Commission. Sous présidence française, le travail intellectuel et technique devait ainsi beaucoup progresser et dans une certaine mesure aussi, le travail politique.

Au premier semestre 1990, la présidence irlandaise confirme la convocation d'une conférence intergouvernementale pour l'Union monétaire, après que le Conseil européen eut approuvé et soutenu l'unification allemande. Au cours du second semestre 1990, la présidence italienne organise deux Conseils européens : le premier en octobre 1990 fixe le démarrage de la deuxième phase, non pas au 1er janvier 1993 comme la Commission le proposait, mais au 1er janvier 1994, selon une proposition d'Helmut Kohl. Et avant le deuxième Conseil européen, une lettre commune d'Helmut Kohl et de François Mitterrand, en date du 6 décembre 1990, pousse les feux de l'Union politique en indiquant déjà les grandes lignes souhaitées par eux. J'ai beaucoup travaillé dans l'ombre pour que cette lettre ne suscite pas d'émotion ni d'opposition chez les partenaires de la France. Voici ce qu'en dit Horst Teltschik, un des conseillers de Kohl : « La relation Kohl-Delors-Mitterrand était le pivot. Delors jouait les médiateurs entre Kohl et Mitterrand, jamais effrayé d'avancer ses propres vues avec force, et essayant de les influencer, avec succès. D'ailleurs, Delors comprenait nos problèmes domestiques à nous Allemands, et il a aidé Mitterrand à les comprendre, ce qui nous a permis d'obtenir que la conférence intergouvernementale sur l'Union monétaire n'ait lieu qu'après nos élections de novembre 1990[1]. »

Au second Conseil européen, en décembre, à Rome, les chefs de gouvernement approfondiront les thèmes de l'Union politique, la légitimité démocratique, la politique commune en matière de relations extérieures et de sécurité, la citoyenneté européenne, fixant ainsi le programme de la conférence intergouvernementale.

En ce qui concerne l'Union économique et monétaire, les points principaux étaient rappelés. Je demandai qu'on y ajoutât la libre circulation des personnes, les politiques communes et la dimension sociale.

La conférence s'est donc attelée à la rédaction d'un projet concernant l'UEM. Le travail était déjà très avancé sous la présidence luxembourgeoise du premier semestre 1991. Il y a eu un débat très intéressant sur les conditions d'un bon démarrage de l'Union économique et monétaire. En matière budgétaire, le débat a porté sur la fameuse règle d'or – très prisée en Grande-Bretagne – selon laquelle le montant du déficit ne doit pas dépasser le montant des investissements publics prévus dans le budget. Autrement dit, on autorise le déficit dans la mesure où il s'agit de dépenses d'avenir qu'il est normal de financer, en totalité ou en partie, par l'emprunt, puisque cela profitera aux générations à venir. Celles-ci devront donc en supporter la charge en payant les intérêts et la dette. Cette règle d'or, à laquelle j'étais et je demeure favorable, n'a pas été retenue. Pourtant je n'ai pas mené une grande bataille à ce moment-là parce qu'elle était perdue d'avance et que nous avions d'autres points à faire passer.

A la conférence intergouvernementale consacrée à l'Union économique et monétaire, la Commission était représentée par

---

1. Colette Mazzucelli, *op. cit.*

Henning Christophersen, tandis que je participais le même jour à la conférence sur l'Union politique, où la bataille était beaucoup plus chaude.

Au début de la présidence des Pays-Bas, en septembre 1991, les Néerlandais avaient concocté dans leur coin, sans en parler à la Commission, un projet d'Union politique totalement différent de celui auquel avait abouti la présidence luxembourgeoise. Il s'en est suivi une réunion pathétique qui a relégué le projet néerlandais au placard.

Mais cet incident n'a pas perturbé le travail sur l'Union économique et monétaire. On s'était mis d'accord sur les cinq conditions indispensables pour entrer dans l'Union économique et monétaire et la faire prospérer :

– Le déficit public ne doit pas être supérieur à 3 % du produit national brut.

– La dette ne doit pas excéder 60 % du même produit national brut.

– L'inflation ne doit pas être supérieure de plus de 1,5 point aux trois meilleures performances réalisées au sein du SME.

– Le taux d'intérêt à long terme ne doit pas être supérieur de 2 % aux trois meilleures performances.

– Enfin, il fallait être, depuis deux ans, dans le Système monétaire européen dans la bande étroite de 2,25 %, sans avoir dévalué pendant cette période.

Telles sont les cinq conditions qui font l'objet des deux protocoles annexés au traité.

J'ai quand même assisté à deux ou trois réunions de la conférence intergouvernementale sur l'UEM. Au cours de celle qui précéda l'adoption du projet de Traité, j'ai proposé deux autres critères, en expliquant que l'Union économique et monétaire n'avait pas pour seul objectif la stabilité monétaire, mais aussi la croissance économique et le progrès social. Ces critères mesuraient la situation de l'emploi : l'un sur le chômage des jeunes et l'autre sur le chômage de longue durée. Ce sont les indicateurs les plus révélateurs des difficultés que peut traverser un pays. Cette proposition fit froncer les sourcils des super-orthodoxes allemands et hollandais, mais ils n'eurent pas à se fatiguer parce que le ministre des Finances espagnol en demanda le rejet. La raison invoquée était qu'en Espagne, on calculait le chômage d'une manière différente.

Depuis le début, on savait que la Grande-Bretagne n'adhérerait pas. Il fallait trouver une formule nouvelle. On l'a appelé l'*opting out*, l'autorisation de rester dehors. Elle a été proposée à la fois par Jean-Claude Juncker, qui présidait la conférence intergouvernementale en tant que Luxembourgeois, et par moi. D'autre part, la deuxième phase de l'UEM s'attachait à la préparation détaillée du dispositif, les membres de la Communauté créant un organisme destiné à faciliter ce travail. Ce sera non pas le Fonds de réserve européen, cher à Jacques de Larosière, mais un Institut monétaire européen qui sera présidé avec efficacité par Alexandre Lamfalussy, un des membres du Comité Delors.

A partir de là, les bagages sont prêts pour Maastricht. En route ! Il restait tout de même un point qui n'avait pas été tranché – et quel point ! Les gouvernements fixeraient-ils une date impérative pour le début de la dernière phase, c'est-à-dire l'entrée pleine et entière dans l'Union économique et monétaire ? La question est restée en suspens jusqu'au jour où a commencé le Conseil européen de Maastricht.

14

Le volet politique du Traité de Maastricht

La préparation du volet politique du Traité de Maastricht a commencé, comme celle du volet économique et monétaire, en décembre 1990. Ces deux conférences intergouvernementales ont occupé toute l'année 1991 jusqu'à leur conclusion au Conseil européen de Maastricht. Quatre points essentiels ont donné lieu à des joutes animées :
– la dimension sociale[1],
– les pouvoirs du Parlement européen,
– la politique extérieure et de sécurité commune,
– enfin, la structure même du nouveau traité.
Je terminerai par les efforts menés par la Commission et par moi-même, qui, comme on le verra, n'ont pas toujours été couronnés de succès.

Le dialogue Thatcher-Delors

Avant de narrer les péripéties qui ont jalonné cette préparation du volet politique, je m'arrêterai un moment sur les débats provoqués par Mme Thatcher dont les positions, même si elles n'ont pas été reprises intégralement par ses successeurs, illustrent le particularisme britannique dans ses profondeurs. Pièce centrale, le discours qu'elle délivra le 9 septembre 1988 au Col-

---

1. Voir chapitre 12.

lège de Bruges, lieu culte de l'histoire intellectuelle du mouvement européen.

A la suite de ce discours, se constituera un « groupe de Bruges » pour diffuser les idées qu'elle avait présentées. J'ai pris immédiatement conscience des enjeux de ce débat, plus intellectuel et plus théorique que d'autres, mais de nature à peser sur nos grandes orientations. C'est pourquoi j'ai décidé à mon tour de m'exprimer devant le Collège de Bruges le 17 octobre 1989.

D'entrée de jeu, Mme Thatcher avait affirmé que l'Europe n'était pas la création du Traité de Rome, qu'elle était bien plus ancienne, et que, depuis la *Magna Carta* de 1215, la Grande-Bretagne en avait écrit l'histoire plus que n'importe quelle autre nation. La Grande-Bretagne, disait-elle, s'est battue contre toute tentative de domination d'une seule puissance en Europe. C'est donc la preuve historique de son engagement sur le continent.

C'est dire, insistait-elle, que la Communauté européenne n'est pas une fin en elle-même. L'idée fondamentale est que cette Europe doit être fondée sur une coopération entre Etats souverains et indépendants. Elle affirmait que les Etats-Unis d'Amérique ne pouvaient servir de modèle car leur histoire était différente. Certes, admettait-elle, nous pouvons parler d'une seule voix, faire ensemble des choses que chaque nation séparément ferait moins bien. Mais cela ne nécessite pas un pouvoir centralisé à Bruxelles, ou des décisions prises par une bureaucratie désignée, mais non élue. La primauté devait donc rester – ce fut pour elle une bataille constante – aux Parlements nationaux.

Après des considérations plus conjoncturelles, elle plaidait pour le changement en matière économique. C'est pourquoi elle se disait satisfaite des décisions du Conseil européen, depuis l'Objectif 92 jusqu'au paquet Delors I. Il fallait encourager l'entreprise par la réalisation du marché unique et par la dérégulation. Et de citer l'exemple de ce qui avait été réalisé en Grande-Bretagne. Mais, ajoutait-elle, en parlant du Grand marché, nous ne pouvons pas, pour des raisons de sécurité, abolir totalement nos frontières intérieures. Ce qui explique que la Grande-Bretagne n'ait jamais adhéré à l'accord de Schengen.

Ensuite, elle plaidait pour une Europe ouverte au monde, en expliquant que les pays en voie de développement n'avaient pas besoin de plus d'aide, mais devaient pouvoir vendre davantage aux Européens. Elle revenait ensuite sur un point central : l'Europe et la défense. La défense, c'est l'Alliance atlantique, disait-elle, en rappelant ce que nous devions à cette alliance. C'était pour elle une question de volonté et de courage politique. Et puisque la conjoncture lui en offrait l'occasion, elle faisait une référence positive aux accords d'Helsinki négociés entre l'Union soviétique et les Occidentaux alors que la guerre froide n'était pas encore terminée. C'est pourquoi, tranchait-elle, nous n'avons besoin ni d'un nouveau traité, ni de nouveau document. Il suffisait de faire un pas après l'autre et de rejeter les vues utopiques chères à certains.

— *Elle avait été invitée par le Collège de Bruges ?*

— Ou elle s'était fait inviter. Peu importe. Elle avait choisi un endroit historique. Son discours était spécifiquement thatchérien, mais sur un fond de positions anglaises qui s'étaient déjà manifestées et se manifesteront encore. C'est pour cette raison – et afin de rouvrir le dialogue sur des questions fondamentales pour l'avenir de l'Europe – que je saisis l'occasion d'une autre rentrée universitaire, celle de 1989, pour préciser mes approches et dialoguer à distance, avec elle, et plus généralement avec nos amis anglais.

Ce discours, je le placerai sous le signe de la réconciliation entre l'idéal et la nécessité. Mais j'ai commencé par préciser ce qu'était pour moi le fédéralisme, compte tenu que le mot est incompréhensible en Grande-Bretagne et correspond à une tout autre tradition.

« J'y vois, disais-je, l'inspiration pour concilier ce qui apparaît à beaucoup comme inconciliable : l'émergence de l'Europe unie et la fidélité à notre nation, à notre patrie, la nécessité d'un pouvoir européen à la dimension des progrès de notre temps et l'impératif vital de conserver nos nations et nos régions comme lieu d'enracinement. L'organisation décentralisée des responsabilités afin de ne jamais confier à une plus grande unité ce qui peut être réalisé par une plus petite, ce qu'on appelle précisément le principe de subsidiarité. »

J'avais déjà en tête le schéma que j'allais ensuite résumer dans la formule de « fédération d'Etats-nations », qui sera reprise par beaucoup de chefs de gouvernement, et notamment par Jacques Chirac. Pour parler de l'indispensable moteur de la nécessité et de l'idéal, j'ai rappelé quelle était mon inquiétude, dès les années soixante-dix. La dramatique alternative qui s'imposait à nous : la survie ou le déclin. Je traduisais la nécessité par quelques données économiques et je parlais ensuite de l'idéal en indiquant que l'Europe n'échapperait pas à son destin qui est de penser le monde et d'exprimer inquiétudes et propositions, à la recherche d'un humanisme accordé à notre temps. Et je reprenais une phrase de Roosevelt : « Là où il n'y a pas de grande vision, le peuple périt. »

Après cela, qui justifiait à la fois le pragmatisme et la vision, il fallait présenter la Communauté comme un concept chargé de sens. J'ai donc insisté sur la force d'une Communauté de droit, qui permet à des nations et à des peuples de coopérer entre eux, et j'ai indiqué qu'il s'agissait pour nous d'exercer en commun la solidarité dans certains domaines décidés à l'avance.

Au triangle qui a fâcheusement balisé l'histoire de la construction européenne – inégalité, unanimité et immobilisme – il fallait en substituer un autre : égalité, majorité et dynamisme. J'acceptais pleinement et entièrement le pluralisme en rappelant qu'il n'était pas question d'imposer d'en haut, ou d'en bas, une approche uniforme des problèmes de l'homme et de la société. Et puisque nous étions en pleine année 1989 avec les événements qui l'ont marquée, j'indiquais pour terminer que puisque l'histoire s'accélérait, nous aussi devions accélérer, mais que nous n'y arriverions pas avec nos pratiques de délibérations et de décisions. Il fallait donc un nouveau traité pour être à la fois plus détaillés, plus décisionnels et plus efficaces.

– *Y a-t-il eu des réactions à votre discours de Bruges ?*
– Oui, il y a eu des articles dans la presse et des commentaires mais cela n'a pas amené au firmament de l'actualité les problèmes posés par l'avenir de l'Europe. Quant à Mme Thatcher qui allait quitter le pouvoir, non seulement elle avait accepté les trois étapes de l'engrenage que j'avais proposées

– Objectif 92, Acte unique, paquet Delors I – mais elle ne s'était pas opposée à la création du comité destiné à étudier les modalités de l'Union économique et monétaire, pensant qu'il ne s'agissait là que d'un travail d'étude. En revanche, dès que le rapport du Comité Delors fut endossé, au Conseil européen de Madrid, en juin 1989, puis lorsqu'on évoqua, six mois plus tard, à Strasbourg, la préparation d'un traité d'Union économique et monétaire, alors elle se braqua. Son angoisse allait se nourrir de la chute du Mur de Berlin et de ses craintes devant la probable, sinon inévitable, réunification de l'Allemagne. C'est dire les inquiétudes qui l'animaient. Au demeurant, elle allait procéder au remplacement de deux ministres clés : aux Affaires étrangères, Douglas Hurd succédait à sir Geoffrey Howe, coupable à ses yeux de toujours rechercher le compromis et d'être profondément européen – ce qu'il était –, aux Finances, John Major remplaçait Nigel Lawson soupçonné, lui aussi, de faiblesses coupables.

Mais Douglas Hurd n'était pas antieuropéen et surtout, il disait à ses collègues qu'on pouvait travailler avec Delors. Pendant le temps où il fut ministre des Affaires étrangères, la veille du Conseil des Affaires générales, il m'invitait à dîner avec son collaborateur et le représentant permanent de la Grande-Bretagne pour des échanges qui étaient toujours fructueux. Il voulait sortir du climat de dramatisation et éviter une description sans nuances de Jacques Delors à une époque où, à Londres, la presse populaire se déchaînait contre moi sous n'importe quel prétexte et où le *Sun* titrait : « *Up yours Delors !* » (« Delors, va te faire... »)

— *Sous quel prétexte vous tiraient-ils dessus ?*
— J'étais malmené parce que la tension montait en Grande-Bretagne. Pas seulement entre Mme Thatcher et les europhiles, mais aussi au sein du parti conservateur. Je fus franchement surpris lorsque j'appris que John Major avait convaincu Mme Thatcher de laisser entrer la livre sterling dans le Système monétaire européen. Mais les tensions étaient vives en Grande-Bretagne, notamment chez les tories où les pro-européens, sir Anthony Meyer et Michael Heseltine en tête, menaient l'offensive contre le Premier ministre.

– En réalité, la succession de Thatcher était ouverte.

– Elle a senti venir le vent le jour où se réunissait la CSCE, la Conférence pour la Sécurité et la Coopération en Europe. Elle était à Versailles lorsqu'elle a pris conscience qu'elle était en danger et qu'elle devait rentrer à Londres sans tarder. Mais c'était déjà terminé pour elle et, en décembre 1990, John Major lui succéda après un vote du parti conservateur. Le coup le plus rude fut porté par sir Geoffrey Howe qui n'était plus ministre des Affaires étrangères, mais vice-Premier ministre, et qui démissionna en lui envoyant une lettre retentissante dans laquelle il lui disait : « Je ne peux pas servir plus longtemps votre gouvernement avec honneur ! »

Citoyenneté et pouvoirs du Parlement européen

Le Traité de Maastricht allait instituer la citoyenneté européenne. L'article 8 dispose : « Est citoyen de l'Union toute personne ayant la nationalité d'un Etat membre. » Il s'ensuivait quelques conséquences pratiques :

– Le droit de vote dans le pays où le citoyen réside pour les élections municipales et les élections européennes, à confirmer et à préciser par un vote unanime du Conseil européen.

– La possibilité d'être défendu dans un pays tiers par les autorités diplomatiques et consulaires d'un autre pays.

– Le droit de pétition au Parlement européen avec l'institution d'un médiateur européen.

En faveur du Parlement européen, l'Acte unique avait institué une procédure de coopération qui obligeait le Conseil et la Commission à consulter le Parlement et à l'écouter en ce qui concerne les lois européennes, sans en faire pour autant un colégislateur. C'est le Traité de Maastricht qui, grâce au mécanisme compliqué de codécision, lui donnera ce pouvoir dans différents domaines comme les libertés de circulation ou d'établissement, le marché intérieur, l'environnement et les réseaux intra-européens. D'autre part, le Parlement voyait officiellement confirmé son pouvoir d'investir la Commission européenne, ce qui complétait le droit déjà acquis de censurer ladite Commission.

N'oublions pas que le Traité de Maastricht a été préparé pendant l'année 1991, tandis que se déclenchait la première guerre d'Irak pour libérer le Koweït, et que des remous inquiétants secouaient la Yougoslavie, débouchant avant la fin de l'année sur la séparation des républiques et sur des actions militaires, en Croatie notamment.

Ces événements allaient provoquer bien des soucis et bien des désaccords au sein des Douze. Mais après coup, je persiste à penser qu'obnubilés par l'impératif absolu d'obtenir un succès à Maastricht, c'est-à-dire un nouveau traité, les pays membres – et notamment la France et l'Allemagne – ont choisi de ne pas exacerber leurs désaccords sur l'affaire yougoslave et d'éviter entre eux une grave crise.

La politique extérieure dans l'impasse

Pour expliquer ma déception en ce qui concerne les dispositions relatives à la politique extérieure et la sécurité communes, je ne peux mieux faire que de relater une réunion des ministres des Affaires étrangères à Luxembourg, le 27 avril 1991. Ce jour-là, j'ai bien compris que les Douze n'iraient pas très loin en matière de défense et de sécurité. La discussion est lancée par Hans-Dietrich Genscher, en pointe depuis des années pour promouvoir l'intégration politique de l'Europe. Il plaide pour une forte identité européenne en matière de défense, avec la création d'une force militaire commune. Il ajoute, précaution indispensable, que des garanties seraient données à l'Alliance atlantique pour assurer la cohésion des alliés tout en permettant à l'Union européenne d'agir seule si nécessaire. Il sera chaleureusement appuyé par l'Italien Gianni De Michelis, le Belge Marc Eyskens et par Roland Dumas qui voyait dans l'identité européenne de sécurité le prolongement de la politique extérieure commune.

Il planait, me semble-t-il, sur la réunion une inquiétude implicite quant aux possibles réactions américaines. Le thème des opposants aux propositions Genscher-Dumas était simple : « La défense de l'Europe, c'est l'OTAN. Pourquoi chercher ailleurs ? » Et ils ajoutaient en signe d'ouverture que l'on pourrait réfléchir sur l'avenir de l'Union de l'Europe occidentale, cette structure créée en 1954 à la suite de l'échec du projet de Communauté européenne de défense repoussé par le Parlement français après un vote d'une grande confusion. Cette organisation était composée au départ de sept pays, les six fondateurs du Marché commun, plus la Grande-Bretagne.

Allaient donc soutenir cette thèse de l'OTAN, le Hollandais Hans Van den Broek, le Portugais João de Pinheiro, le Danois Ufe Ellemann-Jensen et, bien entendu, mais avec beaucoup de retenue, le Britannique Douglas Hurd. L'Espagnol Paco Ordoñez et le Grec Antonis Samaras m'ont paru moins déterminés. Quant à l'Irlandais Gerard Collins, il rappellera la neutralité de son pays. Le président de séance, le Luxembourgeois Jacques Poos, se ralliera à la proposition Genscher-Dumas.

Aucun accord précis et tangible n'était donc possible. D'où le texte final du Traité de Maastricht qui illustre mieux qu'un long discours l'impasse dans laquelle se trouvaient les Douze : « La politique étrangère et de sécurité commune inclut l'ensemble des questions relatives à la sécurité de l'Union, y compris la définition progressive d'une politique de défense commune, conformément au deuxième alinéa qui pourrait conduire à une défense commune si le Conseil européen en décide ainsi. » Comprenne qui pourra !

La seule ouverture concernait l'Union de l'Europe occidentale qui deviendra le réceptacle des tentatives limitées pour doter l'Union européenne de forces militaires dont l'Eurocorps, créé en 1988 par les Allemands, les Belges, les Luxembourgeois et les Français.

Mais qu'en était-il de l'autre volet du projet : la politique extérieure commune ? Domaine dans lequel se déroulait une expérience datant des années soixante-dix, relancée par l'Acte unique en 1987, sous le signe de la coopération politique – tel était son titre – alors que l'Europe était secouée par des événements extérieurs à ses frontières mêmes.

J'ai plaidé pour ma part jusqu'à Maastricht pour une approche pragmatique : chaque fois que des pays membres considéreraient de leur intérêt de mener une action commune, ils en proposeraient la décision au Conseil européen. J'ajoutais même que si une minorité de pays n'était pas d'accord, on pourrait leur proposer une abstention dite positive, ce qui n'empêchait pas les autres d'agir. Mes arguments ne furent pas retenus, d'abord parce que certains gouvernements déniaient toute compétence à la Commission dans ce domaine – je n'avais donc que le droit de me taire –, ensuite parce que ma formule n'était pas facile à vendre.

Pour les représentants des pays membres, il convenait d'annoncer des lendemains glorieux et une volonté politique sans faille, ce qui donna le paragraphe suivant :

« L'Union définit une politique étrangère et de sécurité commune concernant tous les domaines de la politique étrangère et de sécurité. Les Etats membres appuient activement et sans réserve la politique extérieure et de sécurité commune de l'Union dans un esprit de loyauté et de solidarité mutuelle. »

Et le traité de confier la décision au Conseil européen et les modalités d'application au Conseil des ministres. Je n'aurai pas la cruauté d'insister sur les suites à partir de l'application du traité, entré en vigueur le 1er novembre 1993. Je m'autoriserai à poser une seule question : la réforme institutionnelle constitue-t-elle un remède miracle lorsque n'existe pas une volonté politique commune ni *a fortiori* un accord profond sur les principes et les bases d'une politique étrangère ?

Je persiste à penser que ma proposition était la seule réaliste et qu'elle est toujours d'actualité en ces premières années du nouveau siècle. La raison en est simple : les pays européens, et notamment les plus grands d'entre eux, ont une histoire riche de gloire, mais aussi de déceptions et d'échecs en matière de politique étrangère. Pour certains, on peut même dire sans se moquer que « la nostalgie est toujours ce qu'elle était ». Ces pays ont leurs traditions, leur histoire géopolitique, des relations privilégiées avec certaines parties du monde. Comment leur demander d'abandonner tout cela pour une fusion artificielle dans une politique étrangère commune ? Alors que, face à certains événements et à certains problèmes, il est possible et souhaitable de considérer que les intérêts des pays européens sont communs et qu'ils les feront mieux prévaloir ensemble.

En d'autres termes, ne pas transformer en drame, aux dépens de la construction européenne, les divergences qui peuvent apparaître. Mais à l'inverse, bâtir des actions communes chaque fois qu'il y a convergence des analyses, des intérêts et du vouloir-faire.

L'arbre ou le temple

On se rappelle le débat au sujet de l'Acte unique. Un débat que certains auront jugé abscons et peut-être même superfétatoire. En se battant pour cette formulation, la Commission entendait maintenir l'unité du projet conduisant à une Europe à la fois politique et économique. Elle avait obtenu satisfaction, avec l'inclusion dans ce traité – et non dans un accord intergouvernemental séparé – des dispositions relatives à la coopération en matière de politique étrangère.

Un débat de même nature allait ressurgir lors de la préparation du Traité de Maastricht auquel les dirigeants européens voulaient conférer des ambitions élargies dans trois domaines :

– Le premier concernait le cœur même de la construction européenne depuis son commencement : l'économique, le social ainsi que l'environnement. La méthode dite communautaire s'appliquait à ces dispositions depuis le Traité de Rome.

– Le deuxième visait la politique extérieure et la sécurité commune (la PESC) dont les perspectives viennent d'être rappelées.

– Le troisième, signe d'une sensibilité croissante à l'égard de la sécurité des personnes, concernait les affaires intérieures et de justice qui relevaient jusqu'alors exclusivement de la souveraineté nationale (droit d'asile, politique d'immigration, coopération policière).

Dans le projet de traité élaboré sous présidence luxembourgeoise, ces trois domaines faisaient l'objet de traitements séparés, sous le couvert de trois piliers obéissant à des procédures différentes en matière de prises de décision et de modalités d'action. Ses défenseurs utilisaient l'image du temple avec trois piliers.

Face à ce schéma, la Commission eut la même réaction que pour la préparation de l'Acte unique. Elle souhaitait maintenir l'unicité du projet et utilisait l'image de l'arbre avec un tronc commun et des branches se développant à des rythmes diffé rents. Elle ne réclamait pas pour autant de nouveaux pouvoirs comme par exemple l'extension de son droit d'initiative aux affaires étrangères et de sécurité. Mais elle s'inquiétait des dérives possibles qui nous éloigneraient de la perspective d'une Europe politique et relégueraient inexorablement la méthode communautaire à la seule gestion du marché unique.

Dès le 21 octobre 1990, en publiant son avis sur l'Union politique, comme le lui prescrivait le traité, la Commission justifiait sa position de principe en ces termes :

« L'osmose entre l'économique, le social, le financier, le monétaire d'une part, et la politique extérieure, d'autre part, constitue et doit rester la philosophie même de l'Union européenne, comme l'affirme le préambule de l'Acte unique... Cela implique pour la Communauté une cohérence entre ses prises de position sur le plan international et les conséquences qu'elle doit en tirer, qu'il s'agisse de la politique économique extérieure ou de ses relations avec les pays en voie de développement. »

Autrement dit, pour continuer avec les deux images du temple et de l'arbre, nous reprochions – et nous reprochons toujours – à la solution des piliers d'offrir une couverture du temple si mince que l'osmose ne peut se faire, comme l'exige l'unité de vues et l'efficacité de l'action extérieure. Pour reprendre une formule que j'utilise souvent dans les débats actuels, l'Union européenne, lorsqu'elle agit en politique étrangère, doit avoir tous ses atouts dans la même main : la diplomatie, certes, mais aussi la politique commerciale, les moyens financiers, les aides multiples qu'elle fournit pour le développement comme pour les actions humanitaires... et, depuis janvier 1999, une monnaie unique, l'euro.

Or, dans le schéma retenu, il ne va pas de soi que l'Union regroupe tous ses atouts. En d'autres termes, les piliers, avec leurs institutions propres, sont un obstacle à la cohérence et à l'efficacité de l'action extérieure.

J'ai pu provoquer une discussion approfondie à Dresde où les ministres des Affaires étrangères se sont réunis à la demande de Genscher, le 3 juin 1991. Le choix du lieu était symbolique après que la Communauté eut accepté l'unification de l'Allemagne.

Je présentais les amendements au projet de traité qui était sur la table dans l'esprit que je viens d'indiquer et je répondais par avance à quelques objections.

Pour rassurer ceux qui craignaient une volonté de puissance de la Commission, le Conseil européen demeurait l'instance chargée de définir les grandes orientations de l'Union. J'ajoutais que la Commission ne réclamait pas de nouvelles compétences. J'attirais l'attention des ministres sur le vide créé en ce qui concerne la personnalité juridique de l'Union, vide qu'il fallait combler pour conforter la place de l'Europe sur l'échiquier mondial et dans les instances internationales.

Le président du Conseil en exercice, Jacques Poos, ouvrit le débat avec prudence, tout en s'efforçant de défendre le projet incriminé. D'accord sur l'idée d'un cadre institutionnel unique, il pensait pouvoir garantir cette unicité grâce à des passerelles entre les trois piliers.

J'obtins l'appui des ministres italien, belge, espagnol, grec, irlandais et néerlandais, ainsi que celui de Genscher. Par contre, restaient opposés à mes thèses et à mes amendements le Portugais, le Danois qui en profita pour rappeler son opposition à toute défense européenne et, bien entendu, l'Anglais, Douglas Hurd qui affirma son opposition absolue à « une identité unique sur le plan international ». Hurd rappela aussi qu'il avait de nombreuses réserves concernant d'autres aspects du projet de traité, ce qui se confirmera à Maastricht même. Quant à Roland Dumas, il mit en garde le Conseil contre les risques de systématiser cette querelle. Il nous invita à la dépasser en cherchant un accord sur le « saut qualitatif » que représentait le futur traité. Il ne fallait pas négliger, ajoutait-il, l'élargissement du champ d'action de la Communauté (dans son esprit, le premier pilier) que représentait l'Union économique et monétaire.

A mon retour de Dresde, j'informai mes collègues de la Commission en leur indiquant que la bataille n'était pas perdue puisque nos propositions avaient reçu le soutien sans équivoque de sept pays membres sur douze et que l'opposition résolue à nos thèses n'avait été exprimée que par trois délégations. Mais je sous-estimais à l'époque la possibilité d'un arrangement entre la France et la Grande-Bretagne sur la philosophie des piliers.

Le passage à la présidence hollandaise n'allait pas arranger nos affaires. Celle-ci présenta un nouveau projet reléguant aux oubliettes le travail accompli avec les Luxembourgeois. Au cours d'une réunion particulièrement pénible de la Conférence intergouvernementale, le 30 septembre 1991, le texte hollandais fut l'objet d'un massacre à la tronçonneuse de la part de plusieurs délégations indignées par le traitement réservé au travail précédent, et opposées à la tournure fédéraliste du projet des Néerlandais. Ceux-ci se défendirent en faisant remarquer que 80 % du texte luxembourgeois se retrouvaient dans leur proposition. Rien n'y fit et la conférence décida d'en revenir au texte initial. Certains ont pu penser que la Commission avait été associée par les Néerlandais à leur proposition. C'était totalement faux, mais cette rumeur a nui à nos arguments et à notre défense de l'arbre et de ses branches.

Pourtant, je ne me décourageais pas. J'évoquais la question avec plusieurs chefs de gouvernement. La plupart m'assuraient de leur accord de principe. D'autres, comme François Mitterrand, évacuaient le sujet pour m'entretenir d'autres problèmes.

Au fur et à mesure que se déroulaient les séances de la Conférence intergouvernementale, j'avais l'intuition que cette question ne serait pas abordée de peur de compromettre l'accord final sur le traité. Si bien que la dernière mise en garde faite par la Commission, le 27 novembre 1991, ne fut qu'un baroud d'honneur. Au terme d'une délibération parfois difficile, notamment autour du rappel de la perspective fédérale, une déclaration de cinq pages fut remise à la presse. Je n'en extrairai que deux paragraphes :

« Cette unité de l'Europe, la Commission la conçoit dans une perspective qui garantit à la fois l'efficacité de la Communauté, sa démocratisation, la claire distinction des pouvoirs attribués à la Commission, aux Etats membres et aux régions, dans le plein respect des principes de subsidiarité et de diversité...

« Dans cet esprit, la Commission exprime ses préoccupations au sujet du concept d'Union. Ainsi présentée, l'Union se développe à côté de la Communauté, sans que soit rappelée, comme dans l'Acte unique, la volonté de rassembler, dans un seul ensemble, les compétences que les Etats membres entendent assumer en commun dans les domaines politique et économique... »

Qu'ajouter ? Les événements allaient, hélas, justifier nos craintes et, au-delà des divergences en matière de politique étrangère, confirmer l'impossibilité pour l'Union d'utiliser tous ses atouts et de peser sur les événements, même lorsqu'elle est décidée à une action commune.

J'allais donc me rendre au Conseil européen de Maastricht sans illusion en ce qui concernait la structure du traité : le match était joué, sans doute par un accord implicite entre Anglais et Français. Quant à la politique étrangère et de sécurité commune, le mieux m'apparaissait être l'ennemi du bien : c'était donc moi, le plus ambitieux pour faire de l'Europe une puissance active et respectée dans le monde, qui avais proposé la formule la plus modeste, mais la plus réaliste. Or, les gouvernements lui avaient préféré l'illusion des mots, ne se rendant pas compte qu'ils allaient semer les graines de la déception et de l'indifférence chez les citoyens d'Europe, au fur et à mesure que celle-ci manifesterait son impotence face aux tragédies de l'ex-Yougoslavie et de certains pays africains.

15

Maastricht, nid de controverses

Après le Conseil européen de Maastricht et sa synthèse laborieuse pour aboutir à un accord, l'Union européenne va connaître des moments d'interrogation, avec le « non » danois au premier référendum organisé par le gouvernement de Copenhague et avec le suspense lié au référendum en France. Mais, une fois ces obstacles surmontés et le traité signé dans cette même ville de Maastricht le 7 février 1992, l'Union européenne s'est attachée à résoudre d'autres problèmes : les nombreuses candidatures d'adhésion à l'Union et le renouvellement du grand accord financier intervenu en 1988, d'où le paquet Delors II.

Tout cela dans un contexte marqué par le développement inquiétant de la tragédie yougoslave. Ce qui s'est traduit dans l'Union européenne par de profondes divisions internes, parfois non exprimées, et une certaine paralysie devant ces événements.

Lorsque les délégations sont arrivées à Maastricht, le dimanche 8 décembre 1991 au soir, beaucoup de sujets étaient réservés. Tout n'avait pas été réglé. On savait simplement que la Grande-Bretagne refuserait de signer la partie du traité relative à l'Union économique et monétaire. Mais ce n'était pas la seule question en suspens. Et je m'alarmais à l'idée de rédiger ou d'amender des articles d'un traité avec douze délégations de deux personnes autour de la table, plus les deux membres de la Commission.

Un calendrier pour l'UEM

On a démarré le lundi 9 décembre par l'Union économique et monétaire qui paraissait laisser moins de blancs et de points d'interrogation que la partie politique.

– Y avait-il deux documents, un pour chaque conférence intergouvernementale ?

– Non, il y en avait un seul. Ils avaient été ajoutés l'un à l'autre, en dépit des fameux piliers, avec des titres nouveaux, notamment pour les affaires intérieures et de sécurité... Mais l'ambiance s'est dégradée, surtout dans la deuxième journée. D'une part, en raison de la difficulté pour tous les participants de suivre, sans se permettre un moment de distraction, les propositions d'amendement et de texte pour tel ou tel article. D'autre part, parce que certains participants ont reproché à la présidence, c'est-à-dire à Lubbers et Van den Broek, de porter une attention trop grande à la délégation britannique et à ses objections, avec le souci de ramener les Anglais dans la position commune. Je voyais des regards courroucés sur les visages d'Helmut Kohl, de François Mitterrand, de Felipe Gonzalez et de bien d'autres.

Je ne raconterai pas toutes les péripéties auxquelles a donné lieu la discussion des différents articles du traité. Je ne retiendrai que les points les plus marquants, après avoir fait observer que la référence fédérale, une fois de plus, avait été écartée. Nous en avions déjà fait l'expérience au moment de l'Acte unique et, aujourd'hui encore, le mot de « fédéral » est resté un chiffon rouge, notamment pour les Anglais. D'autres pays n'étaient guère enthousiastes, notamment les Danois.

Je ne retiendrai donc que quatre épisodes marquants, concernant l'Union économique et monétaire, la politique extérieure et de sécurité commune, la traduction de la solidarité entre les pays membres et enfin la dimension sociale. J'ajouterai tout de suite, pour que le lecteur puisse comprendre la suite des événements après mon départ de la Commission, que les chefs de gouvernement avaient pris rendez-vous pour une nouvelle conférence intergouvernementale en 1996. Ce qui fut fait, en 1997, avec le Traité d'Amsterdam.

En ce qui concerne l'Union économique et monétaire, la question la plus brûlante avait été au cœur des discussions bilatérales dès la veille du Conseil proprement dit, lorsque les délégations arrivent et en profitent pour prendre quelques contacts, soit entre elles, soit avec le président de la Commission. Ce qui était en cause et qui jusqu'alors s'était heurté à un « non » de la part d'Helmut Kohl, conscient qu'une majorité d'Allemands étaient hostiles à la disparition du deutschemark, était de savoir si on fixerait une échéance pour le démarrage de la troisième phase de l'Union économique et monétaire, le moment où le passage à la monnaie unique se ferait de manière irrévocable.

Effectivement, le chancelier fut l'objet de pressions de la part de François Mitterrand et du Premier ministre italien Giulio Andreotti. Dans l'avion qui conduisait la délégation italienne à Maastricht, tandis qu'Andreotti préparait ses dossiers, la question avait été soulevée. Tommaso Padoa Schioppa, un des rapporteurs du Comité Delors, avait suggéré à Andreotti de proposer le 1er janvier 1999 comme date définitive, ce qui, pour l'intéressé, était un bon moyen de se mettre en avant et de persévérer dans la tradition d'une Italie toujours à l'avant-garde de la construction européenne.

De son côté, Mitterrand était bien déterminé à obtenir cette date car cela faisait partie de ce compromis historique qu'il avait passé avec les Allemands, après avoir accepté l'entrée de l'Allemagne réunifiée dans l'Union européenne. C'était la garantie de consolider l'Europe par la monnaie européenne, avec la contrepartie qu'exigeait Kohl, un approfondissement de la dimension politique de l'Europe. C'est Mitterrand, dans un tête-à-tête ce soir-là, qui a convaincu Kohl d'accepter une date définitive pour la troisième phase.

Il faudra cependant attendre le lundi soir pour que l'accord se concrétise. Le premier jour, on a passé en revue les dispositions concernant l'Union économique et monétaire. La première intervention de Kohl n'était pas des plus engageantes car il voulait reporter à 1996 la prise de décision sur le démarrage de la troisième phase. Mitterrand insistait pour fixer une date. Et c'est au dîner des chefs que l'accord fut forgé.

La traduction dans le traité fut la suivante : au plus tôt le 1er janvier 1997 et au plus tard le 1er janvier 1999. C'était une grande décision politique, sans doute celle qui a le plus marqué le Traité de Maastricht.

— *Vous-même, à ce moment-là, qu'en pensiez-vous ?*
— Ayant eu des contacts avec les Italiens et les Français au cours des jours précédents, j'avais toutes les raisons de croire qu'ils feraient le nécessaire. Il valait mieux que je n'en rajoute pas, puisque j'avais d'autres combats difficiles à mener. S'il ne veut pas échouer, le président de la Commission doit éviter de provoquer, par la saturation de ses propositions, l'exaspération des chefs de gouvernement.

Deux autres points méritent d'être notés avant d'en arriver au cas britannique :

D'une part, je n'ai pas pu obtenir que, dans la gestion de l'Union économique et monétaire, la Commission ait d'autres pouvoirs que celui de proposition. La décision resterait donc au Conseil des ministres. J'ai été très attaqué sur ce point par les Néerlandais et par les Anglais et je n'ai pas reçu de soutien. Si on se projette à la période actuelle, que constate-t-on ? L'absence de coopération réelle entre les politiques économiques fait que le Conseil des ministres a du mal à se décider, les ministres se ménagent entre eux et la Commission ne peut aller au-delà de son pouvoir de proposition.

D'autre part, la création, au début de la deuxième phase, le 1er janvier 1994, d'un Institut monétaire européen chargé de tout préparer pour que la Banque centrale européenne puisse fonctionner à la date choisie.

Restait encore le problème britannique. Les Anglais attendaient une clause d'exception généralisée qui leur aurait permis d'inclure, sous ce titre-là, tous les aspects du traité avec lesquels ils n'étaient pas d'accord. Cette suggestion n'a pas été acceptée par les autres gouvernements qui y ont vu la boîte à malice dans laquelle on voulait les faire entrer. Les Anglais ont obtenu une simple clause d'*opting out*, en vertu de laquelle ils ne seraient pas obligés d'appliquer la partie du traité concernant l'UEM et n'auraient donc pas à respecter les échéances prévues à cet effet. L'Union économique et monétaire fonctionnerait ainsi à onze et non pas à douze, dans la mesure du moins où les Onze respecteraient les critères qui allaient être fixés.

Attaques et contre-attaques

— *Et la politique extérieure commune ?*

— En ce qui concerne la politique extérieure et la sécurité, il y a eu des interventions très énergiques de François Mitterrand, même si, encore une fois, la question monétaire l'obsédait. Les jours précédents avaient été marqués par des incidents multiples, notamment le 4 octobre. Sans qu'on sache pourquoi, le ministre des Affaires étrangères italien De Michelis s'était associé à Douglas Hurd pour proposer que les dispositions de défense et de sécurité soient un instrument de l'Alliance atlantique, destiné à la renforcer.

La contre-attaque n'a pas manqué : avant même l'ouverture du Conseil, un texte émanant des Français, des Allemands et des Espagnols rejetait cette proposition. Le résultat en fut le texte alambiqué cité dans le chapitre précédent pour la défense et pour la politique étrangère, avec un système à deux étages : le Conseil européen décide à l'unanimité qu'on peut mener une action de politique étrangère commune et, en ce qui concerne les modalités d'application, il est possible de recourir au vote à la majorité qualifiée au sein du Conseil des ministres. On verra que ce système n'a pas donné de grands résultats.

Le troisième élément important, c'était la solidarité. La cohésion économique et sociale était devenue une des bases du contrat de mariage entre les Européens. En plus des trois fonds structurels qui alimentaient les politiques prévues par le paquet Delors I, il était question de créer un fonds de cohésion pour les pays qui accusaient un retard de développement. Le grand avocat était Felipe Gonzalez qui en faisait une condition de l'accord de l'Espagne. C'était d'autant plus nécessaire, ajoutait-il, que ces pays souhaitaient entrer dans l'Union économique et monétaire et donc remplir les conditions imposées.

Il s'ensuivit une difficile discussion avec un Felipe Gonzalez pugnace. Il fut décidé que serait créé en faveur des pays en retard de développement un fonds de cohésion consacré uniquement au financement des réseaux d'infrastructure et aux investissements pour la protection de l'environnement. Mais pour obtenir le concours de ce fonds, les candidats devraient présenter un programme de convergence économique démontrant qu'ils voulaient rattraper le gros de la troupe. Au total, un grand succès politique pour Felipe Gonzalez... et pour moi aussi ! D'autant plus que cela venait, non seulement après ce que j'avais obtenu dans le paquet I, mais aussi après le programme spécial pour le Portugal en 1988.

Mon entêtement sur le social

Restait à décider d'un chapitre social, soit dans le traité lui-même, soit dans un protocole dont la valeur juridique était la même. J'en ai déjà indiqué les principales caractéristiques. Fin novembre, j'avais senti l'hostilité totale de la Grande-Bretagne et les réticences des Pays-Bas. La présidence néerlandaise cherchait un compromis acceptable par les Anglais. John Major avançait ses deux arguments : « D'abord, notre système social vaut bien le vôtre et je ne vois pas ce que l'Europe pourrait nous apporter. En second lieu, je ne peux pas signer ça. C'est absolument inacceptable pour moi, sinon j'aurais affaire à une rébellion. »

François Mitterrand m'a beaucoup aidé : on ne va pas, plaidait-il, défigurer le chapitre social pour obtenir l'accord de la Grande-Bretagne. D'où une longue suspension de séance et comme cela traînait et qu'on était à la fin du deuxième jour, Helmut Kohl est venu me voir et m'a dit : « Jacques, tu as déjà beaucoup obtenu. Sur le reste, on verra ça en 1996, à la prochaine conférence. » Je lui ai répondu : « Rien à faire ! Il faut qu'il y ait un équilibre avec ces mesures sociales qui, votées à la majorité qualifiée, prendraient plus de consistance qu'avec la simple Charte adoptée en 1989 à Strasbourg. »

– *Quel était le plus essentiel dans ce protocole social ?*
– On inscrivait dans le traité tous les objectifs sociaux sauf le droit de grève et le *lock-out*. Par conséquent, on affirmait la

dimension sociale de la construction européenne et on acceptait
la majorité qualifiée dans certains domaines. J'ai demandé une
nouvelle suspension de séance et j'ai appelé le directeur de nos
services juridiques, Jean-Louis Dewost, à qui j'ai demandé si
les Douze pouvaient se mettre d'accord sur une partie du traité
qui toutefois ne serait appliquée qu'à onze. La réponse est
venue un quart d'heure après : c'était possible ! Il me restait
donc à en parler à la présidence néerlandaise qui, visiblement,
avait – ou voulait avoir – la tête ailleurs. Je me suis alors adressé
directement à John Major et lui ai dit : « Vous ne voulez pas de
ce chapitre social, mais croyez-vous que vous pouvez empêcher
les autres de l'appliquer ? Après tout, vous ne voulez pas que la
Grande-Bretagne entre dans l'Union économique et monétaire,
mais vous n'empêchez pas les autres de le faire. Pourquoi ne
pas tenir le même raisonnement pour le social ? » Il me répond :
« Que me demandez-vous ? » Je lui explique : « Je vous demande
d'approuver le traité avec son protocole social et de dire, dans
une déclaration, que vous ne l'appliquerez pas. » Il me dit qu'il
allait y réfléchir. La délégation britannique se précipite alors sur
Major comme des abeilles sur une ruche et les Néerlandais me
regardent de travers.

Puis John Major m'a rappelé. On a encore discuté et, au
bout d'un moment, il m'a donné son accord. C'est ainsi que
j'ai pu sauver le chapitre social, même si, aux yeux de certains,
nous n'étions pas allés assez loin. C'était un pas de plus pour
trouver un équilibre entre l'économique et le social, en étant
conscient que beaucoup de pays voulaient garder, comme un
élément de la cohésion nationale, la souveraineté et la maîtrise
de certains éléments de politique sociale. Ce que j'approuve
pour ma part.

– *Quels rapports aviez-vous avec John Major ?*
– Lorsqu'il a été nommé Premier ministre, il a voulu montrer
qu'il n'était pas dans le même registre que Mme Thatcher, qu'il
n'était, disons, ni aussi entêté, ni aussi agressif. Avec lui, il était
donc possible de faire progresser un échange, pas toujours
d'aboutir à un accord. Mais l'influence de Douglas Hurd se
faisait sentir sur l'ensemble des positions britanniques. Il disait
à ses collègues du gouvernement : « Avec Delors, on peut parler

business et faire des affaires. » On se voyait régulièrement. Avec John Major, c'était plus difficile, et ça allait se gâter au moment des négociations sur le GATT, le commerce international, puisqu'il m'accusait publiquement d'être l'obstacle à un accord sur l'agriculture entre les Américains et les Européens !

Mais après Maastricht, John Major est rentré à Londres avec cette formule : « *Game, set and match !* » Jeu, set et match ! Il donnait l'image d'un homme qui avait fait avancer l'Europe, mais était resté inébranlable sur les points extrêmement sensibles pour la Grande-Bretagne, sa monnaie et son système social.

— Finalement tout le monde était satisfait ? Major était content. Mitterrand aussi était content du résultat ?

— Mitterrand était content et Kohl aussi. Comme toujours, Kohl voulait abréger. Il prétextait alors de sa faim : « *Ich bin hungrig !* » disait-il. C'était un argument qu'il utilisait parfois. Mais pour cette affaire sociale, j'ai fait le sourd et maintenu ma détermination à obtenir un résultat.

— Kohl avait-il trouvé suffisamment de compensations dans la partie politique ?

— Il y avait ce texte sur la politique étrangère dont il pensait que le tandem franco-allemand ferait son beurre, jouant la locomotive qui entraînerait les autres. Il ne se faisait pas d'illusion sur le texte concernant la défense mais ses regrets – s'il en avait – étaient compensés par son atlantisme. Il ne voulait pas, après toute l'aide que les Américains lui avaient apportée, aller plus loin. Il avait obtenu une augmentation des pouvoirs du Parlement européen et une extension du vote à la majorité qualifiée, depuis toujours à la base de la position européenne de l'Allemagne fédérale.

Le choc du « non » danois

Certains pays subordonnent leur signature du traité à un référendum. C'est le cas des Irlandais et des Danois. Le « non » danois du 2 juin 1992 a fait l'effet d'une douche froide. La répercussion a été largement au-delà du cas danois, car les adversaires de la construction européenne ont repris de la voix dans tous les pays. Partout, on s'est mis à s'interroger : la construction européenne est-elle assez transparente, assez démocratique ? Dans l'esprit de la subsidiarité, laisse-t-elle assez de pouvoir, de capacité, aux pouvoirs nationaux, locaux ou régionaux ? A partir de là, on est entré dans une phase de turbulence et de doute, mais le refus d'un seul pays n'allait pas faire tomber le traité.

Le 3 juin 1992, j'ai fait une déclaration au nom de la Commission pour dire que celle-ci avait délibéré longuement sur les résultats du référendum danois : elle avait pris acte de la volonté manifestée par le peuple danois, qui est souverain et s'était exprimé dans le cadre du jeu démocratique. Elle réaffirmait néanmoins l'importance vitale des deux traités adoptés à Maastricht. Ce « non » devait faire réfléchir tout le monde mais ne pas arrêter le processus de ratification dans les autres pays.

— *Ce qui voulait dire que le traité ne tombait pas du seul fait du « non » danois.*

— Il fallait continuer la discussion avec les Danois qui ont rédigé un Livre blanc dont héritera la présidence britannique. Cette dernière a très bien travaillé, ce qui s'est traduit à Edimbourg par une décision du Conseil européen sur les problèmes soulevés par le Danemark à propos du traité d'Union : on a proposé que figurent en annexe les déclarations unilatérales faites par le Danemark.

— *Qu'est-ce qui avait finalement motivé une majorité de Danois à dire « non » ?*

— Dans leur Parlement, les Danois ont une commission des Affaires européennes qui tient en lisière le ministre. Tous les arguments, y compris les plus démagogiques et les plus faux, avaient été utilisés. Il n'empêche que les Danois demeurent très attachés à leur propre système et on les comprend quand on voit le niveau de progrès social qu'ils ont atteint... C'est en pensant à cela que les opposants avaient affirmé – ce qui était faux – que le système des retraites était en danger et que les règles particulières sur le financement des Eglises l'étaient également.

Pour ma part, j'ai toujours eu pour les Danois respect et estime. Ils ont un système social qui est un des plus exemplaires d'Europe et qu'ils ont su adapter en réponse à la crise générale de l'Etat providence.

J'ai gardé de très bons rapports avec les Danois et quand je suis rentré à Paris en 1996, Rassmussen, le social-démocrate, qui était au pouvoir, m'a demandé si je pouvais présenter à Paris son ministre des Affaires économiques qui venait parler de l'expérience danoise. J'ai fait une présentation positive et sympathique du Danemark et ensuite, le ministre a présenté le modèle danois. Il y avait dans la salle un assez grand nombre de journalistes dont certains avaient l'air plutôt rigolard. L'un d'eux lui a posé la question qui était dans la tête de beaucoup : « Comment pouvez-vous vous en sortir avec un taux de prélèvements obligatoires qui est autour de 60 % ? » Le ministre a répondu : « Monsieur, figurez-vous que les Danois estiment qu'ils en ont pour leur argent ! »

J'étais très content de cette réponse. C'est d'ailleurs un problème qui redevient d'actualité puisque la notion de bien public ou de biens collectifs est à l'ordre du jour. Avec la dérégulation et la suprématie du marché, on oublie qu'à côté des biens privés, il y a des biens collectifs dont le développement ne peut pas se faire d'une manière satisfaisante selon les seules lois du marché. Il faut des institutions publiques... et de l'argent public, fourni par l'impôt.

Il faut souligner la spécificité des Danois. Pour revenir à l'arrangement de 1992, ils ont obtenu la garantie explicite que les quelques mesures relatives à la citoyenneté européenne ne se substitueraient en aucun cas à la citoyenneté nationale. Il a été pris acte que le Danemark ne participerait pas à la monnaie unique, même s'il nous suivait jusqu'à la deuxième phase. Le troisième point concernait la politique de défense : le Danemark est membre de l'Alliance atlantique mais ne fait pas partie de l'Union de l'Europe occidentale, créée au lendemain de la guerre. Par conséquent personne ne l'obligeait à adhérer à cette institution. Enfin, le Danemark confirmait qu'il participerait pleinement au troisième pilier, c'est-à-dire à la coopération dans le domaine de la justice et des affaires intérieures. Forts de cette déclaration de la présidence du Conseil européen, les

Danois allaient organiser un deuxième référendum qui allait être positif.

Et l'on arrive ainsi en septembre 1992, au référendum français.

Le référendum en France

— Jusqu'alors les traités avaient été ratifiés par le Parlement. Qu'est-ce qui a poussé Mitterrand à prendre cette décision ?

— Il a pensé que ce traité, venant après celui de l'Acte unique, engageait la France d'une manière très profonde dans l'intégration politique et économique de l'Europe et que, par conséquent, c'était une décision qui devait être prise par les Français eux-mêmes. Cette consultation nationale leur permettrait de se rapprocher de l'Europe. Au moins de s'y intéresser. Il se trouve que quelques jours après, Mitterrand m'a invité à prendre place dans l'avion qui nous conduisait à Rio de Janeiro pour le premier sommet sur l'environnement. Il avait invité des personnalités politiques de tous bords et 80 % d'entre elles, le visage de travers, étaient très pessimistes sur l'issue du référendum. Mais lui affichait calme et sérénité...

— Pensait-il que le référendum ne posait aucun problème ?

— Non, il ne disait pas ça. C'était surtout la symbolique politique de ce référendum, dans lequel il s'est vraiment engagé, qui le motivait. Il a même fait un geste très démocratique en proposant à un des membres de l'opposition, Philippe Séguin, d'en débattre avec lui à la Sorbonne devant les caméras de télévision.

— Qu'est-ce qui a fait du référendum un problème politique en France ?

— Il y avait bien entendu des adversaires du Traité de Maastricht du côté de l'extrême gauche, du parti communiste et même à l'intérieur du Parti socialiste, avec Jean-Pierre Chevènement. Mais en réalité, ce référendum posait un problème dramatique aux néo-gaullistes. Jacques Chirac semblait pencher vers le « non ». Il avait tenu des propos — je ne parle pas de sa déclaration de Cochin qu'il a sans doute regrettée par la suite, mais j'évoque notamment son hostilité au rapport Delors sur l'Union économique et monétaire, dont il avait dit qu'il était inacceptable pour lui, parce qu'il privait la France de ses marges de manœuvre en matière économique et budgétaire. Il me semble que c'est Edouard Balladur qui lui a conseillé de répondre « oui ». Nous étions en 1992, à un an des élections législatives, alors que la droite avait le vent en poupe. Jacques Chirac s'est rallié en pensant à l'avenir politique de la droite, qu'il identifiait dans une certaine mesure à l'avenir de la France, plutôt que par conviction sur le contenu du traité.

– *Qu'est-ce qui a décidé Balladur ?*
– J'ai déjà signalé que Balladur avait fait une proposition à la fin de l'année 1987 en faveur de l'Union monétaire, même s'il l'imaginait sous la forme d'une monnaie commune, et non unique. Comme François Mitterrand et d'autres responsables français, il était très conscient que le système monétaire européen avait été une avancée, mais qu'il renforçait par ailleurs la domination du deutschemark et de l'Allemagne. Je me rappelle Mitterrand disant un jour à un de ses ministres qui en appelait à son patriotisme pour ne pas accepter la disparition du franc français : « J'aime mieux gérer une monnaie unique dans laquelle se trouvera le franc que d'être dans un système dominé par la monnaie allemande. »

L'esprit d'homme d'Etat de Mitterrand, y compris son goût du risque, m'a beaucoup impressionné pendant cette période parce que je savais que plusieurs ministres faisaient son siège en lui disant qu'il ne pouvait pas abandonner le franc. Il restait insensible à ces arguments, alors qu'on allait jusqu'à mettre en cause son patriotisme et sa conscience des intérêts de la France. Il a fait preuve à la fois de vision et de constance, et c'est dans cette ligne de pensée qu'il faut comprendre sa décision sur le référendum.

Comme j'étais à Bruxelles, on m'a reproché d'être resté en retrait de la campagne référendaire : « Est-ce parce qu'une grande partie des attaques se focalisent sur vous et la Commission européenne ? » m'a-t-on demandé dans des interviews. J'ai répondu à un journaliste de *Paris Match* : « C'est un choix historique que les Français ont à faire et c'est aux responsables politiques, mais aussi économiques et sociaux d'éclairer et d'enrichir les débats. J'y participe comme tout citoyen français mais avec mesure, compte tenu de mes responsabilités européennes. »

Maastricht dépassait les clivages politiques. Je me rappelle le tollé suscité par le fait que des socialistes et des démocrates-chrétiens soient montés sur la même tribune pour défendre le « oui ». Rappelez-vous ! Cela a été considéré ensuite par la majorité des socialistes comme une erreur. Ce que je ne crois pas personnellement. Il était normal que des personnalités issues de deux familles politiques, l'une dans la majorité, l'autre dans l'opposition, considérant qu'il y allait de l'intérêt fondamental de la France, défendent ensemble un texte où il fallait répondre par « oui » ou par « non », et qui ne leur demandait pas : « Pour qui votez-vous ? »

Mitterrand en réalité partageait toujours – et c'était son point commun avec Kohl – la vision de ceux qui, à La Haye, en 1948, dans cette conférence présidée par Winston Churchill, avaient ouvert les voies à l'espérance européenne. Il était dans cet état d'esprit. En définitive, le « oui » l'emporta de justesse, à 51 % contre 49 % environ.

16

Elargissement et approfondissement

L'Union européenne ne pouvait pas se concentrer uniquement sur ses problèmes d'approfondissement. Elle devait aussi répondre aux pays qui frappaient à sa porte. Moi-même, dès l'année 1988, je cherchais le geste à faire vis-à-vis des pays qui avaient suivi l'Angleterre dans son refus du Marché commun, pour constituer avec elle l'Association européenne de libre-échange : la Suède, la Norvège, la Finlande, la Suisse, l'Islande et le Liechtenstein.

En janvier 1989, dans mon discours-programme au Parlement européen, j'avais proposé à ces pays, qui lorgnaient de plus en plus sur les avantages du grand marché, de les en faire profiter, en créant avec eux l'« Espace économique européen ». Cette idée fit beaucoup d'effet. J'invoquais aussi le cas des autres pays européens, séparés de nous par le rideau de fer. Comment traiter ceux qui ont autant de droits que nous de se dire européens, mais qui ne sont en mesure, ni institutionnellement, ni économiquement, de nous rejoindre dans le très court terme ?

– *Qu'aviez-vous à proposer aux uns et aux autres ?*
– Pour les pays de l'Association européenne de libre-échange, j'expliquais au Parlement :
« Nous avons jusqu'à présent cheminé avec eux sur la voie ouverte par la déclaration de Luxembourg de 1984, celle du renforcement continu d'une coopération pragmatique entre la Communauté européenne d'un côté, l'Association européenne

de libre-échange de l'autre. Au fur et à mesure que nous avançons, la pente devient plus raide. Nous approchons du moment où le grimpeur songe à souffler et s'arrêter pour se demander : est-ce la bonne direction ? Sommes-nous bien outillés pour continuer sur ce sentier ? Alors il me semble qu'au début de cette réflexion deux voies s'ouvrent à nous : ou bien continuer dans le cadre des rapports actuels, en fait essentiellement bilatéraux, ou bien rechercher une nouvelle formule d'association qui serait plus structurée sur le plan institutionnel, avec des organes communs de décision et de gestion, et ceci afin d'accroître l'efficacité de notre action. »

Ma proposition a été bien accueillie par le Parlement. Du côté des pays auxquels je m'adressais, certains étaient séduits, d'autres y voyaient une arrière-pensée de ma part pour mettre un frein aux futurs élargissements, plus qu'un frein, un obstacle. Mais nous avons réussi, grâce à Frans Andriessen, le vice-président en charge des négociations, à trouver un accord avec ces pays. C'est sur ce traité d'espace économique européen que les Suisses se sont prononcés. Ils l'ont refusé. Il est donc resté une Association économique de libre-échange avec la Suisse, l'Islande et le Liechtenstein.

— *Et pour les pays de l'Est après la chute du Mur ?*
— Le 31 décembre 1989, pensant aux pays de l'Est, François Mitterrand leur a proposé de les réunir dans une confédération européenne. Le lendemain même, le 1er janvier, interrogé par TF1 sur cette éventualité, je réponds : « Je ne savais pas que le président de la République saisirait le dernier jour de la présidence française pour lancer cette idée. Mais en réalité il a lancé deux idées, la première, c'est qu'il y ait un jour une confédération regroupant tous les pays européens pour peu qu'ils remplissent les conditions de la démocratie politique et pluraliste, et en même temps l'accélération de la construction européenne à douze. C'est le double mouvement qu'il faut retenir pour comprendre le message du président. »

Ensuite, les diplomates se sont mis à l'œuvre et cela s'est traduit, dix-huit mois plus tard, par la réunion à Prague, en juin 1991, des Assises de la Confédération européenne qui n'ont pas connu de conclusion positive.

Entre-temps, les diplomaties avaient travaillé sur cette idée, sans solliciter pour autant la Commission qui n'était présente à Prague qu'à titre d'observateur. Moi-même, je n'y étais pas. Personne ne voulait qu'on s'en mêle. En ce qui me concerne, je sentais bien, lors des visites que me faisaient certains responsables, que l'enthousiasme n'était pas au rendez-vous. J'avais été frappé par Vaclav Havel qui m'avait exprimé ses réticences sous forme de questions : pourquoi mettre la Russie dans cette confédération et pourquoi pas les Etats-Unis ? J'avais notifié ces réactions à l'Elysée pour qu'on puisse en tenir compte, mais rien n'y fit et le projet a avorté.

– *La Russie, c'était tout de même une bizarrerie. Pourquoi Mitterrand avait-il mis la Russie dans cette confédération ?*
– En intégrant les Russes, il aurait dû voir qu'il susciterait la méfiance, voire l'hostilité, de plusieurs pays travaillés diplomatiquement par les Etats-Unis. Le dossier avait été mal préparé et l'idée d'introduire la Russie n'était pas bonne. Si je puis me permettre un saut en avant de quelques années, personne ne sera étonné de la réaction de ces mêmes pays lors de la deuxième guerre en Irak. Tous se sont ralliés à la position américaine.

Confidences à l'Elysée

J'allais reparler de cette question à François Mitterrand, au cours d'un déjeuner auquel il m'avait convié à l'Elysée le 26 mars 1992. Il avait choisi un repas en tête à tête dans une des bibliothèques de l'Elysée... peut-être par peur des micros... que sais-je ? Avant d'en venir à l'aspect purement français de cette conversation, j'enchaîne sur la confédération en lui disant : « Quel dommage, que vous n'ayez pas pu mettre en œuvre cette confédération parce que cela aurait permis à ces pays de se sentir très tôt de la famille pour des raisons historiques, géographiques et politiques. En subordonnant leur entrée, non seulement à des considérations politiques, mais aussi à leur capacité de s'adapter au marché unique européen, on va susciter déceptions et rancœurs. Votre signal politique était le bon. » Son visage à ce moment-là s'est éclairé. Il était heureux de ma remarque et m'a demandé : « Si on relançait l'idée, comment pourrait-on procéder ? »

J'ai répondu : « C'est simple, les chefs d'Etat et de gouvernement des Douze se réuniraient avec les pays de l'Est européen une fois par an et, entre-temps, les ministres des Affaires étrangères pourraient tenir trois ou quatre réunions. Il n'y a pas besoin de créer de nouvelles institutions. »

« Ah ! me dit-il, intéressé, mais comment cela fonctionnerait-il ? » Je lui indique : « La Commission assurerait le secrétariat. » Et il me répond : « Quoi ? Une Commission présidée par tel ou tel petit pays ! » Vous me permettrez de ne pas mentionner les deux pays qu'il a cités. J'avais devant moi un Mitterrand participant au sentiment général de méfiance des politiques français vis-à-vis de la Commission.

J'ai tout lieu de croire qu'il était satisfait de mon action à la Commission. Mais cela ne l'empêchait pas de se méfier de l'institution, ce qui , je le répète, est la caractéristique constante de la diplomatie française...

Auparavant avait été évoqué le départ d'Edith Cresson dont Mitterrand m'a rappelé combien il l'estimait. Il tournait autour du pot, mais d'une manière moins explicite qu'en mars 1983. J'avais cependant l'intuition qu'il voulait me sonder. Curieusement – et c'est là que l'instinct des hommes politiques est extraordinaire – au cours des semaines précédentes j'avais reçu deux coups de fil, l'un d'Helmut Kohl, l'autre de Felipe Gonzalez qui me disaient à peu près dans les mêmes termes : « J'espère, Jacques, que tu vas rester à Bruxelles... » Est-ce pour cela que j'ai mal interprété les propos de ce déjeuner ? Toujours est-il que j'ai expliqué à Mitterrand que le meilleur candidat possible était Bérégovoy et que, pour ma part, je devais achever ma tâche à la tête de la Commission.

Effectivement, une quinzaine de jours plus tard, le 2 avril, il nommait Pierre Bérégovoy à la place d'Edith Cresson. Quelle idée se faisait donc de moi François Mitterrand ? C'est le moment de poser la question. A la vérité, j'ai trouvé la réponse dans l'ouvrage que Pierre Favier et Michel Martin Roland ont consacré à la décennie Mitterrand[1]. Dans le dernier entretien qu'il leur a accordé, après un passage consacré à Edith Cresson, les deux auteurs-journalistes lui posent la question : « Pourquoi ne pas avoir appelé Jacques Delors ? » Et Mitterrand répond : « Il n'y tenait pas tant que cela. Moi non plus... » Puis il ajoute : « Pierre Bérégovoy était en situation, fin prêt et impatient... Delors, je n'ai jamais cru une seconde qu'il serait candidat en 1995. Je vous l'avais d'ailleurs dit à l'époque. Il restera pour son rôle à la tête de la Commission. Il avait bien compris la relation franco-allemande et, à sa façon, il nous a aidés, Kohl et moi, à mettre en branle le convoi européen. Mais en politique, zéro ! On ne peut pas être chrétien-démocrate et vouloir s'imposer aux socialistes français. L'alliance PS-centre est un contresens historique par rapport à la situation du PS... »

Je m'arrête là, mais cela me rappelle les critiques acerbes que m'adressaient les « vrais » socialistes dans les années cinquante à soixante-dix, lorsqu'ils vitupéraient la social-démocratie dont j'étais le défenseur.

Cela nous renvoie à ma préface et à ma décision de décembre 1994. Je me sens obligé d'ajouter, en ce qui concerne le socialisme démocratique, que je n'ai de leçon à recevoir de personne. Il suffit pour cela de se rapporter à mes écrits et à mes combats. Les événements m'ont souvent donné raison et Mitterrand était bien content d'avoir un social-démocrate aux Finances pour en finir avec l'inflation et changer positivement le cours de la politique française de 1982 à 1984...

De Lisbonne à Sarajevo

C'est dans la perspective de nouveaux élargissements que s'est tenu le Conseil européen de Lisbonne, sous présidence portugaise, les vendredi et samedi 26 et 27 juin 1992, en pleine tragédie yougoslave qui fit l'objet d'un débat. Deux autres sujets importants figuraient à l'ordre du jour, l'un concernant la préparation de ce qu'on a appelé le paquet Delors II, c'est-

---

1. Pierre Favier, Michel Martin Roland, *La décennie Mitterrand*, vol. IV, *Les déchirements*, Le Seuil, p. 627.

à-dire les perspectives financières et les politiques communes de l'Union pour la période allant de 1993 à 1999. L'autre traitant de la question très compliquée de la subsidiarité. Mais dans ces deux domaines, il ne s'agissait pour le Conseil européen que de préliminaires. Sur ces deux thèmes, les décisions seraient prises sous présidence britannique pendant le deuxième semestre de 1992.

Mentionnons enfin, à l'occasion de ce Conseil européen, deux événements extraordinaires, quoique de portée différente. Dès le vendredi, on avait vu une activité anormale se déployer autour de Mitterrand qui décidait de se rendre à Sarajevo dès la fin du Conseil, dans des buts humanitaires, dira-t-il à ses collègues. Son voyage apparaîtra plus justifié lorsqu'il obtiendra que les soldats serbes quittent l'aéroport de Sarajevo qu'ils occupaient.

L'autre événement est plus anecdotique, mais plus pittoresque : le 26 juin au soir, se déroulait la finale du championnat d'Europe de football des nations où le Danemark affrontait l'Allemagne fédérale, grande favorite. Le ministre des Affaires étrangères du Danemark, Elleman Jensen, qui arborait une magnifique écharpe aux couleurs de son pays, faisait passer de temps en temps des papiers à son Premier ministre Poul Schlüter, alors qu'ils étaient dans deux salles différentes pour le dîner du soir. Surprise, le Danemark bat l'Allemagne fédérale par 2 à 0. Imaginez la satisfaction, voire le triomphe, des dirigeants danois et la mine quelque peu déconfite d'Helmut Kohl.

Ces événements d'inégale importance ont affecté le Conseil européen, au moins en ce qui concerne la qualité du débat, notamment à propos des perspectives d'élargissement. La Commission avait établi, sous la responsabilité de son vice-président Frans Andriessen, un texte qui faisait la distinction entre les différents candidats, soulignant que les pays de l'Association européenne de libre-échange – Suède, Finlande, Norvège et Autriche – remplissaient les conditions économiques et politiques. Pour d'autres, Chypre et Malte et déjà la Turquie, c'était plus compliqué. Enfin, pour les pays qui sortaient de l'univers communiste, il fallait approfondir les accords de coopération mais l'adhésion n'était pas en vue.

La Commission, tout en ne négligeant pas ces distinctions,

se montrait positive pour le premier groupe, mais marquait en ces termes son souci de l'efficacité :

« L'impact de l'élargissement futur sur la capacité de la Communauté à adopter des décisions doit faire l'objet d'une réflexion et d'une évaluation approfondies. Les non-membres souhaitent adhérer à la Communauté en raison de l'impact qu'elle exerce de par son efficacité. Il serait donc erroné de procéder à un élargissement qui entamerait cette dernière. »

Dans la perspective d'une Union à trente membres, elle ajoutait :

« La question d'efficacité se pose. Comment peut-on garantir le fonctionnement de la nouvelle Union, avec un nombre accru de membres, compte tenu du fait que ses responsabilités sont plus étendues que celles de la Communauté et que deux des piliers de son système sont de nature intergouvernementale ? Dans cette perspective, comment peut-on faire en sorte que le plus ne se traduise pas par un moins ? »

Cette inquiétude demeure toujours actuelle. J'ai demandé que le rapport figure en annexe des conclusions du Conseil européen de Lisbonne. Notre grande déception, a été que les membres du Conseil européen ont balayé d'une main nos remarques, sans leur prêter l'attention nécessaire. Finalement, la Commission a été invitée, sans ménagement, à faire taire ses interrogations, voire ses inquiétudes, et à préparer, le plus rapidement possible, l'élargissement aux quatre pays de l'AELE qui, entre-temps, avaient posé leur candidature.

– *Qui poussait à un élargissement aussi rapide ?*

– C'était une ambiance générale, mais les plus pressés étaient Helmut Kohl et, bien entendu, les Danois. La conclusion était sans équivoque : « Le Conseil européen a considéré que l'accord sur l'espace économique européen a préparé la voie à l'ouverture des négociations en vue de leur rapide conclusion avec les pays considérés. Il invite les institutions à accélérer les travaux préparatoires nécessaires pour assurer une progression rapide du cadre général de négociation de l'Union. »

Les « chefs » ont pris la précaution de dire que les négociations débuteraient aussitôt que le traité d'Union européenne aurait été ratifié et qu'un accord aurait été conclu sur le paquet Delors II. Voilà pourquoi depuis, je parle de fuite en avant.

Bien entendu, notre rapport – il peut être consulté par tous – montrait notre volonté de faire adhérer notamment les quatre pays, mais posait des questions quant à l'efficacité et, pour tout dire, au bon fonctionnement de l'Union, problèmes qui n'ont pas été résolus jusqu'à présent.

L'offensive de la subsidiarité

J'avais été parmi les premiers à évoquer le principe de subsidiarité et cette question avait retrouvé une actualité particulière à la suite du « non » danois et des questions que chacun se posait sur la relation entre le citoyen et l'action européenne.

– *A quel moment le principe de subsidiarité a-t-il fait son apparition dans les discussions ?*

– Je l'avais déjà évoqué lors de mon discours de Bruges en 1989. Depuis, je travaillais personnellement sur cette question parce que je savais qu'elle était complexe, mais qu'elle se poserait inévitablement. Le premier rapport officiel de la Commission – je ne parle pas de mes exposés personnels – sur le principe de subsidiarité date du 27 octobre 1992, c'est-à-dire juste avant le premier des deux Conseils européens sous présidence britannique, qui s'est tenu à Birmingham.

Qu'est-ce que la subsidiarité ? Cela consiste en deux principes dont le premier, seul évoqué, est sans doute le plus important : décider des problèmes qui concernent les citoyens le plus près d'eux possible. Si on peut le faire au niveau de la commune, pourquoi le faire au niveau de la région ? Si on peut le faire au niveau de la région, pourquoi monter au niveau national ? Et enfin, si on le fait mieux au niveau de l'Etat national, pourquoi envisager le niveau européen ? A l'inverse, chaque fois que l'action communautaire apparaît indispensable et apporte une plus-value aux actions nationales, le principe de subsidiarité s'applique dans l'autre sens.

Je rappelais aussi que la réalisation du marché unique impliquait près de trois cents lois européennes et que l'on ne pouvait pas passer outre. Après l'adoption du marché unique, le nombre de lois diminuerait sensiblement.

Je proposais ensuite trois critères : la satisfaction des objectifs communs, la recherche d'une plus grande efficacité et l'intensité de l'action, c'est-à-dire la proportionnalité, autrement dit ne pas prendre un marteau-pilon pour écraser une mouche. C'est le second principe et c'est à partir de là que nous avons réfléchi en distinguant, d'un côté, les compétences exclusives de la Communauté et de l'autre, les compétences concurrentes, ou partagées, entre la Communauté et les Etats membres.

Nous avons mené une réflexion et proposé que désormais, chaque fois que la Commission produirait un texte, elle y joigne un exposé des motifs pour justifier une décision au niveau européen, en fonction des critères de subsidiarité.

— *On a dit que ce principe vient du droit canon, est-ce exact ?*
— Son origine est dans l'héritage religieux. On peut discuter pour savoir qui a tiré le premier, des catholiques ou des protestants. Lorsqu'on regarde les fameuses thèses de Luther, on s'aperçoit que celui-ci contestait entre autres l'organisation hiérarchique de l'Eglise, avec le pape au sommet... Les protestants étaient enclins à la subsidiarité mais, trêve de discussion, la plupart des experts estiment que c'est dans les textes catholiques qu'on trouve la première référence à la subsidiarité en tant que principe devant s'appliquer à la société civile et à la société politique, à l'exclusion de l'organisation de l'Eglise catholique elle-même.

Toujours est-il qu'après le « non » danois et les difficultés du référendum en France, le Conseil européen a affirmé à Birmingham sa sensibilité à ces préoccupations en traitant de la transparence comme de la subsidiarité.

Transparence : c'est-à-dire l'information des citoyens sur le rôle et les décisions du Conseil, l'accès du public aux travaux du Conseil, ainsi que la simplification de la législation communautaire.

Subsidiarité : le Conseil a salué le papier que j'avais présenté. S'y sont ajoutées des contributions nationales de l'Allemagne, des pays du Benelux, de la Grèce et de l'Espagne. A Birmingham, j'ai même proposé que nous retirions certaines directives adoptées précédemment. J'ai pris l'exemple qui me paraissait le plus extrême en choisissant une directive sur le transport des animaux, adoptée avant que je n'arrive. Un sujet très sensible aux yeux des Britanniques et des Néerlandais.

Ce texte disposait que chaque porc aurait droit pendant son transport à un minimum de place, et que les animaux seraient installés de façon que chacun regarde ses compagnons en face, ce qui devait leur éviter le stress ! ... Eclat de rire à fendre les murs du chancelier Kohl et stupeur dans certaines délégations. Par cet exemple, je voulais démontrer qu'il n'était pas facile de parler de subsidiarité et qu'on tombait très vite dans la démagogie ou la légèreté intellectuelle. Finalement, les « chefs » ne toucheront pas à cette directive, mais ils en retireront quelques autres et le Conseil européen de Birmingham sera marqué par ces deux thèmes sous le titre global : une Communauté proche de ses citoyens.

— *Maastricht n'était pas encore ratifié ?*

— Le traité était en cours de ratification. Il sera mis en application le 1er novembre 1993 et la « Communauté » fera alors place à l'« Union » européenne.

Le paquet Delors II

Pour l'adoption du paquet II, la négociation a été encore plus difficile que pour le paquet I. Et cela pour trois raisons :

— Le paquet I avait été très ambitieux en proposant une augmentation très substantielle des ressources et des politiques structurelles.

— La préparation du paquet II s'est déroulée dans un contexte économique moins favorable que celui des années 1987 et 1988.

— Enfin le Traité de Maastricht n'était pas encore ratifié par tout le monde, ce qui pouvait amener certains pays, par crainte de difficultés vis-à-vis de leur Parlement et de leur opinion publique, à se montrer moins coopératifs ou plus exigeants.

Les résistances se sont révélées particulièrement fortes sur le plafond des ressources. Pour le paquet I, j'avais obtenu qu'elles soient fixées à 1,20 % du produit national brut. Pour le paquet II, j'avais proposé 1,37 %. La présidence anglaise demandait 1,20. J'ai tout de même obtenu 1,27 %.

En second lieu, les difficultés ont été rudes aussi en ce qui concerne la politique commune de recherche et de développement. Décidément, dans la trilogie compétition, coopération, solidarité, le point faible est bien la coopération entre les Etats.

Deux éléments ont compliqué les choses :

– Les pays de la cohésion, les quatre pays dont la richesse était inférieure à 90 % de la richesse moyenne de l'Union, ont revendiqué leur part dans ces actions de recherche, même lorsqu'ils n'avaient aucune prédisposition pour les mener.

– D'autres pays, pour des raisons idéologiques, étaient hostiles à l'idée de mener des recherches proches du marché. Or la Commission avait constaté que pour être efficace en matière de recherche, il fallait combiner les incitations du marché et les interventions publiques. Toujours est-il que, sur ce sujet, je suis sorti déçu du Conseil d'Edimbourg.

En ce qui concerne la politique agricole commune, on a confirmé la réforme en cours qui allait susciter beaucoup d'agitation en France. Là non plus, je n'ai pas obtenu satisfaction sur un point : dans le paquet I, les gouvernements avaient donné leur accord sur une réserve monétaire d'un milliard d'écus, de façon à compenser les effets négatifs d'un dollar plus faible sur la compétitivité de nos produits agricoles. Les pays membres ont décidé de supprimer cette réserve et la France a obtenu, à titre de compensation, que cette somme vienne, si nécessaire, alimenter le fonds qui finance la politique agricole commune, le FEOGA.

En ce qui concerne la cohésion économique et sociale, les résultats étaient plus satisfaisants : il fallait mettre en œuvre le fonds de cohésion prévu par le Traité de Maastricht, avant même que celui-ci soit ratifié – ce fonds pour lequel Felipe Gonzalez s'était tant battu – et nous avons obtenu une somme non négligeable. Enfin, pour l'ensemble des crédits consacrés à la cohésion, c'est-à-dire les politiques structurelles classiques, plus le fonds dc cohésion, la moyenne annuelle serait de 25 milliards d'euros, contre 13 milliards d'euros pour le paquet I et 5 milliards d'euros lorsque j'étais arrivé.

Par ailleurs, la Communauté prenait acte qu'une attention

plus grande serait portée à la politique extérieure. Les crédits qui lui étaient consacrés étaient majorés de 30 %, dont une partie réservée à l'aide d'urgence – la Communauté étant déjà le premier donneur d'aide humanitaire dans le monde –, une autre partie à la garantie des prêts aux pays tiers.

J'avais abordé ce Conseil d'Edimbourg avec un certain pessimisme parce que les travaux préparatoires laissaient beaucoup de questions en suspens. Au cours du Conseil, il a fallu toute la pression de Felipe Gonzalez, appuyé notamment par Ruud Lubbers et moi, pour parvenir à un bon résultat.

– *Où étaient les réticences ?*

– La situation économique était moins bonne. Dans le fond, le paquet I avait été un saut quasiment miraculeux. Un saut qualitatif et quantitatif. Je leur demandais un nouveau bond en avant. Ce sera la dernière fois. Pour le paquet suivant, adopté à Berlin en 1998, le plafond des dépenses ne sera pas modifié. Il faut y voir une réticence de plus en plus grande des pays membres à transférer des ressources supplémentaires à l'Union, en contradiction avec les ambitions qu'ils affichent par ailleurs.

17

L'Europe et le monde

Distinguons entre les relations économiques et commerciales d'une part et la politique étrangère de l'autre. Dans le premier domaine, l'Union européenne est un partenaire très sollicité par le reste du monde. C'est aussi un acteur puissant qui parle d'une seule voix. En revanche, en matière de politique étrangère, où jusqu'en novembre 1993 nous étions dans le cadre de l'Acte unique, il ne s'agissait que de coopération politique de style intergouvernemental entre les pays membres et, comme je le craignais, les dispositions du Traité de Maastricht n'ont guère amélioré la situation.

Les négociations commerciales

Les traités permettent à l'Union européenne de parler d'une seule voix dans les grandes négociations commerciales ou dans les discussions en vue de conclure des accords bilatéraux. Ils affirment la compétence communautaire, confirmée par la Cour de Justice qui parle même à ce propos de compétence exclusive. C'est le Conseil des ministres qui décide de l'ouverture des négociations, y compris pour les accords avec les pays tiers. Mais ensuite, c'est la Commission qui négocie dans le cadre des directives du Conseil des ministres. Il est important de noter que, dans ces domaines, et contrairement à ce qui se passe pour la politique étrangère, le Conseil décide le plus souvent à la majorité qualifiée.

Dans la pratique cela ne va pas sans difficulté, comme on le verra à propos des négociations de l'Uruguay Round. Autre problème, celui de l'étendue des dispositions du Traité. Certains Etats – notamment la France – contestent qu'il s'applique non seulement aux marchandises, mais aussi aux services et à la propriété intellectuelle. La Cour de Justice leur a donné partiellement raison en limitant les compétences exclusives de l'Union aux prestations de services transfrontaliers et à la protection contre les contrefaçons.

On mesurera les obstacles rencontrés par la Commission aux réticences de certains membres à ce que soient utilisés les outils de défense commerciale dont l'Union dispose comme l'anti-dumping, les accords d'autolimitation des importations. On en trouvera la raison dans les divergences de conception entre les Etats intégralement libéraux d'un côté et, de l'autre, ceux qui veulent concilier liberté des échanges et respect de certaines règles. N'oublions pas non plus l'énorme pression exercée dans certains moments délicats par les Etats-Unis sur les Etats membres en cas de contentieux avec les Européens.

L'obsession de la politique agricole

L'agriculture n'est pas le seul sujet des négociations commerciales multilatérales mais elle en constitue un des points explosifs sur lesquels il est difficile de se mettre d'accord. On connaît par ailleurs le procès qui est fait à l'Union européenne et aux Etats-Unis pour leur protectionnisme et leur système d'aide qui fausse la compétition internationale en empêchant les pays en voie de développement d'exporter les produits de leur agriculture. Il n'est donc pas possible d'évoquer la négociation de l'Uruguay Round sans parler de la politique agricole commune.

Pour reprendre une formule célèbre, on peut dire qu'à certains égards, cette politique est maintenant victime de ses succès avec une Communauté européenne devenue un acteur de premier plan sur le marché mondial.

On a vu qu'il avait été nécessaire, lors de la négociation du paquet Delors I, de prendre des mesures pour éviter d'accumuler les excédents qu'on n'arrivait pas à écouler sur les marchés et dont le financement grevait le budget communautaire. Mais une réforme plus importante s'imposait, qui fut réalisée en mai 1992, après des débats tumultueux. Cette réforme suscita d'ailleurs un mécontentement durable chez les agriculteurs français, certains s'en prenant aux responsables politiques, dont moi en tant que président de la Commission, en dépit du dialogue permanent que j'avais entretenu avec les responsables professionnels. Mais, de quelque bord qu'elles soient, les autorités françaises ont toujours accepté la violence des organisations d'agriculteurs alors qu'elles la condamnent et la répriment chez d'autres groupes sociaux.

A l'origine, la politique agricole commune était fondée sur trois principes : l'unité des marchés – et donc des prix –, la solidarité financière entre les Etats membres, et la protection de l'agriculture européenne, ce qu'on appelle la préférence communautaire. Celle-ci repose sur des incitations financières à l'exportation et sur des taxes à l'importation. Ce modèle impliquait donc que l'Union ait la capacité d'acheter les produits excédentaires pour les stocker.

Les ajustements opérés en 1988 dans le paquet I ont permis de limiter pendant une courte période les effets négatifs de cette politique. La Communauté faisait l'objet d'attaques de plus en plus vigoureuses des autres nations agricoles, Etats-Unis, Canada, Australie, Nouvelle-Zélande et pays en voie de développement, qui lui reprochaient son protectionnisme. Pour moi, l'accusation n'était qu'en partie fondée :

D'une part, les Etats-Unis subventionnent massivement leur agriculture et bénéficient d'accords conclus avec la Communauté dans les années soixante, qui leur font la part belle pour vendre sur notre marché leurs produits oléagineux destinés à l'alimentation du bétail : colza et tournesol.

D'autre part, je n'ai jamais considéré que le libéralisme intégral permettrait de réguler l'activité agricole, en raison de sa spécificité et de son importance pour l'aménagement du territoire, pas plus que l'accès des pays en voie de développement à une certaine autosatisfaction de leurs besoins alimentaires.

Alors que se déroule aujourd'hui un nouveau cycle de négociations commerciales, je n'ai pas changé d'avis et serai toujours opposé à cette forme de libéralisme à tout va en vogue à l'OCDE et dans d'autres cercles internationaux.

La réforme de 1992 entendait remédier à certains défauts de la politique agricole commune. Pour freiner l'intensification, source de surproduction, une baisse progressive des prix fut alors décidée. Les agriculteurs recevaient en compensation une aide directe à leurs revenus, à condition que, pour les céréales, ils acceptent de mettre en jachère une partie de leurs champs. Les petites exploitations étaient exonérées de cette obligation. Ces principes, sauf la jachère, étaient valables pour la production animale selon un processus complexe qui s'est révélé favorable aux éleveurs. Ce que le consommateur payait en moins grâce à la baisse des prix était remplacé par un accroissement des ressources budgétaires de la Communauté, notamment pour financer les aides au revenu. J'ajoute que la Commission avait proposé au Conseil des ministres de l'Agriculture que ces aides soient proportionnelles à la taille et au revenu des exploitations et, par conséquent, que les grandes exploitations touchent proportionnellement moins. Les ministres de l'Agriculture ont rejeté notre proposition et ont décidé que les aides au revenu seraient calculées en fonction de la production.

La réforme a rempli partiellement ses objectifs, même si je regrette la suppression, après mon départ, des programmes de développement rural que j'avais initiés en 1988, et que je déplore la diminution constante du nombre des agriculteurs qui menace certaines régions de désertification – et pas seulement en France. Pour empêcher l'exode rural, il faut que les zones de développement rural puissent garder leurs agriculteurs, mais ce n'est pas suffisant. D'autres activités sont indispensables, notamment par le biais des petites entreprises, de service et de tourisme. Il est indispensable que les infrastructures demeurent, c'est-à-dire que ces régions aient à leur disposition, comme les autres régions, l'école, la poste, les transports et la présence administrative.

– Sur cette affaire agricole, y a-t-il beaucoup de différences entre les différents pays de l'Union ?

– Oui, et c'est ce qui a rendu et qui continue à rendre la négociation difficile. La France est la plus grande puissance agricole de l'Union européenne, à la fois par le volume et le montant de ses productions. Elle est donc attachée à ce que l'Union européenne défende ses positions sur le marché mondial. Mais en même temps, la France veut toujours ménager toutes les formes d'exploitations, sans y parvenir d'ailleurs, sauf dans les discours. Des pays qui sont plus spécialisés, plus ouverts sur le monde, comme les Pays-Bas et le Danemark, nous suivent difficilement. En revanche, des pays, comme l'Espagne et l'Italie ont toujours essayé de se glisser derrière la locomotive française pour faciliter la modernisation de leur agriculture. L'Allemagne fédérale hésite mais a longtemps fait un couple indissociable avec la France, pour des raisons qui sont à la fois politiques et liées à ses structures agricoles.

Maintenant, les Allemands sont intéressés à la politique agricole en raison de la conversion nécessaire des grandes exploitations des nouveaux Länder, qui étaient gérées de manière collective et qui ont de grandes potentialités. Mais lorsqu'il s'agit d'une négociation commerciale avec les Américains, les Allemands trouvent que les Français sont trop raides et ne font pas le minimum de concessions.

Un ferment de discorde

Avec le démarrage de l'Uruguay Round, la pression sur la Communauté était à son maximum pour qu'elle accepte une renégociation des accords agricoles. En réformant sa politique en mai 1992, la Communauté pensait être en bien meilleure position pour aborder la dernière ligne droite. Pourtant ce ne fut pas facile. Les autres parties prenantes au GATT faisaient un préalable d'un accord sur l'agriculture entre les Etats-Unis et la Communauté, freinant ainsi les progrès dans tous les autres domaines. Ayant reçu un mandat du Conseil des ministres, après quelques années de discussions vaines, la Commission dépêcha ses deux négociateurs aux Etats-Unis : Frans Andriessen pour le commerce extérieur et Ray Mac Sharry pour l'agriculture. J'épargnerai au lecteur les effroyables complexités de cette négociation, notamment en ce qui concerne les distinctions des différents types de subventions, autorisées, limitées, ou interdites, inventoriées dans des « boîtes » de trois couleurs différentes, bleue, jaune et verte.

Disons qu'il s'agissait de réduire, les subventions en contrepartie d'une clause de paix de six ans, c'est-à-dire sans remettre en cause, pendant cette période, les accords qui pourraient être conclus. Pendant des années, les Américains avaient refusé d'insérer cette clause de paix dans les accords. Finalement, sous la pression des Européens, ils s'y résoudront. Pendant ce dernier trimestre 1992, je m'inquiétais sur le sort d'une négociation qui se déroulait entre les deux commissaires et les ministres américains. Non pas, comme l'ont prétendu rageusement les Anglais et certains membres de la Commission, parce que je défendais uniquement la position française, mais parce que je voulais un équilibre des concessions entre ces deux éléphants des marchés agricoles que sont les Etats-Unis et la Communauté. Je critiquais les interventions intempestives du ministre anglais de l'Agriculture, John Gamer qui, prétextant que la Grande-Bretagne présidait le Conseil des ministres, débarquait à Chicago où se déroulaient les négociations pour y faire pression sur nos négociateurs.

C'est alors que je pris seul la décision de téléphoner à Ray Mac Sharry pour lui dire que l'accord envisagé était inacceptable car dépassant le cadre de la réforme de la PAC intervenue en mai 1992. Les négociations furent suspendues. Je fis alors l'objet d'attaques violentes et renouvelées de tous les partisans d'un accord rapide. Le 6 novembre, alors que je prononçais une conférence à la London School of Economics, je fus sifflé à l'entrée de l'Ecole par une moitié des manifestants, mais applaudi par l'autre moitié. Après ma conférence, je fus reçu par le Premier ministre John Major que je n'avais jamais vu aussi nerveux et aussi agressif. Je lui répondis que je ne pouvais accepter les insinuations publiques de son ministre Michael Heseltine. Je demeurais, lui dis-je, dans la ligne de la réforme de la PAC et des directives du Conseil des ministres. Retournant à Bruxelles, j'appris que Frans Andriessen et Mac Sharry m'avaient, eux aussi, critiqué en public. Le second avait même présenté sa démission au prétexte qu'il ne pouvait pas continuer à négocier dans ces conditions. Des voix se joignaient à eux, notamment en Allemagne, pour dénoncer mon « chauvinisme » et mon « protectionnisme ».

Le 11 novembre, la Commission se réunit et une très large majorité se dégage en vue d'une reprise des négociations sur des bases un peu élargies par rapport au projet envisagé à Chicago. En tant que président, je devais me soucier de cet esprit de collégialité que j'avais eu tant de mal à établir. Je me ralliais donc au point de vue de mes collègues tout en leur expliquant pourquoi. Après la réunion, le chef de cabinet de Frans Andriessen venait me féliciter et me dire que j'avais agi en « homme d'Etat ». Toujours est-il qu'Américains et Européens se réunissaient de nouveau à Washington dans la résidence d'accueil des invités étrangers, Blair House, et trouvaient les voies d'un accord.

– Le Conseil des ministres n'était pas intervenu ?

– Non, comme c'était mon devoir, c'était un accord ad référendum que je m'employais à défendre lors d'interventions en France, en mettant mes interlocuteurs en garde contre les risques qu'un protectionnisme généralisé ferait courir à l'économie et au niveau de vie. Je stigmatisais les discours démagogiques du dimanche, sans réalité avec les possibilités concrètes de négociation. Mais je reçus une lettre de Pierre Bérégovoy qui me signifiait le désaccord de la France. J'en pris acte en sachant qu'il faudrait y revenir en Conseil des ministres, un jour ou l'autre.

Les négociations reprirent dans tous les autres domaines mais c'était une période peu propice pour obtenir une réunion décisive des ministres car nous étions en pleine période électorale en France. Ce n'est donc qu'après les élections de 1993 et le retour de la droite au pouvoir que le gouvernement demanda, avec menace implicite de veto, qu'on renégocie avec les Américains. Le nouveau Premier ministre, Edouard Balladur, fut cependant sensible à mes mises en garde sur les risques d'isolement de la France à qui serait imputé l'échec de l'Uruguay Round. Le nouveau responsable pour le commerce extérieur à la Commission était sir Leon Brittan que j'avais nommé en connaissance de cause et pour montrer mon absence de parti pris à l'égard d'un Britannique. Le 7 décembre 1993, c'est-à-dire un an après, sir Leon conclut avec ses interlocuteurs américains un accord qui amendait légèrement celui de Blair House, en changeant le calendrier des réductions des subventions à l'exportation, mais sans en modifier le montant de 21 %.

Au terme de ces négociations houleuses, l'accord fut ratifié par le Conseil des ministres, et donc par la France. Les négociations qui avaient repris se traduisirent par des avancées profitables à l'économie internationale. Les droits de douane industriels étaient abaissés de 40 % et la compétence du GATT étendue aux services industriels, aux marchés publics et à la propriété intellectuelle.

Comme les Européens l'avaient constamment demandé, le GATT faisait place à une organisation qu'on espérait d'un nouveau type, l'Organisation mondiale du commerce (OMC), dotée de procédures d'arbitrage en cas de conflit commercial. Ce point était des plus importants pour l'Union européenne car, jusque-là, les Américains décidaient unilatéralement, en tout arbitraire, de protéger tel secteur, ou bien de prendre en otage tel ou tel produit venant d'Europe, sans recours possible.

N'oublions pas un point très important pour la France : l'audiovisuel qui était, non sans raison, la préoccupation essentielle de François Mitterrand, restait en dehors de l'Uruguay Round. J'ajouterai ce jugement porté sur moi par un diplomate américain partie aux négociations : « Delors ! Sa tête lui dit que l'Uruguay Round est essentiel, mais son cœur le fait balancer vers l'agriculture. »

— Et la politique extérieure commune ?

— L'entrée en vigueur du Traité de Maastricht, le 1er novembre 1993, n'allait pas changer grand-chose à l'état des lieux tel qu'on pouvait le dresser auparavant.

S'il faut citer quelques actions allant au-delà de l'aide humanitaire et des concours financiers pour reconstruire des zones dévastées par la guerre, je rappellerai, en ce qui concerne le Moyen-Orient, que c'est dès 1980 que le Conseil européen, avait reconnu le droit des Palestiniens à un Etat. Par la suite, la Communauté multipliera ses interventions, enverra observateurs et émissaires et participera aux différentes négociations qui se tiendront.

Signalons aussi qu'elle a accompagné le mouvement en Afrique du Sud et encouragé la fin de l'apartheid. Enfin, elle a beaucoup œuvré à l'animation de la Conférence pour la sécurité et la coopération en Europe. Mais plutôt que d'égrener les réunions des ministres des Affaires étrangères et les communiqués sur toutes les parties du monde, je me concentrerai sur deux événements de première importance car révélateurs à la fois de l'état du monde et des divergences entre les pays de l'Union : la première guerre en Irak et la tragédie yougoslave.

Déjà l'Irak

Je ne vais pas rappeler les raisons qui ont fait que, sans doute insensible aux réalités du monde, Saddam Hussein décida d'envahir le Koweït le 2 août 1990, après avoir mis un terme à une guerre de plusieurs années avec l'Iran, ruineuse en hommes et en ressources matérielles, pendant laquelle les Etats-Unis avaient soutenu et aidé l'Irak.

Ce qui est frappant, c'est que ce n'est pas l'Union européenne en tant que telle qui a joué un rôle politique, mais, comme au bon vieux temps, le concert des puissances, la France et la Grande-Bretagne à côté des Etats-Unis et de la Russie. Bien sûr, l'Union européenne a appuyé les résolutions de l'ONU, la première sur l'embargo vis-à-vis de l'Irak, dès le 3 août, au lendemain de l'invasion. Les ministres se sont réunis régulièrement pour discuter de la situation en Irak, mais la rapidité de la réaction occidentale n'a obéi qu'à des mécanismes relevant des relations classiques entre grandes puissances fortes de leur expérience du terrain au Proche-Orient.

L'Allemagne du chancelier Kohl n'avait pas encore modifié sa position de principe pour accepter d'envoyer des soldats à l'étranger. Quant à François Mitterrand que j'avais l'occasion de voir régulièrement, je l'ai trouvé toujours très déterminé lorsqu'il parlait du problème irakien. Certes, il était conscient de l'impopularité d'une éventuelle intervention, mais il pensait que la situation laissait peu de chances à une solution pacifique, ce qui ne l'a pas empêché de déployer d'ultimes efforts dans ce sens. Il était conscient du rapport de forces et a décidé très vite que la France enverrait ses troupes au Moyen-Orient avec les Américains.

Malgré une opinion publique plutôt défavorable, il répétait que la France devait tenir son rang. Plusieurs pays européens ont participé à la guerre, au premier rang desquels la Grande-Bretagne et la France, et, lorsque fut décidée l'opération Tempête du désert, la France s'y engagea pleinement.

— Lorsqu'ils n'ont pas de pratique commune diplomatique, les Etats membres de la Communauté européenne sont embarrassés pour agir ensemble sur la scène internationale parce qu'ils ne sont pas sollicités de la même manière.

— Mon analyse ne se veut pas négative pour la Communauté européenne – parce que petite Communauté deviendra grande – mais je reste sceptique quand on annonce à grands sons de trompe, qu'on va faire une politique étrangère commune. On y viendra peut-être un jour mais attention ! le chemin sera long !

Le drame yougoslave

Les événements tragiques de Yougoslavie témoignent malheureusement des velléités européennes autant que des limites de l'action de l'Union. Pour m'en tenir à la période qui va jusqu'à la fin de mon mandat, en 1994, c'est-à-dire avant la conclusion des accords de Dayton de décembre 1995, j'ai retenu un découpage, aussi arbitraire soit-il, en quatre phases :
— L'apparition des dangers.
— Les querelles sur la reconnaissance de la Croatie et de la Slovénie et leurs conséquences.
— L'atroce guerre de Bosnie.
— L'enlisement dans la tragédie bosniaque.

Dès 1990, il y a beaucoup d'agitation en Yougoslavie. Les élections en Croatie et en Slovénie amènent des partis d'opposition au pouvoir. L'entente entre les six républiques devient de plus en plus difficile. Au point qu'elles n'arrivent plus à se

mettre d'accord sur l'élection d'un président annuel. La fédération yougoslave changeait chaque année de président et le président proposé, Stipe Mesic, non seulement est un Croate, mais
il est considéré par les Serbes comme un adversaire. Slobodan
Milosevic, qui a pris le pouvoir à l'automne 1989, commence à
manifester ses intentions, notamment au Kosovo où il célèbre
le sixième centenaire de la bataille du Champ des Merles, le
cœur de l'histoire de la patrie yougoslave. Enfin, la situation
économique et financière se détériore, ce qui sollicite l'attention
du Fonds monétaire international, et aussi de la Communauté
européenne qui avait un accord de commerce et de coopération
avec la Yougoslavie, et qui décide d'envoyer à Belgrade pour
une mission d'information – et peut-être plus que d'information – son président en exercice, le Premier ministre du Luxembourg Jacques Santer, et moi-même. Nous avons passé deux
jours, les 29 et 30 mai 1991, à sonder les reins et les cœurs.

Le voyage à Belgrade

– *Vous avez fait le tour des républiques ?*
– Non, nous sommes allés uniquement à Belgrade où nous
avons commencé par des entretiens avec le Premier ministre de
Yougoslavie qui était Ante Markovic et son ministre des
Affaires étrangères, Budimir Loncar, qui nous ont réaffirmé
leur souci de maintenir une forme de coopération entre les
républiques yougoslaves alors qu'on sentait déjà du côté slovène
et du côté croate la volonté de rompre. Ils nous ont expliqué
qu'il y avait trois positions :
– Milosevic qui voulait maintenir telle quelle la fédération de
Yougoslavie,
– Franjo Tudjman, le Croate, et Milan Kuncan le Slovène
partisans d'une confédération de pays indépendants,
– enfin Kiro Grigorov le Macédonien et Aljia Izetbegovic, le
Bosniaque, défendaient une union d'Etats souverains liés par
un marché unique et une monnaie unique. Le plus inquiétant
était que les frontières de ces républiques ne correspondaient
pas aux frontières ethniques.
A Belgrade où nous sommes restés deux jours, nous avons

longuement rencontré les présidents des républiques, un à un et en tête à tête. Milosevic a insisté sur le fait qu'un tiers des Serbes vivait en dehors de la Serbie-Monténégro et il a plaidé sa thèse sur le Kosovo.

Au terme de ces rencontres, nous avons revu le Premier ministre Markovic, parlé de la situation économique et tenu une réunion plénière, avec le Premier ministre, le ministre des Affaires étrangères, les six présidents – y compris celui du Monténégro, Momir Bulatovic très fidèle à la Serbie. Ce qui m'a beaucoup frappé, c'est que les organisateurs avaient disposé six chaises, les unes à côté des autres, pour les présidents, Milosevic a pris sa chaise et est allé s'installer en face des cinq autres ! Pour conclure, le président Santer a rappelé que, quelle que soit la solution retenue, son vœu était qu'elle soit pacifique et qu'à cette condition, l'aide de la Communauté ne leur serait pas comptée.

Nous sommes revenus avec le sentiment mitigé que notre offre économique ne serait sans doute pas suffisante pour empêcher de graves incidents. Curieusement, quand nous avons quitté cette réunion le 29 mai, il n'y avait personne dans les rues de Belgrade, il était 9 h 30 du soir, mais la raison était que tous les habitants, Serbes et autres, étaient devant leur poste de télévision pour voir leur club, l'Etoile rouge de Belgrade, gagner la finale du championnat d'Europe des clubs contre l'Olympique de Marseille. Vous savez la passion des Yougoslaves pour le sport et leur extraordinaire talent dans tous les sports d'équipe notamment.

Puis nous sommes entrés très vite dans la deuxième phase, marquée par la reconnaissance de la Croatie et de la Slovénie. Ces deux pays ont proclamé leur indépendance en juin 1991, juste après notre mission et juste avant que les Luxembourgeois passent le relais à la présidence hollandaise. Le Conseil a alors décidé d'envoyer à Zagreb, en Croatie, la troïka des ministres des Affaires étrangères, l'Italien, le Luxembourgeois et le Hollandais, pour convaincre les dirigeants yougoslaves de rétablir le statu quo et demander que l'armée fédérale, dont les officiers étaient en majorité serbes, regagne ses casernes.

Dans le concert communautaire, on voyait apparaître les divergences : d'un côté François Mitterrand plaidait pour que le droit l'emporte sur la force et sur les faits acquis. Il était soutenu par John Major et par Felipe Gonzalez. Mais, de l'autre côté, Helmut Kohl laissait percer sa sympathie pour l'auto-détermination des deux peuples. En dépit de nos avertissements et de nos démarches, les événements vont se gâter. L'armée serbe, comme l'avait menacé Milosevic, entre en Croatie, dans cette région de Slavonie occidentale où les Serbes sont nombreux, et la Communauté décide, quelques jours plus tard, l'embargo sur les livraisons d'armes pour tous, qui va être très discuté, et le gel de l'aide économique à la Yougoslavie. La Slovénie, la plus occidentale et la plus riche des républiques, va échapper à la guerre.

On assiste à un extraordinaire mouvement de populations et, par centaines de milliers, les Croates vont se réfugier en Allemagne. C'est la guerre entre les Serbes et les Croates. Vukovar est détruit. Nous sommes déjà dans le drame. La présidence hollandaise est très active, notamment le ministre de Affaires étrangères, Hans Van den Broek, très critiqué par certains, mais à tort, parce qu'il est sensible à ce que pourrait représenter une démission de l'Union européenne face à cette tragédie. Il tente une première conférence de la paix qui se réunira le 7 septembre à La Haye et dont il confie la présidence à l'ancien secrétaire au Foreign Office, Peter Carrington.

– *C'était une initiative de la présidence ?*

– De la présidence approuvée par les autres. En France on sent monter – ce sera encore plus fort l'année suivante – la critique des intellectuels qui, au nom des droits de l'homme, prennent partie contre la Serbie.

A cette époque, personne ne songe à intervenir militairement en Yougoslavie. Il n'y a pas de débat sur le sujet. On utilise les armes diplomatiques. Au fur et à mesure que la situation s'aggrave, François Mitterrand va lancer l'idée d'une force d'interposition, distincte d'une force d'intervention. Mais il ne réussira pas à rallier Européens et Américains à cette idée.

Eviter la contagion

N'oublions pas que, pendant cette période, les Douze étaient préoccupés par la préparation du Traité de Maastricht. Un des soucis des Européens, c'était d'éviter une espèce de contagion qui ferait éclater l'Europe. Je n'en veux pour preuve que cette formule prêtée à Roland Dumas dans une lettre adressée au président de la République : « L'éclatement de la Yougoslavie est un drame. Celui de la Communauté serait une catastrophe. »

Du côté des Soviétiques, nous sommes dans la période d'élimination progressive de Gorbatchev qui va quitter le pouvoir le 25 décembre 1991 et les Russes ne sont pas encore très virulents sur la Yougoslavie.

— *Comment a travaillé Carrington ?*

— Avec différents groupes de travail, y compris un groupe de juristes présidé par Robert Badinter. Pendant ce temps, la conférence de paix est torpillée et après l'adoption de Maastricht, les Allemands qui manquent de patience reconnaissent, le 26 décembre 1991, l'indépendance de la Croatie et de la Slovénie.

Les autres pays de la Communauté vont aussi les reconnaître, mais les événements se précipitent. Les Américains se font beaucoup plus présents, les ministres des Affaires étrangères se réunissent en présence du secrétaire d'Etat Jim Baker et en mars 1992, ils étendent leur reconnaissance à la Bosnie-Herzégovine, ce qui a pour effet de déclencher les hostilités en Bosnie du fait des Serbes qui se rendent maîtres des deux tiers de cette république. Et c'est l'escalade des atrocités.

Le plan Carrington a donc échoué. Au milieu de l'année 1992, avec la pratique du nettoyage ethnique, j'ai le sentiment que cette guerre devient de plus en plus horrible.

De leur côté, les Américains, au contraire de l'Irak, considèrent que leur intérêt national vital n'est pas en jeu en Yougoslavie. Les Anglais non plus ne sont pas interventionnistes. Seul Mitterrand, en dépit des critiques dont il est l'objet, essaye de faire passer cette idée de force d'interposition. Mais il n'ira pas plus loin en disant qu'« il ne faut pas ajouter la guerre à la guerre ».

En matière de politique étrangère, le président de la Commission n'a pas de compétences et on ne cesse de le lui rappeler, au cas où il aurait des velléités. Cependant, au mois d'août 1992, alors que nous sommes sous présidence anglaise et qu'il va y avoir une nouvelle conférence à Londres, j'interviens publiquement en expliquant que la cause principale de la faiblesse des Occidentaux tient à ce que les dirigeants de l'ex-Yougoslavie ne croient pas à une éventuelle intervention militaire de notre part. Ma position était bien comprise par les médias qui écrivaient : « Delors estime que seule la perspective d'une intervention militaire pourrait arrêter la guerre civile. »

En août 1992, lors d'une session spéciale du Parlement européen, je confirme mes dires. J'explique aussi tout ce que nous essayons de faire pour soulager la misère des hommes et éviter des tueries supplémentaires. Envoyé spécial du secrétaire général des Nations unies en Yougoslavie, l'ancien Premier ministre de Pologne Mazowiecki allait conforter mon analyse et mes craintes.

Mes interventions n'ont pas fait plaisir, notamment à Paris et à Londres, mais, me semble-t-il, l'estime dans laquelle on tenait le président de la Commission me mettait à l'abri d'un rappel à l'ordre du Conseil des ministres.

Les conférences ne donnent rien. Les gouvernements ne sortent pas du bois. La guerre est atroce en Bosnie et pour l'ensemble de la Yougoslavie, on comptera deux cent mille morts et plusieurs millions de personnes déplacées.

– A partir de quel moment y a-t-il eu des soldats étrangers en Yougoslavie ?

– L'ONU a décidé d'envoyer des observateurs et des casques bleus en avril 1992. Curieusement, ils ont été d'abord déployés en Krajina et en Slavonie orientale pour y protéger les minorités serbes, car on voulait montrer qu'on n'avait pas de parti pris. Ensuite ils ont été utilisés en Bosnie-Herzégovine. Ces casques bleus ont connu quelques humiliations et les choses ne s'arrangeaient pas. Mais chez les Européens le ton va changer. En décembre 1992, à Edimbourg, le Conseil européen désigne le gouvernement serbe comme agresseur. Une nouvelle conférence de paix est organisée sous l'égide de lord Owen, un ancien ministre des Affaires étrangères britannique et de Cyrus Vance, un Américain bien connu pour ses médiations.

Le plan Vance-Owen, qui prévoyait un partage de la Yougoslavie tenant compte des réalités ethniques, est rejeté par les Serbes de Bosnie. Devant ce refus, l'ONU propose des zones de sécurité en Bosnie-Herzégovine, où se côtoient et s'affrontent trois populations, les Musulmans, les Serbes et les Croates. C'est la période où Sarajevo est menacé.

Clinton, qui vient d'accéder à la présidence, semble plus interventionniste que George Bush. C'est ce qu'il me dit au cours d'un entretien à Washington. Il m'explique que l'embargo favorise les Serbes qui sont déjà bien armés et défavorise les Bosniaques. Ses techniciens lui ont dit qu'on pourrait faire passer des armes à dos de mulet à travers les montagnes pour en équiper les Musulmans. Mais il ne donnera pas suite à cette idée. En 1993 et 1994, on progresse peu. L'action de la FORPRONU est paralysée et, contrairement à l'affaire irakienne, la Russie, désormais dirigée par Eltsine, est hostile à toute intervention.

Dans l'affaire yougoslave, les Occidentaux avaient fermé la porte à la Russie pour les raisons qu'on peut imaginer, mais les Russes sont entrés par la fenêtre. Ils ont manifesté leur présence, ce qui a été utile à un certain moment à Milosevic.

Donc en mars 1994, péniblement, il se crée une fédération bosno-croate, laissant de côté les Serbes de Bosnie, et les Serbes retirent leurs armes lourdes. Alain Juppé et Douglas Hurd, tous deux ministres des Affaires étrangères, effectuent une mission en janvier 1994 à Belgrade et, en octobre 1994, les Etats-Unis, comme me l'avait laissé prévoir Clinton, lèvent unilatéralement l'embargo pour permettre de ravitailler les Bosniaques. Ainsi se termine la phase où j'étais président de la Commission.

Les événements vont continuer à s'aggraver et il faut dire, à son crédit, que c'est Jacques Chirac qui mettra le pied dans la porte et insistera auprès de l'ONU en tirant argument de la prise en otage de 470 casques bleus par les Serbes en Bosnie. L'Occident se mobilise et en juin 1995, le Conseil de sécurité décide de créer la Force de réaction rapide pour appuyer la FORPRONU.

18

Deux années pour conforter l'héritage

Je me doutais bien que les années 1992 et suivantes n'allaient pas être faciles pour ceux qui, à des titres divers, étaient en charge de la construction européenne. Je viens d'évoquer la tragédie yougoslave, et j'ai parlé auparavant des conséquences du « non » au référendum danois, ainsi que des difficultés d'application des principes de subsidiarité et de transparence.

Mon mandat allait être renouvelé pour deux ans, ce qui me conduisait à penser à une stratégie qui permette au moins de consolider les acquis de l'Objectif 92 et de l'Acte unique, et aussi de relancer les efforts d'adaptation des économies européennes à la mondialisation en marche et aux NTC, les Nouvelles technologies de la communication. Pour ma part, je me demandais comment dégager assez de temps pour mes collègues de la Commission et moi-même afin de pouvoir rebondir en temps utile.

— Après deux commissions, ce renouvellement pour deux ans était exceptionnel ! Y avait-il eu des précédents ?

— Non, mais il y avait eu une présidence d'ailleurs historique de la Commission, celle de l'Allemand Walter Hallstein, le premier président, qui était resté neuf ans et demi, de janvier 1958 à juin 1967.

Quoique le mandat soit de quatre ans, la procédure était tout de même celle d'un renouvellement tous les deux ans. Compte tenu des processus de ratification de Maastricht, des problèmes posés par la deuxième programmation financière, celle du paquet II, ainsi que par la gestion difficile du Système monétaire européen, pour toutes ces raisons, les « chefs » ont pensé qu'il valait mieux assurer une certaine continuité. Mais je leur avais dit à l'époque que c'était le dernier mandat que je ferais.

Une autre raison expliquait ce mandat limité à deux ans : au 1er janvier 1995, trois pays allaient nous rejoindre, ce qui porterait le nombre de commissaires à vingt.

Lorsqu'ils ont parlé de mon remplacement – et ils l'ont fait sous présidence grecque au premier semestre 1994 – certains ont demandé que je poursuive. Mais François Mitterrand lui-même a dit que cela suffisait. Peut-être avait-il d'autres idées en tête car nous étions à un an de l'élection présidentielle.

Toujours est-il que mon souci était de retrouver de la disponibilité et du temps alors que nos agendas comprennent tant de visites dans les capitales des Etats membres comme à l'extérieur, sans compter les interventions destinées à écouter, écouter, écouter mais aussi à expliquer, expliquer, expliquer...

Le temps de la réflexion

Après les jours et les nuits consacrés aux réunions préparant le Traité de Maastricht, je ressentais profondément le besoin d'un travail personnel d'analyse et de réflexion. Non sans mal, avec une petite équipe de commissaires et de collaborateurs, nous sommes parvenus à produire en décembre 1993 le Livre blanc sur la croissance, la compétitivité et l'emploi.

Mon objectif était moins de réaliser le programme idéal pour vingt ans que de répondre aux besoins d'une économie européenne en proie à la stagnation et au doute.

Ce contexte explique pourquoi je ne prêtais qu'une attention discrète aux sondages venus de Paris. Comme par exemple celui réalisé en juin 1992 par un groupe de journaux de province où le sentiment de sympathie envers ma personne recueillait 55 % des sondés contre 30 %. 58 % me considéraient comme un homme d'avenir contre 19 %. 51 % contre 31 % souhaitaient que je sois candidat à l'élection présidentielle de

1995. Alors que les commentateurs jugeaient la gauche en morceaux, selon la formule de Patrick Jarreau dans *Le Monde* du 7 octobre 1992. C'est dire que mon irruption dans le débat politique français, alors que je n'y étais pratiquement jamais, ne date pas seulement de 1994. Les prémices étaient déjà là.

Après ma conversation déjà relatée avec François Mitterrand, et qui a conduit à la nomination de Pierre Bérégovoy comme Premier ministre, je me consacrais plus que jamais à conforter la construction européenne et à renforcer la collégialité et le dynamisme de la Commission. Ce qui explique mon attitude pendant les négociations commerciales.

Les turbulences de la Communauté

La Communauté européenne était donc entrée dans la zone dangereuse. Des turbulences comme celle-là, elle en avait connu beaucoup dans sa courte histoire d'une quarantaine d'années. Je dis turbulence et non crise, parce que, face aux difficultés qui apparaissent, les ratifications déjà obtenues du Traité de Maastricht n'ont pas encore créé la dynamique irrésistible qui bouscule tous les obstacles et emporte la décision des plus réticents. Donc un climat différent de la phase que j'appelle de l'engrenage 1985-1989 : les peuples sont en train de faire irruption dans le théâtre souvent abstrait de la construction européenne. Ayant appelé depuis des années au débat public sur l'Europe, j'en suis heureux. De fausses querelles apparaissent, mais aussi de vrais problèmes. Le tout sur un fond de géopolitique mondiale marquée par l'instabilité et le ralentissement économique.

J'essayais de décrypter les difficultés qu'éprouvait la Communauté. Je résumais mon analyse en faisant l'hypothèse d'un double décalage : décalage entre l'ambition de Maastricht et le degré d'adhésion d'une bonne partie de l'opinion publique. Mais aussi décalage entre le contenu des traités et la réalité d'un monde plus interdépendant. Mais malgré tout, la seule voie possible restait la mise en œuvre de ce nouveau pacte, tel quel, et le plus vite possible.

Je savais les mérites, mais aussi les limites, de la méthode des pères fondateurs, une sorte de doux despotisme éclairé. Une méthode saint-simonienne qui consacre la compétence et l'indépendance d'esprit comme principe de légitimité, sans toujours s'assurer à l'avance du consentement des peuples. La stratégie qui a fait le succès de l'intégration européenne depuis la CECA revenait à prouver le mouvement en marchant. Il fallait court-circuiter les résistances à l'intégration, sectorielles, parfois nationales, en organisant l'imbrication des intérêts économiques, et en créant une dynamique d'engrenage.

Cette méthode Monnet se justifiait au début de l'aventure. Mais, n'ayons pas peur de le dire, cette politique – semi-clandestine – n'était plus possible et le moment était venu de rompre avec la méthode des pères fondateurs. Nous avons payé le déficit de communication, de pédagogie et de débat qui, dans bien des Etats membres, sévissait depuis longtemps. Sans oublier la complexité même des traités. Car ceux-ci sont le résultat inévitable de compromis, le produit forcément maladroit d'une écriture collective.

André Gide disait : « Aucun chef-d'œuvre n'a jamais été le fruit d'une collaboration. » Mettez ensemble les plus grands écrivains, obligez-les à produire un texte en commun, croyez-vous que ce qui en sortira sera limpide ? Je ne cherche pas d'excuse. J'ai moi-même tenté de faire plus simple au cours des négociations. J'y avais réussi pour l'Acte unique. Je n'ai pas été entendu pour le Traité de Maastricht.

Nous vivions donc dans un climat d'incertitudes. Depuis 1990, le monde était entré dans une phase de ralentissement économique, mais on ne savait pas si c'était un simple effet de crise conjoncturelle ou, au contraire, si c'était plus profond. En tout cas, le climat n'était pas à la confiance des investisseurs, comme si après les excès financiers des années quatre-vingt, le monde industrialisé avait la gueule de bois.

– *Comment expliquez-vous ce malaise général ?*
– La dette aux Etats-Unis, la bulle financière au Japon, le coût de la réunification en Allemagne, autant de phénomènes majeurs qui contraignent les puissances dominantes à l'ajustement et à la consolidation. Le ralentissement économique

transforme la Communauté en une sorte de paratonnerre de l'orage mondial. Un paratonnerre parce que la perspective du marché unique a conduit à une modernisation en profondeur de l'économie européenne, à une révolution des mentalités qui font que la Communauté s'adapte à un monde de plus en plus agressif parce que plus compétitif et plus ouvert. Ces progrès nous évitent de prendre de plein fouet la foudre qui s'abat sur tel ou tel secteur de l'économie et en atténuent les effets.

Mais le paratonnerre était encore fragile car, si l'économie européenne a incontestablement progressé, elle n'a pas fait assez pour coller à l'image d'une grande puissance économique qu'on a d'elle à l'extérieur. La preuve, lorsque la locomotive américaine est passée au garage pour réparations, la locomotive européenne n'a pas été suffisamment forte pour prendre le relais, infléchir l'économie mondiale et l'aider à résoudre ses problèmes.

Un regard sur les temps présents montrerait que le problème n'est pas encore réglé. Mais à l'époque, en 1992, nous prenons la mesure des progrès de compétitivité qu'il faut encore accomplir. Nous ressentons aussi – et c'est pour moi un grand sujet de préoccupation – les effets d'une coopération très insuffisante en matière de recherche et d'innovation, dans le domaine civil comme dans le domaine militaire.

Le désordre monétaire mondial vient se greffer sur ce ralentissement économique. Il est provoqué par le grand écart entre la politique économique américaine, orientée vers la baisse des taux d'intérêt, et la politique monétaire allemande axée sur la hausse des taux pour freiner la surchauffe engendrée par la réunification. A quoi il faudrait ajouter les retards qu'ont pris certains Etats membres pour assainir leur économie.

Risquons l'analogie – même si je force volontairement le trait –, la conjonction de ce désordre monétaire et du ralentissement économique – dans certains pays il faut même parler de récession – fait penser, toutes proportions gardées, au début des années soixante-dix. Souvenez-vous : l'inconvertibilité du dollar en 1971, puis le premier choc pétrolier en 1973 avaient provoqué une profonde désorganisation des paiements internationaux. Les uns après les autres, les pays européens avaient renoncé à participer au plan d'union économique et monétaire adopté à la suite des rapports Barre et Werner. On pouvait se poser la question : allions-nous subir le même sort ?

Fort heureusement, nous avions depuis renforcé les bases de la Communauté, ce qui nous donnait les moyens de surmonter les obstacles.

La surchauffe allemande

Sans vouloir isoler une des causes du marasme, il faut s'arrêter sur l'économie dominante de la Communauté, celle de l'Allemagne fédérale. Poussée par les énormes besoins liés à la réunification, elle fonctionne à pleine capacité, en suremploi, pourrait-on dire. Réaction classique face à un déficit budgétaire croissant et à la poussée inflationniste née de la surchauffe, les autorités monétaires décident, en plusieurs étapes, de fortes augmentations des taux d'intérêt, avec une double conséquence : la baisse du taux de croissance qui devient négatif en 1993, et la pression sur les autres monnaies du Système monétaire européen.

Prévoyant un tel risque, j'avais proposé à Helmut Kohl que les partenaires de l'Allemagne partagent, dans une certaine proportion, le fardeau de l'unification, ce qui aurait atténué sensiblement les effets négatifs de l'entrée des nouveaux Länder dans la Communauté, mais – je l'ai déjà signalé – le chancelier avait refusé de peur de braquer davantage ses collègues.

Dans cette évolution négative des économies, la guerre du Golfe jouait aussi son rôle. De toute manière, les résultats étaient là : au moment où les pays européens se préparaient à remplir les critères de Maastricht pour l'union économique et monétaire, ils ne disposaient plus de ce surplus de croissance qui aurait permis, sans trop de douleur, de réduire les déficits budgétaires et la dette. Heureusement, la reprise économique s'amorça dès 1994, mais dans un contexte marqué par l'importance des changements structurels dans l'industrie et, par conséquent, l'augmentation inquiétante du chômage. Alors que – je le rappelle – de 1995 à 2001, sous l'impulsion du dynamisme provoqué par l'Objectif 92, les créations nettes d'emploi avaient atteint le chiffre de 9 millions dans la Communauté à douze.

– Quels étaient les secteurs les plus touchés par ces changements structurels dans l'industrie ?
– La sidérurgie, le textile, la chimie...

Le SME dans la tempête

Avec les taux d'intérêt élevés du deutschemark, les autres monnaies allaient subir à plusieurs reprises le choc de la spéculation. Dès 1992, le franc français était à son taux plancher, Autre victime de ces bourrasques, la lire italienne. L'Italie avait pour handicap une forte dette extérieure sur fond d'instabilité politique. L'agence internationale Mody, chargée de l'audit des situations financières, décida de déclasser la dette extérieure italienne pour la deuxième fois en un an...

Comme en matière gastronomique, déclasser veut dire qu'on dégringole de trois étoiles à deux puis à une... Une dévaluation de 7 % de la lire est décidée le 13 septembre 1992. Mais cela ne saurait suffire, la spéculation continue et la lire quitte le système le 16 septembre en obtenant un prêt de la Communauté pour l'aider à se redresser. Cependant le choc le plus spectaculaire fut réservé à la livre sterling. Comme je l'ai déjà expliqué, j'avais mis en garde John Major, en 1990, contre une entrée de la monnaie britannique dans le SME à un taux trop élevé. Il n'avait rien voulu entendre. Plus dure en fut la chute.

Le 16 septembre 1992, une énorme spéculation se déchaîne contre la livre. Pour ne pas voir ses réserves fondre comme neige au soleil, la Banque d'Angleterre devait renoncer au SME, ce qu'elle fait. Le mois suivant, la livre perd 15 % par rapport au mark allemand. Il est vrai que les fondamentaux de l'économie britannique étaient mauvais : ralentissement de l'économie, rebond de l'inflation, hausse du chômage.

En ce terrible mois de septembre 1992, chacun en appelait aux Allemands qui décident une baisse symbolique de leur taux d'intérêt la veille d'une journée noire pour les monnaies italienne et anglaise. Mais ce fut d'autant moins suffisant que le président de la Bundesbank, Helmut Schlesinger, les yeux comme toujours rivés sur la seule conjoncture intérieure allemande, affirma que « la situation de son pays, prise isolément, n'exigeait pas qu'on relâche les rênes monétaires ».

Le franc français n'allait pas rester à l'abri. Il faisait l'objet de ventes spéculatives et ne devait son maintien dans le SME qu'aux achats de francs par la Bundesbank, selon les principes mêmes du Système fondé sur une certaine solidarité. Les autorités monétaires et financières occidentales assistaient alors à Washington aux réunions traditionnelles du Fonds monétaire et de la Banque mondiale. Les conversations franco-allemandes en marge de la réunion étaient tendues. Le directeur du Trésor Jean-Claude Trichet, qui représentait la France, multipliait les arguments et les mises en garde auprès de son collègue allemand prêt à abandonner le soutien au franc français. Du côté de la Commission, nous restions en contact avec le gouvernement allemand car, après les déboires de la lire et de la livre, la sortie du franc français du SME aurait signé, peut-être pour plusieurs années, l'abandon du projet d'Union monétaire.

Kohl soutient le franc

La fermeté et le courage de Jean-Claude Trichet obligèrent les responsables allemands à contacter Helmut Kohl. Après des conversations auxquelles je n'étais pas étranger, le chancelier confirma la décision exclusivement politique de continuer à soutenir le franc français. C'est un épisode oublié, mais essentiel, de la marche vers l'Union économique et monétaire.

Quelques jours plus tard, le 28 septembre, les ministres de l'Economie et des Finances de l'Union confirment leur volonté politique de soutenir en l'état le Système monétaire européen. Le soir même j'avais le chancelier au téléphone pour le remercier de son engagement européen et pour le conforter dans une position dont la portée politique se révélait décisive. Ce jour-là aussi, Kohl a bien mérité son titre de grand Européen, car cette décision, il l'a prise contre les autorités monétaires de son pays et contre l'avis des économistes.

Mais la période de tous les dangers n'était pas terminée. La livre sterling et la lire italienne défaites, il restait une autre tête de turc : le franc français, en dépit des soutiens dont il bénéficiait. La conjoncture française n'était pas bonne, à l'instar de l'Europe en général : un taux de croissance qui s'annonçait négatif pour l'année 1993, un taux de chômage élevé, le franc à nouveau à son cours plancher au SME.

Certes, les spéculateurs ont pris bonne note du soutien total de l'Allemagne mais, curieusement, à partir d'un certain moment, ils renversent leur raisonnement. Cela vaut la peine d'être noté. Le nouveau gouvernement français issu des élections de mars 1993, calculent-ils, ne pourra pas vivre avec si peu d'expansion et tant de chômage. Il va donc changer de politique et se donner de l'air en dévaluant la monnaie ou en sortant du SME.

Dans cette ambiance, les attaques contre le franc français redoublent d'intensité durant l'été puisque ce genre de bourrasque survient souvent pendant les vacances. Pendant ce temps, la Bundesbank poursuit prudemment, selon ses propres termes, sa politique de baisse des taux. Trop prudemment sans doute car, dès le lendemain de cet ajustement, la spéculation se déchaîne à nouveau contre le franc français, mais aussi contre le franc belge et la couronne danoise.

Encore un test pour le Système monétaire européen. Une réunion extraordinaire des ministres des Finances est convoquée pour le 1er août 1993. Henning Christophersen y représente la Commission pendant que je m'active au téléphone. Mon raisonnement reste le même : c'est la monnaie qui dérive qui doit faire l'effort, en l'espèce le deutschemark qui monte sans arrêt. Il doit donc être réévalué ou quitter provisoirement le SME, pour calmer la fièvre et tester de nouvelles parités. Sur ces bases, j'obtiens l'accord de Mitterrand et de Balladur. Puis, c'était important aussi, celui de Lubbers, le Premier ministre néerlandais, dont la monnaie suit toujours le mark. Mais il fallait à Lubbers – gouvernement de coalition oblige – obtenir l'agrément de son ministre des Finances, Wim Kok, membre du Parti du Travail (socialiste). Or celui-ci refuse. J'étais furieux, non pas parce que ma solution allait être écartée, mais en raison de l'attitude de Wim Kok dont j'attendais au moins qu'il m'appelle, compte tenu de l'étroitesse des relations que nous avions nouées lorsqu'il présidait la Confédération européenne des syndicats et que je l'avais aidé à passer du syndicalisme à la politique.

Je le retrouverai plus tard aussi économe de communication lorsque j'aurai quitté la Commission et que je m'inquiéterai à l'idée que le pacte de stabilité, demandé par les Allemands, soit la seule règle de gestion de la future Union économique et monétaire, alors que le rapport Delors d'avril 1989 invitait à équilibrer l'économique et le monétaire. Pour y remédier, je préconisais de compléter ce pacte de stabilité par un pacte de coordination des politiques économiques. J'en envoyais le texte non seulement au Premier ministre français Lionel Jospin et au ministre des Finances Dominique Strauss-Kahn, mais aussi, par fax, à Wim Kok qui était devenu Premier ministre des Pays-Bas et président en exercice de l'Union en ce premier semestre de 1997. Il ne daigna même pas me répondre ! Pour finir, Jacques Chirac acceptera la proposition allemande, c'est-à-dire le pacte de stabilité, à condition de l'appeler pacte de stabilité et de croissance.

Les mots, toujours les mots ! Maladie française et notamment chiraquienne. On en voit les effets néfastes depuis deux ans avec le fonctionnement déséquilibré de l'Union économique et monétaire.

Cette parenthèse refermée, j'en reviens au Conseil des ministres des Finances d'août 1993. Il ne restait plus que deux solutions : ajourner le SME, ce à quoi s'opposait légitimement la Commission, ou élargir les marges de fluctuation des monnaies de 2,25 à 15 %. Brillamment défendu par le gouverneur de la Banque de France, Jacques de Larosière, l'élargissement des marges finit par être accepté. En sauvant le SME, la voie restait ouverte au lancement de la monnaie unique. Dans cette discussion, le ministre anglais Kenneth Clark, réputé pour son europhilie, devait jouer un rôle positif en défendant le Système que la livre venait de quitter.

En 1994, les économies européennes retrouvent de la vigueur, du moins à court terme. L'Allemagne fédérale connaît un taux d'expansion de + 2,8 % contre − 1 % en 1993, la France + 3,1 contre − 3,8. L'Italie + 4,3 contre − 2,4, la Grande-Bretagne + 3,5 contre − 7 %. La détente des taux d'intérêt se poursuit. Mais les problèmes structurels demeurent.

Quatre nouveaux candidats

La Commission est sollicitée sur tous les fronts et son président plus encore. Après l'échec qu'elle a connu au Conseil européen de Lisbonne en 1992, elle ne doit pas donner l'impression qu'elle boude et qu'elle ne veut pas aider aux négociations d'élargissement avec l'Autriche, la Finlande, la Norvège et la Suède.

La tâche des négociateurs était facilitée par le fait qu'en se mettant d'accord sur ma proposition d'un espace économique européen, ces quatre pays s'étaient familiarisés avec le fonctionnement du marché commun. Le traité d'Espace économique entrait précisément en vigueur le 1er janvier 1994, alors que la négociation d'adhésion à l'Union était commencée[1].

Mais il restait à traiter des politiques communes (agriculture, pêche...), des actions structurelles (fonds régional, fonds social), des aspects financiers (contribution au budget) et des périodes de transition. Conformément au traité, la Commission avait donné son avis pour chaque demande d'adhésion. Il était positif et abordait les conditions d'une entrée réussie et satisfaisante dans l'Union. C'était le Conseil des Affaires générales, composé par les ministres des Affaires étrangères, qui pilotait la négociation, en donnant ses directives aux responsables de l'Union. Constatant en fin de compte que de nombreux points demeuraient contestés, les ministres découragés me demandèrent de jouer les intermédiaires pour rapprocher les points de vue, quitte à prendre quelques risques personnels.

Le suspense dura quatre jours, du 26 février au 1er mars 1993, date butoir fixée par la présidence grecque. Après bien des allers et retours effectués par moi entre le Conseil et les délégations des candidats, un accord de principe fut obtenu pour trois pays, l'Autriche, la Finlande et la Suède. En revanche, cela bloquait toujours pour la Norvège et il fallut attendre le 30 mars pour avoir un accord global avec les quatre.

---

1. L'Union, telle que définie par le Traité de Maastricht, était entrée en vigueur le 1er novembre 1993 et les négociations avec les quatre candidats portaient sur les dispositions de ce texte.

J'avais trouvé des solutions de compromis pour la Finlande et la Suède qui souhaitaient que leurs régions défavorisées bénéficient des politiques régionales. Des compromis aussi pour l'Autriche qui ne voulait pas s'ouvrir aux étrangers, concrètement aux Allemands, acheteurs de propriétés dans ses régions les plus touristiques, ou qui voulait absolument limiter le transit des convois de marchandises à travers son territoire.

Imaginez le casse-tête pour trouver des solutions à ces questions et vous comprendrez pourquoi les traités sont complexes. Ont été également réglés de nombreux points liés à la politique agricole commune et au paquet financier. Mais la Norvège ne voulait pas aller plus loin en ce qui concerne les quotas de pêche qu'elle pouvait offrir à ses nouveaux partenaires et notamment à l'Espagne très exigeante sur cette question.

Devant cette impasse, j'imaginais une solution peu orthodoxe : demander à la Russie de nous céder des autorisations de pêche dans la Baltique, de façon à donner satisfaction à l'Espagne. J'avais commencé mes démarches d'approche à Moscou avec un certain succès mais n'eus pas à aller plus loin après le « non » des Norvégiens au référendum d'adhésion, le 28 novembre 1994.

    – *Aller chercher les droits à Moscou, c'est inattendu !*

    – Le Conseil n'avait pas fait d'objection à cette idée *a priori* farfelue et j'étais heureux d'avoir pu contribuer au dénouement de ces négociations. Tel est, je le rappelle, un des devoirs du président de la Commission : se mettre au service des Etats membres, sans parti pris pour l'un d'entre eux, afin de les aider à trouver un accord. S'il y réussit, son autorité de président s'en trouve renforcée.

Je ne terminerai pas ce chapitre sans une allusion à la politique étrangère et de sécurité commune qui figurait dans le Traité de Maastricht et sur laquelle les candidats devaient prendre position. Ne serait-ce que pour illustrer une fois de plus l'inanité de ces dispositions. Excédé par les relances revendicatives des Autrichiens et des Suédois, je leur avais demandé s'ils adhéraient bien à tout le traité, y compris la politique extérieure et de sécurité commune. J'avais eu droit à un sourire narquois de mes interlocuteurs et à cette réplique : « Monsieur Delors, revenons à nos affaires et parlons business. » Je ne cite cette remarque et cet épisode que pour montrer la taille des obstacles qui se dressent sur la route d'une convergence, même partielle, de la politique étrangère.

J'ai rapporté ces propos au Conseil des ministres, mais aucun de ses membres n'a rebondi pour une réflexion qui aurait pu être utile.

19

Le Livre blanc de 1993 ou la dernière relance

La Commission ne se contentait pas d'appuyer les efforts de ceux qui voulaient maintenir en bonne marche le Système monétaire européen en dépit des campagnes spéculatives dont certaines monnaies étaient l'objet. Elle souhaitait aussi des mesures financières de relance, en cette année 1992.

Grâce à l'action de mon collègue Christophersen, des décisions portant sur un total de huit milliards d'euros ont mobilisé les instruments financiers de l'Union européenne au profit de l'économie. Il s'agissait de faire face à la conjoncture, et aussi de conjurer les menaces qui pesaient sur le SME dont la survie conditionnait notre marche vers l'Union économique et monétaire.

Pour ma part, avant de terminer mon mandat, je me sentais dans l'obligation de faire le point sur l'état économique et social de l'Union, ce qui impliquait un bilan de la relance de 1985, mais aussi une appréciation sur les modifications intervenues dans le monde. Pour cela, il me fallait présenter un état des lieux à mes collègues de la Commission, puis au Conseil européen et aux différentes formations spécialisées des Conseils des ministres, de façon à sensibiliser mes interlocuteurs à ce qui restait à accomplir.

Les idées maîtresses de ce constat étaient simples : la réalisation du marché unique se faisait dans des conditions satisfaisantes. Il en était de même des autres politiques prévues par l'Acte unique, notamment la cohésion économique et sociale qui se révélait non seulement comme un succès matériel, mais aussi comme un ciment entre les pays les plus riches et les pays les moins riches, les régions les plus développées et les moins développées. La dimension sociale progressait de manière relativement satisfaisante en dépit des obstacles présentés par certains pays, et pas seulement la Grande-Bretagne. Comme on ne pouvait pas faire marcher au même pas dimension économique et dimension sociale, il fallait faire en sorte que la seconde s'inscrive progressivement dans la construction européenne.

Quant aux programmes communautaires de recherche et de développement, sur lesquels nous avions beaucoup compté, ils se révélaient insuffisants par rapport à l'ampleur de la nouvelle mutation technologique. Mais surtout, leur mise en œuvre par la Commission laissait à désirer. J'ai beaucoup bataillé sur ce point pour éviter que, la routine aidant, les programmes de recherche et de développement ne se terminent par la création de guichets derrière lesquels un fonctionnaire trop imbu de son pouvoir discuterait avec les chefs d'entreprise de ce qu'il pouvait leur donner.

Qu'il s'agisse des administrations nationales ou des services européens, il y a là un risque assez général pour ceux dont la tâche est d'animer et d'appuyer des actions de recherche par des incitations financières, et en aucun cas de centraliser, ni de jouer l'Etat entrepreneur. Il restait donc beaucoup à faire et lorsqu'on a présenté le dernier programme de ma présidence, j'ai demandé qu'on se rapproche du marché pour mieux déceler les domaines importants au regard des besoins des consommateurs et des exigences de l'innovation.

Au total, le bilan général était plutôt satisfaisant. En 1985, qui aurait pensé que nous arriverions jusque-là ? Mais voilà, l'Europe n'était pas seule au monde. Deux éléments-chocs intervenaient : la nouvelle révolution technologique, celle de la société de l'information, et l'accélération des phénomènes d'interdépendance dans le mouvement de mondialisation.

Les gouvernements n'avaient pas pris pleinement conscience de l'interdépendance. Toutefois, ils se rendaient compte que des activités industrielles leur échappaient parce que, à qualité égale, on pouvait produire beaucoup moins cher ailleurs – je pense à l'acier, au textile, à l'industrie automobile. Les grandes industries européennes elles-mêmes cherchaient à déterritorialiser certaines de leurs activités pour produire au meilleur coût. L'interdépendance des économies avait un visage amer, celui des pertes d'emploi et des licenciements.

Voilà donc quel était le climat dans lequel il fallait réfléchir. Il ne s'agissait pas de livrer le testament de Jacques Delors – objectif absurde – mais, au cours de ces deux années qui allaient passer très vite pour moi en raison de la multiplicité des obligations et des devoirs, de susciter chez les dirigeants européens une prise de conscience aussi importante que celle de 1985.

Pendant cette période, j'étais soucieux et parfois même à cran, car les discussions sur le Livre blanc n'étaient pas faciles. Je me rappelais le thème qui m'avait mobilisé dans les années soixante-dix, lorsque la construction européenne stagnait, les prix du pétrole flambaient et les monnaies vacillaient. A cette époque, je disais : l'Europe doit choisir entre la survie et le déclin...

Au Conseil européen qui m'attendait à Copenhague, sous le titre « Entrer dans le XXIe siècle », il me faudrait donc lancer un cri d'alarme, preuves à l'appui, au risque de choquer mes interlocuteurs.

Mais pour moi, compte tenu des idées qui avaient dirigé ma vie de militant et de responsable, la question était beaucoup plus dramatique. Comment s'adapter sans se renier ? Comme toujours, j'essayais de tenir la balance égale entre l'économique, le financier, le social et le sociétal. Il fallait aussi encourager les forces du travail à élaborer ce qui serait sans doute une nouvelle société.

Les difficultés ne résidaient pas dans le constat économique et technique, mais dans les politiques de l'emploi qui, à l'exception de quelques pays, n'étaient pas satisfaisantes et dans les réformes nécessaires de l'Etat providence. Les questions au programme du gouvernement Raffarin étaient déjà sur la table, dans toute leur dimension.

– *A qui destiniez-vous ce discours ?*
– Aux chefs de gouvernement, mais aussi aux opinions

publiques et aux acteurs économiques et sociaux qui, à la fin des années quatre-vingt et au début des années quatre-vingt-dix, discutaient de la répartition du gâteau national sans se préoccuper des générations à venir, ce qui avait deux conséquences : le chômage des jeunes et l'envoi au rebut des travailleurs âgés, ainsi que l'aggravation lente et sourde des problèmes de la Sécurité sociale, notamment des retraites. J'avais résumé cela en une phrase : l'avenir de nos systèmes de protection sociale est menacé, à court terme par l'insuffisance de la croissance, à long terme par la détérioration préoccupante du rapport entre actifs et inactifs.

Sévère, mais stimulant

C'est dans ces conditions que j'ai préparé ma première intervention qui a eu lieu au Conseil européen de Copenhague, les 21 et 22 juin 1993. Ma tâche avait été facilitée par l'appui éclairé et bienveillant du Premier ministre danois, Poul Nyrup Rasmussen, qui présidait alors l'Union européenne. Me fondant sur des tableaux comparatifs, je résumais mes vues sur les forces et les faiblesses de l'économie européenne :

– Le chômage massif est le talon d'Achille des sociétés européennes et un danger majeur pour notre cohésion sociale.

– La compétitivité, qui s'était améliorée, s'est relativement affaiblie depuis 1991 par rapport au Japon et aux Etats-Unis.

– La nouvelle division internationale du travail nous affecte gravement. Dans ces conditions, comment concilier la solidarité interne – et donc lutter contre le chômage – avec la solidarité externe – aider au développement des pays pauvres ?

– Le progrès technique entraîne la destruction d'emplois, mais la tendance peut être renversée grâce à de grands travaux d'infrastructure, au développement de la société de l'information et à l'éducation tout au long de la vie qui multipliera les capacités des travailleurs.

– La croissance économique est absolument nécessaire mais insuffisante pour réduire le chômage. Nous pouvons retrouver un régime de croisière de 3 % par an à certaines conditions, mais seul un nouveau modèle de développement créera davantage d'emplois en allant à la rencontre des nouveaux besoins liés à la réduction du temps de travail et à l'aide aux personnes.

Le problème du temps

Je voulais sensibiliser l'opinion au problème du temps : au lendemain de la guerre, un salarié qui avait la chance de travailler toute sa vie consacrait cent mille heures au travail et, à l'époque où j'étudiais ces questions, nous étions tombés à soixante mille heures environ. Le temps devenait un facteur crucial pour l'épanouissement personnel et l'organisation de la société. Le temps, ce compagnon indéfinissable si l'on en croit saint Augustin qui disait dans ses *Confessions* : « Qu'est-ce que le temps ? Si personne ne me le demande, je le sais, mais si on me pose la question et que je veuille l'expliquer, alors, je ne sais plus. »

Le temps, une valeur qui n'est pas suffisamment prise en compte dans nos évaluations économiques, ni dans nos politiques de la ville et de l'aménagement de l'espace urbain. Qu'entend-on par gagner du temps ? Le temps a-t-il la même valeur pour tous ? En fait, selon leur niveau d'éducation, leur revenu, leur lieu d'habitation, les gens sont inégaux devant le temps. Ce qui ouvre la voie de la réflexion et de l'action pour un développement plus qualitatif, plus respectueux, des temps de l'homme et aussi de la nature. Le temps, c'est d'abord le mode d'inscription des activités humaines dans la durée, sans oublier que la structure du temps reflète aussi un système de valeurs. Lorsqu'on passe aux temps sociaux, on constate que l'agencement des principales activités économiques et sociales est en train d'être bouleversé.

Enfin, dernier élément, les politiques du travail sont mal orientées et ne disposent pas des moyens suffisants pour que chaque travailleur se défende sur le marché du travail.

Voilà les principales composantes de mon constat qui débouchait sur de premières orientations. A la suite de cet exposé qui l'a beaucoup frappé, le Conseil européen a demandé à la Commission d'établir un Livre blanc sur la compétition, l'emploi et la compétitivité.

Il s'agissait de mettre en forme les travaux préparatoires et de présenter au Conseil européen de Bruxelles des 10 et 11 décembre un travail complet. On nous a reproché d'avoir fait parvenir trop tardivement ce document aux chefs d'Etat et aux ministres. Mais il avait fallu mobiliser les commissaires et toutes les ressources humaines disponibles pour un tel travail collectif.

– *Avez-vous éprouvé des résistances ?*

– Ce sont surtout les ministres des Finances qui se sont plaints, parce qu'ils craignaient que leurs chefs prennent des décisions dans des domaines où ils entendaient avoir le dernier mot. Les ministres des Finances voulaient une place au Conseil européen où les chefs d'Etat et de gouvernement n'étaient assistés que de leurs ministres des Affaires étrangères. Ils faisaient valoir qu'avec la préparation de l'Union économique et monétaire et les discussions annuelles sur les grandes orientations de politique économique, on devait leur ouvrir les portes du Conseil européen. Ce en quoi ils n'avaient pas entièrement tort : depuis que l'on discute de grandes orientations économiques, la séance qui leur est consacrée voit les ministres des Finances entrer dans la salle et s'asseoir à côté des chefs de gouvernement. Généralement, ce sont eux qui prennent la parole, encore que certains chefs de gouvernement tiennent à intervenir eux-mêmes.

Ce Livre blanc ne s'adressait pas uniquement aux politiques mais, derrière eux, à tous les acteurs de la société, les entreprises, les organisations patronales, les syndicats, les fédérations agricoles, les petites et moyennes entreprises, auxquelles nous attachions beaucoup d'importance, car c'était la meilleure piste pour créer des emplois et diffuser les innovations technologiques. C'est pourquoi j'avais mis en exergue cette phrase : « Ce Livre blanc a pour ambition de nourrir la réflexion et d'aider à la prise des décisions décentralisées, nationales ou communautaires qui nous permettront de jeter les bases d'un développement soutenable des économies européennes, apte à faire face à la compétition internationale tout en créant les millions d'emplois nécessaires. »

Orientations du Livre blanc

Le Livre blanc décrit ce que pourraient être les principales orientations : une économie saine – on a employé des mots simples –, ouverte, décentralisée, plus compétitive, mais aussi solidaire. Nous recommandions d'utiliser à plein le Marché unique, de créer des réseaux transeuropéens dans les transports et l'énergie, ainsi que des infrastructures dans le secteur de l'information, et nous posions les questions essentielles en ce qui concerne le financement. Nous disions aussi qu'il fallait stimuler les programmes de recherche au niveau européen et que tout devait se dérouler dans le cadre du dialogue social, tant au niveau national qu'à l'échelle européenne.

– *Comment abordiez-vous la dimension sociale ?*
– Nos principales propositions étaient les suivantes :

Parier sur l'éducation et sur la formation tout au long de la vie pour en faire autre chose que de belles formules.

Accroître la flexibilité externe, mais aussi interne du travail. Quand une entreprise a un problème, il ne suffit pas de se débarrasser des travailleurs en laissant à la politique de l'emploi le soin de s'en occuper. C'est la flexibilité externe, parfois indispensable. Il y a aussi la flexibilité interne qui consiste à organiser les ressources humaines de l'entreprise pour mieux les utiliser et les réorienter à temps. De façon à éviter, autant que possible, les licenciements et surtout la mise à la retraite anticipée de trop de travailleurs, une facilité dont on a usé et abusé aux dépens de l'équilibre de nos systèmes de retraite, mais aussi aux dépens de l'équilibre personnel des « seniors », prématurément écartés de l'activité économique et sociale.

Autre orientation : réduire le coût relatif du travail peu qualifié. Dans ce domaine, les comparaisons étaient aveuglantes. Beaucoup de pays ont suivi cette orientation, en réduisant les cotisations sociales qui financent le système de l'Etat providence, mais pèsent d'un poids excessif sur le travail peu qualifié. On plaidait pour une rénovation profonde des politiques de l'emploi en reliant cette question au développement des petites et moyennes entreprises.

Enfin, ces réformes exigeaient davantage de décentralisation et des initiatives venues de la base. Tout un travail a été fait par la Commission, notamment par la cellule de prospective, pour stimuler les initiatives locales. C'est un élément clé du nouveau modèle de développement.

Indépendamment de la difficulté des réformes, il fallait convaincre que nous n'étions pas dans un monde fini – la société de consommation n'était pas parvenue à maturité et de nouveaux besoins devaient naître, mais ils étaient liés à ce nouveau modèle de développement : l'utilisation du temps, les services aux personnes, la rénovation des zones menacées de désertification, l'aménagement des villes et des quartiers difficiles. Tout cela représentait d'énormes besoins qui étaient négligés parce qu'ils ne figuraient pas dans le schéma classique de la croissance tel que la pensée unique le concevait à l'époque : les profits d'aujourd'hui sont les investissements de demain et les emplois d'après-demain. C'était en réalité plus compliqué et cela ne dépendait pas uniquement des stimulations venues du marché. L'initiative publique avait un rôle à jouer pour réorienter la croissance et favoriser le développement de ces biens collectifs.

– *Comment le Conseil européen a-t-il accueilli vos propositions ?*

– J'ai noté fidèlement les réactions des chefs de gouvernement. Les voici :

• Poul Nyrup Rasmussen, le Danois : « Je partage l'analyse du Livre blanc. »

• Mitzotakis, le Grec : « Nous partageons ces idées. »

• Anibal Cavaco Silva, le Portugais : « Excellent document, des propositions ambitieuses et réalistes. »

• John Major : « Magistral exposé de Jacques Delors. »

• Jacques Santer : « Le Livre blanc est à la hauteur de la commande. »

• Ruud Lubbers : « Mes compliments pour Delors et le Livre blanc. »

• Albert Reynolds, l'Irlandais : « De très grande qualité ! »

• Carlo Azeglio Ciampi, l'Italien : « Un document nécessaire et positif. »

• Felipe Gonzalez : « Remarquable ! »

• François Mitterrand : « C'est la charte du possible... »

• Jean-Luc Dehaene, le Belge, qui présidait le Conseil : « Plein soutien ! »

L'accueil était très encourageant, mais il restait à savoir ce que les chefs de gouvernement étaient prêts à décider et à réaliser. Je leur avais indiqué que tout cela impliquait, notamment pour les programmes d'infrastructures, de dégager vingt milliards d'euros par an pendant vingt ans. Je voulais qu'ils comprennent qu'il ne s'agissait pas simplement d'un *New Deal* pour relancer la mécanique, comme au temps de Roosevelt. Ces réseaux d'infrastructures nous permettraient de circuler mieux et moins cher. Pour le plus grand bénéfice des entreprises et des particuliers. D'où ce schéma de vingt milliards d'euros dont huit devaient être empruntés chaque année par l'Union européenne, les douze autres venant du budget communautaire et de la Banque européenne d'investissement, dont c'est la vocation.

La bataille d'*Hernani*

Cette dernière proposition a engendré une véritable bataille d'*Hernani*. Elle a tout de suite suscité la grogne de certains chefs de gouvernement qui ont demandé une suspension de séance. François Mitterrand, toujours guilleret, est venu me voir en me disant : « Vous n'allez pas vous laisser faire ! » Je lui ai dit que je n'en avais pas l'intention. J'ai dit au Conseil :

« Puisque la discussion s'effiloche après une approbation d'ensemble, non complaisante de l'analyse et des propositions, permettez-moi de vous faire une remarque d'artisan. J'ai le sentiment que je suis dans la peau de celui à qui on a demandé une table et six chaises. Il les apporte le vendredi et on le félicite. Travail remarquable, lui dit-on. Le samedi, par curiosité, il va voir chez celui qui avait placé la commande, ce qu'il a fait des chaises et de la table, et apprend qu'il les a mises au grenier ! Si vous continuez comme cela, c'est en ces termes que je présenterai les conclusions du Conseil européen. »

— *Qui étaient les grognons ?*

– John Major, mais Helmut Kohl également, parce qu'il fallait emprunter et que les Allemands n'aiment pas ça.

Pourtant, l'Union avait déjà emprunté dans le cadre des concours qu'elle apportait au Système monétaire européen et la France en avait profité en 1983. C'était la Commission qui agissait pour le compte de la Communauté, avec la signature de celle-ci... Mais là, je proposais que la Communauté emprunte plus qu'elle ne l'avait jamais fait.

Les débats ont eu lieu devant les ministres des Finances dont la plupart étaient réticents ou jouaient la montre. Pour les convaincre, j'utilisais deux arguments. Je leur rappelais la théorie classique de finances publiques : lorsqu'un projet collectif bénéficie aux générations à venir, il est normal de répartir la charge entre la génération présente et les générations à venir pour le remboursement du prêt. Contrairement à ce que disaient certains ministres, ma proposition n'avait rien d'hétérodoxe.

J'ajoutais que si nos grands-pères avaient exigé au XIXe siècle que les chemins de fer soient rentables dès la première année, nous n'aurions jamais eu un magnifique réseau ferré !

Mes arguments étaient bons mais la force de la pensée unique, là comme ailleurs, était telle que les travaux ne progressaient qu'avec une lenteur concertée..., mais déraisonnable.

On continuait donc à travailler. Les « chefs » avaient décidé de créer un groupe de travail, présidé par Henning Christophersen, pour établir un plan d'infrastructures, et un autre comité pour pénétrer les arcanes de la société de l'information, sous la présidence d'un autre membre de la Commission, Martin Bangemann. Du point de vue du prestige de la Commission, le bilan était satisfaisant : approbation du Livre blanc et deux commissaires chargés de faire avancer les travaux.

Un an après, au premier semestre 1994, le Conseil européen de Corfou, sous présidence grecque, fera le point et déclarera à propos du financement des infrastructures · « Nous prenons acte des travaux des ministres des Finances et les invitons à continuer. »

Lors de mon dernier sommet à Essen, sous présidence allemande, on avait vraiment progressé sur les grands réseaux, avec une liste des actions prioritaires. On avait aussi avancé sur la

société de l'information, sujet nouveau pour eux, et pour beaucoup d'autres. J'avais envisagé – ce qui se fera après mon
départ – une exposition à Bruxelles pour montrer les différentes
possibilités de cette société de l'information, et j'avais sollicité
les grandes entreprises qui m'avaient fourni des analyses sur les
potentialités de la révolution de l'information.

Dans ce domaine, on ne trouvait pas grand-chose dans les
circuits administratifs habituels, nationaux ou européens, et je
me suis fait moi-même une religion. J'ai compris l'importance
bouleversante de cette véritable révolution grâce à mes conversations avec les grands dirigeants des entreprises américaines et
européennes que j'ai consultés un par un, avant de rédiger moi-
même les soixante premières pages du Livre blanc, avec l'aide
des commissaires et des fonctionnaires.

Pour les réseaux d'information, nous avions établi un premier
schéma. L'idée fut reçue avec un certain enthousiasme. Mais
quand les Etats et les entreprises ont été mis au pied du mur...
que d'hésitations et que de préalables invoqués !

– *Pour revenir aux infrastructures, c'étaient des routes, des ports,
des chemins de fer qu'il fallait construire ?*
– Et puis des tunnels. Imaginez Lyon-Turin, l'énorme infrastructure que cela demande ! Le fait que le financement n'était
pas totalement assuré, faute d'accord sur la partie à emprunter,
jouait comme une contre-incitation.

– *Comme financement, que proposaient les grognons ?*
– Ils disaient que les ressources budgétaires et les contributions de la Banque européenne d'investissement devaient suffire... Bref, je suis parti avec un goût amer à la bouche parce
que mes arguments étaient vraiment de bon sens. Je m'en tenais
à la théorie classique des finances publiques, mais sans succès...

Si le Livre blanc, au plan européen, n'a pas été appliqué avec
l'ampleur nécessaire, c'est à cause de la pensée unique. A cause
aussi des ministres des Finances. A se demander si le Conseil
européen est capable ou non d'imposer ses décisions ! Il l'a bien
fait pour le marché unique et les politiques de cohésion économique et sociale, en bouleversant les habitudes. Rappelons que
la présidence allemande en 1988 a vraiment tout risqué pour

que le paquet Delors I soit adopté. Mais en 1993, nous n'étions plus dans la même ambiance. Peut-être les héros étaient-ils fatigués.

– *Qu'est-ce qui poussait les ministres des Finances à cette tactique retardataire ?*
– Outre le poids de la pensée unique, ils se surveillaient les uns les autres. Ils voyaient leurs déficits publics augmenter alors qu'ils devaient les réduire et les ramener en dessous de 3 % pour se qualifier pour l'Union économique et monétaire. Ils se disaient : « Comment expliquer qu'on s'endette au niveau européen – même légèrement – alors que chez nous, on doit se désendetter ? » Publiquement, ils affichaient que l'Union en tant que telle ne devait pas s'endetter, sous peine d'entrer dans un schéma très dangereux. Ils en faisaient une question de principe à laquelle je répondais par les deux arguments déjà cités.

L'autre question difficile était l'allégement des charges indirectes pesant sur le travail, en premier lieu sur le travail non qualifié. Il fallait trouver des ressources de remplacement pour la Sécurité sociale. Compte tenu de l'attrait du nouveau modèle de développement, j'avais proposé un transfert de charges *via* une mesure favorisant l'environnement, par exemple une taxe sur le CO_2. Là encore, que de résistances ! Des industriels d'abord, et de certains techniciens sceptiques, qui multipliaient les objections techniques.

Les pactes nationaux pour l'emploi

En revanche, sur le plan national, le Livre blanc a eu beaucoup d'impact. J'avais indiqué que les mesures destinées à moderniser notre système d'emploi et à créer davantage de postes de travail devraient être négociées entre l'Etat, le patronat et les syndicats. Et j'avais lancé l'idée de pactes nationaux pour l'emploi, qui a beaucoup séduit.

Aux Pays-Bas, on ne m'avait pas attendu puisque l'accord de Wassenar, en 1983, était de ce type et a été reconduit depuis. Il est amusant de noter que, lorsque les Néerlandais ont conclu cet accord, le Premier ministre était Lubbers, et le chef des syndicats Wim Kok qui allait lui succéder à la tête du gouvernement. Bref, on avait cet exemple devant les yeux et on peut dire qu'il y a eu des pactes nationaux pour l'emploi non seulement dans les pays dotés de systèmes de relations industrielles très performants, comme la Suède, le Danemark et quelques autres, mais aussi en Italie, en Espagne et au Portugal où c'était une grande nouveauté. L'Italie, pour sa part, avait des habitudes de coopération entre les trois syndicats, ce qui leur permettait d'être plus efficaces, plus cohérents, et de servir aisément d'interlocuteur au patronat et à l'Etat. Mais en Espagne et au Portugal, c'était nouveau et remarquable.

Je suis beaucoup intervenu personnellement pour expliquer à la fois le Livre blanc et l'intérêt des pactes nationaux pour l'emploi. Parmi les réunions dont je me souviens, l'une fut convoquée par Carlo Azeglio Ciampi, alors président du Conseil italien, qui m'a invité avec les organisations patronales et syndicales. Dans un excellent climat, nous avons réfléchi, échangé des idées et approfondi le sujet. Nos recommandations ont été bien diffusées et tout au long de ces années, il m'est arrivé d'être invité pour en parler. En 2002 encore, un des nouveaux acteurs de la vie politique italienne, Sergio Cofferati, l'ancien « patron » du syndicat italien CGIL, a brandi le Livre blanc comme la référence des réformes à faire pour l'Italie.

En Allemagne fédérale, ce fut plutôt une déception, car les Allemands ont un système de relations industrielles très performant. Mais pendant cette période, ils n'ont pas trouvé le moyen de se mettre d'accord. Et surtout, l'ensemble des acteurs a sous-estimé l'ampleur du défi. Il suffit de regarder les difficultés actuelles de l'économie allemande pour s'en convaincre.

En France où c'est presque un snobisme de ne pas s'intéresser à ce qui vient de la Commission, je n'ai pas eu beaucoup de succès. De plus, l'état de nos relations sociales est si désastreux qu'on ne voyait personne prendre le risque – car il pouvait y avoir un échec – d'une confrontation de ce genre qui demandait une soigneuse préparation. Je parle d'un accord tripartite, Etat, syndicat, patronat.

— *L'Etat intervenant comme une des parties ?*
— Ce n'était pourtant pas tout à fait nouveau chez nous. Pour

la loi sur la formation professionnelle de 1971, j'avais d'abord invité les partenaires sociaux à négocier et ils avaient signé un accord. Ensuite, les trois partenaires s'étaient mis autour de la table pour élaborer une loi épousant de très près l'accord conclu. C'est donc possible. Mais ce n'est pas dans la tradition française et c'est dommage car, dans les pays où il y a eu un pacte pour l'emploi, les réformes ont été faites plus rapidement, avec moins de tensions, et sans doute plus d'équité et d'efficacité.

— *Sur quoi pouvaient porter concrètement les réformes ?*

— Sur tous les sujets que nous avons évoqués. C'est-à-dire, du côté des entreprises, l'allégement des charges sur le travail, la diminution des contraintes qui sont les leurs en matière de création et de développement, l'association aux grands travaux, l'entrée dans la société de l'information. Du côté du social, il s'agissait d'une évolution raisonnable et juste des salaires et des autres revenus, de réformes sur le marché du travail, de l'accroissement des actions de formation pour les adultes, à défaut de ce grand objectif qu'est l'éducation tout au long de la vie, sans oublier l'aménagement des systèmes de retraites.

Quoi qu'en pensent les sceptiques, il est prouvé que ce mode de concertation, qui ne nuit en rien aux pouvoirs du Parlement, permet de trouver les meilleures solutions, les plus consensuelles et les plus avantageuses du point de vue social. Je crois que c'est une grande leçon pour l'avenir, surtout lorsqu'on voit ces réformes réalisées dans des pays comme l'Espagne et le Portugal qui sont revenus à la démocratie depuis une trentaine d'années sans avoir connu ce type de relations caractéristiques d'une démocratie pluraliste et sociale. Aujourd'hui, je continue donc à en rêver pour la France.

Bien d'autres sujets me sollicitaient, tant en ce qui concerne le fonctionnement interne que les relations extérieures. Il n'est pas possible, dans ce cadre, de tous les évoquer.

Pascal Lamy allait quitter Bruxelles pour rejoindre le Crédit Lyonnais, où une mission difficile l'attendait. Il allait y réussir comme à la tête de mon cabinet et comme sherpa du G 7. Pour lui succéder, j'appelais Jean-Pierre Jouyet qui nous avait rejoints en décembre 1991 pour remplacer François Lamoureux appelé en renfort par le Premier ministre Edith Cresson. Avec son style bien à lui, Jean-Pierre s'imposa, notamment pour ses qualités d'animateur et de négociateur, et fut bien secondé par Bernhard Zepter qui, après Gunter Burghardt, assuma, avec brio et courage, le portefeuille exposé des relations extérieures.

20

Retour à la vie militante

Mon départ de la Commission n'a eu lieu que le 22 janvier 1995 en raison des divergences entre les pays membres et des retards accumulés pour désigner mon successeur.

– *Pourquoi y avait-il des divergences ?*
– Les chefs de gouvernement avaient discuté de la candidature de Ruud Lubbers, le Premier ministre des Pays-Bas, avec qui j'entretenais des relations très étroites. Mais Kohl et Mitterrand s'y étaient opposés. Le premier reprochait au Hollandais d'avoir traîné les pieds au moment de la réunification allemande et le second le critiquait pour sa gestion du Conseil européen de Maastricht qu'il jugeait trop favorable aux Anglais. Résultat, le Conseil européen n'avait pas réussi à se mettre d'accord à l'unanimité sur un candidat.

La balle était donc dans le camp des Français et des Allemands qui proposent alors un homme d'une très grande réputation, Jean-Luc Dehaene, Premier ministre de Belgique. Mais, réponse du berger à la bergère, les Anglais et les Hollandais refusent Dehaene. Les Anglais parce que l'intéressé avait une réputation de fédéraliste et les Hollandais par dépit. Si bien qu'après quelques semaines, c'est le chancelier Kohl qui aura l'idée de demander à Jacques Santer, Premier ministre en exercice du Luxembourg, lequel acceptera... et obtiendra l'assentiment unanime des chefs d'Etat et de gouvernement.

Pour moi, le dernier Conseil européen fut celui d'Essen. J'y reçus, avec émotion, des marques d'amitié et des félicitations à la fois du Conseil européen qui me consacra un chapitre de son communiqué, et du groupe socialiste européen. C'est au cours du dîner des chefs de gouvernement, qui m'avaient demandé, trois ans après Maastricht, une introduction à leur propre réflexion sur l'avenir de l'Europe, que je leur ai fait part de mes vues d'avenir. Puis je suis revenu à Bruxelles où ma femme s'occupait seule de tous les détails matériels, notamment du déménagement des meubles, des affaires personnelles, mais aussi de ma documentation, tandis que j'étais encore aux commandes pour préparer la transition avec Santer.

Au revoir Bruxelles !

Le temps était venu de quitter notre appartement bruxellois, en face du bois de la Cambre où mon épouse et moi allions nous promener et faire des marches salutaires. Marie partage aujourd'hui avec moi une nostalgie de Bruxelles où elle avait, en tant que présidente d'honneur d'une association caritative, « Femmes d'Europe », lié connaissance avec des femmes de tous les pays européens. Ces relations ont été depuis entretenues et il nous en est resté d'authentiques amitiés. Nous retournons donc avec beaucoup de plaisir dans la capitale belge pour passer d'excellents instants avec ces amis.

De mes promenades dans les rues de Bruxelles, je retiens l'extrême gentillesse des Belges, Flamands et Wallons, sans distinction : un bonjour, un sourire, un simple salut dans une discrétion voulue. Lors des cérémonies diverses en Belgique, j'ai toujours reçu un accueil plus que chaleureux, que ce soit à Torhout en Flandre, où était né mon grand-père, à Anvers, à Bruges, à Gand, à Liège, à Namur... Comment les citer toutes ? Et comment ne pas évoquer les concerts au Théâtre de la Monnaie ou au Palais des Beaux-Arts, les rencontres de football à Anderlecht ou à Bruges ? Des moments trop rares, mais si heureux !

Et l'accueil reçu aux Conférences catholiques, où j'intervins plusieurs fois, grâce à l'amitié et au dynamisme de son président, Mᵉ Verbruggen, qui me fit le cadeau extraordinaire d'une soirée d'adieux dans la salle comble des Beaux-Arts et d'un débat avec Jean-Marie Colombani et Alain Duhamel.

Tant de chaleur humaine et de sympathie ne pouvaient que me faire oublier les affres de la décision que je venais de prendre de ne pas me présenter aux prochaines présidentielles.

Enfin et surtout, mon épouse et moi avons eu le privilège de rencontrer et de dialoguer avec le roi Baudouin et la reine Fabiola. Marqués par la personnalité extraordinaire et rayonnante du roi, nous ne les oublierons jamais : tant d'attention prêtée aux autres, tant d'intérêt pour les affaires publiques belges et européennes et tant de foi profonde, jamais ostentatoire, mais toujours présente ! La reine sait que nous ne l'oublions pas et que le souvenir du roi reste vivace dans nos esprits.

Après son frère, le roi Albert et la famille royale portent, eux aussi, une grande attention à l'évolution de l'Europe dont la Belgique est devenue un des piliers et souvent l'âme de cette aventure historique.

Le 19 janvier 1995, lors de ma dernière apparition au Parlement européen, où je reçus un superbe accueil, je rappelais ma formule de fédération d'Etats nations. Puis le 22 janvier, dans l'immeuble de la Commission, je passais les pouvoirs à Jacques Santer et j'allais ensuite prendre congé des ministres des Affaires étrangères réunis dans leur propre enceinte où j'eus droit à un message de remerciements et de félicitations d'Alain Juppé, alors ministre des Affaires étrangères du gouvernement Balladur.

– *Pour vous, ces adieux aux uns et aux autres ont été très émouvants ?*

– Indiscutablement... Dans des moments pareils, je plonge dans un curieux état psychologique qui m'empêche de les apprécier totalement. Il s'agit d'un certain repli sur moi-même et d'une certaine conception de la modestie. Contrairement à d'autres, je n'arrive pas à intégrer ces moments-là dans ma mémoire vivante. Pour préparer ce passage de mes Mémoires, je me suis reporté à des photos de réunions d'adieu, à des discours, car je n'en avais pas gardé ce que j'appelle une mémoire vivante comme, par exemple, le souvenir de la fin du Conseil européen de 1988, après l'adoption du paquet Delors I, où j'avais pleinement apprécié ce moment, sur le plan psychologique comme sur celui de l'émotion.

— *Vous voulez dire que vous oblitérez certaines choses ?*

— Je n'arrive pas à avoir conscience qu'il s'agit de moi... Je me suis souvent posé la question et j'ai trouvé, dans *Cortège*, quatre vers de Guillaume Apollinaire qui expriment mieux que je ne saurais le dire ce que je ressens dans ces moments-là. Les voici :

> *Un jour, je m'attendais moi-même...*
> *pour que je sache enfin celui-là que je suis...*
> *et d'un lyrique pas s'avançaient ceux que j'aime*
> *parmi lesquels je n'étais pas...*

Cette incapacité que j'ai de me positionner en vedette, qui explique, pour une part, ma réticence à briguer la présidence de la République, fait que je ne me rappelle pas les moments où, ayant traversé toute une salle, les gens debout m'applaudissent. D'une certaine façon, j'oublie complètement. Le seul exemple d'ovation dont je me souvienne est tout récent. C'était en mai 2003, lorsque j'ai reçu un hommage, une *standing ovation*, des membres de la Confédération européenne des syndicats réunis à Prague. Tous se sont levés avant mon intervention et ils ont recommencé après. Là, j'ai pleinement apprécié, sans doute parce que j'avais l'impression, non pas d'être au-dessus d'eux, mais tout simplement d'être un des leurs.

Pour moi, c'est une différence de perception. Je n'ai jamais apprécié ces assemblées où l'on vous attend et, selon une liturgie éprouvée, on vous applaudit à votre arrivée à grand renfort d'acclamations. Je comprends que ceux qui aspirent à un destin exceptionnel, au terme d'une élection, en aient besoin, qu'ils s'y sentent à l'aise, voire qu'ils puissent y trouver une force nouvelle.

— *Dans quel état d'esprit étiez-vous à votre départ de Bruxelles ?*

— J'étais complètement rasséréné, sans aucune inquiétude. J'avais pris ma décision sur l'élection à la présidence de la République. J'avais terminé, dans de bonnes conditions, le travail de la Commission et j'avais pu, au cours des derniers mois, vérifier l'évolution positive des projets de travail en commun que John Hume[1] et moi avions pu initier entre protestants et catholiques d'Irlande du Nord. Quelques cailloux semés sur le chemin de la paix. Je songeais aussi qu'au mois de décembre, j'avais pu mener à bonne fin ce manifeste des entreprises européennes contre l'exclusion qui me tenait à cœur. Bref, je n'étais pas dans un état euphorique, mais j'étais dispos. Pourtant, je changeais complètement de condition. A Bruxelles, j'avais un statut de chef d'Etat. Contrairement à ce qu'offre la fonction d'ancien Premier ministre en France – une secrétaire, un chauffeur, un garde du corps et un bureau, bien sûr –, je savais que je n'aurais droit à Paris à aucun soutien matériel, sauf si l'Elysée ou Matignon faisaient un geste. Ce qui ne leur est pas venu à l'idée.

En tant que président de la Commission internationale pour l'Education, j'avais un petit bureau à l'UNESCO, que j'utilisais déjà quand je venais de Bruxelles à Paris et où je suis allé m'installer.

– *A Bruxelles, comme ancien président, vous aviez conservé un secrétariat ?*

– Non, je n'avais droit à rien mais, grâce à la gentillesse de Jacques Santer, pendant les premières années qui ont suivi mon départ, j'ai bénéficié d'un bureau et d'une secrétaire, Judith Beck, grâce à laquelle j'ai pu récupérer de nombreux documents, notamment ceux qui avaient trait à la préparation du Livre blanc, et pendant quelque temps, j'ai pu compter sur un chauffeur à Bruxelles.

– *Dans votre esprit, à quoi pensiez-vous vous consacrer ? Vous étiez encore jeune et n'aviez certainement pas une mentalité de retraité.*

– J'étais au carrefour de plusieurs orientations possibles. Tout d'abord continuer le combat pour l'Europe où je faisais

---

1. John Hume, prix Nobel de la paix, m'avait demandé d'aller avec lui en Irlande du Nord, pour aider au rapprochement des deux communautés, grâce à des actions communes financées par la Communauté européenne.

l'objet de multiples sollicitations. J'allais répondre à beaucoup, notamment celles de plusieurs Premiers ministres. Mais j'entendais aussi maintenir une grande fidélité vis-à-vis des partis sociaux-démocrates et du mouvement syndical.

La seconde piste, c'était de mener à bien ce travail sur l'éducation commencé à l'UNESCO, ce qui n'était pas facile avec une commission dont les membres venaient des cinq continents.

Des clubs au parti

Restait la question du Parti socialiste. J'étais membre de son Conseil national. Devais-je poursuivre ? Sans attendre le résultat de mes réflexions, j'ai accepté de donner un coup de main à la campagne électorale de Lionel Jospin aux présidentielles de 1995. Après, je me suis progressivement effacé. Ce qui me paraissait correspondre à l'attitude des socialistes à mon égard ! Moins ils me voyaient, mieux ils se portaient !

D'autres sollicitations allaient venir. Un mot tout de suite du Collège de l'Europe à Bruges, créé dans la foulée du congrès de La Haye de 1948. Le collège connaissait quelques difficultés d'ajustement pédagogique et financier. J'ai accepté de présider son conseil d'administration pendant un mandat de quatre ans, à partir de la fin de 1996. Plus tard, le nouveau secrétaire général de l'OCDE, le Canadien Donald Johnston, m'a demandé si j'accepterais de devenir son conseiller personnel. L'affaire était presque conclue lorsque les soucis de santé dans mon entourage m'ont conduit à refuser cette offre alléchante et stimulante sur le plan intellectuel. Je le regrette encore.

En 1995, au milieu de tous ces projets, j'ai souffert d'une deuxième attaque de sciatique qui m'a sérieusement handicapé. La première m'avait surpris au Conseil européen de Copenhague où je marchais courbé, avec une chaise que mon épouse me tendait tous les dix mètres afin de réduire la douleur. Mais à Copenhague, il fallait absolument que je fasse les premiers pas qui allaient me conduire au Livre blanc. Conséquence immédiate : j'ai dû me soigner plus rigoureusement et renoncer à participer à un G 7 qui se tenait au Japon.

Enfin, en liaison avec la réflexion politique qui me sollicitait, il y avait chez moi, toujours vivace, le goût pour les clubs. Deux clubs à cette époque : l'un, que j'avais créé et appelé Clisthène, du nom d'un philosophe grec, réunissait d'anciens membres de mon cabinet aux Finances, ainsi que des amis venant de la gauche et du syndicalisme. J'en avais abandonné l'animation qui était, à ce moment-là, entre les mains d'un ancien syndicaliste CGT Jean-Louis Moynot, lequel allait ensuite passer la main à Jacques Maire, un haut fonctionnaire, fils de l'ancien secrétaire général de la CFDT.

Par ailleurs, au début des années quatre-vingt-dix, des jeunes du PS qui voulaient se situer hors courant, François Hollande, Jean-Pierre Mignard, Jean-Pierre Jouyet et quelques autres, avaient créé un cercle de réflexion baptisé « Démocratie 2000 ». Ils m'avaient demandé de les aider lors des réunions qu'ils faisaient à Paris, et de leur séminaire annuel qu'ils tenaient à Lorient dont le maire, Jean-Yves Le Driant, était des leurs.

A ce moment-là, je leur ai proposé de renforcer leur main en élargissant leur audience et en créant un groupe qui s'appellerait « Témoin ». Pour moi, il s'agissait de « passer le témoin » aux nouvelles générations. Pendant des années, j'ai participé activement à ce club, dont j'avais la présidence d'honneur mais dont la présidence effective est revenue à François Hollande puis, lorsque celui-ci a pris les fonctions de premier secrétaire du Parti socialiste, à l'un des fondateurs, l'avocat Jean-Pierre Mignard.

— *Qu'avez-vous fait pendant la campagne présidentielle ?*
— Aux yeux des militants, Lionel Jospin était apparu comme l'homme capable de relever le défi face à Jacques Chirac et à Edouard Balladur. Ayant refusé moi-même de mener ce combat, je me faisais un devoir de l'aider. De son côté, le candidat a estimé que je pourrais utilement présider son comité de soutien. Avec l'aide efficace de Catherine Tasca, particulièrement active dans le secteur de la culture, qui se chargeait des contacts, de l'intendance et de beaucoup d'autres choses, nous avons monté un comité formé d'intellectuels et d'hommes et de femmes de culture.

En province, j'ai tenu quelques meetings moi-même, par

exemple en Bretagne et en Lorraine, et j'ai accompagné le candidat Jospin dans deux de ses grands meetings, à Lille et à Toulouse. A sa demande, j'ai également présenté le 19 avril, dans une conférence de presse, le programme économique du candidat qu'avait préparé un petit groupe au sein duquel Claude Allègre, Martine Aubry et Dominique Strauss-Kahn jouaient un rôle prépondérant.

— *Preniez-vous la parole dans les meetings auxquels vous participiez ?*

— Dans ceux où j'étais le seul venu de Paris, oui, à côté des responsables locaux et régionaux. Mais dans les meetings où Jospin était le principal protagoniste, j'étais simplement là, au premier rang, pour montrer que je le soutenais, à côté des dirigeants de partis socialistes frères.

— *Du côté conservateur, entre Chirac et Balladur, comment voyiez-vous, à ce moment-là, l'issue de la compétition ?*

— Je ne veux pas jouer les historiens, rappelons seulement l'atmosphère parisienne qui présentait Balladur comme le futur gagnant. Peu à peu cependant, Chirac est monté en régime et, à la surprise de certains oracles parisiens, il a devancé Edouard Balladur au premier tour, au prix d'un programme de rupture, très tranché, alors que Balladur s'appuyait sur son propre parcours, celui d'un homme qui avait occupé des postes de responsabilité très importants, et dans la continuité de ce qu'il avait amorcé comme Premier ministre.

Pour en revenir à mes occupations du moment, indépendamment des soucis de santé et des préoccupations familiales, j'avais quelques difficultés pour choisir entre les différentes sollicitations et voyages à l'étranger, parmi lesquelles l'inauguration d'un Centre Jacques-Delors à Lisbonne.

— *Qu'était ce Centre Jacques-Delors ?*

— En liaison avec les autorités européennes, le gouvernement portugais avait décidé de créer un centre d'information, très bien situé en face de l'abbaye de Belém, pour aider les écoles et les universités à informer sur les questions européennes, et il lui avait donné mon nom.

21

Education et gouvernance mondiale

J'avais du mal à gérer mon emploi du temps et à me rendre disponible pour mettre de l'ordre dans la documentation accumulée pour le rapport sur l'éducation de l'UNESCO. La commission avait tenu des sessions non seulement à Paris, mais à Dakar, Santiago du Chili, Vancouver et New Delhi. Deux réunions avaient eu lieu pendant que j'étais encore président de la Commission européenne, les autres ensuite. Maintenant, le temps pressait et j'ai consacré l'été 1995 à rédiger moi-même, comme je l'avais fait pour le Livre blanc, les quarante premières pages du rapport qui ont miraculeusement mis d'accord tous les membres de la Commission, sous le titre *L'éducation, une utopie nécessaire*. A partir de là, nous avons pu construire l'ensemble du document qui reflétait les apports des membres de la commission et ce que nous avions recueilli dans nos auditions élargies.

– *Comment cette commission avait-elle été formée ?*
– Federico Mayor qui était président de l'UNESCO voulait l'entraîner dans son propre élan, en pensant que s'il traçait de nouvelles frontières, quelques-unes des questions qui pesaient sur l'institution – celle de sa gestion, ou encore l'absence des Etats-Unis – pourraient être réglées. Mayor est un homme de projection vers l'avenir. Un rapport sur l'éducation au XXIᵉ siècle lui tenait à cœur, étant persuadé que, dans un monde aussi divers que soumis à des antagonismes inédits, l'éducation

était un facteur de développement – il y a 900 millions d'analphabètes – et de compréhension mutuelle. Il était donc venu me voir à Bruxelles, en 1993, pour me demander de prendre la présidence et, compte tenu de toute ma militance passée pour l'éducation, de mes initiatives pour la formation permanente, des travaux que j'avais faits auparavant à l'OCDE, je ne pouvais pas refuser, même si cela s'ajoutait à ma charge.

– *Qui y avait-il dans cette commission ?*
– Des personnalités extérieures à l'UNESCO [1] qui se réunissaient trois ou quatre fois par an. Pour le reste, nous échangions des documents et je leur demandais des contributions particulières. Le travail de préparation a duré près de quatre ans. Il faut dire que les premières années, je devais concilier ce travail avec mes tâches européennes. Après mon départ de Bruxelles, j'ai accéléré.

Il y avait deux rapporteurs : une Américaine, Alexandra Draxler, fonctionnaire de l'UNESCO, et Danièle Blondel, une ancienne collègue de Dauphine qui avait été directrice des enseignements supérieurs à l'Education nationale et dont j'avais obtenu la collaboration.

Le mandat avait été rédigé par Federico Mayor. Comment l'éducation peut-elle jouer un rôle dynamique et constructif pour préparer les individus et les sociétés du XXIe siècle ? A vingt ans d'intervalle, ce rapport faisait suite à un autre rapport très connu intitulé *Apprendre à être*, préparé sous la présidence d'Edgar Faure lorsqu'il était ministre de l'Education, aussitôt après les révolutions étudiantes des années soixante... Entre-temps, le monde avait changé et notre rapport voulait entrer dans le XXIe siècle en tenant compte de ce monde en voie de se refaire sous l'égide de la mondialisation.

Les grandes questions que se posait l'UNESCO portaient sur

---

1. In'am Al Mufti (Jordanie), Isao Amagi (Japon), Roberto Carneiro (Portugal), Fay Chung (Zimbabwe), Bronislaw Geremek (Pologne), William Gorham (Etats-Unis), Aleksandra Kornhauser (Slovénie), Michael Manlay (Jamaïque), Marisela Padron Quero (Venezuela), Marie-Angélique Savané (Sénégal), Karan Singh (Inde), Rodolfo Stavenhagen (Mexique), Myong Won Suhr (République de Corée), Zhou Nanzhao (Chine).

la capacité des systèmes éducatifs de devenir un facteur clé du développement et de s'adapter à l'évolution de la société. Enfin, sur la volonté de faire de l'éducation un message universel pour essayer, non pas d'unifier ce monde, mais d'en rapprocher les différentes parties dans leur diversité, c'est-à-dire en acceptant la différence et en respectant l'autre...

Voilà quelles étaient les motivations du directeur général. A partir de là, j'ai essayé, pour justifier le diagnostic, d'identifier les tensions que le monde allait vivre, pour arriver à définir une fois de plus l'éducation, alors que ma bibliothèque est remplie d'ouvrages d'hommes éminents qui, depuis plus de quatre mille ans, ont traité de ce sujet. J'ai proposé que l'éducation repose sur quatre piliers et cette idée-là a été reprise partout.

Les quatre piliers de l'éducation

1. Apprendre à connaître.

Compte tenu des changements rapides induits par le progrès scientifique et les nouvelles formes de l'activité économique et sociale, il importe de concilier une culture générale suffisamment étendue avec la possibilité de travailler en profondeur un petit nombre de matières. Cette culture générale sert, en quelque sorte, de passeport pour l'éducation permanente, dans la mesure où elle donne le goût, mais aussi les bases, pour apprendre tout au long de la vie.

2. Apprendre à faire.

Au-delà d'un métier dont on poursuit l'apprentissage, il convient d'acquérir une compétence plus large qui rend apte à faire face à de nombreuses situations et facilite le travail en équipe. Une dimension actuellement trop négligée dans les méthodes d'enseignement.

— *C'est-à-dire qu'on n'enseigne pas seulement l'individu, mais l'individu dans sa participation...*

— Je poursuivais une idée que je développe depuis quarante ans, souvent sans succès : l'utilité de l'alternance pour la pleine formation d'un jeune. La compétence et les qualifications deviennent plus accessibles si les élèves étudiants ont la possibilité de se tester et de s'enrichir en prenant part à des activités professionnelles ou sociales parallèlement à leurs études, ce qui justifie la place plus importante que devraient occuper les différentes formes possibles d'alternance entre l'école et le travail.

3. Apprendre à être.

C'était le thème dominant du rapport Edgar Faure, publié en 1972. Ses recommandations sont toujours d'une grande actualité puisque le XXIe siècle exigera de tous une plus grande capacité d'autonomie et de jugement qui accompagne le renforcement de la responsabilité personnelle dans la réalisation du destin collectif.

4. Apprendre à vivre ensemble.

C'était la formule-choc la plus forte, compte tenu du monde dans lequel nous allions vivre. Développer la connaissance des autres, de leur histoire, de leur tradition et de leur spiritualité. A partir de là, créer un esprit nouveau qui, grâce à la perception de nos interdépendances croissantes et à une analyse partagée des risques et des défis de l'avenir, pousse à la réalisation de projets communs, ou bien à une gestion intelligente et paisible des inévitables conflits. Utopie, pensera-t-on, mais utopie nécessaire, utopie vitale pour sortir du cycle dangereux nourri par le cynisme ou la résignation.

Tels étaient les quatre piliers qui servent encore de référence dans les travaux sur l'éducation.

Une véritable révolution

Ensuite, j'essayais de définir l'éducation tout au long de la vie, dont je déplore encore aujourd'hui que la formule ait fait recette, mais sans que l'on trouve derrière les mots un solide travail de réformes sociales, pédagogiques et organisationnelles.

— *Qu'est-ce qui fait que la formule est souvent utilisée, mais qu'on n'ait pas réussi jusqu'à présent ?*
— Le fait que c'est une véritable révolution. Révolution dans le système éducatif, parce qu'il faut apprendre à apprendre, et pas seulement apprendre des connaissances, mais donner le goût de continuer. Révolution aussi dans l'organisation de

l'éducation, parce qu'il faut que les différents ordres d'enseignement s'ouvrent à l'éducation permanente.

Il est vrai que toute la vie professionnelle et sociale offre matière à apprendre comme à faire. C'est la réponse aux sceptiques. La tentation est grande de privilégier cet aspect des choses pour souligner le potentiel éducatif des moyens modernes de communication ou bien de la vie professionnelle, ou bien encore des activités de culture et de loisir. Au point même d'en oublier certaines vérités essentielles.

Pour bénéficier pleinement de toutes ces possibilités d'apprendre et de se perfectionner, chacun doit posséder tous les éléments d'une éducation de base de qualité. Mieux encore, il est souhaitable que l'école développe chez chacun une meilleure connaissance de soi et suscite la curiosité de l'esprit en même temps que la volonté de mieux utiliser ses propres capacités. On peut même imaginer une société où chacun serait à tour de rôle enseignant et enseigné. L'utopie d'une société nouvelle....

On m'excusera de recourir à des termes anglais, mais il faut distinguer *long life training* et *long life education*. Sur le premier volet, la formation, on a progressé, par exemple en France avec la loi de 1971. On demande au travailleur de reprendre une formation tout au long de sa vie professionnelle. En revanche, si on parle d'éducation, et pas seulement de formation professionnelle – on a tendance à confondre les deux notions –, il reste beaucoup à faire, même s'il est vrai qu'on a créé l'université du troisième âge, et que la fréquentation des musées ou des expositions est de plus en plus importante dans tous nos pays développés. Ce dont je ne peux que me réjouir.

Comprenez que le concept d'éducation tout au long de la vie est justifié par les profonds changements qui affectent la vie de chacun. Ajoutez mon souci de l'égalité des chances. Dans mon esprit, même si vous n'avez pas confiance en vous, si vous n'avez pas, au fond de vous, les éléments de base, si de l'école vous reste un souvenir amer parce que vous avez été laissé de côté, si vos capacités innées n'ont pas été exploitées, vous devez pouvoir accéder à l'éducation permanente pour réparer tous ces manques.

C'est pour cette raison que j'ai intitulé ce rapport – en pensant à la fable de La Fontaine – *L'éducation, un trésor est caché dedans*, parce que je me suis souvenu que, dès l'école primaire, j'avais à côté de moi des camarades très doués, les uns pour la dimension artistique, les autres pour le caractère relationnel, mais que rien de cela n'apparaissait ni dans leurs notes, ni dans leur classement. L'égalité des chances, c'est laisser pousser les cent fleurs dont les graines existent en chacun de nous.

— Si je vous comprends bien, ce qui justifie cette éducation tout au long de la vie c'est que, dans l'espace d'une vie humaine, il y a aujourd'hui tellement de changements qu'il faut continuer à apprendre beaucoup de choses qui, au départ, n'ont pas été enseignées.

— Et surtout être armé pour affronter ce changement. Et c'est dès l'éducation de base que l'on doit vous préparer aux mutations qui vont vous défier durant votre vie. Cette donnée objective – l'intensité des changements intervenant au cours d'une vie – rejoint mon idéal qui est l'égalité des chances. Il y a conjonction des deux.

De la nécessité à l'idéal

Lorsque j'ai commencé dans les années soixante à traiter de ces questions, je suis parti, comme je l'ai fait souvent dans d'autres domaines, de la nécessité pour aller à l'idéal. Tout cela impliquait deux conséquences pour l'orientation des systèmes d'enseignement : diversifier les parcours offerts, et répondre au défi de la massification qu'on ne peut surmonter autrement que par une large diversification des parcours.

Les voies offertes devraient comprendre, à côté des formules classiques plus tournées vers l'abstraction et la conceptualisation, celles qui, enrichies par une alternance entre l'école et la vie professionnelle ou sociale, permettent de révéler d'autres talents et d'autres goûts.

En tout état de cause, on établirait des passerelles entre ces voies, de manière à corriger de trop fréquentes erreurs d'orientation au départ. Et la perspective de pouvoir retourner dans un cycle d'éducation tout au long de la vie changerait le climat général en assurant à chaque adolescent que son sort ne serait jamais définitivement scellé entre seize ans et vingt ans.

Quand je pensais diversification des parcours, je songeais, surtout pour la France, à l'école secondaire. On connaît les reproches que l'on fait au collège unique qui, selon certains, freine les meilleurs sans pour autant aider les moins doués. La réponse est dans la diversification des parcours, mais pas dans une séparation drastique entre le classique et le professionnel, avec un dédain implicite pour le professionnel.

Voilà qui permettrait aussi de surmonter les limites de l'orientation professionnelle proprement dite. Elle serait complétée par l'expérience acquise par le jeune dans les activités sociales ou professionnelles qu'il serait amené à connaître entre quatorze et dix-huit ans.

— *La difficulté, c'est de savoir si chacun choisit son parcours lorsqu'on le lui propose, ou s'il a lui-même l'initiative du choix.*

— Cela dépend aussi des hasards de la vie. J'ai rencontré trop de travailleurs, jeunes et moins jeunes, qui n'avaient pas eu une éducation de base suffisante et qui, de ce fait, n'avaient même pas les ressources psychologiques et humaines pour affronter le changement. Il fallait donc leur redonner confiance en eux-mêmes. Je le répète, j'ai connu le cas de travailleurs, dans des secteurs traditionnels comme la mine, qui, à cinquante ans, n'avaient d'autre vocabulaire que 400 à 500 mots. Sous le terme général de capacité, j'entends lier la connaissance et la solidité psychologique. Mon pari, c'est que, dans des parcours suffisamment diversifiés, chacun trouvera – ou retrouvera – le goût d'un engagement, d'une occupation, d'un travail...

L'enseignement, c'est une utopie vers laquelle il faut tendre. Je veux dire par là que si l'on veut l'égalité des chances, l'école obligatoire jusqu'à dix-huit ans ne suffit pas. Je ne demande pas qu'on fasse un cycle sur mesure pour chacun, mais j'insiste sur la diversification des parcours, la possibilité pour chacun de se tester.

Lorsque je m'occupais de formation permanente, j'étais effrayé de rencontrer des jeunes de dix-huit à vingt-deux ans qui n'avaient aucune idée de ce qu'était un métier. En famille, on ne parlait pas du métier du père ou de la mère. Leur seule perception des métiers se faisait à travers la télévision. Les jeunes dans cette situation sont plus nombreux qu'on ne croit, et ceux-là considèrent souvent l'école comme une corvée ou comme un bachotage. Ils essayent d'obtenir un diplôme, mais sans intériorisation de leur devenir, ni goût pour une aventure professionnelle.

Avec la différenciation des parcours, on garde toujours la possibilité d'un appel. Certes, il y aura des abus. Certains ne voudront pas faire l'effort et seront constamment insatisfaits. Les règles du jeu devront être rigoureuses, mais il ne faut pas ramener la hiérarchie élitiste à la domination d'une discipline ou d'une autre – elles ont été littéraires, elles sont actuellement mathématiques – et à l'accès à un diplôme.

– En ce qui concerne le bac, quelle est votre façon de voir ?

– Au nom de ces principes, j'ai critiqué l'idée de Jean-Pierre Chevènement – lorsqu'il était ministre de l'Education – des 80 % de bacheliers. Ma première interrogation était : comment les 20 % restants vont-ils se sentir dans la vie ? Quant aux 80 % de bacheliers – ce qui impliquait que l'examen soit moins sévère –, que feraient-ils ensuite ? Si certains avaient des capacités pour des métiers manuels, ils s'en seraient éloignés définitivement ! Combien de fois ai-je entendu des familles plutôt modestes me dire : mon fils, ou ma fille, a le baccalauréat, mais lorsqu'il se présente dans une entreprise, on lui dit : le baccalauréat, ce n'est rien, monsieur, tout le monde l'a ! Comme le certificat d'études, il y a quarante ans.

Elitisme et diplômes

On est toujours dans un système à la française, une sorte de nominalisme républicain qui pousse à distribuer des diplômes au plus grand nombre possible. Mais, quoi qu'on fasse, la société demeure foncièrement élitiste et l'inégalité toujours aussi forte.

Entre autres défis, nous avions donc celui de la massification qui ne peut trouver de solution politiquement et socialement acceptable dans une sélection de plus en plus sévère. L'un des principaux défauts de la sélection par le diplôme est que de nombreux jeunes gens, hommes ou femmes, se trouvent exclus de l'enseignement avant d'avoir obtenu un diplôme reconnu, donc dans une situation désespérante, puisqu'il n'ont ni l'avantage du diplôme ni la contrepartie d'une formation adaptée aux besoins du marché du travail. C'est le cas non seulement de ceux qui ne peuvent pas décrocher le bac, mais aussi de ceux qui entrent mal préparés à l'université de masse, et en ressortent au bout d'un an ou deux ans sans diplôme.

Le rapport proposait que l'université contribue, elle aussi, à l'éducation tout au long de la vie en diversifiant son offre de filières conduisant à la recherche ou à la formation des enseignants, ainsi qu'à celles qui permettent d'acquérir des qualifications professionnelles selon des cursus constamment adaptés aux besoins de l'économie. Conscients des problèmes qui se posent à l'université de masse, nous avons essayé, dans ce rapport, de redéfinir les missions de l'université, pour la sortir du malaise où elle s'enfonce. Ouverte à de nouveaux champs et à de nouveaux publics, l'université deviendrait ainsi un des carrefours de l'éducation tout au long de la vie.

Le chèque-éducation

L'égalité des chances restant toujours mon obsession et sachant que la diversification des parcours, acceptée ou non, prendrait du temps, j'ai proposé une solution que mes collègues ont trouvée révolutionnaire, celle du chèque-éducation. Attribuer à chaque jeune qui commence sa scolarité, un chèque lui donnant droit à un certain nombre d'années d'enseignement.

Dès six ans, on lui donnerait un livret : avec quatorze ans de crédit d'enseignement, inscrit dans une banque qui gérerait, avec les moyens financiers adéquats, le capital de temps utilisé par chacun, selon son expérience scolaire et ses propres choix.

L'intéressé pourrait conserver une partie de ce capital pour être en mesure, dans sa vie post-scolaire, de bénéficier des possibilités d'éducation permanente. Il pourrait également augmenter son capital en faisant des versements d'argent au crédit de son compte, à la Banque du Temps choisi, une sorte d'épargne prévoyance consacrée à l'éducation. La Caisse des dépôts et les caisses d'épargne géreraient tout cela.

Consciente des dérives possibles de cette idée, la commission de l'UNESCO l'a soutenue en l'appliquant, non pas au début, comme je le suggérais, mais à la fin de la période de scolarité obligatoire, afin de permettre à l'adolescent de choisir sa voie sans hypothéquer son avenir. Si l'âge de scolarité obligatoire est dix-huit ans, chacun aurait un crédit d'éducation de trois ans qu'il pourrait utiliser tout de suite ou plus tard. C'est un élément de l'égalité des chances, un élément psychologique pour expliquer que rien n'est jamais définitivement perdu ni scellé dans la vie.

— *Ce chèque n'est jamais entré en application nulle part.*

— Non, mais il faut bien avoir des idées révolutionnaires. Ça ne fait pas de mal !

Je ne peux pas conclure ce chapitre sur l'éducation sans dire quelques mots sur le métier d'enseignant. Dès cette époque, on sentait monter un malaise chez les enseignants, d'où un certain nombre de thèmes que nous avons développés. Tout d'abord : la société demande beaucoup à l'enseignant. Sans doute beaucoup trop. D'autant plus que les autres structures tutélaires, l'Etat, les Eglises ou, dans certains cas, la famille, ont tendance à perdre de leur influence ou à oublier leurs devoirs.

A tort, l'école est alors rendue responsable de tous les désordres de la société. C'est pourquoi il convient de se poser une question essentielle qui devrait rester au centre de nos réflexions : que fait la société pour l'école ? Car l'enseignant ne peut pas, à lui seul, répondre aux énormes défis de notre époque. Il convient donc de prêter une grande attention au statut social des enseignants et à l'allocation optimale des ressources.

On assiste en effet à une dangereuse érosion du prestige qui devrait être lié à la mission qui est d'enseigner à des jeunes ce que l'humanité a appris, durant des siècles, sur elle-même. Cet appel à l'ensemble des forces de la société pour participer à l'éducation ne doit pas cependant faire oublier les devoirs des enseignants. Pour ma part, j'en vois trois :

— d'abord celui d'assurer sa propre formation,

– ensuite, celui d'apprendre à travailler en équipe,

– enfin, celui de traiter de manière indissociable, sans en privilégier aucun, les quatre piliers de l'éducation que propose ce rapport.

Quelques pas dans les nuages de la mondialisation

On a pu constater combien les changements intervenant dans la société sous le terme général de mondialisation sollicitaient ma réflexion. J'avais beaucoup appris en faisant partie d'une commission indépendante qui avait été créée pour réfléchir sur la gouvernance globale du monde ou, d'une manière plus prosaïque, sur la réforme du système des Nations unies.

Cette commission était présidée par Ingmar Carlsson, ancien Premier ministre de Suède, et par Shridath Ramphal, ancien secrétaire général du Commonwealth. J'étais alors président de la Commission européenne et j'avais accepté de faire partie de cette commission sans promettre d'y assister tout le temps. J'avais même organisé une réunion de ses membres à Bruxelles, pour manifester mon intérêt et mon engagement. En ce qui me concerne, je m'étais concentré sur les problèmes économiques, financiers et sociaux qui n'étaient pas la seule dimension du problème puisqu'il y avait aussi l'aspect militaire, la diplomatie, la lutte contre les armes de destruction massive, sans oublier les finalités dominantes : le respect des droits de l'homme, l'éthique mondiale, etc.

Pendant mes nombreuses participations au G 7, de 1981 à 1994, j'avais été frappé de voir que ce type d'organisation déplaçait beaucoup de gens importants et beaucoup de journalistes pour peu de résultats. Elle donnait l'impression d'être un directoire du monde, ce qui ne faisait qu'aggraver les problèmes de mésentente et d'absence de dialogue avec le reste du monde. On en voyait la projection, chaque année, aux réunions internationales du Fonds monétaire et de la Banque mondiale où s'élevaient des voix pour dénoncer l'égoïsme des pays riches, ainsi que leur volonté de domination. Cela venait notamment du fameux groupe des non-engagés, les 77, dont les deux leaders étaient alors l'Inde et la Yougoslavie. N'oublions pas que les plus riches, les membres du G 8, ne représentent que 20 % de la population mais possèdent les deux tiers de la richesse mondiale. Ils essayent de délivrer des messages rassurants et prennent à l'occasion des initiatives... rarement suivies d'effets !

Je n'avais pas de baguette magique pour bouleverser le système avec une structure idéale, mais j'avais deux idées en tête :

– Faire participer toutes les parties du monde aux débats, sous une forme qui soit plus satisfaisante que le Conseil économique et social des Nations unies, lequel a peu de poids.

– Lancer une réflexion suivie d'expérimentations, et ne pas proposer la fourniture, clés en main, d'une nouvelle structure internationale.

Un Conseil de sécurité économique

C'est dans cet esprit que j'ai songé à un « Conseil de sécurité économique ». Le mot sécurité avait un avantage : celui de dire que les conflits, et les problèmes de sécurité dans le monde, proviennent aussi de causes économiques et sociales. Mais il avait un inconvénient, car il suscitait tout de suite la méfiance des membres permanents du Conseil de sécurité des Nations unies qui, lui, est politique. Je m'en suis aperçu à l'occasion d'une réunion du G 7 à Paris lorsque, intervenant à la demande d'une télévision, j'expliquais rapidement ce qu'il en était et que mes interviewers ont sollicité deux réactions, l'une sympathique et favorable de Clinton, l'autre plutôt négative et distanciée de Mitterrand qui pensait sans doute au Conseil de sécurité des Nations unies et au maintien d'un poste permanent pour la France.

Cette idée de Conseil de sécurité économique a néanmoins fait son chemin. Mais là aussi, comme pour l'éducation permanente, c'est souvent le sort réservé aux inventeurs ou aux innovateurs, on a repris le terme, mais sans le contenu et sans les modalités d'application.

– *Qu'aviez-vous mis dans votre Conseil ?*

– Il était composé des plus grandes nations du monde, celles qui composent le G 8 actuellement, plus le Brésil, l'Inde et la

Chine. Les autres pays étaient représentés par leurs organisations territoriales, l'Union des pays africains, celle des pays d'Amérique latine et andins, l'Union des pays asiatiques, des pays océaniques. Tout le monde était représenté.

On se serait réuni au sommet, dans le cadre des Nations unies une, deux ou trois fois par an et entre-temps, les représentants personnels et qualifiés de ces personnalités auditionneraient les grandes organisations internationales, le Fonds monétaire, la Banque mondiale, l'Organisation mondiale du commerce, l'Organisation internationale du travail pour étudier comment améliorer les choses, lancer des expériences, rendre notre monde moins inégalitaire, un peu plus solidaire et un peu plus harmonieux, par des changements concrets, limités, mais jugés à leurs résultats.

En même temps, cela créait un forum correspondant à ce qui existe aujourd'hui, une opinion publique mondiale. Or, cette opinion publique mondiale, elle est aujourd'hui travaillée par tous les anti et altermondialistes qui protestent contre l'ordre existant et contre les aliénations qu'ils subissent. Et ils posent souvent de bonnes questions.

Plus tard, le secrétaire général des Nations unies, Kofi Annan, me demandera de participer à une commission qui préparait le sommet de Monterrey, dont on attendait monts et merveilles ; une commission présidée par l'ancien président du Mexique Ernesto Zedillo qui a passé en revue tous les problèmes liés au sous-développement et au financement de la croissance. Parmi les idées retenues, figure aussi le Conseil de sécurité économique.

A cette réunion de Monterrey ont assisté, en mars 2002, des chefs de gouvernement de tous les pays du monde. Le président de la République française y était. On m'avait invité. Mais pour quoi faire ? Etre assis sur une chaise et entendre, selon un ordre préétabli, les différents chefs parler de leur bonne volonté ?

Bref, le Conseil de sécurité économique, c'est une clé pour entrer dans la complexité actuelle et obliger à avancer. En même temps, c'est une réponse à ceux qui disent : « Non seulement nous ne bénéficions pas du festin, mais nous n'avons pas le droit de le concevoir et d'y participer. »

– Qu'est-ce qui a fait qu'on n'est pas allé plus loin ?

– Si vous prenez les différents tests, vous voyez qu'il y a toujours des obstacles. Par exemple, il n'y a pas encore d'accord des pays riches sur la fourniture à bas prix de médicaments pour lutter contre les grandes maladies comme le sida et la malaria.

Il n'y a pas d'accord entre les pays riches pour ouvrir leurs marchés aux productions agricoles des pays pauvres auxquels on a fait miroiter ce qu'on allait leur vendre plutôt que de les aider à construire une agriculture vivrière autonome. Il y a des vœux pieux, mais pas d'avancées concrètes pour porter à 0,7 % du PIB l'aide au développement. Seuls, à ma connaissance, trois pays y sont parvenus : la Suède, le Danemark et la Norvège.

Ajoutons le règne de la pensée unique, avec l'idée que le marché est le seul facteur de bonne répartition des richesses et que seuls les financements privés peuvent venir au secours de ces pays. Il est vrai que, pendant deux ou trois années d'euphorie, les entreprises privées ont beaucoup investi dans les pays en développement. Puis, dès que la conjoncture s'est ralentie, avec les grandes crises du Sud-Est asiatique et d'Amérique latine, le chiffre a baissé d'une manière dramatique.

Disons des organisations monétaires internationales qu'elles savent jouer les pompiers. Plus ou moins bien, et à quel prix ? Je dis souvent que certaines de leurs prescriptions invitent leurs patients à mourir guéris. Quand j'étais ministre des Finances, j'avais écrit un article pour *Le Monde*, que j'avais intitulé « Les pompiers et les architectes ».

Je ne crois pas à un monde parfait. Je ne crois pas, comme les alter ou les antimondialistes, à la révolution totale, avec la disparition de toutes les règles du capitalisme. Je crois tout de même – c'est ça le réformisme – qu'on peut améliorer petit à petit les choses, que rien n'est jamais acquis, mais que des instances appropriées sont nécessaires. Les structures ne sont pas tout, mais elles peuvent aider au progrès.

22

La boîte à idées pour l'Europe

– *Et l'Europe, dans tout ça ?*

– Lorsque j'ai quitté Bruxelles, Helmut Kohl et Felipe Gonzalez notamment m'ont dit : « Jacques, compte tenu de tout ce que tu as fait pour l'Europe, il faut continuer à nous aider de tes idées et de tes propositions... Il faudrait que tu crées un instrument pour cela. » Et je leur ai répondu : « Jusqu'à présent, dans ma carrière politique, je n'ai jamais fait appel aux entreprises privées parce que je connais trop bien ce qu'elles pensent des hommes politiques à qui elles fournissent des fonds. » S'il en est ainsi, ont-ils ajouté, nous allons saisir le Conseil européen pour que l'Union donne une subvention à l'institution que tu vas créer, comme elle le fait pour beaucoup d'autres.

Les chefs de gouvernement ont donc discuté de cette question. J'ai entendu parler de réticences du côté français et du côté britannique. Ce qui a amené le chancelier Kohl à taper un peu plus sur la table, aidé bien entendu par Gonzalez, Kok, Dehaene, Juncker et quelques autres... Ils ont fini par décider d'attribuer à mon association un crédit annuel de 600 000 euros et John Major a dit, en guise de plaisanterie : « On devrait également faire ça pour Mme Thatcher » (qui d'ailleurs ne l'a jamais demandé).

Notre Europe

J'ai donc créé ce groupe de réflexion et d'étude avec le concours de Christine Verger, qui avait été une de mes collaboratrices à Bruxelles et s'est offerte spontanément à travailler pendant quelques années avec moi, alors qu'elle poursuivait une brillante carrière à la Commission. A cette association, j'ai donné le nom de « Notre Europe » avec l'objectif d'alimenter le débat europeen par des études et par des interventions, sous forme de discours ou d'émissions de télévision ou de radio.

Nous ne sommes pas le seul groupement de ce type. Je ne parle pas des grandes organisations comme le Mouvement européen. Mais il y a à Londres, à Bruxelles, d'autres équipes qui s'intéressent à l'Europe. Il y en a aussi au sein des universités. Enfin, nous essayons, non sans mal, de faire passer des idées, des propositions.

Pendant toute cette période, j'ai continué de voyager, soit pour rencontrer des chefs de gouvernement, soit pour faire des conférences dans des fondations ou dans des universités prestigieuses, soit encore, plus simplement, pour participer à des séminaires de travail. Mais charbonnier n'étant jamais maître chez lui, c'est en France que j'ai noué le moins de contacts, tant auprès du président que du gouvernement, ou même du Parti socialiste ! Enfin ! je ne suis pas le seul à avoir fait ce genre d'expérience... Plus encore que *Charbonnier n'est pas maître chez lui*, c'est : *M. Delors, combien de divisions ?* que je devrais dire.

— *Dans ces conditions, comment avez-vous mené votre combat ?*
— De mon départ de la Commission europécnne, en janvier 1995, jusqu'à aujourd'hui, je me suis efforcé de répondre à la confiance de ceux qui m'avaient fait un devoir de poursuivre le combat militant et la bataille des idées pour l'intégration européenne. J'ai développé analyses et propositions dans mes discours ou dans les documents publiés par Notre Europe qui constituent pour moi une sorte de grille de lecture des évolutions qui affectent la construction européenne.

La fédération des Etats nations

Dans le débat que j'entretiens avec les « amis fédéralistes », je note depuis toujours des points de désaccord : ma démarche pragmatique, qui m'a valu des critiques, notamment au moment de l'Acte unique jugé trop timoré, est liée à ma croyance indéfectible en l'avenir de la nation. Avant la dernière guerre, si j'interprète convenablement le mouvement des idées, le fédéralisme dénonçait la nation comme la cause principale des déchirements et des guerres qui ravageaient notre continent. Pour ma part, j'ai toujours fait la distinction entre le nationalisme exacerbé et la nation. Celle-ci est d'abord le ciment de notre vouloir vivre ensemble, conforté par tout un passé de luttes en commun, de fusions progressives, de constructions qui « font société ». Ces fondements demeurent et ont d'autant plus de poids qu'avec la mondialisation, un fossé immense se creuse aux yeux du citoyen entre ce monde global qui prétend imposer ses contraintes, et l'homme qui cherche vainement à retrouver une prise sur son destin individuel, comme sur son destin collectif.

Voilà pourquoi la nation demeure le lien indispensable avec le monde extérieur, le lieu de rattachement à une aventure collective plongée dans l'histoire. Voilà pourquoi elle doit conserver les instruments de la cohésion nationale et sociale, quitte à se trouver confortée dans son action par la plus-value qu'apporte la construction européenne.

Il convient donc que la nation dispose de marges de manœuvre dans tout ce qui renforce cette cohésion et affirme une personnalité collective : les politiques de l'emploi, de l'éducation, de la santé, de la sécurité sociale... et bien entendu, la culture. Ce qui n'exclut nullement, dans ces domaines, des concertations et des coordinations sur le plan européen.

Mais comment faire travailler ensemble ces nations ? Sinon en faisant de l'Union européenne le cadre indispensable où nous pourrons, avec plus d'efficacité qu'au niveau national, réaliser nos ambitions dans l'espace européen et dans le monde. C'est là que la méthode fédérale affiche sa supériorité car elle permet de définir sans équivoque « qui fait quoi » et « qui est responsable de quoi ».

Les transferts de souveraineté aux institutions européennes sont décrits sans équivoque. La subsidiarité joue à plein. Au total, l'approche fédérale est celle qui garantit la moins grande centralisation des pouvoirs. Telle est la raison pour laquelle j'ai proposé, comme structure inspiratrice pour l'Europe, la Fédération des nations ou des Etats nations. C'est au nom de cette approche que je propose des améliorations institutionnelles ou que je critique les obscurités et les ambiguïtés de certains arrangements.

Défense de la méthode communautaire

Pour traduire en réalisations concrètes leurs ambitions d'origine, la paix, la prospérité, l'influence, les pères de l'Europe – Robert Schuman, Jean Monnet, Paul-Henri Spaak, pour ne citer qu'eux – ont dû imaginer une façon de procéder qui devait faire preuve d'originalité, en raison de la nouveauté du projet, tout en restant acceptable par les pays engagés dans l'aventure.

D'où l'idée d'associer les nations avec suffisamment d'audace, mais dans des domaines où le partage de la souveraineté était jugé nécessaire par les gouvernements. Dès 1950, on voit donc se profiler la méthode de l'engrenage, qui est une méthode des petits pas. Ecoutons une fois de plus ce que disait Robert Schuman dans son appel du 9 mai 1950 : « L'Europe ne se fera pas d'un coup, ni dans une construction d'ensemble, mais dans des réalisation concrètes créant des solidarités de fait... »

La Communauté européenne du charbon et de l'acier fut la première traduction concrète de ce choix. Dès cette époque, on a ressenti le besoin de formes institutionnelles qui puissent faire vivre ensemble des Etats souverains et qui ne ressemblent à aucune des formules utilisées dans le cadre d'un Etat nation.

Les fondateurs ont voulu des institutions fortes et des règles de droit qui permettent aux Etats de vivre ensemble, d'acquérir un esprit commun et de garantir l'efficacité. D'où, pour rappeler d'une manière simple le dispositif communautaire, la coexistence de deux législatifs – le Conseil des ministres et le

Parlement européen –, de deux exécutifs – le Conseil des ministres et la Commission, celle-ci dotée du monopole du droit d'initiative –, et enfin d'un judiciaire, la Cour de Justice.

En dépit des critiques dont il a été l'objet, ce système a prouvé son efficacité pendant des années et des années. A cet égard, il faut bien distinguer la stratégie d'action de la formule institutionnelle. Or, quand on parle de la méthode communautaire, on confond souvent les deux. Parlons donc de la stratégie dite de l'engrenage, avant de revenir au problème actuel qui tourne autour de la philosophie institutionnelle.

Deux périodes permettent de comprendre l'apport de la méthode de Jean Monnet, celle de l'engrenage, au processus d'intégration : la première remonte à l'origine même des Communautés. Comment ne pas se rappeler que lorsque les partenaires européens entreprirent de négocier les Traités de Rome, l'échec de la Communauté européenne de défense et de la Communauté politique européenne était encore présent dans l'esprit de tous ? Mais ces échecs ne firent pas perdre courage. Portés par leurs espoirs et leurs intuitions, les partisans de l'Europe décidèrent de revenir à la méthode communautaire qui avait fait ses preuves pour la CECA, la Communauté charbon acier. La réalisation de l'Union douanière, prévue par le Traité de Rome, témoigne de la force de cette méthode lorsqu'elle est appliquée avec diligence. Le désarmement douanier amorcé en 1959 s'accéléra au cours des années suivantes. Dès mai 1960, la Commission proposa et le Conseil des ministres adopta des réductions tarifaires anticipées et l'abandon de tous les contingentements.

Ainsi, l'Union douanière entra en vigueur plus vite que prévu par le calendrier initial. Elle fut achevée le 1er juillet 1968, avec dix-huit mois d'avance.

Plus près de nous, la relance de 1985 illustre, elle aussi, la méthode de l'engrenage. L'Objectif 1992 a sorti l'Europe d'une période de stagnation en donnant la priorité à des réalisations économiques concrètes, compréhensibles pour les opinions publiques et mobilisatrices pour les entrepreneurs et les travailleurs. A partir de là, l'engrenage par l'économique a fonctionné jusqu'en 1992 : l'Acte unique permet de décider, en étendant le vote à la majorité qualifiée, et met en place les politiques structurelles, contrepartie indispensable du grand marché, consacrant ainsi la cohésion économique et sociale comme l'un des piliers de la construction européenne. Ajoutons que ces avancées n'auraient pas été possibles sans l'adoption, en février 1988, du paquet financier qui a permis d'adapter la politique agricole commune et de développer spectaculairement les politiques dites structurelles dont le bilan est jugé particulièrement positif.

La méthode communautaire est avant tout une mécanique institutionnelle qui, lorsqu'elle fonctionne bien, garantit une bonne préparation des projets, une décision dans la clarté et une exécution de qualité. Si le triangle institutionnel – Parlement, Conseil, Commission – assume ses missions, convenablement relié au Conseil européen, il est possible d'avancer, de gagner en lisibilité, de trouver les voies de la responsabilité démocratique et donc de la citoyenneté. Si au contraire le triangle s'enlise pour de multiples raisons, si la Commission ne se voit pas reconnue dans la plénitude de ses droits et de ses devoirs, si le Conseil des Affaires générales ne joue plus son rôle d'arbitre et de synthèse, alors le Conseil européen s'éloigne de ses missions de base et veut se charger de tout. Tel est le risque que court actuellement l'Union européenne, alors qu'elle doit faire face au défi du nombre d'adhérents qui, en soi, pose le redoutable problème de l'organisation des institutions et des méthodes de travail.

Cette absence de lisibilité et ce manque de responsabilité démocratique sont d'autant plus fâcheux que l'Europe pénètre de plus en plus dans la vie des citoyens. Dans ces conditions, faute d'explication, faute de transparence, elle inquiète plus qu'elle ne rassure, elle ennuie plus qu'elle ne passionne.

L'Europe n'est pas la seule à souffrir de cet état de choses. On retrouve le même problème dans nos démocraties nationales. Là aussi, la distance se creuse entre les gouvernants et les gouvernés. La mondialisation en est partiellement responsable, mais le style d'information imposé par les médias aussi.

Pour raviver la vitalité démocratique du projet européen, il faut asseoir clairement l'Europe sur une double légitimité, celle des Etats nations qui sont représentés au Conseil européen et au Conseil des ministres, et la légitimité directe des citoyens de l'Union à travers un Parlement européen mieux intégré dans le dispositif communautaire.

Les parlementaires doivent servir de lien entre le peuple et les institutions européennes, exprimer les aspirations des citoyens vis-à-vis de l'Europe, expliquer aux citoyens la nécessité et les raisons des décisions prises. Mais attention ! Il faut harmoniser ces deux légitimités politiquement et institutionnellement et ne pas les dresser l'une contre l'autre.

La Grande Europe

Lorsqu'on se rappelle les cicatrices de l'histoire liées, au lendemain de la guerre, à la coupure entre Européens de l'Ouest et Européens de l'Est, un sentiment de bonheur doit dominer nos réactions puisque, les murs étant tombés, il devient possible d'unifier l'Europe. Mais, compte tenu des difficultés de fonctionnement de l'Union à quinze, le doute envahit l'esprit devant une Europe à vingt-cinq, demain à vingt-sept et un jour – on l'espère tous – à plus de trente, avec l'intégration des pays de l'ex-Yougoslavie.

Contrairement aux plaintes que j'entends souvent, la corbeille de mariage entre l'Ouest et l'Est est beaucoup plus riche qu'on ne le dit. J'insiste sur ce point que je voudrais illustrer, en guise de provocation, avec une remarque de l'historien anglais Norman Davies, que j'extrais de son histoire de l'Europe publiée en 1989. Davies rappelle que la dissidence intellectuelle a lutté, sans relâche, contre la domination soviétique et communiste, tout en prenant ses distances avec « le matérialisme sans âme de l'Ouest ». Et il ajoute que c'est à l'Est, sous l'oppression communiste, que l'attachement aux valeurs traditionnelles de l'Ouest a été le mieux préservé. Voilà qui ne rend pas toujours faciles les retrouvailles entre l'Est et l'Ouest, surtout au niveau des politiques et des intellectuels.

Bien avant la fin de la guerre froide, un autre historien anglais, Hugh Seton-Watson, refusait de tenir pour acquis le clivage Ouest-Est. Après bien d'autres, il soulignait à la fois la complexité de la Grande Europe, de plusieurs Europes, disait-il, mais aussi les impératifs qui s'imposent à elle, la nécessité d'un idéal européen, le rôle complémentaire de l'Est et de l'Ouest, et la reconnaissance du pluralisme culturel européen. Voilà qui doit éclairer notre pensée. Au-delà de l'entreprise humaine qui a commencé en 1950, souvenons-nous que l'histoire de l'Europe est déjà longue et qu'il y a des hommes et des femmes qui ont pensé cette Europe comme un continent, avec sa personnalité et sa diversité.

Alors, comment dire en quelques mots, sans en réduire la portée, les apports de l'Europe centrale et orientale ? Ces pays nous apportent d'abord leur propre histoire. Beaucoup d'entre eux ont été non seulement les victimes du communisme mais, pendant plus de cent ans, les jouets des grandes puissances au travers de traités qui ont fait, refait ou défait les Etats.

En second lieu, il y a aussi la mentalité spécifique des petites nations. Dans l'Europe actuelle, nous avons nos petites nations. Dans celle de demain, elles seront plus nombreuses. Avant la chute du rideau de fer, le romancier Milan Kundera s'est battu pour nous faire mieux comprendre quelle force vitale habitait l'Europe de l'Est : « Il me semble, disait-il, que la culture européenne commune recèle une autre culture inconnue. On suppose que les petits sont nécessairement les imitateurs des grands, c'est une illusion. Ils sont différents. »

Cette citation, qui n'est pas faite pour nourrir la bataille institutionnelle entre les grands et les petits, rappelle ce que Jean Monnet a toujours affirmé, en pensant précisément à l'organisation de la Grande Europe, lorsqu'il disait : « Ce foisonnement, cette coexistence entre grands et petits pays, porte en elle-même une grande valeur humaine, je dirai même spirituelle. »

La contribution des petits pays, c'est aussi d'apporter leur pierre à la construction de l'Europe. Un apport authentiquement précieux, qualitatif plus que quantitatif. Il ne faut pas l'oublier au moment où nous débattons avec eux de l'avenir du continent. Bien sûr, ils ont des difficultés, pas seulement économiques, mais aussi juridiques, qu'il ne faut pas sous-estimer dans des pays qui ont vu leur identité nationale réduite par le communisme et ont subi une administration de type stalinien totalement étrangère à la structure d'animation nécessaire à une démocratie pluraliste et à une économie ouverte.

Leurs difficultés tiennent aussi à l'absence de classes

moyennes – sans en faire une exigence absolue, c'est tout de même important – ainsi qu'à une sécularisation quasi totale dont on a vu les effets en Allemagne de l'Est. Cette sécularisation n'a pas tout effacé. La renaissance reste possible, mais elle véhicule beaucoup de nostalgie, de remords, de difficultés. En un mot, ces pays doivent retrouver pleinement leurs racines, leurs traditions, leur personnalité.

Enfin, il existe une tension entre la souveraineté retrouvée et les perspectives d'intégration dans l'Union. Ce n'est pas une raison pour dire que ces pays sont nationalistes, mais au moment où ils s'échappent du communisme, comprenons qu'ils éprouvent le besoin de réaffirmer un vouloir vivre ensemble au niveau national afin de retrouver la dignité de leur nation. Au même moment, nous les invitons à partager cette souveraineté et à en céder une partie à l'Union ! Convenons que ce n'est pas toujours facile.

Trois ambitions raisonnables

Le rappel des particularités des pays de l'Est doit nous conduire à un certain réalisme en ce qui concerne la définition du vouloir vivre ensemble et le choix de nos objectifs. Plus l'Union comporte de membres, plus il est difficile de faire progresser l'intégration politique, c'est-à-dire l'ambition des pères fondateurs. Le bon sens commande de ne pas l'oublier ! Aussi, depuis quelques années, je plaide pour que l'on fixe à la Grande Europe des objectifs raisonnables, autant dire en retrait sur les ambitions affichées par le Traité de Maastricht. Pour ma part, je suggère trois objectifs pour cette Grande Europe : un espace de paix active, un cadre pour un développement durable, et enfin un espace de valeurs vécues dans la diversité de nos cultures et de nos traditions.

– L'espace de paix et de sécurité implique la stabilité des frontières, avec une coexistence active entre population majoritaire et minorités. Une révolution historique pour ces pays ! Cela exige de l'Union européenne un effort exceptionnel dans les Balkans.

Je sais que la Bulgarie et la Roumanie sont en retard sur le plan économique, mais ce ne sont pas les cas les plus complexes. A leurs frontières, il n'est pas facile de passer d'une Yougoslavie créée par un traité à des nations indépendantes, mais je pose la question : serait-il plus difficile aujourd'hui de proposer aux pays membres de l'ex-Yougoslavie un effort du même ordre que celui que nous avons fait, en Europe de l'Ouest, pour la CECA ? C'est-à-dire de travailler ensemble pour mieux se connaître ? Est-ce impossible ? C'est pourtant là un des talents de l'Union européenne. Alors que la pente naturelle est que chaque pays de cette région développe présentement ses relations bilatérales, économiques et financières avec Bruxelles. Là aussi, il faut apprendre à vivre ensemble.

C'est en développant les relations économiques et sociales, les contacts humains, que nous arriverons à créer cet espace de paix et de sécurité. Ce qui veut dire que si je limite les objectifs de la Grande Europe, j'y inclus cependant la sécurité interne car il n'est pas possible aujourd'hui de ne pas avoir pour l'ensemble de l'Europe une coopération forte en la matière puisque la criminalité s'est internationalisée et que nous souffrons tous des mêmes maux.

Tout ne sera pas réglé pour autant. La gestion des futures frontières extérieures de l'Union sera difficile. Ce n'est pas seulement une question de douane, ni de police. Il s'agit aussi de définir le type de relations que nous entendons nouer, le type de contrat que nous voulons passer avec tous les pays qui entourent l'Union.

– Un cadre pour un développement durable et équitable. C'est le deuxième objectif. Comme le clament ceux qui craignent que l'élargissement ne se traduise par une dilution de l'Europe, un espace-marché de 500 millions d'habitants ne peut fonctionner sans règles qui s'imposent à tout le monde et qui soient respectées. Cet espace-marché présente évidemment de très grandes potentialités. Mais si nous avons progressé depuis 1985, ce n'est pas parce que nous avions décidé de faire un grand marché sans frontières, c'est parce que l'Acte unique qui a permis sa réalisation proposait un triptyque de base auquel je tiens beaucoup et qu'il n'a pas été facile d'imposer : la compétition qui stimule, la coopération qui renforce, la solidarité qui unit.

La compétition, c'est le grand marché. En matière de coopération, nous avons un grand patrimoine, mais nous ne l'utilisons pas. Les politiques structurelles ont été fondées sur le partenariat avec les régions qui ont élaboré leurs programmes de développement et ont reçu des fonds européens. C'est une réussite. Il faut en étendre l'esprit à d'autres domaines. Prenons deux exemples : avec davantage de coopération dans les domaines économique et social, nous ne pourrions pas dire, comme je l'affirme aujourd'hui, que l'Union économique et monétaire ne marche que sur sa jambe monétaire. Avec davantage de coopération, se plaindrait-on tous les jours de voir l'Europe à la traîne en matière de recherche ? Et cela parce que nous ne coopérons pas intelligemment et efficacement, alors que nos pays n'ont pas la taille suffisante pour tout faire.

Quant à la solidarité, on n'aurait jamais fait le marché unique si le montant des politiques structurelles n'était pas passé de cinq à trente-trois milliards d'euros en l'espace de quinze ans. Mais ce n'est pas uniquement une question d'argent. Des responsables locaux et régionaux ont vu que l'Europe existait. Ils n'attendaient pas seulement des fonds, mais proposaient des innovations et échangeaient des expériences. Charnellement, l'Europe gagnait en consistance et du même coup, évitait les ravages du laisser-faire/laisser-passer.

– Enfin, troisième élément de cette Europe, une expression enrichie de nos diversités. Rien ne doit être totalement effacé d'une histoire mouvementée, le schisme d'Orient, les conquêtes ottomanes et autres... Coopérer pour faire fructifier nos cultures et nos créations, l'Europe devenant de plus en plus riche de ses spécificités et de ses dialogues.

A la recherche de l'avant-garde

Entendons-nous bien, fixer des ambitions raisonnables pour la Grande Europe, cela ne signifie pas renoncer à l'ambition d'une Europe politique. Mais on ne peut concilier l'élargissement et l'approfondissement que par la différenciation. Que cache ce mot ? Tout simplement le fait que, dès la relance de la construction européenne en 1985, nous avons progressé parce que certains pays ont été plus loin que les autres.

Trois exemples parmi d'autres : avant l'élargissement à la Suède, l'Autriche et la Finlande, il y avait déjà coexistence entre la Communauté européenne et l'Espace économique européen dont j'avais proposé la création. C'est par la suite seulement que ces pays ont demandé leur rattachement plein et entier à la Communauté européenne.

En 1991, que serait-il advenu des dispositions du Traité de Maastricht concernant notamment l'Union économique et monétaire, s'il avait fallu attendre que le Danemark et la Grande-Bretagne donnent leur accord ? Et de même pour le protocole social que les Anglais se refusaient d'appliquer ? Nous avons progressé parce que ces deux pays ont bénéficié de ce que l'on appelle un *opting out*, c'est-à-dire de la possibilité de ne pas appliquer certaines dispositions du traité.

Enfin, il faut se poser la question : s'il avait fallu attendre que les quinze pays soient d'accord pour mettre en œuvre l'Union économique et monétaire, est-ce que l'euro circulerait aujourd'hui dans douze pays membres ?

La leçon qu'il faut tirer de ces exemples – et il y en aurait d'autres – c'est que la porte n'est jamais fermée. C'est ce qu'a fait la Grèce par exemple, en rejoignant les Onze qui avaient démarré l'Union économique et monétaire. A tout moment, ceux qui ne se sont pas engagés peuvent rejoindre ceux qui sont partis avant eux.

Un pavé dans la mare

Craignant que l'élargissement sans autre dimension n'entraîne une dilution de la construction européenne, j'avais proposé au début de l'an 2000 la création d'une avant-garde. Un pavé dans la mare ! L'idée fut reprise ensuite par Joschka Fischer dans son discours à l'université de Humboldt où il expliquait que l'Europe avait besoin d'un centre de gravité.

Si une avant-garde n'est pas possible parce qu'elle implique un accord sur trop d'objectifs – politique étrangère, sécurité, union économique et monétaire –, alors faudra-t-il recourir à des coopérations renforcées, c'est-à-dire à la possibilité pour certains pays d'aller plus loin dans un domaine bien déterminé. Cette formule de coopération renforcée est prévue par les Traités d'Amsterdam et de Nice, mais avec des restrictions et des contraintes telles que, jusqu'à présent, personne ne s'est aventuré à l'invoquer. J'espère que le nouveau traité facilitera cette procédure, démontrant ainsi qu'on se propose de faire avancer l'Europe, et non pas de découper le projet en plusieurs aventures parallèles ou différentes.

C'est à cette condition – et à cette condition seulement – qu'on évitera la dilution du projet européen. Nous garderons ainsi l'espoir. En préparant le chemin de l'unité européenne dans la diversité des nations et des cultures. En mettant une force au service de la paix et du progrès social et en améliorant l'organisation du monde.

23

La France et l'Europe

— Dix ans après votre départ de Bruxelles et à la veille des échéances européennes importantes de 2004, comment appréciez-vous les changements en cours et quel jugement portez-vous sur le rôle que joue aujourd'hui la France ?

— Les échéances sont effectivement importantes : l'approbation du grand élargissement, les élections au Parlement européen et surtout l'adoption d'un nouveau traité qui prendra la forme soit d'un traité constitutionnel, soit d'une constitution. Pour ma part, je m'en tiendrai à la formule de traité constitutionnel qui me paraît correspondre au sentiment de la majorité des dirigeants européens.

— Qu'est-ce qui vous embarrasse dans le mot de constitution tout court ?

— Dans la tentative de mettre au point une « constitution », par référence aux exemples historiques, je vois un côté positif, celui d'associer les citoyens à l'élaboration de règles communes. Mais, d'un autre côté, l'idée même de constitution ne s'applique qu'à des Etats pleinement souverains. Certes, l'Union européenne est fondée sur un partage des souverainetés dans certains domaines, mais aussi sur le maintien de la souveraineté des Etats dans d'autres. C'est la raison pour laquelle je pense que le titre de traité constitutionnel est plus adapté. Il peut paraître bâtard, mais comme ce traité comprend une Charte des droits fondamentaux, il me semble qu'on peut ajouter l'adjectif « constitutionnel ».

— *Et vous pensez que le traité doit être approuvé par référendum ?*
— Dans un pays comme la France, après l'extension récemment donnée par le président de la République au champ du référendum, il serait difficile d'expliquer aux Françaises et aux Français qu'un texte modifiant la répartition des pouvoirs entre l'Union européenne et les Etats nationaux ne sera pas soumis au suffrage populaire. Au moment où divers mouvements agitent notre pays en proie à un certain doute, un débat public sur ce traité constitutionnel me paraît des plus nécessaire.

Quant aux relations entre la France et l'Europe, constatons que la France a profité de la construction européenne pour s'adapter à un monde en profonde mutation, mais que, d'autre part, elle a été et demeure une des inspiratrices de la construction européenne. Revenons donc sur la déjà longue histoire de la France et de l'Europe pour essayer de situer à sa juste place cette aventure européenne.

La France par et pour l'Europe

Grâce au choix européen, la France s'est débarrassée successivement de son malthusianisme et de son protectionnisme. Dès qu'il est revenu au pouvoir, le général de Gaulle, pourtant réservé sur le projet européen qu'il jugeait d'inspiration fédérale, a mis en œuvre le Traité de Rome, l'ouverture des frontières, la politique agricole commune. Il en est résulté pour la France un nouveau bond en termes de croissance et de consolidation du progrès social. Plus tard, en 1983, François Mitterrand s'est trouvé devant un choix difficile. En acceptant que le franc français demeure dans le système européen, il a pris une décision vitale, renonçant ainsi à l'illusion des jeux monétaires, en même temps qu'à l'inflation ennemie d'une croissance durable, génératrice d'inégalité et contraire au progrès social.

Mais ce serait ne dévoiler qu'une des faces de l'histoire si l'on ne rappelait pas que la France a été bien souvent à la tête des avancées européennes. Dans un livre paru en 1999[1], Alain Duhamel parle opportunément d'« ambition française » à propos de la construction européenne. Nos partenaires n'aiment pas beaucoup ce terme, mais je suis persuadé que les Français qui n'ont pas renoncé à ce que la France joue un rôle dans le monde pensent que c'est à travers l'Europe qu'elle peut continuer à exercer ce que certains appellent une vocation universelle.

Bien sûr, l'Europe n'est pas la panacée, mais le patriotisme le plus ancré dans nos traditions n'est pas incompatible avec l'intégration de la France dans l'Europe. Je le dis d'autant plus volontiers que nous sommes en proie à une crise de sinistrose dont la France est coutumière : politiciens, experts, journalistes, se jettent à la figure statistiques et comparaisons internationales pour justifier leur diagnostic. Pour emprunter de nouveau à Alain Duhamel, je dirai que notre pays est dans une période de désarroi.

— Vous ne dites pas déclin mais vous êtes d'accord sur le mot désarroi ?

— Nous avons des raisons de nous inquiéter et donc de nous réformer pour rester fidèles à nos ambitions mais nous avons aussi en nous un patrimoine et des atouts qu'il ne faut pas négliger. Cette sinistrose n'est pas due seulement à une conjoncture économique et sociale difficile, avec le ralentissement de la croissance. Elle est due aussi à une crise politique qui perdure depuis quelques années et qui se traduit par un désenchantement démocratique, un manque de crédibilité de la politique, illustré par un niveau très élevé d'abstentions d'un côté, et par des votes hostiles aux partis démocratiques et parlementaires de l'autre. La présente direction chaotique des affaires du pays n'arrange pas les choses.

— Chaotique ?

— Oui, parce qu'on n'en voit pas la cohérence : aux annonces de réformes qui, inévitablement, font peur, succèdent des déclarations destinées à rassurer ceux qui ont besoin de l'être,

---

1. Alain Duhamel, *Une ambition française*, Plon.

ce qui nous amène au *statu quo*, alors que l'exigence d'une adaptation s'impose à nous. Mais j'en vois bien l'extrême difficulté. Faut-il s'étonner que jusqu'au gouvernement Jospin la France ait changé de majorité tous les trois ans ?

Je perçois bien les résistances au changement. Tout le monde connaît les corporatismes existants mais la question qu'il faut poser est la suivante : qui imaginera le nouveau contrat social qui permettrait de réaliser ces réformes, non pas par à-coups, avec des perdants et des gagnants, mais avec un nouveau contrat qui conduirait la France à s'adapter sans se renier, en s'appuyant sur l'opinion publique, mais aussi sur la négociation sociale ? Il doit être possible d'obtenir un accord sur le diagnostic – vieillissement démographique, accroissement inéluctable des dépenses de santé, marginalisation d'une partie de la population qui ne peut accéder à un emploi stable lui garantissant une vie décente, partage équitable des fruits du progrès économique réalisé ensemble –, et d'en tirer un agenda de réformes à réaliser dans la justice sociale.

– *Cela supposerait un consensus entre la droite et la gauche.*
– On en revient à mes interrogations de décembre 1994. Mais il me semble que le système majoritaire pur et dur que nous connaissons n'est pas de nature à faciliter la recherche de solutions durables et valables. Cela dit, je n'entraînerai pas mes lecteurs dans une longue digression sur le mal français. Ce sera l'objet d'un autre livre. Je rappellerai seulement que, dans mon action militante, j'ai souvent joué les Cassandre, par mon entêtement à plaider pour des réformes profondes permettant à notre pays de réussir une nouvelle donne politique, économique et sociale. Aujourd'hui, je voudrais plaider pour un optimisme de la volonté. Surtout dans ce climat car, si rien n'est jamais acquis, rien n'est jamais perdu. J'ai indiqué les raisons fortes et suffisantes pour confirmer l'orientation européenne de la France et me faire l'avocat d'une union que j'ai souvent décrite comme à la fois puissante et généreuse.

– *Une orientation européenne de la France serait un remède à son désarroi ?*
– Oui, dans la mesure où nous n'avons pas peur. Peur des

autres, mais aussi peur de perdre notre identité et notre patrimoine. L'adhésion active à la construction européenne repose sur la confiance retrouvée, le dynamisme et l'inventivité.

– *Diriez-vous que l'inventivité fait défaut pour l'instant ?*

– Non, je dirais simplement que si nous voulons sortir de ces allers et retours entre des réformes presque réalisées au forceps et des périodes de reflux et de démagogie, il faut imaginer ce nouveau contrat social. Et comme vous posez justement la question – est-il possible d'avoir ce nouveau contrat social sans un contrat citoyen et échapper aux affrontements entre majorité et opposition ? –, je reste fidèle à ma position de toujours. Je ne vois pas de raison d'en changer, même si je concède au réalisme que dans l'opposition, on doit s'opposer, et dans la majorité, on doit approuver ce que fait le gouvernement. Mais cette dichotomie n'est pas toujours bonne et on voit bien que dans les autres pays, y compris en Allemagne fédérale, devant la gravité des problèmes posés, il y a place pour des consensus qui dépassent le clivage entre majorité et opposition.

Certains penseront peut-être en lisant ces propos que c'est naïveté de ma part, mais quand on voit les limites de notre système dichotomique droite contre gauche, on peut quand même se poser la question.

Ce que je souhaite, c'est la France par l'Europe et pour l'Europe. Ne jouons pas les cabris comme disait le général de Gaulle : il est évident que notre devoir est de faire à chaque instant le bilan de cette construction européenne. C'est pourquoi en partant d'un vieux proverbe – l'Union fait la force – j'invite à dresser l'inventaire de ce qui a marché et de ce qui n'a pas marché en Europe.

L'Union fait la force

Ne parlons pas pour l'instant de la politique étrangère de l'Union, mais concentrons-nous sur le terrain où l'Europe s'est faite, la dimension économique et sociale, et reconnaissons que les Européens ont parfois oublié à leurs dépens les mérites de l'union. Deux exemples significatifs ont déjà été cités dans ces

Mémoires : le premier, au début des années soixante-dix, quand la Communauté européenne n'a pas trouvé les forces nécessaires pour relever positivement le double défi constitué par la hausse du prix du pétrole et la dévaluation du dollar, même si la création du Système monétaire européen, dont nous allions tirer les fruits plus tard, allait dans le bon sens. Avec des points de vue différents sur la profondeur de la crise, les dirigeants européens, divisés dans leurs pratiques économiques, n'ont pas été capables de montrer une Communauté européenne unie et dynamique, partant, une capacité de réaction commune à la hauteur de l'événement.

L'autre exemple est celui de mon Livre blanc sur la croissance, la compétitivité et l'emploi, adopté par le Conseil européen en décembre 1993, mais dont les propositions d'action commune sont restées pratiquement lettre morte, faute d'implication de la part de ministres que les chefs de gouvernement n'ont pas cru bon de rappeler à l'ordre. Si bien que j'en reviens toujours à ce constat de l'époque : les Européens avaient fait énormément de progrès grâce au dynamisme du marché unique, mais ils ont sous-estimé la profondeur des transformations qui affectaient le monde, l'émergence de nouveaux pays, la mondialisation déjà là, en même temps qu'une nouvelle révolution scientifique et technologique fondée sur l'électronique et la communication. En réalité, pour reprendre la phrase qui m'a toujours motivé, l'Europe n'avait pas choisi entre la survie et le déclin.

Signalons tout de même par la suite une certaine prise de conscience qui s'est traduite, en l'an 2000, au Conseil européen de Lisbonne lorsque les Quinze ont adopté un plan ambitieux dont le but était de renforcer l'emploi et de modifier les structures économiques, tout en consolidant la cohésion sociale. Faire de l'Europe, disaient-ils, l'économie la plus compétitive du monde. Mais là encore, ils ne s'en sont pas donné les moyens.

Pour être tout à fait complet, on constatera que certains pays ont suivi les recommandations du Livre blanc concernant leur politique domestique. Au regard des progrès réalisés, ils ne peuvent que s'en féliciter. C'est le cas des Pays-Bas, de la Suède, du

Danemark et même, dans une certaine mesure, de la Grande-Bretagne et de l'Espagne.

Certains avaient commencé avant le Livre blanc : les Pays-Bas avaient conclu un contrat national de l'emploi en 1982, au terme duquel les forces économiques et sociales se mettaient d'accord pour maintenir l'Etat providence, mais en le débarrassant de sa mauvaise graisse et de tout ce qui faisait obstacle au dynamisme économique comme à la création d'emplois. Ils y ont réussi, même si la conjoncture présente ne leur est pas favorable, ce qui est une autre histoire. Chez tous ceux qui ont progressé, il y a à la base un consensus social, soit traditionnel soit nouvellement apparu..

– *Chez les Anglais, c'était nouveau.*

– Les Anglais, après la période thatchérienne, ont voulu donner une inflexion nouvelle, en ramenant au pouvoir le parti travailliste qui a réussi à s'y maintenir plus longtemps que de coutume. On peut discuter sur la troisième voie, mais constatons que Tony Blair a réussi à donner un coup de pied dans la fourmilière et qu'aujourd'hui, la Grande-Bretagne est proche du plein emploi, même si il y a encore beaucoup à faire, en particulier en ce qui concerne la lutte contre la pauvreté et l'amélioration des services publics.

Dans son ensemble, l'Europe tergiverse et, pour tout dire, n'a pas changé de vitesse. Le nez collé sur la vitrine du très court terme, certains pays ont perdu jusqu'au sens d'un projet pour leur pays, pour la société et pour l'Europe.

Au-delà des prises de conscience nécessaires, il s'agit, dans mon triptyque compétition, coopération, solidarité, de dénoncer le maillon faible de la construction européenne, si on veut y porter remède. Ce maillon faible, c'est la coopération et je voudrais en donner trois illustrations : la concurrence et la politique industrielle, la maîtrise des mutations technologiques et les réseaux d'infrastructure.

En ce qui concerne la concurrence et la politique industrielle, notons d'abord que le respect des règles de la concurrence, le refus des distorsions par le recours aux aides d'Etat sont des éléments clés pour le fonctionnement du marché unique, si l'on veut qu'il rapporte les fruits escomptés. Comme l'a très bien dit le président de la Commission, Romano Prodi, lorsqu'il n'y a pas d'autorité politique pour trancher, il faut des règles. Mais ces règles sont parfois à la limite du compréhensible, qu'il s'agisse des règles de la concurrence ou du fameux pacte de stabilité pour l'Union économique et monétaire.

Faire des champions industriels

Lorsque j'étais président de la Commission, et tout en incitant au respect de ces règles, j'ai dû me battre contre les excès de ceux qui étaient chargés de la politique de la concurrence. J'ai le souvenir de quelques affrontements assez durs car, s'il est vrai que la compétition est faite pour assurer la prospérité de l'économie européenne, cette prospérité suppose aussi que, dans le monde tel qu'il est, des ensembles industriels européens puissent rivaliser avec leurs concurrents et nous apporter les fruits de leur dynamisme et de leur compétitivité.

Je me rappelle la dure bataille que j'ai dû mener à propos d'Air France. C'était en 1993-1994, Air France était dans une situation d'autant plus difficile que la compagnie, à la suite de la première guerre du Golfe, payait les conséquences d'une diminution du trafic aérien international. Il est vrai aussi que l'entreprise n'était pas gérée au mieux.

Beaucoup de mes collègues pensaient que la facture – une recapitalisation d'Air France à hauteur de vingt milliards de francs – était inacceptable. Après des mois de discussions, une première crise sociale et un changement à la tête d'Air France, j'ai dû me fâcher pour convaincre la Commission que si nous refusions ce programme, c'était la fin d'un des champions du transport aérien européen et que nous irions contre l'esprit qui nous avait guidés pour aider d'autres compagnies aériennes avant Air France. Par ailleurs, si on mettait des conditions trop rigoureuses, notamment en ce qui concerne la dimension de la flotte aérienne ou la vente de certains actifs, on ne permettait pas à la compagnie française de tenter sa chance pour gagner cette bataille de l'adaptation.

Le commissaire à la concurrence était très sévère – c'était sir Leon Brittan – mais d'autres collègues étaient, eux aussi, très fermes. Il a fallu que j'aille jusqu'à l'incident de séance et que je quitte la réunion, pour revenir ensuite et obtenir un vote favorable : 11 voix pour, 2 contre et 1 abstention. Aujourd'hui, Air France, grâce à cette décision et à une gestion assez remarquable, est devenue une des premières compagnies mondiales.

Que serait la France, que serait l'Europe sans ces champions ? Si je rappelle cet épisode, c'est pour convaincre les sceptiques ou ceux qui seraient hostiles à mes arguments à cause d'affaires récentes, comme celle d'Alstom, et leur rappeler que l'Europe est un jeu à somme positive, mais où on ne gagne pas à tous les coups.

A la Commission aussi de faire attention. Plusieurs de ses décisions sur la concurrence n'ont-elles pas été annulées par la Cour de Justice ? Notamment celle qui concernait le mariage de Schneider et de Legrand, une opération à laquelle, en tant que citoyen et spécialiste, j'étais favorable. Mais l'idée même de politique industrielle n'est toujours pas admise par certains pays qui y voient la main du dirigisme ou des aides d'Etat abusives. Pourtant, ne fait-on pas de la politique industrielle en appliquant raisonnablement les règles de la concurrence et en se préoccupant de l'avenir ? C'est une forme de politique industrielle. Encore faut-il que l'Europe ait ses champions !

La fuite des cerveaux

Ma deuxième illustration concerne la maîtrise des mutations technologiques, qui était le thème le plus alarmiste de mon Livre blanc. Lorsqu'on voit les avancées en matière de recherche et de technologie aux Etats-Unis, les nouvelles possibilités offertes par cette troisième révolution industrielle, la fuite des cerveaux et des cadres européens en Amérique, on conviendra qu'il faut absolument trouver, au niveau européen, non pas les moyens d'une grande programmation détaillée, mais les impulsions publiques et les coopérations intereuropéennes qui nous permettraient de rattraper notre retard.

— A quoi est due cette fuite des cerveaux ? C'est une nouveauté ?

– Aux Etats-Unis, notamment en Californie, qu'il s'agisse d'Européens ou d'Asiatiques, il y a une sorte de concentration des cerveaux et des têtes bien faites ou inventives. Chez nous, cela commence avec les étudiants qui considèrent, à tort ou à raison, que les études universitaires ne sont pas assez bonnes ou assez compétitives en Europe. Ils vont aux Etats-Unis et souvent ils y restent.

Il ne s'agit pas de faire une politique européenne des universités, mais d'avoir une concertation entre universités européennes qui nous permette d'obtenir les mêmes résultats que les universités américaines. Dans certains domaines, nous les avons déjà – il ne faut pas non plus se sous-estimer systématiquement – et j'aime bien la formule de Francis Mer, le ministre de l'Economie et des Finances, lorsqu'il dit : « Il faudrait faire des Airbus universitaires. »

– *A votre sens, le remède ne peut être qu'européen ?*
– En matière de recherche et d'innovation, il ne s'agit pas d'envisager une sorte de programmation. Il faut, bien entendu, accroître les ressources nationales qui leur sont attribuées et ouvrir les voies d'une coopération étroite entre les centres de recherches publics et privés en privilégiant l'excellence. Il reste à inventer la douce gouvernance pour y arriver. Pendant mes dix ans de Bruxelles – je bats ma coulpe – je n'ai pas abouti dans ce domaine à des résultats satisfaisants.

– *L'exemple de Galileo, le programme de repérage par satellites, est révélateur du temps qu'il faut pour convaincre les Européens.*
– C'est une grande victoire de la Commission européenne qui a réussi à convaincre les pays membres à force de patience et d'arguments. Comme pour le Livre blanc, l'obstacle, c'était le financement. Pour Galileo, l'accord financier a été difficile à obtenir, mais il est là.

– *N'oublions pas non plus l'opposition américaine.*
– Bien sûr : avec la nouvelle administration américaine, les pressions sont encore plus fortes qu'avant. De mon côté, je les avais ressenties durement sur le plan du commerce, celui des

disputes commerciales avec les Etats-Unis. Mais maintenant, on sent une volonté systématique d'affaiblir l'Europe.

Le placard de l'oubli

Enfin, un dernier exemple qui est d'actualité : avec le programme d'infrastructures adopté par le Conseil européen – et déjà inscrit dans mon Livre blanc –, un espoir renaît. La Commission a élaboré de nouveaux programmes à l'appui des propositions franco-allemandes et des initiatives de la présidence italienne. Mais au Conseil européen d'octobre 2003, les chefs de gouvernement n'ont pas réussi à se mettre d'accord sur la liste des opérations à mener en priorité. C'est un épisode classique de l'histoire européenne qui se termine, soit par un compromis laborieux, avec une perte dommageable de temps, soit par le rangement du dossier dans le placard de l'oubli. Sans parler du financement qui lui, risque de buter comme toujours sur la conception que l'on a de l'apport des finances privées, et surtout sur la capacité d'emprunter de l'Union européenne, un des points essentiels de ma dispute avec les pays membres, notamment avec leurs ministres des Finances, en 1993 et en 1994.

Voilà trois illustrations parmi d'autres des difficultés qu'ont les Etats membres à coopérer, étant entendu que coopération ne veut pas dire intégration, mais simplement coordination. Faute d'une coopération substantielle, l'Union européenne n'arrive pas à produire cette précieuse valeur ajoutée que devrait lui procurer l'union.

– *Qui peut être le gardien de cette coopération, sinon la Commission ?*

– La Commission peut proposer et stimuler la coopération, mais elle ne peut recourir à des moyens contraignants dans la mesure où il ne s'agit pas de règles de droit, comme celles des aides d'Etat, ou de la concurrence, ou encore du Pacte de stabilité. Il s'agit plutôt d'un état d'esprit, de bonnes propositions, à la fois sur les plans technique et financier, d'un comportement différent à l'égard des entreprises et des centres de recherches, qui ne tombe pas dans une politique d'aide au coup par coup, mais amène les centres d'excellence à coopérer entre eux. Ce sont deux voies différentes. C'est la qualité des propositions, la capacité de convaincre les gouvernements, l'intérêt que susciteraient de telles initiatives auprès des chercheurs ou des entreprises, qui en feront le succès ou l'échec.

Le test de l'UEM

J'insiste sur ce chaînon faible qu'est la coopération, sans oublier l'autre volet qui me soucie, l'impératif de solidarité. Pour moi, la crédibilité de l'Union européenne reste liée à la réussite de l'Union économique et monétaire.

J'ai déjà signalé mon combat pour un rééquilibrage de l'économie et de la monnaie, mais j'insiste : si l'Union économique et monétaire était un plein succès, même les réticences de ceux qui considèrent que l'Europe n'est pas assez sociale tomberaient. Parce que nous aurions réussi à créer un ensemble dynamique sur le plan économique, comme sur le plan social.

Dans ce domaine, les travaux de la Convention et de son groupe spécialisé m'ont déçu car ils ont montré les divergences entre les pays, ainsi que les blocages importants. La Convention propose de reconnaître dans un protocole l'existence de l'Eurogroupe que formeraient les ministres de l'Economie et des Finances de la zone euro et qui serait doté d'un président élu pour deux ans et demi, facteur de continuité et d'une certaine cohérence. Cet Eurogroupe déciderait seul, sans la participation des autres pays de l'Union, des orientations de politique économique de la zone euro. Mais pour atteindre une réelle coordination des politiques économiques, rien n'est changé. Concrètement, la Commission n'a pas reçu le pouvoir de contraindre les pays de l'euro, comme elle en a les moyens dans d'autres domaines de la vie communautaire.

Il reste donc à se battre pour fonder les bases d'une véritable union économique institutionnelle car il est vital de faire de l'UEM la première coopération renforcée, c'est-à-dire de lui donner la possibilité juridique d'aller de l'avant, tout en restant ouverte aux pays qui voudraient et qui pourraient adhérer ultérieurement. Quant au contenu lui-même, il y a quatre axes à privilégier, étant entendu que le Pacte de stabilité ne peut être remis en cause sans affaiblir la crédibilité de l'UEM et sans susciter une grave crise entre les pays membres.

– Tout d'abord, la coordination des politiques économiques se ferait sur la base des propositions de la Commission, destinées à maximiser la croissance durant les cycles porteurs et limiter les reculs pendant les phases dépressives afin d'écarter les risques liés aux phénomènes d'asymétrie. C'est dire que l'UEM doit veiller à ce que l'évolution des économies ne soit pas trop dissemblable, sous peine de rendre impossible toute politique monétaire de la part de la Banque centrale européenne.

– Je souhaite également la création d'un Fonds européen de régulation conjoncturelle, alimenté durant les années de vaches grasses et soutenant l'activité en période de vaches maigres. Il ne s'agit pas de promettre à ceux qui auraient fait des bêtises que l'Europe viendra à leur secours de manière automatique mais, dans les périodes de dépression dues à des éléments externes, comme la conjoncture internationale, plus précisément la conjoncture américaine, il s'agit de donner un coup d'accélérateur qui restitue des forces à l'économie. Mais attention ! Si pendant les périodes de vaches grasses vous n'avez pas réduit votre déficit budgétaire et vous avez continué à emprunter, vos marges de manœuvre seront nulles lorsque surviendra la dépression.

– Troisième élément : une harmonisation minimale de la fiscalité à l'intérieur de l'Union économique. D'abord parce que le dumping social et fiscal ne sera jamais compatible avec ma conception d'une concurrence saine entre les pays. Les deux impôts concernés pour aller jusqu'à l'harmonisation – et pas simplement le rapprochement – sont d'une part l'impôt sur le revenu des valeurs mobilières et autres placements – un domaine où les avancées sont restées insuffisantes –, de l'autre l'impôt sur les sociétés.

Quand je parle d'harmoniser l'impôt sur les sociétés, je ne vise pas seulement son taux, mais les conditions mêmes d'établissement du bénéfice fiscal, notamment le régime des provisions des amortissements et autres.

– Enfin, dernier élément pour faire progresser l'Union économique et monétaire, une stratégie commune de l'emploi. Je ne vais pas être en contradiction avec moi-même et ne pas répéter que la politique de l'emploi se joue essentiellement au niveau national et local. Cela étant, quelques actions concertées au niveau européen seraient les bienvenues pour améliorer le fonctionnement du marché du travail national et européen, remédier à ses faiblesses et aux distorsions, développer enfin l'aide aux jeunes et aux chômeurs qui veulent intégrer le monde du travail. Ne nous contentons pas d'échanger nos expériences réussies au plan national. C'est utile, mais il s'agit d'aller plus loin, sans se répandre en rapports volumineux et peu utiles qui prennent leurs souhaits pour des réalités.

— *Voilà qui faisait déjà partie de la stratégie de Lisbonne ?*
— Oui, mais sous la forme de la méthode dite ouverte de coordination qui a montré ses limites. Cela veut dire que s'il n'y a pas quelques actions sélectives pour lesquelles les gouvernements s'engagent à coopérer davantage entre eux, et prêtent attention à des propositions assez solennelles de la Commission, on n'avance pas.

Il faut donc que la Commission puisse proposer et les pays membres accepter une forme de contrainte. Dans ce domaine, je demeure donc très audacieux, certains diront même irréaliste, mais il me semble que l'euro, pour l'instant, ne joue qu'un rôle protecteur et n'est pas un facteur de dynamisme. Il va jusqu'à protéger les Etats membres qui font des bêtises. Paradoxe !

Si on veut convaincre les citoyens que l'Europe n'est pas un facteur d'uniformisation des acquis sociaux par le bas, l'Union économique et monétaire doit être le cadre dans lequel on administre cette preuve. A ce moment-là, en conscience, il sera plus facile pour les pro-européens comme moi de convaincre les gens de la base souffrant d'une évolution économique qui ne leur est pas favorable : jeunes qui ne peuvent pas entrer sur le marché du travail, travailleurs dits « âgés » que l'on met à l'écart, travailleurs « pauvres » qui n'ont pas un emploi stable et rémunérateur, sans parler d'autres insuffisances de notre politique de l'emploi.

Il est tout de même étonnant de voir les leçons de conduite

que prodiguent certains au nom de la rationalité économique quand on sait qu'aujourd'hui, dans notre pays, le service accordé à celui qui cherche un emploi n'a pas la même qualité que celui qu'il trouvera s'il s'adresse à son banquier, à son assureur ou à un grand magasin. Je trouve qu'il y a une contradiction très grande de la part de trop faciles donneurs de leçons.

Par moments, les militants européens les plus convaincus, à commencer par moi-même, ont des doutes, et surtout s'indignent de voir que les vœux pieux, les effets d'annonce sont ambitieux alors que les réalités sont bien différentes. J'ai toujours pensé que patience et longueur de temps valent mieux que vœux pieux et engagements vagues ou irréalistes.

Et l'Europe politique ?

Si on considère que le verre n'est pas vide, sinon à moitié plein, on reconnaîtra que, dans un monde de bruit et de fureur, de menaces terroristes s'ajoutant aux antagonismes séculaires, la construction européenne est la seule réussite pacifique d'envergure. Il existe donc une stratégie de la paix qui ne peut pas réussir dans tous les cas, mais qui a fait ses preuves pour l'Union elle-même, ainsi que dans des situations bien précises, comme en Irlande du Nord et dans certains territoires de l'ex-Yougoslavie, notamment en Bosnie et en Macédoine, après nos énormes échecs des années 1991 à 1994.

Aux gens pressés, je dirai : ne gâchons pas ce capital. Et j'inviterai ceux qui n'en sont pas convaincus à regarder à la télévision une de ces émissions sur l'évolution du monde depuis la Première Guerre mondiale. Avons-nous oublié que le Japon, l'Allemagne nazie et l'Italie s'étaient réunis à Berlin en 1940, si ma mémoire est bonne, pour y conclure un pacte d'alliance et d'agression contre le monde entier ? C'est à ce moment-là que l'opinion américaine s'est inquiétée pour sa propre sécurité et a commencé à bouger pour venir en aide aux Européens, y compris par l'engagement de forces militaires. Ce qui prouve, entre parenthèses, que les Etats-Unis sont une grande démocratie.

– *Aujourd'hui, comment les Etats-Unis voient-ils l'Europe ?*

– Ma propre expérience m'incite à penser que les Américains, au cours du dernier demi-siècle, ont été tantôt très favorables à la construction européenne, tantôt très sceptiques sur son succès ou sur son devenir. On ne peut donc pas opposer sommairement l'administration du président Bush et les précédentes. De même ont-ils toujours oscillé entre la considération prioritaire de leurs propres intérêts d'un côté et le devoir d'intervenir dans les affaires du monde de l'autre.

On peut ajouter que, bien avant George W. Bush et son administration, les critiques n'ont pas manqué de la part de certains présidents américains à l'endroit des Nations unies. Avec la nouvelle administration, on assiste à l'exaspération d'un sentiment familier à l'Amérique, qui veut que ce peuple ait été fait pour la liberté, la démocratie et la paix et – pourquoi pas ? – pour les faire régner dans le monde entier.

Il est vrai qu'avec cette administration et avec les théories de son secrétaire à la Défense comme de plusieurs de ses collaborateurs, nous sommes confrontés à une politique agressive et, au surplus, méprisante pour les Européens. Ce courant n'est pas entièrement nouveau. J'en avais déjà vu les manifestations, mais limitées, du temps du président Reagan, très atténuées, à l'époque du président George Bush et plutôt dans l'opposition, sous la présidence de Clinton. Mais le choc des événements du 11 septembre 2001 aidant, les Etats-Unis en sont là.

Un redoutable manichéisme

Bien entendu, les mots ont beaucoup d'importance. Les Américains pensent que la multipolarité dont parlent certains Européens attise les rivalités et la compétition entre des valeurs différentes, et qu'elle est donc nuisible au camp occidental de la liberté. Mais ils ne peuvent tenir la même position lorsqu'on leur parle d'un monde pluraliste, en insistant sur la nécessité, l'obligation même morale, d'accepter cette diversité, même si nous sommes d'accord avec eux pour faire progresser la démocratie.

Certains affirment que les Etats-Unis veulent mener sans

contrainte des actions destinées à défendre les valeurs de portée universelle. A la limite, cela prend la forme d'un redoutable manichéisme entre le Bien et le Mal, ou de confusion entre la religion et la politique. C'est un danger contre lequel il faut lutter, mais en évitant de donner des leçons et en essayant de convaincre.

D'un autre côté, on décrit les Européens comme des partisans de ce qu'on appelle le *soft power* : la défense des organisations et des lois internationales et l'affirmation de la diversité des valeurs, pour eux, le principe même de la démocratie et du pluralisme.

Il y a une part de vrai dans cette opposition, mais attention à ne pas la conforter et donner du même coup des armes aux Etats-Unis en s'installant dans une confrontation permanente. Certes, il faut rappeler nos réserves, voire notre ferme opposition en ce qui concerne une conception manichéenne du monde. Il faut se demander si les Etats-Unis cherchent vraiment à conforter l'Alliance atlantique ou bien s'ils ont besoin d'alliés au gré des circonstances, ce qui n'est pas la même chose. Selon le problème qu'ils ont à résoudre, ou la guerre qu'ils mènent, faut-il les laisser puiser dans le monde entier des appuis pour justifier leur attitude et les aider financièrement ou militairement ? S'ils veulent vraiment d'une alliance, qu'ils clarifient eux aussi leurs positions !

Actuellement, les Américains menacent périodiquement les Européens lorsque ceux-ci parlent de créer une force de défense à côté de l'Alliance atlantique et de l'Organisation du Traité de l'Atlantique Nord. Posons-leur la question : quel contenu donnent-ils aujourd'hui à cette alliance ? Si un membre de l'Alliance était attaqué, ils interviendraient, mais l'Alliance peut-elle n'être que cela ? Dans des termes réalistes, nous avons intérêt à poser la question des fins et des moyens de l'Alliance atlantique. Mais en renonçant à la confrontation publique.

Je souhaite donc que soit relancée la discussion sur les finalités de l'Alliance et sur les domaines dans lesquels le « camp de la liberté », comme les Américains l'appellent, pourrait donner l'exemple. Je pense aux interventions humanitaires dont l'Union européenne s'est faite le champion, à la lutte contre les

armes de destruction massive, enfin au commerce international puisque, compte tenu de l'échec récent de l'Organisation
mondiale du commerce à Cancún, nous devons chercher ce
qui permettrait de transformer un accord sur le commerce en
un agenda pour le développement utile concernant tous les
pays.

Voilà quelques sujets – je n'évoque pas pour l'instant la
réforme des institutions internationales – sur lesquels les Européens, qui ont beaucoup de points communs, auraient intérêt
à entrer en dialogue avec les Etats-Unis, en ne se contentant
pas de répliquer à des critiques ou à des attaques.

J'en viens au double problème des nouveaux adhérents et de
la Grande-Bretagne dont le rôle stratégique est incontesté.

En ce qui concerne les pays du centre et de l'est de l'Europe,
il n'est pas inutile de rappeler leur opposition, plus ou moins
fondée, à l'idée de confédération de François Mitterrand, et
de m'insurger contre ceux qui interprètent aujourd'hui l'initiative du président de la République comme un moyen détourné
pour retarder l'élargissement. Non, Mitterrand avait seulement
compris qu'il fallait un geste politique et fraternel pour cimenter
l'âme de l'Europe. Il est vrai, comme je l'ai déjà raconté dans
ces Mémoires, qu'en insérant la Russie dans cette future confédération et en ignorant les Etats-Unis, il avait offert les verges
pour se faire fouetter.

Les Français doivent comprendre que ces Européens du
Centre et de l'Est sont depuis toujours euro-atlantistes. Chaque
fois qu'on leur donne l'impression qu'ils doivent choisir entre
l'Europe et les Etats-Unis, ils refusent. Avec de bonnes raisons
qui tiennent à leur passé, à ce qu'ils ont souffert, à ce qui les a
soutenus dans les années sombres, à ce qui était la lumière, la
petite lumière de la liberté.

En ce qui concerne la Grande-Bretagne, là non plus nous ne
pouvons pas nous limiter à des agacements et je tiens à citer
une remarque de l'essayiste britannique Timothy Garton Ash[1],
qui donne à réfléchir : « Plus encore que pour les Polonais et
pour les Tchèques, dit-il, nous demander de choisir entre

---

1. Voir la revue *Esprit* d'octobre 2003.

l'Europe et les Etats-Unis c'est nous demander de nous couper un bras ou une jambe. »

Depuis que la Grande-Bretagne a rejoint l'Europe, ses positions, son attitude et ses refus s'expliquent, en partie au moins, par cette position particulière. Devant le ballet des pas en avant et des pas en arrière des dirigeants anglais, nous en sommes réduits à des supputations. Lorsque Tony Blair et Jacques Chirac se rencontrent à Saint-Malo pour ouvrir des perspectives à une Europe de la défense, nous nous réjouissons. Deux ans plus tard, nous nous disons surpris par les choix britanniques dans l'affaire irakienne, quoiqu'ils soient dans le droit fil de cette situation spécifique.

L'Europe de la défense

Il faudra tout de même clarifier les choses. Nous sommes actuellement en pleine discussion sur ce que pourrait être l'Europe de la défense. La Convention a prévu une « coopération structurée » – encore du volapük ! – et certains pays qui veulent une coopération intense en matière de défense, et qui s'en donnent les moyens sur le plan national, insistent sur cette coopération dite structurée. La proposition a été présentée à la Convention de concert par l'Allemagne et la France, par la voix de leurs ministres des Affaires étrangères. Très contesté, ce projet a subi les offensives de l'Espagne et de la Pologne qui ne veulent pas le voir figurer dans le traité constitutionnel, et encore moins la liste des pays qui en feraient partie. Malgré les attaques américaines, Tony Blair affirme qu'il est normal – ce sera un progrès s'il le confirme – que l'Union européenne dispose de sa propre force d'intervention. N'est-ce pas déjà le cas puisque ce sont les Européens qui assument en Macédoine la mission de paix dont les Américains n'ont pas voulu se charger ? Sur ce terrain, Tony Blair se sent pour l'instant plus à l'aise que sur celui de l'Union économique et monétaire où il hésite à consulter ses concitoyens par référendum.

En tout cas, tout le monde a reconnu, y compris le président de la République française, qu'on ne pouvait pas faire une Europe de la défense sans la Grande-Bretagne. Aux Français et aux Allemands, à présent, de convaincre Tony Blair en lui expliquant qu'il ne s'agit pas d'affaiblir l'Alliance atlantique.

Demeurons calmes et déterminés dans notre attitude, en nous appuyant sur des propositions précises présentées aux Américains qui ne se privent pas de tancer les uns et les autres, y compris les Anglais, au gré de leurs intérêts. Pour ma part, j'approuve le politologue Pierre Hassner lorsqu'il dit : « Avec les Etats-Unis, il faut écarter la tentation du divorce. »

Bien entendu, une partie de la solution repose sur la bonne entente de ce qu'on appelle le couple franco-allemand. Après des années d'interrogations inquiètes, nous constatons que les relations personnelles entre les deux chefs, Jacques Chirac et Gerhardt Schröder, sont bonnes. On ne peut que s'en réjouir en se rappelant l'importance de cette équation dans l'histoire de la Communauté, avec de Gaulle-Adenauer, Giscard-Schmidt et Mitterrand-Kohl. C'est important mais cela ne suffit pas. Encore faut-il que l'Allemagne et la France convergent sur d'autres points que sur les institutions.

Il reste beaucoup à faire pour rapprocher nos conceptions et nos positions. En ayant éprouvé moi-même les aspérités, je ne suis pas sûr que les Allemands soient d'accord avec ma façon de voir l'Union économique et monétaire. Ils restent sur une position très dogmatique fondée sur l'indépendance de la Banque centrale et sur un réflexe de méfiance qui assimile la France à la planification et à l'intervention de l'Etat. Et cela m'inquiète. C'est pourquoi je continue à voir dans l'Union économique et monétaire le véritable test de la crédibilité d'une construction européenne.

J'ai signalé trois possibilités de dialogue avec les Etats-Unis, mais il ne faudrait pas que, en nous concentrant sur cette dimension vitale de notre avenir, nous négligions le reste du monde. Je plaide afin que l'Union européenne fasse des propositions pour aménager les organisations internationales, qu'il s'agisse d'institutions politiques comme l'Organisation des Nations unies, ou économiques, comme l'Organisation mondiale du commerce, le Fonds monétaire et la Banque mondiale, notre objectif étant de trouver un cadre, des règles et des institutions aptes à maîtriser la mondialisation. Je ne rappellerai que pour mémoire ma proposition d'apprentissage de ce nouvel ordre économique et social que constituerait un Conseil de sécurité économique.

Des institutions et des hommes

Les Européens ont trois grands chantiers devant eux : assurer l'efficacité et la crédibilité économique et sociale, construire une Europe qui ait de l'influence dans le monde et se doter pour cela des institutions qui facilitent la décision et l'action.

Dans cette perspective, le traité en chantier, que j'ai baptisé « traité constitutionnel », a été préparé par une Convention composée de députés, européens et nationaux, de représentants des gouvernements et de deux membres de la Commission européenne. Cette instance nouvelle a regroupé les quinze pays membres, les dix qui vont rejoindre l'Union le 1er mai 2004, ainsi que la Bulgarie, la Roumanie et la Turquie.

Personne ne conteste que cette Convention a fait avancer l'Europe en la dotant d'une personnalité juridique, en insérant la Charte des droits fondamentaux dans le texte, avec des valeurs qui incarnent le modèle européen, en renforçant les dispositions relatives à la sécurité des citoyens, en simplifiant les procédures et les instruments de l'Union, en donnant à la subsidiarité un contenu plus pratique, impliquant – ce qui est important – l'intervention des Parlements nationaux. Avec des modalités de vote au Conseil simplifiées, les lois et autres décisions relèveraient de la majorité simple des Etats, à condition que ceux-ci représentent 60 % de la population de l'Union. Ces propositions ont été transmises aux mandataires autorisés des Etats membres, réunis dans une conférence intergouvernementale seule habilitée à présenter un traité qui requiert, je le rappelle, l'unanimité.

Je n'ai qu'un seul regret, c'est que la Convention n'ait pas pris en considération le rapport Pénélope établi, à la demande du président Prodi, par un groupe de fonctionnaires de la Commission, tous de remarquables experts, animés par François Lamoureux dont j'ai évoqué la contribution essentielle à la préparation de l'Acte unique adopté en décembre 1985 par le Conseil européen.

Que s'est-il passé au juste ? Le document a-t-il été remis trop tardivement à la Convention ? Prodi a-t-il eu le tort de le divulguer en même temps qu'un texte de réflexion de la Commission européenne sur les travaux de la Convention, ce qui pouvait apparaître comme une leçon donnée à celle-ci ? La susceptibilité des uns et des autres l'a-t-elle emporté sur le bon sens qui voulait que ce texte soit utilisé pour ce qu'il était : un très utile document de travail établi avec rigueur et souci d'alléger et de simplifier les textes ? Toujours est-il que le travail de François Lamoureux et de ses collègues demeure pour moi une source de réflexion et une référence pour rester dans les « clous » de l'orthodoxie institutionnelle.

Pour bien comprendre les débats entre les gouvernements, il faut rappeler que le texte de la Convention, dont j'ai souligné très succinctement les avantages, résulte d'un compromis. Il en aurait été de même si la révision des traités avait été le monopole d'une conférence intergouvernementale. La sagesse commande donc d'en tenir compte.

Bien sûr, en oubliant un instant la Convention et en essayant de formuler quelques orientations complémentaires de celles exprimées dans les chapitres précédents, je constate un accord quasi unanime pour une philosophie des institutions fondée sur le compromis indispensable entre l'Europe des citoyens d'un côté et l'Europe des Etats de l'autre. De la première, ressortit la méthode communautaire, avec le renforcement des pouvoirs du Parlement européen, le maintien du droit d'initiative de la Commission et la confirmation de ses pouvoirs. De la seconde, est tirée une nouvelle organisation du Conseil européen – autrement dit du sommet des chefs de gouvernement – avec un président stable élu par le Conseil, un ministre des Affaires étrangères coiffé d'une double casquette, à la fois membre du Conseil et vice-président de la Commission, et un Conseil des ministres rationalisé dans la mesure du possible.

Trois questions

Pour en revenir aux propositions institutionnelles de la Convention, je me pose trois questions qui demeureront valables même après l'adoption du Traité constitutionnel par la Conférence intergouvernementale :

1. Le président stable du Conseil européen saura-t-il se limiter à faciliter les délibérations du Conseil et à exercer sa partie de représentation extérieure de l'Union ? C'est ainsi qu'il a été conçu, de façon à éviter les inconvénients du système actuel de rotation semestrielle. Mais chacun voit bien que si ce président ne restait pas fidèle à l'esprit que je viens d'indiquer, il entrerait en compétition quasi journalière avec la Commission et son président. S'il en était ainsi, au lieu d'avoir simplifié le système, on l'aurait compliqué et on aurait rendu plus difficile la préparation de la décision, la décision elle-même et l'action qui suivrait. Je maintiens que pour moi, la préparation des orientations du Conseil européen ne peut venir que d'une coopération entre les deux institutions que sont, d'un côté, la Commission, de l'autre, le Conseil des ministres, en l'occurrence celui des Affaires générales. C'est ainsi que nous avions procédé lorsque j'étais à la Commission. Les chefs de gouvernement n'avaient qu'à s'en féliciter parce qu'ils avaient devant eux un ordre du jour clair, réaliste, avec des documents courts leur facilitant une discussion politique sur les grandes orientations.

2. Dans l'état actuel des politiques étrangères des Etats membres, le ministre des Affaires étrangères apportera-t-il une plus-value ? Qu'en résultera-t-il pour le travail de la Commission où il est chargé de coordonner les actions extérieures ? Si l'on accepte mon état des lieux en ce qui concerne les positions en matière de politique étrangère et de sécurité, on peut s'interroger sur l'utilité d'un tel ministre. Tout au long de ces vingt dernières années, on a vu que les pays n'avaient pas les mêmes positions sur les problèmes de politique étrangère, ni les mêmes traditions, ni les mêmes usages diplomatiques. Par conséquent, on ne peut progresser que par des actions communes clairement définies, pour lesquelles un consensus est possible. Ne va-t-on pas trop vite en désignant un ministre des Affaires étrangères ? Quel sera son poids réel par rapport aux ministres des pays concernés ? Il me semble que Javier Solana, qui était simplement « M. PESC[1] », a fait du bon travail. Il a su s'effacer

---

1. Monsieur Politique étrangère et de sécurité commune.

lorsqu'il sentait que les divisions entre pays rendaient son intervention inutile, mais il a manifesté une grande présence, il a été un bon appui pour le Conseil des Affaires étrangères et il a souvent sauvé les meubles.

3. En face de cette trilogie de grands personnages, que seront le président du Conseil européen, le ministre des Affaires étrangères et le président de la Commission, cette dernière aura-t-elle les moyens de faire prospérer la méthode communautaire ? En tant qu'ancien président de la Commission, ayant eu à me battre constamment pour en faire respecter les pouvoirs, sans jamais en demander de nouveaux, le lecteur comprendra que j'exprime quelques doutes. On les admettra d'autant plus facilement que, dans les chapitres précédents, j'ai expliqué l'intérêt de la méthode communautaire, sans prétendre lui faire régler pour autant tous les problèmes de l'Europe.

J'ai toujours pensé qu'en matière de politique étrangère et de défense, l'initiative viendrait d'ailleurs et que les institutions créées seraient plutôt d'inspiration intergouvernementale et non communautaire. Cette réserve rappelée, il n'en demeure pas moins que la méthode communautaire est la seule qui puisse faire fonctionner valablement l'espace économique et social européen et que la Commission peut aider à la solution des problèmes liés à la sécurité des personnes, ou encore apporter le poids de son expérience, ainsi que les atouts économiques et financiers de l'Europe, pour appuyer des actions communes de politique étrangère.

Les réponses à ces questions dépendront aussi des hommes et des femmes qui seront en charge de ces institutions. Une Union comme celle des pays européens ne peut pas vivre sans des règles acceptées. Les institutions sont chargées de les faire respecter et de provoquer les avancées nécessaires. Mais, pour indispensables qu'elles soient, elles ne peuvent pas faire de miracle si l'esprit européen fait défaut, en particulier chez les détenteurs des principaux pouvoirs.

Or cet esprit européen a plus ou moins soufflé depuis cinquante ans. Parfois il était même absent ou occulté. Il a besoin d'être réanimé, nul ne le conteste. La nouvelle frontière des élargissements nous y pousse. La volonté de ne pas payer ceux-ci d'une dilution de nos mécanismes communautaires doit être forte, très forte, en cette période où le désenchantement démocratique vient s'ajouter au piétinement des politiques appelées à réaliser les ambitions de l'Europe : la prospérité synonyme de solidarité, le dialogue social et la participation des citoyens, le modèle européen maintenu au prix des adaptations nécessaires, la mise en œuvre d'un modèle de développement durable respectueux des temps de l'homme et des exigences de la nature, sans oublier nos devoirs envers le monde, ce qui implique puissance, influence et générosité. Tel était le contrat de mariage inspiré par les fondateurs de l'Europe. Ils ont fait avancer l'Union parce qu'ils avaient en eux-mêmes la vision de l'avenir, le cœur européen et le pragmatisme dans l'exécution. Que ceux qui nous dirigent et nous dirigeront demain se le rappellent avec humilité, et qu'ils y puisent l'audace et le réalisme d'authentiques bâtisseurs d'avenir et d'espoir.

L'Europe des citoyens

— *Peut-il exister une aventure européenne réussie sans une participation active des citoyens ?*

— Je serais tenté de répondre – mais ce serait la facilité – que cette participation se dégrade à l'échelon national, ce qui est pour moi une réelle préoccupation. Même si l'Europe n'est pas un remède miracle, sa dimension démocratique doit nous préoccuper. Il y a eu des progrès : l'élection directe du Parlement européen depuis 1979 et son rôle croissant sur la scène politique, la création du Comité des régions qui exprime un point de vue plus décentralisé. Il faut aussi mentionner la politique de développement régional, ce que j'ai appelé les politiques structurelles, qui a permis à des dizaines de milliers d'élus régionaux et locaux de s'impliquer davantage dans la construction européenne puisqu'ils devaient présenter les plans de développement et que c'était souvent la Communauté européenne qui finissait le tour de table. Enfin, on doit faire vivre le dialogue social que j'ai lancé en 1985 avec le processus de Val Duchesse. C'est lui qui a permis aux organisations patronales et syndicales d'être mieux implantées sur la scène européenne et d'en rendre compte à leurs adhérents.

Bien entendu, cela n'est pas suffisant. Je noterai, comme signe d'optimisme, que les représentants des Parlements européen et nationaux ont joué un rôle essentiel dans la Convention, notamment dans la dernière phase, ce qui est très encourageant de la part des élus des Parlements nationaux qui, au départ, n'intervenaient pas à armes égales avec les parlementaires européens, lesquels avaient leurs habitudes à Bruxelles, leurs conseillers et toutes les structures du Parlement européen à leur disposition. Si les propositions de la Convention sont suivies, on attachera de l'importance au rôle du Parlement européen dans le choix du président de la Commission puisqu'il pourra refuser le nom que lui proposera le Conseil européen. Il est évident également que, compte tenu des suggestions faites par Notre Europe il y a quelques années, et reprises par beaucoup, le Conseil européen ne pourra pas proposer un président de la Commission qui ne corresponde pas à l'orientation générale des élections européennes. Ce qui devrait donner du piment à la campagne électorale.

Dans cette même perspective citoyenne, j'espère que sera retenue la proposition de la Convention qui tend à impliquer davantage les Parlements nationaux, en leur conférant une sorte de droit d'appel s'ils jugent qu'une proposition de loi européenne n'est pas conforme au principe de subsidiarité, un des fondements du contrat de mariage européen.

A ce propos, je m'étonne qu'en France, l'Assemblée nationale et le Sénat ne soient pas mieux informés des travaux de la réunion trimestrielle des chefs de gouvernement. Comme cela se pratique chez nos voisins, le Premier ministre et le ministre des Affaires étrangères devraient expliquer, devant les élus de la nation, leurs intentions à la veille d'un Conseil européen, et les résultats obtenus au lendemain dudit Conseil. Retrouver, dans cet esprit, une forte tradition parlementaire ne pourrait être que positif pour notre vie démocratique. Cessons de raisonner en termes de « domaine réservé » !

Le débat et la confrontation entre les responsables des pays membres doivent être présentés non pas comme un match avec des vainqueurs et des vaincus, comme ont tendance à le faire certains chefs de gouvernement, à l'instar de cette fameuse phrase du Premier ministre anglais John Major après le Conseil

européen de Maastricht en 2001 : « Jeu, set et match. » Les
citoyens perçoivent bien la contradiction entre ce type de raisonnement et les discours des mêmes responsables vantant la
« famille européenne ». Qu'ils cessent de traiter les citoyens
comme des enfants refusant toute prescription médicale et ne
cédant que sous la menace de ce qu'il leur arrivera de fâcheux
s'ils s'abstiennent dans leur refus. Qu'ils cessent aussi de présenter une réforme ou une décision nationale comme inéluc-
tables « à cause de Bruxelles » ou « au nom de l'Europe » !

N'oublions pas que les citoyens ne manquent ni d'intelligence ni de bon sens et qu'ils ne demandent qu'à comprendre
les enjeux de leur destin collectif et individuel. Pourquoi ne
décideraient-ils pas d'y participer et de s'engager davantage ?

C'est une des raisons pour lesquelles je souhaiterais que le
nouveau traité fasse l'objet d'un référendum, le même jour,
dans tous les pays de l'Union. Bien entendu, les résultats en
seraient décomptés par pays puisqu'un pays membre ne peut
être entraîné dans une voie qu'il n'a pas lui-même choisie. Mais
cette campagne commune dans vingt-cinq pays aurait un retentissement indiscutable et provoquerait d'utiles prises de
conscience.

Souhaitons au moins que les Français puissent s'exprimer
directement par la voie d'un référendum national, comme pour
le Traité de Maastricht.

On évoque partout, et à juste titre, l'émergence de la société
civile et de ses diverses expressions à travers la vie associative.
Souhaitons que cette société civile, à l'invitation des groupes
de militants européens, se saisisse de cette noble cause, qu'elle
développe la participation à cette aventure collective qui, aux
yeux de nombreux historiens, demeure la seule grande innovation de la deuxième moitié du XXe siècle. Qu'elle se rappelle
que, sans mémoire du passé, sans ses riches et parfois dures
leçons, il n'est pas possible de concevoir et de bâtir un avenir
en restant fidèle aux valeurs universelles de paix, de liberté et
de solidarité que la France a toujours voulu incarner et diffuser.

ANNEXES

I

Liste des membres du cabinet de Jacques Delors
au ministère de l'Economie et des Finances
(mai 1980-juillet 1984)

Dominique Abraham - Gilles Benoist - Robert Bistolfi - Bernard Boucault - Isabelle Bouillot - Patrick Careil - Yves Chaigneau - Michel Colin - Pierre-Yves Cosse - Jean-Marie Delarue - Françoise Delcamp - Jean-Luc Demarty - Jacques Desponts - Gilbert Dupin - Charles-Henri Filippi - Jean-Baptiste de Foucauld - Christian Giacomotto - Elisabeth Guigou - Paul Hermelin - Véronique Hespel - Benoist Jolivet - Claude Jouven - François Jouven - Jean-Pierre Jouyet - Philippe Lagayette - Pascal Lamy - Jean-Patrice de la Laurencie - Jean Lavergne - Denise Mairey - Jean-Michel Maury - Gérard Mestrallet - Jean-Marc Ouazan - Didier Oury - Patrick Peugeot - André Vianes - Jérôme Vignon

Secrétariat particulier
Marie-Thérèse Bartholomé - Geneviève Breton

II

Composition des Commissions européennes présidées par Jacques Delors

PREMIERE COMMISSION : 6 JANVIER 1985 - 5 JANVIER 1989

Vice-présidents
Lorenzo Natali (I) - Karl Heinz Narjes (D) - Frans Andriessen (PB) - Lord Francis Arthur Cockfield (GB) - Henning Christophersen (DK) - Manuel Marin (SP)

Membres
Claude Cheysson (F) - Alois Pfeiffer (D) puis Peter M. Schmidhuber (D) - Grigoris Varfis (GR) - Willy de Clercq (B) - Nic Mosar (L) - Stanley Clinton Davis (GB) - Carlo Ripa di Meana (I) - Peter Sutherland (IR) - Antonio Cardoso e Cunha (POR) - Abel Matutes (SP)

DEUXIEME COMMISSION : 6 JANVIER 1989 - 5 JANVIER 1993

Vice-présidents
Frans Andriessen (PB) - Henning Christophersen (DK) - Manuel Marin (SP) - Filippo Maria Pandolfi (I) - Martin Bangemann (D) - Sir Leon Brittan (GB)

Membres
Carlo Ripa di Meana (I) - Antonio Cardoso e Cunha (POR) - Abel Matutes (SP) - Peter Schmidhuber (D) - Christiane Scrivener (F) - Bruce Millan (GB) - Jean Dondelinger (L) - Ray Mac Sharry (IR) - Karel Van Miert (B) - Vasso Papandreou (GR)

TROISIEME COMMISSION : 6 JANVIER 1993 - 5 JANVIER 1995

Vice-présidents
Manuel Marin (SP) - Henning Christophersen (DK)

Membres

Martin Bangemann (D) - Sir Leon Brittan (GB) - Abel Matutes (SP) - Bruce Millan (GB) - Christiane Scrivener (F) - Peter Schmidhuber (D) - Karel Van Miert (B) - Padraig Flynn (IR) - Joannis Palcokrassas (GR) - João Deus Pinheiro (POR) - Antonio Ruberti (I) - René Steichen (L) - Hans Van den Broek (PB) - - Raniero Vanni d'Archirafi (I)

III

Liste des personnes
ayant participé au cabinet
du président de la Commission

Jean-Michel Baer - Chris Boyd - Léon Briet - Gunther Burghardt - Bruno Dethomas (porte-parole du président)[1] - Jean-Luc Demarty - Jolly Dixon - Karl Falkenberg - Fabrice Fries - Michel Jacquot - Jean-Pierre Jouyet - François Lamoureux - Jean-Charles Leygues - Bruno Liebhaberg - Michel Magnier - Pierre Nicolas - Michel Petite - Geneviève Pons - Klaus Van der Pas - Patrick Venturini - Christine Verger - Jean-François Verstrynge - Jérôme Vignon - David White - Bernard Zepter

Secrétariat particulier
Marie-Thérèse Bartholomé - Claudine Buchet - Evelyne Pichon - Jeanne Caillate - Judith Baeck - Eliane Pauwels

---

1. Les précédents porte-parole de Jacques Delors furent Hugo Paemen et Klaus Elherman.

Index

Adenauer Konrad : 485.
Adonnino Pietro : 182, 318.
Albert, roi des Belges : 432.
Allègre Claude : 438.
Andreotti Giulio : 186, 212, 215, 308, 364
Andriessen Frans : 169, 207, 246, 274, 275, 286, 287, 298, 334, 376, 380, 391 à 393.
Annan Kofi : 451.
Antall Jozsef : 279.
Apollinaire Guillaume : 433.
Attali Jacques : 128, 129, 138, 158, 167, 210, 274.
Aubry Clémentine : 126.
Aubry Martine (voir aussi Delors Martine) : 141, 438.
Auroux Jean : 141.
Avril Pierre : 43.

Baboulene Jean : 65.
Bacon Paul : 61.
Badinter Robert : 137, 400.
Baer Gunther : 184, 336.
Baer Jean-Michel : 195.
Baker James A. : 268, 269, 287, 288, 291, 400.
Balcerowicz Leszek : 280.
Balladur Edouard : 17, 20, 61, 70, 80, 154, 232, 332, 343, 373, 393, 411, 436, 437.
Bangemann Martin : 170, 264, 279, 425.
Barangé : 34.
Baron Crespo Enrique : 296.
Barre Raymond : 60, 79, 106, 109, 128, 129, 131, 133, 136, 159, 336, 408.
Barrot Jacques : 21.
Bartholomé I, patriarche : 264.
Bartholomé Marie-Thérèse : 195.
Baudouin, roi des Belges : 433.
Baudrier Jacqueline : 82.
Baumgartner Wilfrid : 32.
Beck Judith : 434.
Bérégovoy Pierre : 118, 120, 128, 138, 144, 156, 159, 160, 162, 164, 168, 343, 344, 378, 379, 393, 405.
Berger Gaston : 61.
Bergeron André : 92.
Berthon André : 35.
Bianco Jean-Louis : 138, 167.
Bidegain José : 115, 116.
Biedenkopf : 169.
Bienaymé Alain : 114.
Blair Tony : 328, 472, 484, 485.
Bloch-Lainé François : 48, 51, 67, 75 à 78, 115.
Bloch-Lainé Jean-Michel : 115.
Blondel Danièle : 114, 440.
Boissieu Pierre de : 195.
Boiteux Marcel : 88 à 90, 115.
Bonety René : 35, 60.
Bordaz Robert : 85.
Bornard : 52.
Bouillot Isabelle : 130.
Boulin Robert : 79, 80.
Bourdet Claude : 42.
Boyer Miguel : 334.
Brac de la Perrière Gilles : 46.
Brady : 286.
Brandt Willy : 276, 277, 280, 293.

Braun Théo : 35.
Brittan Leon sir : 393, 394, 473.
Brutelle : 65.
Buchet Claudine : 195.
Bulatovic Mumir : 398.
Burghardt Gunther : 195, 208, 430.
Bush George : 250, 268, 269, 273, 285 à 289, 298, 402, 481.
Butler Michael, sir : 189, 191, 236.

Calvet Jacques : 264.
Camdessus Michel : 157.
Cannac Yves : 81.
Capitant René : 62.
Carlsson Ingmar : 449.
Carné Marcel : 13
Carrington Peter : 399, 400.
Catoire Gilles : 144, 145.
Cavaco Silva Anibal : 423.
Ceaucescu Nicolas : 270.
Ceyrac François : 97, 316
Chaban-Delmas Jacques : 17, 54, 74 à 84, 88, 91 à 93, 95, 97, 99 à 103, 105, 107, 114, 119 à 121, 128, 130 à 132, 142.
Chaigneau Yves : 92, 130.
Chalandon Albin : 75.
Chandernagor André : 141, 179.
Chemiatenkov Wladimir : 297.
Chevardnadzé, Mme : 297.
Chevardnadzé Eduard : 291, 297, 298.
Chevènement Jean-Pierre : 100, 119, 122, 137, 141, 160, 372, 446.
Chevrillon Olivier : 102.
Cheysson Claude : 122, 141, 157, 163, 164, 166, 168 à 170, 179, 192, 193.
Chirac Jacques : 17, 20, 23, 70, 86, 106, 132, 133, 154, 232, 233, 240, 322, 351, 372, 373, 402, 412, 436, 437, 484, 485.
Christophersen Henning : 274, 275, 346, 411, 416, 425.
Churchill Winston : 374.
Ciampi Carlo Azeglio : 337, 423, 428.
Claes Willy : 259
Clappier Bernard : 339.

Clark Kenneth : 412.
Clinton Bill : 402, 450, 481.
Cockfield, lord : 191, 203 à 205, 207, 230.
Cofferati Sergio : 428.
Cohn-Bendit Daniel : 68.
Collins Gerard : 355
Colombani Jean-Marie : 433.
Colombo Emilio : 172, 175.
Cossé Pierre-Yves : 130.
Cotta Alain : 114.
Craxi Bettino : 207, 212 à 215.
Cresson Edith : 166, 283, 378, 379, 430.
Crozier Michel : 82, 102.
Cruiziat André : 13, 14, 36. 38, 39.

Darricau André : 35.
Dautresme David : 149.
Davies Norman : 459.
Davignon Etienne : 124, 169, 176, 183, 186, 216, 218, 229.
Debatisse Michel : 75.
Debré Michel : 66, 67, 96, 98, 128, 131.
Declercq Gilbert : 118.
Defferre Gaston : 16, 100, 102, 145.
Deflassieux Jean : 128.
De Gasperi Alcide : 212.
Dehaene Jean-Luc : 424, 431, 453.
De Klerk Frederik : 320, 321.
Delors Antoine : 10.
Delors Henri : 10, 11.
Delors Jean : 9, 10
Delors Jean-Paul : 13, 17, 123.
Delors Louis : 10, 11
Delors Marie : 13, 47.
Delors Martine (voir aussi Aubry Martine) : 13, 17, 31, 47.
Delors Pierre : 10, 11
Delouvrier Paul : 75.
De Michelis Gianni : 354, 366.
Denman Roy, sir : 252.
Depreux Edouard : 16, 42.
Descamps Eugène : 16, 34, 35, 78, 93
Desgraupes Pierre : 82.
Detraz Albert . 16, 33.
Dewost Jean-Louis : 368

Didier, professeur : 111
Dijoud Paul : 107, 108.
Dixon Jolly : 339.
Dondelinger Jean : 218.
Dooge John : 182, 210.
Douroux Lucien : 115.
Draxler Alexandra : 440.
Dreyfus Pierre : 50.
Dubcek Alexandre : 269.
Duhamel Alain : 433, 468.
Duisenberg Wim : 337, 338.
Dumas Roland : 166, 169, 170, 222, 279 à 281, 354, 355, 359, 400.
Durieux Jean : 195.
Duvivier Julien : 13.
Dux Anne : 116.

Ellemann-Jensen Ufe : 355, 380.
Eltsine Boris : 299, 301, 303, 402.
Emmanuelli Henri : 21, 159.
Ersböl Niels : 226, 238.
Estier Claude : 123.
Eyskens Marc : 354.

Fabiola, reine des Belges : 432.
Fabius Laurent : 127, 129, 140 à 143, 148, 156, 159, 167, 168, 186.
Fanfani Amintore : 322.
Farangis Stellio : 120.
Faure Edgar : 77, 84, 112, 440, 442.
Favier Pierre : 378, 379.
Fischer Joschka : 464.
Fiterman Charles : 140, 141, 148, 167.
Fitzgerald Garret : 169, 186.
Fontanet Joseph : 79, 80, 94, 95, 97, 108, 112, 113.
Foucauld Jean-Baptiste de : 116.
Fouchet Christian : 208, 209.
Fourcade : 133.
Franco : 307.
Friedrich, Mme : 296.
Fruit, M. : 30.

Gaillard Jean-Michel : 266.
Gamer John : 392.
Garaud Marie-France : 80.
Garton Ash Timothy : 483.
Gattaz Yvon : 115.

Gaulle Charles de : 16, 40, 43, 44, 48, 51, 56 à 58, 61, 62, 67, 69, 74, 76, 79, 171, 199, 208, 467, 485.
Gazzo Emmanuel : 239.
Genscher Hans-Dietrich : 172, 175, 222, 240, 268, 272, 283, 291, 294, 332, 354, 355, 358, 359.
Geremek Bromislaw : 281.
Giscard d'Estaing Valéry : 50, 61, 63, 67, 79, 84, 105, 106 à 109, 120, 131, 136, 173, 176, 180, 336, 485.
Glayman Claude : 116.
Godeaux Jean : 337.
Gonin Marcel : 33.
Gonzalez Felipe : 189, 213, 281, 363, 366, 367, 378, 385, 386, 399, 423, 453.
Gorbatchev Mikhaïl : 268 à 270, 272 à 276, 283, 285, 286, 288 à 291, 298 à 302, 321, 400.
Gourdon Alain : 41.
Goutet Pierre : 13, 36.
Greenspan Alan : 286.
Grigorov Kiro : 397.
Grimaud Maurice : 116.
Gros François : 119.
Gruson Claude : 49, 59.
Guichard Olivier : 83.
Guigou Elisabeth : 343, 344.
Guillaumat Pierre : 61.

Haberer Jean-Yves : 128, 129.
Hallstein Walter : 262, 403.
Hamon Leo : 15, 41.
Hannay David : 236.
Hänsch Klaus : 221.
Hassan II, roi du Maroc : 265.
Hassner Pierre : 485.
Havel Vaclav : 269, 377.
Hegoburu Félix : 120.
Heseltine Michael : 352, 392.
Hinterscheid Mathias : 316.
Hirsch Etienne : 71.
Hofmayer Eric : 337.
Hollande François : 266, 267, 436.
Horn Gyula : 270.
Howe Geoffrey, sir : 189, 211, 215, 235, 241, 317, 352, 353.
Hume John : 435.

Hunt Pierre 79, 82.
Hurd Douglas : 352, 355, 359, 366, 368, 402.
Hussein Saddam : 301, 395.

Iliescu Ion : 270.
Illich Ivan : 117.
Izetbegovic Aljia : 397.

Jacob Georges : 316.
Jacquet Gérard : 123, 124.
Jacquot Michel : 195.
Jarreau Patrick : 405.
Jaruzelski, général : 269, 279 à 281.
Jean XXIII : 40.
Jenkins Roy : 176.
Jivkov : 270.
Jobert Michel : 80, 136, 160.
Johnson, président des Etats-Unis : 74
Johnston Donald : 435.
Jospin Lionel : 22, 26, 61, 112, 142, 161, 267, 412, 435 à 438, 469.
Jouvenel Bertrand de : 64.
Jouyet Jean-Pierre : 266, 430, 436.
Joxe Pierre : 130, 142.
Juillet Pierre : 80.
Juncker Jean-Claude : 219, 329, 347, 453.
Juppé Alain : 402, 432.

Kadar Janos : 270.
Kiechle Ignaz : 187.
Kohl Helmut : 167 à 180, 186, 209, 213, 215, 224, 239, 240, 268, 271 à 273, 276, 282 à 285, 288 à 295, 299, 302, 332, 334, 344, 345, 363, 364, 367, 369, 374, 378 à 384, 395, 399, 408, 410, 425, 431, 453, 485.
Kohnstamm Max : 184, 185.
Kok Wim : 188, 411, 412, 428, 453.
Krasucki Henri : 97.
Krumnov André : 97.
Kuncan Milan : 397.
Kundera Milan : 460.

Labarrère André : 122.
Lacroix Jean-Louis : 261.

Lagandre : 45.
Lagayette Philippe : 121, 127, 129, 130, 138, 142, 151, 157, 158, 160
La Génière Renaud de : 128, 129.
Lamfalussy Alexandre : 334, 347
Lamoureux François : 195, 207, 208, 215, 218, 429, 486, 487.
Lamy Pascal : 130, 170, 182 à 184, 194, 195, 207, 255, 258, 332, 429.
Landsbergis Vytautas : 289.
Lang Jack : 141, 142.
Lannes Georges : 33.
Laroque Pierre : 75.
Larosière Jacques de : 337, 338, 347, 412.
Laurent Pierre : 70.
Lavau Georges : 41.
Lavau Pierre : 66, 85.
Lavondès François : 80.
Lawson Nigel : 189, 191, 341, 352.
Le Brun : 45.
Leclerc Gilbert : 94.
Le Driant Jean-Yves : 436.
Lefort Claude : 23.
Le Garrec Jean : 130, 141.
Leigh Pemberton Robin : 337, 339.
Lejay Antoine : 41, 42.
Lemerle Paul : 46, 62.
Lephaille Marie (voir Delors Marie).
Le Pors Anicet : 141.
Liebhaberg Bruno : 195.
Loncar Budimir : 397.
Lopez Hernani : 308.
Louet Roger : 97.
Lubbers Ruud : 169, 188, 215, 240, 363, 386, 411, 423, 427, 431.
Lustiger, Mgr : 166, 265.

Mac Sharry Ray : 391, 392.
Madrid Miguel de la : 250.
Magniadas : 160.
Maire Edmond : 93, 118, 119, 155.
Maire Jacques : 436.
Major John : 234, 298, 338, 341, 343, 352, 353, 367 à 369, 392, 399, 408, 423, 425, 453, 491.
Malaud Philippe : 69, 79.
Mandela Nelson : 320, 321.
Mangin Anne-Marie : 37.

Mangin Jean-Marie : 37.
Marcellin Raymond : 83.
Marcuse Herbert : 117.
Marin Manuel : 246, 308, 311, 319.
Marion : 33.
Markovic Ante : 397, 398.
Martens Wilfried : 188, 215.
Martin, M. : 54, 88, 92.
Martinet Gilles : 42.
Martin Roland Michel : 378, 379.
Masselin : 51.
Massé Pierre : 17, 45, 46, 49 à 53, 55, 59, 61 à 63, 66, 67, 71, 112, 113.
Massu, général : 69.
Mathieu Gilbert : 52.
Mauroy Pierre : 100, 105, 119, 122, 127, 130, 140, 143, 145, 146, 148, 150, 156, 157, 159, 160, 166 à 170, 183.
Maury Jean-Michel : 144.
Mayor Federico : 439, 440.
Mazowiecki Tadeusz : 280, 291, 292, 401.
Mazzucelli Colette : 340, 345.
Mendès France Pierre : 13, 14 à 16, 40 à 44, 68, 69, 77, 100, 133.
Mer Francis : 475.
Mermaz Louis : 142, 145.
Mesic Stipe : 397.
Messmer Pierre : 79, 108, 112.
Meyer Anthony : 352.
Mézières Lothar de : 293, 294.
Michnik Adam : 281.
Mignard Jean-Louis : 436.
Mignard Jean-Pierre : 266, 267, 436.
Millan Bruce : 259.
Milleron Jean-Claude : 235.
Milosevic Slobodan : 397 à 399, 402.
Mingasson Jean-Paul : 339.
Mitterrand François : 16, 44, 65, 81, 100, 105, 118 à 123, 126 à 128, 131, 132, 137 à 148, 151, 153, 156 à 162, 165, 167 à 169, 174, 177 à 181, 186, 187, 209, 212, 213 à 216, 240, 268, 273 à 276, 281 à 284, 288 à 290, 298, 301, 302, 307, 319, 321, 344, 345, 360, 363, 364, 366, 367, 369, 372 à 374, 376 à 380, 394, 395, 398 à 400, 404, 405, 411, 424, 431, 450, 467, 483, 485.
Mitzotakis : 423.
Modrow Hans : 276, 292.
Mollet Guy : 44, 182.
Mondon Raymond : 79.
Monnet Jean : 48, 71, 101, 184, 262, 406, 456, 457, 460.
Monory René : 127, 131.
Moran Fernando : 308.
Moulin Jean : 75.
Mounier Emmanuel : 13, 36, 40.
Moussa Etienne : 137.
Moynot Jean-Louis : 436.
Mulroney Brian : 269, 274, 291.
Musgrave, économiste : 235.

Nagy Imre : 270, 280.
Nakasone, Premier ministre du Japon : 250.
Narjes Karl Heinz : 170, 246.
Natali Lorenzo : 183, 193, 194, 207, 208, 215, 308.
Nemeth Miklos : 292.
Nicolas Pierre : 195.
Noël Emile : 170, 182 à 184, 189, 207, 241, 258.
Nora Simon : 77, 79 à 81, 83, 84.
Nyers Reszö : 279.

Ordoñez Paco : 355.
Ortoli François-Xavier : 67, 69, 124, 183, 195.
O'Sullivan David : 295.
Overney Pierre : 93.
Owen, lord : 402.

Padoa Schioppa Tommaso : 184, 235, 364.
Palach Jan : 269.
Pandolfi Filippo Maria : 261.
Papandréou Andreas : 187, 215.
Parly Jeanne-Marie : 114.
Patskai Laszlo, cardinal : 279.
Pavlov (Premier ministre) : 300.
Périgot François : 316.
Perret Bernard : 64.
Perroux François : 45.

Peyrefitte Alain : 62.
Peyrelevade Jean : 128.
Pfeiffer Alois : 170, 188, 193, 311.
Pflimlin Pierre : 318.
Pichon Evelyne : 195.
Pierret Christian : 121.
Pie XI : 34.
Pie XII : 40.
Pinay Antoine : 32.
Pinheiro João de : 355.
Pinochet Augusto : 268.
Pisani Edgar : 69.
Plumb, lord : 241.
Pöhl Karl Otto : 294, 334 à 340.
Pompidou Georges : 57, 60 à 62, 67, 70, 76, 80 à 82, 94, 97, 100, 102.
Pontillon Robert : 122.
Poos Jacques : 219, 221, 355, 359.
Prodi Romano : 183, 295, 347, 473, 486.
Pucheu René : 39.

Questiaux Nicole : 141, 160.
Quilliot Roger : 141.

Rabenou Denise : 39.
Raffarin Jean-Pierre : 70, 132, 418.
Ralite Jack : 141.
Ramphal Shridath : 449.
Rassmussen Poul Nynup : 371, 419, 423.
Reagan Ronald : 252, 286, 322, 481.
Regan Don : 150.
Renoir Jean : 13.
Reynolds Albert : 423.
Riboud Jean : 156.
Rigal Jeanne : 9.
Rigoud : 141.
Ripa di Meana Carlo : 218.
Ripert Jean : 46, 62, 67.
Rives-Henry : 99.
Rocard Michel : 16, 21, 42, 107, 118, 119, 122, 123, 130, 137, 161, 166.
Roche Gaston : 143.
Rosanvallon Pierre : 111.
Rougemont Denis de : 262.
Rueff Jacques : 56.
Ruggiero Renato : 212.

Sabouret Yves : 79, 80, 108.
Saint-Geours Jean : 49.
Salazar : 307.
Samaras Antonis : 355.
Sangnier Marc : 15, 41.
Santer Jacques : 186, 215, 219, 295, 397, 398, 423, 431, 432, 434.
Sarcinelli Mario : 341.
Sarda François : 41, 115.
Sauty, M. : 52.
Savary Alain : 42, 100.
Scargill Arthur : 316.
Scharf Fritz : 235.
Schiller Karl : 336.
Schioppa Padoa Tommaso : 336.
Schlesinger Helmut : 410.
Schlütter Poul : 186, 380.
Schmidhuber : 279.
Schmidt Helmut : 106, 107, 133, 176, 336, 485.
Schröder Gerhardt : 485.
Schuman Robert : 339, 456.
Schwartz Bertrand : 96.
Schweitzer, M. : 46, 142.
Scowcroft Brent : 288.
Ségala André : 92.
Séguin Philippe : 372.
Séguy Georges : 89, 93.
Seillière Ernest-Antoine : 79.
Serisé Jean : 79.
Seton-Watson Hugh : 459.
Sicurani : 79.
Sinclair Anne : 22, 278.
Skubiszewski Krzysztof : 280.
Soares Mario : 189, 213.
Solana Javier : 488.
Solbes Pedro : 347.
Soljénitsyne Alexandre : 299.
Soubie Raymond : 79, 80.
Spaak Paul-Henry : 262, 456.
Spinelli Altiero : 175, 200, 210, 221.
Stoleru Lionel : 61.
Stoltenberg Gerhardt : 157, 158, 244, 332.
Strauss-Kahn Dominique : 412, 438.

Tasca Catherine : 436.
Tauran, Mgr : 265.

Tchernomyrdine Viktor : 302.
Teltschik Horst : 210, 344.
Thatcher Margaret : 165, 167, 171, 174, 178, 189 à 192, 204, 213, 215, 219, 224, 227, 234, 236, 240, 241, 268, 271, 274 à 276, 283, 284, 288, 289, 299, 302, 316 à 319, 333, 334, 337, 341, 348 à 353, 368, 453.
Thorn Gaston : 124, 176, 180, 183, 195, 204.
Thygesen Jan : 334.
Tietmayer Hans : 157.
Tindemans Léo : 172.
Touraine Alain : 67.
Toutée, M. : 53, 54, 88.
Tréan Claire : 26.
Trichet Jean-Claude : 410.
Trojan Carlo : 218, 295.
Tudjman Franjo : 397.

Uri Pierre : 190.

Val Camille : 41.
Vallon Louis : 45, 62.
Vance Cyrus : 402.

Van den Broek Hans : 240, 355, 363, 399.
Van Laerenkerghe Pierre : 116.
Varfis Grigoris : 246.
Vaurs Roger : 79, 82.
Veil Simone : 21.
Ventejol Gabriel : 45, 75.
Verbruggen, Me : 432.
Verger Christine : 454.
Verret Alexandre : 17, 45.
Vianney Philippe : 115.
Viansson-Ponté Pierre : 66.
Vignaux Paul : 16, 33, 39.
Vignon Jérôme : 137, 194, 261.
Volcker Paul : 305.

Walesa Lech : 269, 279 à 281.
Weigel : 272.
Werner Pierre : 336, 338, 408.
White David : 195.
Williamson David : 189, 191, 241, 258.
Willis Norman : 316, 317.

Zedillo Ernesto : 451.
Zepter Bernhard : 296, 430.
Ziegler Henri : 75.

Table

Introduction, par Jean-Louis Arnaud 9
En guise de préface, par Jacques Delors : Retour sur 1994 19

1. Les années d'apprentissage 29
   L'action syndicale privilégiée 33
   La source : La Vie nouvelle 38
   L'influence de Mendès France 40
2. Les belles années du Plan 48
   L'ingénieur social 49
   Inventeurs de simplicité 53
   L'inflation, maladie mortelle 55
   La guerre des trois écoles 56
   Un plan de stabilisation 58
   Une transparence explosive 59
   Refaire sa copie 62
   Les mauvaises langues 66
   Pompidou inquiet 67
   Carton rouge 69
   Lutter contre le malthusianisme 71
3. L'aventure de la Nouvelle Société 74
   S'entourer des meilleurs 75
   Plaidoyer pour la concertation 78
   Le cabinet noir 80
   Un brûlot 82
   De grandes ambitions 83
   Au grand scandale de certains 86
   Jour de grand froid 89
   Contrats de progrès 91
   La pelote qui se dévide 93
   L'égalité des chances 96

A moitié plein ou à moitié vide ? 99

4. De l'Université au Parlement européen 105
   La formation permanente quittée avec regret 107
   Nouvelles expériences : l'Université 110
   Toujours la « clubomanie » ! 114
   L'absolution donnée par le PS 120
   Le Parlement européen 123

5. Ministre de Mitterrand 126
   Le franc attaqué 127
   Le coût de l'alternance 132
   En finir avec l'inflation 134
   Dans l'ombre de Mitterrand 138
   La mairie de Clichy 144
   La bataille du franc 146
   Rigueur et dynamisme 151
   Les visiteurs du soir 155
   Un essai non transformé 161
   L'action internationale 163
   De Paris à Bruxelles 166

6. Le temps de la relance européenne 171
   Bref retour sur le passé 171
   Mitterrand débloque l'Europe 180
   Mon tour des capitales 182
   La machine en ordre de marche 192
   La monnaie, domaine réservé 193
   Devant le Parlement européen 196
   La survie ou le déclin 197
   Des appels démagogiques 199

7. L'Acte unique : mon traité favori 202
   Le Livre blanc de lord Cockfield 203
   La surprise franco-allemande 208
   Un Conseil à l'italienne 212
   En route pour l'Acte unique 216
   Petit pays, grande présidence 219
   Comme le Petit Poucet 221
   L'horizon de l'union monétaire 223
   Le Conseil européen décide 226

8. Le paquet Delors I 229
   Les soubresauts du Système monétaire 231
   Coup de main à Balladur 232

Table 509

La préparation du paquet 235
L'envergure d'un homme d'Etat 239
Le contenu du paquet 242

9. Une méthode à l'épreuve 247
L'agenda du président 249
Les relations internationales 251
Les groupes de pression 253
La mécanique institutionnelle 255
Priorité à la réflexion 260
Le dialogue avec les Eglises 264

10. La prodigieuse mutation 268
L'Est bouge 269
Les Européens de l'Est au G 7 273
Les Allemands de l'Est bousculent l'histoire 276
La dimension mondiale de l'affaire allemande 285
La dimension européenne de l'affaire allemande 292
A propos de Gorbatchev 297

11. Une période d'essor 304
Sur un fond de déséquilibre financier 305
L'Espagne et le Portugal 307
Un partenaire important : le Comité économique et social 309
La relance du dialogue social 310
L'Europe des citoyens 318
Un regard sur les relations extérieures 320

12. La dimension sociale 324
Le point d'ancrage national 325
Le particularisme britannique 328

13. Préparer l'Union monétaire 331
Le mandat du Comité Delors 332
Le mark secoué par les yo-yo du dollar 340
La Commission presse le mouvement 341
En route pour Maastricht 344

14. Le volet politique du Traité de Maastricht 348
Le dialogue Thatcher-Delors 348
Citoyenneté et pouvoirs du Parlement européen 353
La politique extérieure dans l'impasse 354
L'arbre ou le temple 357

15. Maastricht, nid de controverses 362
Un calendrier pour l'UEM 363
Attaques et contre-attaques 366

Mon entêtement sur le social 367
Le choc du « non » danois 369
Le référendum en France 372

16. Elargissement et approfondissement 375
Confidences à l'Elysée 377
De Lisbonne à Sarajevo 379
L'offensive de la subsidiarité 382
Le paquet Delors II 384

17. L'Europe et le monde 387
Les négociations commerciales 387
L'obsession de la politique agricole 388
Un ferment de discorde 391
Déjà l'Irak 395
Le drame yougoslave 396
Le voyage à Belgrade 397
Eviter la contagion 400

18. Deux années pour conforter l'héritage 403
Le temps de la réflexion 404
Les turbulences de la Communauté 405
La surchauffe allemande 408
Le SME dans la tempête 409
Kohl soutient le franc 410
Quatre nouveaux candidats 413

19. Le Livre blanc de 1993 ou la dernière relance 416
Sévère, mais stimulant 419
Le problème du temps 420
Orientations du Livre blanc 422
La bataille d'Hernani 424
Les pactes nationaux pour l'emploi 427

20. Retour à la vie militante 431
Au revoir Bruxelles ! 432
Des clubs au parti 436

21. Education et gouvernance mondiale 439
Les quatre piliers de l'éducation 441
Une véritable révolution 442
De la nécessité à l'idéal 444
Elitisme et diplômes 446
Le chèque-éducation 447
Quelques pas dans les nuages de la mondialisation 449
Un Conseil de sécurité économique 450

Table 511

22. La boîte à idées pour l'Europe 453
   Notre Europe.. 454
   La fédération des Etats nations 455
   Défense de la méthode communautaire............................ 456
   La Grande Europe... 459
   Trois ambitions raisonnables... 461
   A la recherche de l'avant-garde 463
   Un pavé dans la mare... 464
23. La France et l'Europe 466
   La France par et pour l'Europe 467
   L'Union fait la force 470
   Faire des champions industriels 473
   La fuite des cerveaux.. 474
   Le placard de l'oubli.. 476
   Le test de l'UEM 477
   Et l'Europe politique ? 480
   Un redoutable manichéisme.. 481
   L'Europe de la défense... 484
   Des institutions et des hommes 486
   Trois questions.. 487
   L'Europe des citoyens 490

Annexes 493
Index 499

Cet ouvrage a été composé par
Nord Compo 59650 Villeneuve-d'Ascq
et imprimé sur presse Cameron
par **Bussière Camedan Imprimeries**
à Saint-Amand-Montrond (Cher)
pour le compte des éditions Plon
76, rue Bonaparte
Paris 6e
en janvier 2004.

N° d'édition : 13711. — N° d'impression : 040219/1.
Dépôt légal : décembre 2003.

Imprimé en France